冬季体育工程学研究

[意] 弗朗西斯科·布拉金 等 主编
林 珩 公维光 易红玲 译

華東理工大學出版社
EAST CHINA UNIVERSITY OF SCIENCE AND TECHNOLOGY PRESS
·上海·

图书在版编目(CIP)数据

冬季体育工程学研究：汉文、英文 /［意］弗朗西斯科·布拉金等主编；林珩，公维光，易红玲译. —上海：华东理工大学出版社，2021.6

书名原文：The Engineering Approach to Winter Sports

ISBN 978-7-5628-6547-6

Ⅰ.①冬… Ⅱ.①弗… ②林… ③公… ④易… Ⅲ.①冬季运动—研究—汉、英 Ⅳ.①G86

中国版本图书馆 CIP 数据核字(2021)第 161324 号

内容提要

本书是一本关于冬季运动项目体育工程学研究的专业著作，全书主要分为三大部分：首先，关注冬季运动项目的共同标准，比如冰、雪及其与运动器材、运动员之间的相互作用；其次，关注各种涉及冬奥会的运动项目，比如高山滑雪、越野滑雪、跳台滑雪、有舵雪橇、钢架雪车、滑冰、冰球、冰壶等；最后，把工程学和与体育科学最相关的科学——医学联系起来，阐述物理学模型、环境可变性及生物学等方面对冬季运动项目的影响。

策划编辑 / 刘　军
责任编辑 / 陈　涵
装帧设计 / 徐　蓉
出版发行 / 华东理工大学出版社有限公司
地址：上海市梅陇路 130 号，200237
电话：021-64250306
网址：www.ecustpress.cn
邮箱：zongbianban@ecustpress.cn
印　　刷 / 江苏凤凰数码印务有限公司
开　　本 / 787 mm×1092 mm　1/16
印　　张 / 21.75
字　　数 / 483 千字
版　　次 / 2021 年 6 月第 1 版
印　　次 / 2021 年 6 月第 1 次
定　　价 / 196.00 元

作 者 名 单

第 1 章　冬季体育运动用的冰雪

前野纪和(Norikazu Maeno)

北海道大学,日本北海道石垣市花川町 7 - 2 - 133,邮编 061 - 3207

电子邮箱:maenony@ybb. ne. jp

第 2 章　滑雪板与雪之间的摩擦

沃纳·纳奇鲍尔(Werner Nachbauer)

因斯布鲁克大学体育科学系,奥地利因斯布鲁克

因斯布鲁克大学滑雪和高山运动技术中心,奥地利因斯布鲁克

电子邮箱:werner. nachbauer@uibk. ac. at

彼得·卡普斯(Peter Kaps)

因斯布鲁克大学工程数学系,奥地利因斯布鲁克

迈克尔·哈斯勒(Michael Hasler)、马丁·默斯纳(Martin Mössner)

因斯布鲁克大学滑雪和高山运动技术中心,奥地利因斯布鲁克

第 3 章　冰刀与冰之间的摩擦

弗朗西斯科·布拉金(Francesco Braghin)、斯蒂法诺·梅尔齐(Stefano Melzi)、爱德华多·萨比奥尼(Edoardo Sabbioni)、费德里科·切里(Federico Cheli)

米兰理工大学机械工程系,意大利米兰

电子邮箱:francesco. braghin@polimi. it;stefano. melzi@polimi. it;edoardo. sabbioni@ polimi. it;federico. cheli@polimi. it

爱德华多·贝洛尼(Edoardo Belloni)

米兰理工大学力学系,意大利米兰朱塞佩·拉马萨大街 1 号

电子邮箱:edoardo. belloni@polimi. it

第 4 章　高山滑雪

斯蒂法诺·梅尔齐、爱德华多·萨比奥尼

爱德华多·贝洛尼

第 5 章 越野滑雪

彼得·卡尔森(Peter Carlsson)、M. 艾尼格伦(M. Ainegren)、M. 廷斯滕(M. Tinnsten)、D. 桑德斯特伦(D. Sundström)、B. 埃斯宾(B. Esping)、A. 科普提乌(A. Koptioug)、M. 贝克斯特伦(M. Bäckströ)

瑞典中部大学机械工程与数学学院质量技术与管理系,瑞典奥斯特松德,邮编 SE-83125

电子邮箱:Peter. Carlsson@miun.se

第 6 章 跳台滑雪的空气动力学

米科·维尔马维塔(Mikko Virmavirta)

于韦斯屈莱大学 35 号信箱体育运动生物学系,芬兰于韦斯屈莱,邮编 40014

电子邮箱:mikko. virmavirta@jyu. fi

第 7 章 有舵雪橇和钢架雪车

爱德华多·萨比奥尼、斯蒂法诺·梅尔齐、费德里科·切里、弗朗西斯科·布拉金

第 8 章 滑冰

爱德华多·贝洛尼、爱德华多·萨比奥尼、斯蒂法诺·梅尔齐

第 9 章 冰球冰鞋、冰球杆设计和性能测试

R. A. 特科特(R. A. Turcotte)、P. 雷诺(P. Renaud)、D. J. 皮萨尔(D. J. Pearsall)

麦吉尔大学运动学和体育学系,加拿大魁北克省蒙特利尔,邮编 H2W1S4

电子邮箱:rene. turcotte@mcgill. ca

第 10 章 冰壶

前野纪和

第 11 章 我们为什么会输?面向冬季运动项目体育科学的综合研究

达里奥·达拉·维多瓦(Dario Dalla Vedova)

意大利国家奥委会服务公司体育医药与科学学院,意大利罗马皮耶罗加布里埃利广场 1 号,邮编 00197

电子邮箱:dario. dallavedova@coni. it

序言

这是一本关于冬季运动项目体育工程学研究的专业著作，以意大利米兰理工大学机械工程系的弗朗西斯科·布拉金教授为首的专家们，向我们分享了他们在冬季运动项目体育工程学方面的最新权威研究成果和重要理论观点。

体育工程学作为一门新兴的交叉学科，结合了体育学、工程学、物理学、生理学、材料学、计算机科学等多门学科的内容。1996 年在英国谢菲尔德(Sheffield)成立的国际体育工程协会(International Sports Engineering Association，ISEA)是体育工程学发展的重要里程碑，而这一重要发展距今也不过二十多年。随着体育运动的逐步发展，新技术、新材料、新装备不断得到应用，体育工程学也在全世界范围内得到了越来越广泛的关注和研究。在国内，有专业的研究机构开展了一系列与体育工程学相关的研究，但研究的广度和深度都与国际上有一定距离。总体来讲，随着国内体育产业的蓬勃发展，专业化和产业化使得体育产品不断走向高精尖，最先进的技术、材料、装备甚至芯片等被广泛应用到体育工程中，被高新技术全面覆盖的体育工程也即将驶入快车道。

相对于欧美国家来说，本书所涉及的冬季运动项目在国内还不够普及。2022 年，第 24 届冬奥会将在我国北京和张家口举行，这无疑为我国冬季运动项目的推广和发展带来了空前的机遇。然而，无论是从事体育工程研究的科研人员和工程师，还是专业的运动员和教练，抑或是业余的体育爱好者，都需要从不同的视角去体验、学习、理解这些体育项目。因此，如何从最专业的角度去阐述这些冬季运动项目的原理，并将其与实际经验相结合，以帮助人们更好地去理解它们，是本书所要探究的问题，也是本书的价值所在。

袁　虹

中国体育科学学会常务理事

中国体育科学学会体育工程分会主任委员

国家体育总局体育科学研究所副所长

2019 年 9 月

Preface

译者前言

体育工程学作为一门涉及工程学、体育学、物理学、生物学、材料学和计算机科学等多门学科的新型交叉学科，正日益受到各国科研人员的关注。本书着重介绍了关于各类冬季运动项目的体育工程学方面的研究内容，这些研究工作在我国开展得还不够深入，尚未形成体系。我们翻译本书，希望能对我国从事冬季运动工作的相关科研人员、运动员或教练以及业余爱好者提供一点启发，也希望能对我国冬季运动项目的发展略尽绵薄之力。

在翻译本书的过程中，林珩负责前言和第 1、3、6、8、9、10 章，公维光负责第 7 章和第 11 章，易红玲负责第 2、4、5 章。另外，特别感谢国家体育总局体育科学研究所的胡齐对本书第 6 章的翻译提供的帮助，感谢王跃教授、郑柏存教授、陈建定教授，以及课题组的全体老师和研究生对翻译工作给予的支持与帮助，感谢中国体育科学学会体育工程分会的袁虹、陈骐、郑伟涛、刘宇等专家的指导和关心。书中所涉颇广，不免存在疏漏之处，还望读者不吝赐教。

林　珩

2019 年 9 月

华东理工大学

Foreword

前言

我们为什么决定写这本书？事实上，我们从未想过写一本关于冬季运动的书，因为我们擅长的研究领域只集中在有舵雪橇、钢架雪车和无舵雪橇等项目上[除了斯蒂法诺·马尔蒂法西(Stefano Maldifassi)——他在意大利冬季运动联合会工作，曾经进行过很多体育项目的研究，但他没时间写书]，可供写书的素材实在太少。

不过，有一次我们参加了一个专门研讨体育装备的会议，我们所开发的传感器以及我们所开展的"受运动员操作影响的有舵雪橇的动力学表征"的测试工作引起了参会者的强烈兴趣。让我们感到惊讶的是，我们在自己擅长的体育项目上所从事的研究工作与其他同行在各自不同的体育项目(如滑冰)上所做的工作非常相似。事实上，所有的冬季运动项目都有一个共同点：在光滑的(无论是冰还是雪)表面上滑行。因此，为了最大限度地提高成绩，我们必须把装备与冰/雪接触面的摩擦力减到最小(或者对摩擦力进行控制，比如冰壶)。

接下来就出现了新的问题：为什么不把各种体育项目的研究经验交叉整合起来并提出新的研究思路呢？然而调研发现，对冬季运动项目的工程学研究居然没有通用的归档资料。我们必须浏览互联网，以及各种公共的或私人的数据库去收集各类文献。进一步的问题是，一些同行过去在专业会议上已经交流过的研究成果，其相关的档案已经遗失，更不用说还有一些研究人员在攻读博士学位期间完成的研究成果尚未在任何刊物上发表过。

因此，我们决定搜集所有在各个体育项目的领域中完成的关于工程学研究的文献，并撰写一本总结这些成果的书。然而，如果仅仅是回顾，着实有些无趣。因此，我们试图去突出研究过程的亮点，去批判性地分析所获得的结果，去展示技术趋势，去促使大家关注开放性的问题，更重要的是，去分析不同的体育项目之间的异同。我们决定把本书分为两大部分：第一部分关注所有冬季运动项目的共同标准，比如分别关注冰/雪及其与运动器材、运动员之间的相互作用；第二部分关注各种不同的冬季运动项目。我们决定把分析限制在最普及的冬奥会项目上，对于本书没有涉及的冬季运动项目，读者也可以从中获得一些有趣的启发。此外，我们还增加了一个总结性的章节，以把工程学和与体育科学最相关的科学——医学联系起来。实际上，即便你拥有最好的体育装备，你也还是会受到训练和自己心理素质的影响。我们希望你会喜欢这本书。

弗朗西斯科·布拉金
费德里科·切里
斯蒂法诺·马尔蒂法西
斯蒂法诺·梅尔齐
爱德华多·萨比奥尼
意大利米兰

目 录

Contents

第 1 章

冬季体育运动用的冰雪

前野纪和

在过去，冬季体育运动只能在比较寒冷的地方的冬季进行，但是人工造冰、造雪技术的发展改变了这种情况。现在，几乎全世界无论什么季节或地区，都可以开展冬季体育运动。冰雪是冬季体育运动必不可少的，因为它们覆盖了地面、山脉、森林和湖泊等，并为我们提供了可以行走和活动的表面。此外，冰雪还可以用来制备滑雪、滑冰、雪橇和冰壶等各种冬季运动项目所需要的光滑表面。滑度是冬季体育运动用的冰和雪的最重要的性能指标。也许提出为什么冰雪如此滑的问题是很愚蠢的，但这种探究对理解冰雪的本质属性具有重要意义。从物理意义上来说，滑度并不是冰雪的内在属性。理由如下。图 1.1 显示了三种常见材料的同系温度。同系温度的定义为 $T/T_m \times 100\%$，其中：T 是温度；T_m 是熔点，用绝对温度值(单位为 K)表示。同系温度 100%表示固体材料能够承受的最高温度，因为它会在达

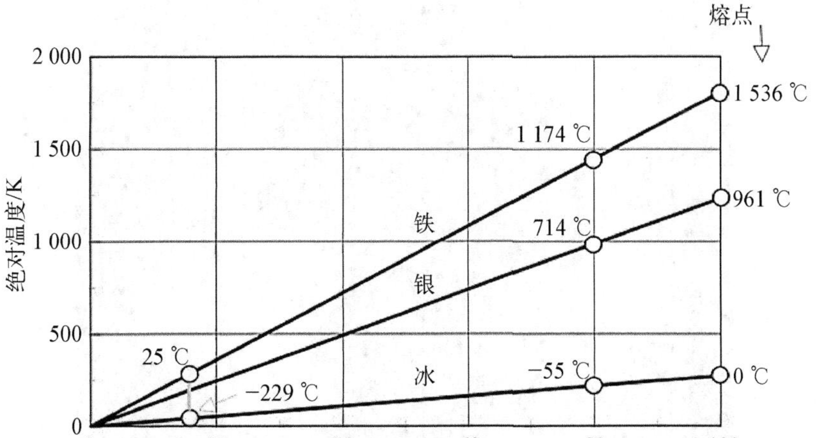

图 1.1　三种常见材料的同系温度

注：同系温度是材料的温度与熔点的比值，即 $T/T_m \times 100\%$。

到 T_m 时熔化。同系温度 100%时，铁的温度是 1 809 K(1 536 ℃)，而冰的温度是 273 K(0 ℃)。

例如，同系温度 80%时，冰的温度为－55 ℃，而铁的温度是 1 174 ℃。－55 ℃对于人们来说是很低的温度，但对冰而言是非常高的温度，相当于把铁加热到 1 174 ℃。我们应该记住，我们在日常生活中所看到的冰雪，就像是加热到 1 000 ℃以上，处于红热和白热状态时的铁一样。另一个与图 1.1 相关的例子是，请想象一下室温 25 ℃状态下的桌子上的铁锅和小刀；铁在 25 ℃的室温下相当于同系温度 16%，对应冰的温度则是－229 ℃，也就是说，在室温 25 ℃的状态下，铁的锅和小刀相当于冷却到－229 ℃的冰。

在冬季体育运动中，我们应该明白，我们是在很高的同系温度下对待冰雪的。冰雪的滑度可能因熔点附近的预融以及同系温度较高而产生其他变化。图 1.2 显示的是在－8 ℃下小冰粒之间接触的三张连续性图片。如图 1.2 所示，小冰粒之间的键合随着时间的增加而增长。熔点以下的固相反应过程称为“烧结”，这种固相反应过程在冶金学和陶瓷学中都得到了广泛研究。正如我们将在随后的讨论中见到的，冰雪的结构和各种物理特性会随着时间的推移而发生显著变化，并与温度、湿度等因素息息相关。在冬季体育运动中，我们应该认识到：冰雪是一直随着时间变化而变化的。这种情况就像是在火窑中的铁锅、小刀或者陶瓷制品的同系温度达到 80%以上的状态一样。从这个意义上来说，我们可以将冰雪称作“窑中陶器”。[1] 接下来，让我们来简单地认识一下冰雪的结构及其摩擦特性。

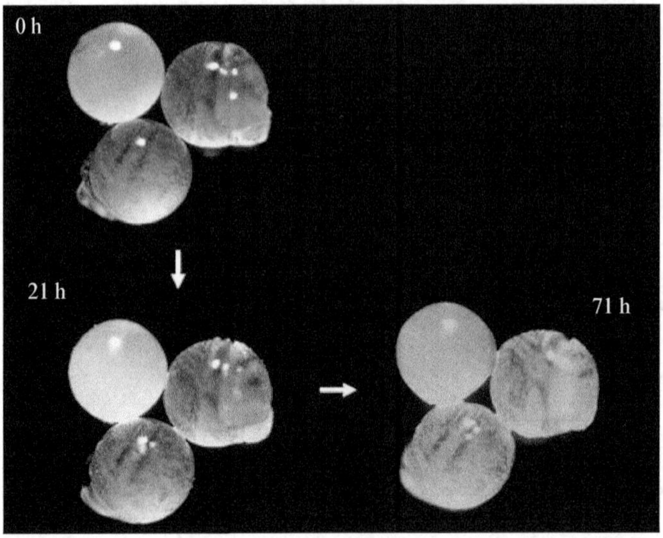

图 1.2 －8 ℃下小冰粒的“烧结”过程

注：左上角的小冰粒直径为 0.9 mm，温度为－8 ℃。低于熔点的键合生长过程称为“烧结”。

1.1　冰的结构及其摩擦特性

1.1.1　冰的结构

六角形的冰是我们进行世界上所有冬季体育运动所用的天然冰的结晶形态。它在大气压下是一种稳定的冰相态，称为“六方冰”(hexagonal ice，ice Ih)，以区别于其他冰结构。只有在极高的气压或者极低的气温下，冰才会出现其他结构。六方冰中的水分子排列方式如图 1.3 所示。

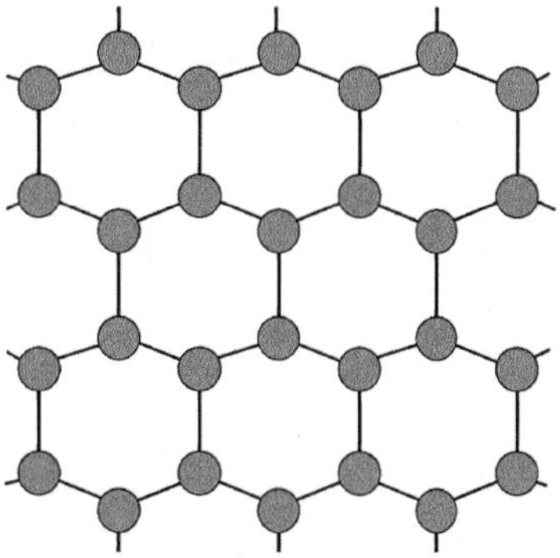

● 为水分子，—为氢键。六重对称环的层为“基层”，该层的法线方向为 *c* 轴。

图 1.3　六方冰基面上的水分子排列结构

灰球所代表的水分子排列成了六边形或六重对称环。连接水分子的线是氢键。晶体层称为“基层”，基层的法线是晶体的 *c* 轴或光轴。单晶或者单晶冰可以视为由这些基层所构成的。在某些情况下，单晶冰会因其基层的滑动而产生变形，就像一副纸牌会因单张纸牌间的滑动而变形一样。这意味着单晶冰的力学性质在不同的方向上是不同的，或者是各向异性的，而各向异性可以通过 *c* 轴的方向来描述。单晶冰的其他物理性质如光学折射率、热导率等也存在各向异性。

然而，我们日常生活中的冰块通常是多晶的，也就是说，一块冰是由数个单晶组成的。图 1.4 显示的是家用冰箱所制成的冰块薄片的截面。我们可以看出，它是由不同

图 1.4　普通冰(多晶冰)的截面

尺寸、不同形状和不同 c 轴方向的小单晶组成的。不同的 c 轴方向赋予每个小晶体不同的颜色。图 1.4 是通过将冰块薄片置于两个交叉的偏振滤光片之间所拍摄的。严格地说，冰的物理性质取决于组成晶体的大小、形状和方向，但我们认为，我们所处理的普通多晶冰是由许多单晶组成的，其中 c 轴的方向不同，因此其物理性质通常是各向同性的。

1.1.2 冰的抗压强度

我们可以通过对冰样品施加压缩力、拉伸力或剪切力来测试冰的力学强度。在这里，我们只讨论抗压强度。许多研究者对多晶冰的抗压强度进行过测试，测试结果显示，数据呈现出了广泛的离散性，这主要是因为强度取决于多种因素，如温度、应变速率、冰粒尺寸以及测试值等。[3-12]

图 1.5 显示了冰在 $10^{-5}\ s^{-1}$、$10^{-3}\ s^{-1}$ 和 $10^{-2}\ s^{-1}$ 这三种应变速率下抗压强度与温度的关系。我们可以看到，冰的抗压强度随着应变速率的增大而增大；同时，随着温度的下降，冰的抗压强度从 0 ℃时的 5 MPa 增加到－50 ℃下的 20～40 MPa。

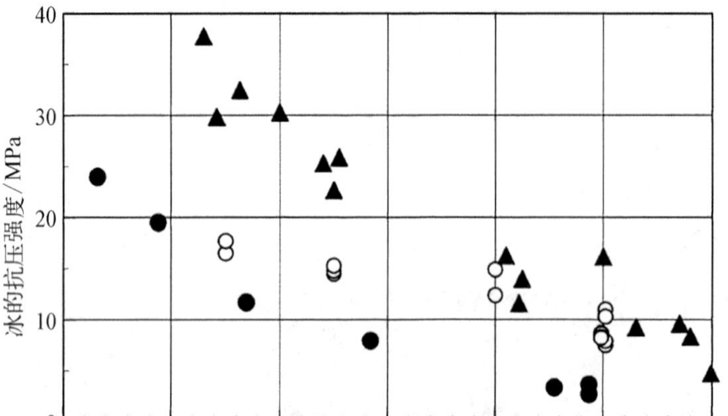

▲为应变速率 $10^{-2}\ s^{-1}$[3]，○为应变速率 $10^{-3}\ s^{-1}$[10]，●为应变速率 $10^{-5}\ s^{-1}$[11]。

图 1.5 冰的抗压强度与温度的关系

注：数据来源于三个不同的研究团队。

压缩应力-应变曲线显示，冰在应变速率低于 $10^{-4}\ s^{-1}$ 时呈现韧性，在－10 ℃时的高应变速率下呈现脆性。[13]强度与冰晶颗粒尺寸之间的关系还没有仔细研究过，但根据柯里尔(Currier)等[5]的测试数据，在 $10^{-6}\ s^{-1}$ 和－10 ℃时，冰的抗压强度随着冰晶颗粒直径的增加而减小，由此我们可以推论：冰晶的颗粒越大，其抗压强度越小。

1.1.3　冰的摩擦因数

滑度是冬季体育运动中冰的最重要的特征。滑度值由摩擦因数(μ)表示,其定义为摩擦力和作用于两者界面上的压力之间的比值。冰的摩擦因数比其他材料小得多,甚至可小至 0.01,一些对冰的摩擦因数的测试方法可以在文献[14-16]中找到。然而,之所以要使用不同的材料来测试其表面与冰面之间的滑动行为,是因为我们需要研究不同的结构(如冰鞋、滑雪板等)在冰环境下的相互作用的实际应用。但是,对于不同材料(如木材、聚合物、金属等),冰面会在不同的滑行速度下表现出不同的摩擦行为。因此,我们对每个实验结果都会有不同的解释,故不能系统性地说明冰的固有摩擦性质。

图 1.6 显示了在滑行速度从 0.000 1 m/s 到 100 m/s 的范围内测量的冰的摩擦因数。在−10 ℃时的冰面上所测试的数据选为冰的固有摩擦因数。很明显,冰的摩擦因数与滑行速度之间的关系非常复杂,但我们可以通过两个物理机理来解释两种不同区域的滑动行为。一种是滑行速度大于 0.01 m/s 的水的润滑作用机理,另一种是滑行速度小于 0.01 m/s 时在摩擦界面上的冰的塑性变形。在这里,我们先简要探讨一下冰的摩擦行为对冬季体育运动的影响,然后在后面再详细解释两种不同的机理。

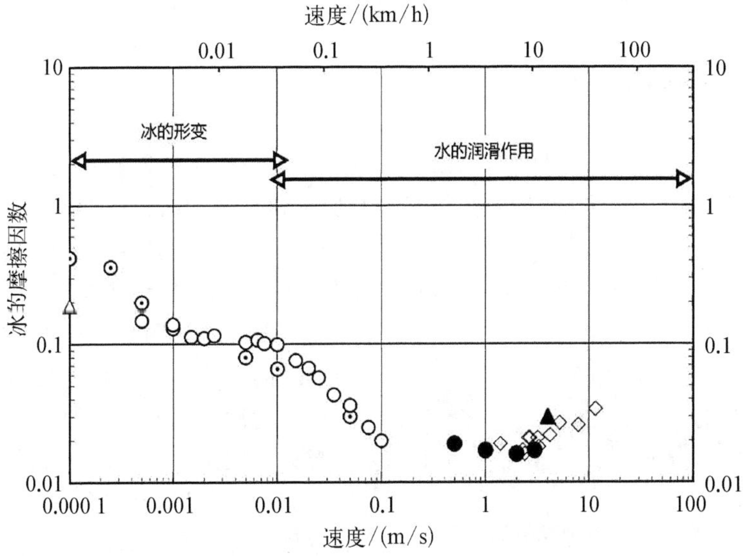

▲文献[17],●文献[18],⊙文献[19],◇文献[20],○文献[21],△文献[22]。

图 1.6　冰的摩擦因数与滑行速度的关系

注:冰与冰之间的摩擦因数的数据来源见参考文献[23,24]。

对于冬季体育运动来说,滑行速度大于 0.01 m/s 的冰的摩擦行为更为重要。在滑行速度从 0.01 m/s 开始增加的区域内,μ 逐渐减小,这是因为摩擦生热所形成的水膜产生了润滑作用;但在更高的滑行速度下,μ 会随着速度的增加而增大。这说明其间存在某一种常数值的区域。μ 和速度(v)的 V 型关系可以用如下方程式表达(我们将在后面对其进行讨论)。

$$\text{低速时} \qquad \mu = A/\sqrt{v} \tag{1.1}$$

$$\text{高速时} \qquad \mu = B\sqrt{v} \tag{1.2}$$

式中,A 和 B 为数值常数。

冬季运动项目以不同的滑行速度进行,根据冬季运动项目的不同,控制不同范围的 μ 是非常重要的。例如,在冰壶项目中,式 1.1 可能有用,因为冰壶石通常以较低的速度滑行;而对于速度滑冰项目来说,式 1.2 可能更重要。值得注意的是,图 1.6 给出了冰的固有摩擦的总体特征。对于在冰面上滑行的特定材料来说,μ 的绝对值大小取决于材料各自的化学和物理性质,但总体表现较为相似。[14-16]

温度对 μ 的影响也很重要。根据不同的测试方法[14, 25, 26],均得出 μ 随温度的升高而线性下降这一结论,具体表达式如下。

$$\mu = C - D(T_{\text{m}} - T) \tag{1.3}$$

式中,C 和 D 为数值常数。

1.1.4 冰的摩擦机理

一直以来,冰的滑度或者低摩擦因数都是以水的润滑作用加以解释的。这很有说服力,因为很多材料都会因水膜而变得湿滑,如潮湿的瓷砖和路面。而且我们也知道,正因为我们生活在极高的冰的同系温度下(见图 1.1),所以冰的表面很容易产生水。我们面前的任何一块冰都低于其熔点并且很可能融化,就像陶瓷板在 1 000 ℃或更高温的火窑里一样。

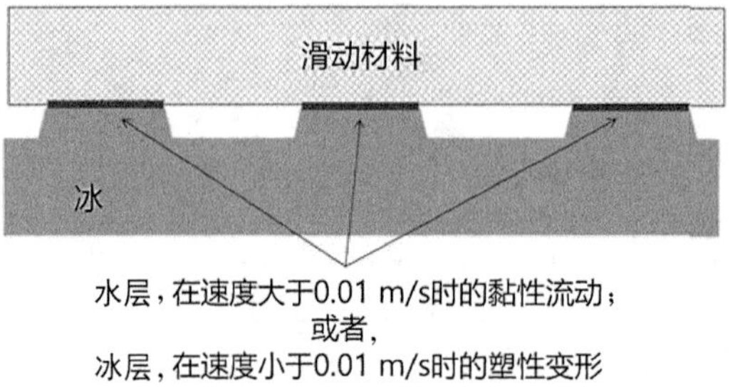

图 1.7 冰的摩擦示意图①

图 1.7 说明了某种材料在冰上滑动摩擦时的变化。冰的滑度是通过两个表面间出现的润滑剂而体现的。这种润滑剂在滑行速度大于 0.01 m/s 时是一层很薄的黏性流动的水层,在滑行速度小于 0.01 m/s 时是塑性变形的冰层。我们无法直接测量这种水层或冰层的厚度,其厚度大约为 100 nm,而且几乎无法用肉眼观察到。材

① 冰的滑度可以用薄层的存在来解释,薄层受小剪切力的作用而变形,可起到润滑剂的作用。当滑行速度大于 0.01 m/s 时,该薄层是受摩擦生热而产生的黏性流动的水层。当滑行速度小于 0.01 m/s 时,该薄层是产生塑性变形的薄冰层。

料在冰面上滑行会产生水的物理学机理是什么呢？第一种解释是起源于 19 世纪的“压力融化”。[27,28] 这是一个看似合理的解释，因为当时刚刚形成的热力学原理表明，冰的熔点（T_m）会随着压力（p）的增加而下降（$dT_m/dp = -0.074$ K/MPa）。然而，这个解释在定性上正确，但在定量上是错误的，因为压力对熔点的影响太小了，不足以用来解释冰的滑度问题。

20 世纪，鲍登（Bowden）等[17] 提出了水的润滑机理，其所涉及的物理过程被埃文斯（Evans）等[25] 进行了广泛研究。此外，奥克萨宁（Oksanen）等[18] 提出了一个合理的摩擦因数定量表达式，它是滑行速度、温度和法向应力的函数。奥克萨宁等[18] 的模型很好地解释了滑行速度大于 0.01 m/s（见图 1.6）时所测得的冰摩擦因数的 V 型关系：随着滑行速度的增加，$v^{-1/2}$ 会随之减少，或 $v^{1/2}$ 会随之增加（见式 1.1 和式 1.2）。

水的润滑模型不能解释滑行速度低于 0.01 m/s 时与低温时摩擦因数（μ）较小这一问题，因为摩擦产生的热量不足以使冰融化。在这种低速和低温的状态下，冰的塑性变形机理更为重要。正如本章前面所讨论的，冰很容易因基面的滑动而产生变形。剪切变形仅发生在冰表面的薄层中，同时，由于相对较长的接触时间，所以滑动材料和冰之间的黏附和烧结所产生的作用也很重要。[24]

1.2　雪的结构及其摩擦特性

1.2.1　雪的结构

雪晶体是由云中的水汽凝结而成的，其外形基本上是反映六方冰晶体对称性的六棱柱。但实际上，雪晶体有多种形态，如六边形片、柱、针或枝状等，这主要取决于温度、水蒸气饱和度以及云中的其他条件。此外，它们在降落过程中还经常相互碰撞形成雪花片。

图 1.8(a) 为降雪几小时后的枝状雪晶体照片。由图可见，枝状雪晶体的所有侧枝已经消失，主枝也处于严重变形融化的状态，因此，我们无法看到那些文献中所描述的雪晶体的细致美丽的表面特征。然而，应当注意的是，图 1.8(a) 中所表现出的样态才是实际生活中我们可以在冬季经常看到的雪晶体和雪花片。一旦雪晶体和雪花片落到地面上，它们就会立刻变形：其凸出部分因蒸发而趋于失去尖角和边缘，同时其凹部会因水蒸气凝结而生长，随着时间的推移，它们会逐渐变成较均匀的圆形颗粒。图 1.8(b) 为在正交偏振光下所拍摄的降雪的局部剖面图。我们可以看到，具有高表面能的复杂形状和特征已经消失了，大多数雪颗粒的形状较为简单。通过估算雪颗粒的平均质量，我们发现，一个雪颗粒大约对应十个雪晶体，也就是说，十个雪晶体蒸发形成一个雪颗粒。

对于图 1.8(b)，我们应该注意到一个更为重要的事实：单个晶体之间是相互连接的，即相接触的冰粒之间存在冰键的生长。本章开头曾提到，键合生长的物理机理是“烧结”。由

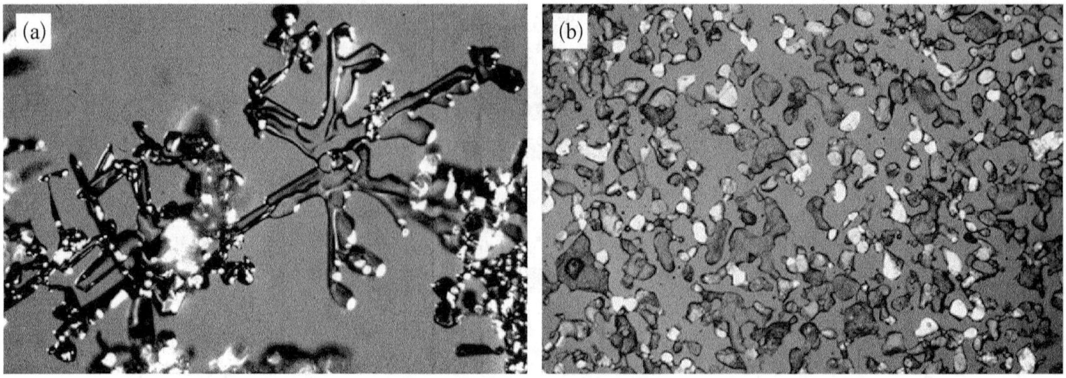

(a) 降雪几小时后的雪晶体(−10 ℃的条件下),照片的水平分辨率为 3 mm;
(b) 正交偏振光下密度为 330 kg/m^3 的积雪横截面,照片的水平分辨率为 20 mm。

图 1.8 新雪和积雪晶体照片

于处于高同系温度,所以"烧结"总是在雪中进行的。这是我们所讨论的冬季体育运动用雪的最重要的特征之一,因为颗粒间的键会改变其物理性能,如力学性能、热性能及其他性能。

雪的结构和性质的变化可能还包括其他物理过程,如果雪的内部存在温度梯度,水蒸气的扩散传输就会产生多面颗粒或者霜白颗粒;如果雪是湿的,液态水的存在将使前述变化过程进行得更快。无论如何,只要雪不消失,它就一直进行着结构和性质的变化。这种变形过程可以称为变质作用、致密化作用或粒雪化作用等。

雪的结构变形可以归纳如下。雪本质上是冰粒和空气的混合物。新雪蓬松且充满空气,其密度通常为 100 kg/m^3 或更小。这表明,雪的内部 89%是空气。雪的结构会随着时间的推移而发生变化,颗粒变大,颗粒间的键也变得更厚,其堆积也变得更紧实,因而其密度增加且大部分物理性能也随之提高。在季节性降雪的情况下,到了春天,雪的密度会达到 300 kg/m^3 并融化;而在寒冷地区,在有冰川时,这种转化过程会持续很长时间,并且雪最终会变成冰。一般来说,雪转化成冰的临界密度为 830 kg/m^3,此时,其内部的所有空气通道都会封闭起来,导致空气在冰中形成一个个单独的小气泡[29],空气在其中所占的比例为 10%。对比图 1.4 和图 1.8(a)时,我们可以这样描述"雪—冰"的转化过程:新雪中的冰粒(溶质)分散在空气(溶剂)中,而冰中的气泡(溶质)分散在冰(溶剂)中。

1.2.2 雪的抗压强度

雪的力学强度对于冬季体育运动来说非常重要。然而,其特性结构会带来很多难以预料的问题。首先,雪只需受很小的机械力便会变形(雪会发生蠕动应变或是表现出黏弹特性)。不可逆的体积变化使得我们对雪进行测试和解释都很困难。[30]在这里,我们只考虑高应变速率下的雪的抗压强度,因为这对冬季体育运动来说可能更有价值。

图 1.9 为不同密度下雪的抗压强度的曲线图。由于雪的弹性和黏性对密度变化非常敏感,所以草率下结论很可能会引起误导。图 1.9 中的数据是在高应变速率下获得的,因此蠕动应变和密度变化都相对较小,即雪的抗压强度视为表征脆性断裂的。如果我们还记得致密化过程是与"烧结"引起的键合生长相伴而生的话,那么密度增加所导致的抗压强度增加就是合理的。

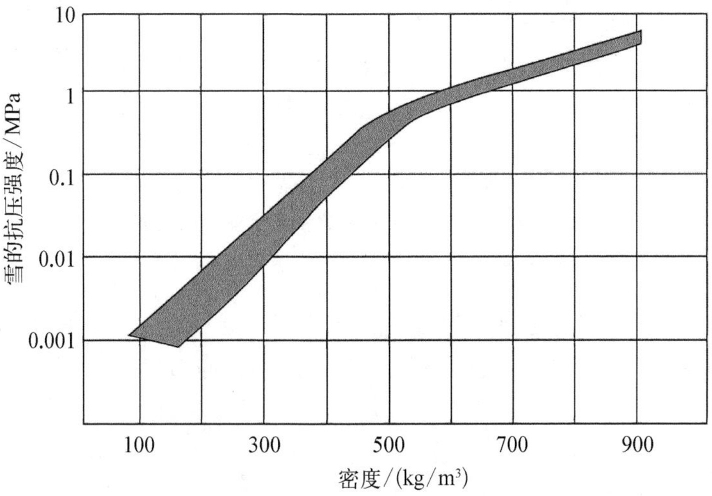

图 1.9　雪的抗压强度与密度的关系[30]

注:数据范围由 11 个独立的研究组测量而定。应变速率的变化范围为 10^{-4}～10^{-2} s^{-1},温度的变化范围为−7～−25 ℃。

1.2.3　雪的摩擦因数

科尔贝克(Colbeck)[31]综述了大量使用各类具有重要应用性的材料来测量雪的摩擦因数的方法。我们将只讨论用滑雪板测量的结果。图 1.10 显示了 8 个研究组使用未上蜡的通用聚乙烯滑雪板所测量的雪的摩擦因数与速度的关系。尽管每个研究组在测试时所用的雪的密度不同,温度也从−1.6 ℃到−13 ℃不等,但我们仍然可以看出大体趋势。在滑行速度为 2～8 m/s 时,雪的摩擦因数几乎恒定,约为 0.03;但在滑行速度低于 1 m/s 时,雪的摩擦因数为 0.05 甚至更大;在滑行速度高于 10 m/s 时,雪的摩擦因数随速度增加而快速增大。这种情况与冰的情况非常相似(见图 1.6),因此,我们也可以将其看作一种修正的摩擦行为的 V 型关系。

从第 1.1.4 节的讨论中我们可以明显看出,在上述速度范围内的滑雪行为,其摩擦机理

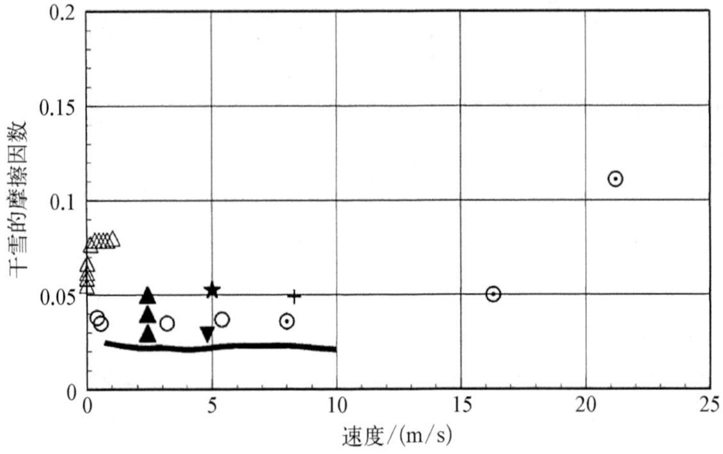

▲为−10.5～−13 ℃[32]，▼为−10 ℃[33]，⊙为−2.5～−1.6 ℃[34]，○为−8 ℃[35]，+为−2.7～−4.2 ℃[36]，★为−10 ℃[37]，△为−10 ℃[38]，━为−7.5 ℃[39]。

图 1.10 干雪的摩擦因数和滑行速度的关系

注：数据由测量未上蜡的通用聚乙烯滑雪板在干雪上摩擦得来。

主要还是水润滑，即滑雪板底面和雪颗粒间的薄水膜的黏性流动。摩擦因数的大小与速度变化的范围因雪密度、颗粒尺寸和温度等因素的不同而不同，并且会产生与冰的固有摩擦行为相比而言更加修正的 V 型关系(见图 1.6)。

两个变化过程都可能成为修正的原因，一个是雪的黏弹性形变(viscoelastic deformation)，另一个是雪的压缩和抗犁性(plowing resistance)。如前所述，雪的抗压强度对应变速率或负载时间非常敏感。如果滑雪板以低于 1 m/s 的低速滑行，其底面会以小的应变速率压缩雪的表面，使得雪的组成颗粒发生黏弹性形变并增加阻力，从而产生较大的摩擦因数(见图 1.10)。当雪的密度较低或温度较高时，滑行速度越低，其影响越明显。另一个变化过程是雪的压缩和抗犁性，其影响在较高的速度下表现得比较明显，并且其速度依赖性可以表示为 v^2(与空气阻力一样)。[40, 41]这种阻力在较低密度的雪和较高温度的情况下也比较大。因此，将这两种雪的特性变化过程所产生的影响赋予冰的固有摩擦属性以及导致雪的摩擦因数产生修正的 V 型依赖性，理论上来说是合理的。

如果雪是湿的，雪颗粒就会被薄水膜覆盖；同时，如果雪非常湿，那么颗粒间就会因毛细作用力而保持大量的水分。可以预见的是，这些雪中的水分会改变其力学性能，并通过毛细吸附力对滑雪板产生阻力作用。[31,42]图 1.11 显示了湿雪的摩擦因数和滑行速度的关系。由于每次测量时水含量和雪密度都不同，因此我们所获得的数值分散在较广的范围内，但可以肯定的是，这些数值总体都大于干雪的相应数值。

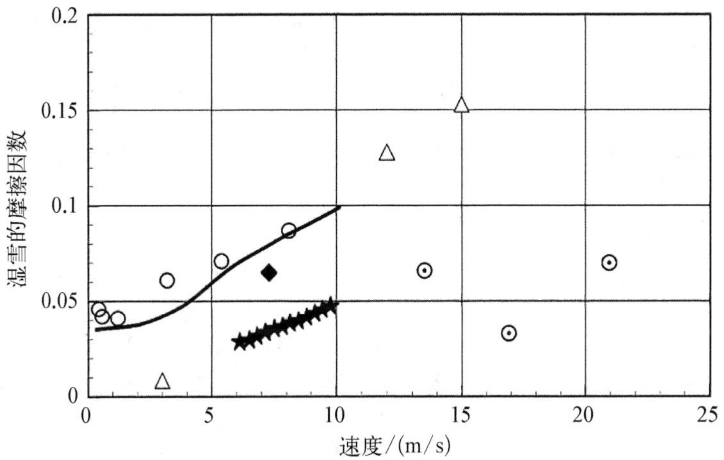

⊙文献[34]，★文献[43]，O文献[35]，△文献[44]，◆文献[36]，—文献[39]。

图 1.11　湿雪的摩擦因数和滑行速度的关系

注：数据由测量未上蜡的通用聚乙烯滑雪板在 0 ℃的湿雪上摩擦得来。

参考文献①

[1] N. Maeno, *Ice Science* (Hokkaido University Press, Sapporo, 2004)

[2] V.F. Petrenko, R.W. Whitworth, *Physics of Ice* (Oxford University Press, Oxford, 1999)

[3] F.D. Haynes, Effect of temperature on the strength of snow-ice, Cold Regions Research and Engineering Laboratory. CRREL Report 78 – 27 (1978)

[4] R.L. Hooke et al., Mechanical properties of polycrystalline ice: an assessment of current knowledge and priorities for research. Cold Reg. Sci. Technol. **3**, 263 – 275 (1980)

[5] J.H. Currier, E.M. Schulson, The tensile strength of ice as a function of grain size. Acta Metall. **30**, 1511–1514 (1982)

[6] R.W. Lee, E.M. Schulson, The strength and ductility of ice under tension. J. Offshore Mech. Arct. Eng. **110**, 187–191 (1988)

[7] E.M. Schulson, S.G. Hoxie, W.A. Nixon, The tensile strength of cracked ice. Philos. Mag. **A59**, 303–311 (1989)

[8] J. Druez, P. Mccmber, Transactions of the Canadian Society for Mechanical Engineering. Tech. rep. **13**, 59 (1989)

[9] X. Xian et al., An experimental evaluation of the tensile strength of impact ice. J. Mater. Sci. Lett. **8**, 1205–1208 (1989)

[10] E.M. Schulson, The brittle compressive fracture of ice. Acta Metall. Mater. **30**, 1963–1976 (1990)

[11] M. Arakawa, N. Maeno, Mechanical strength of polycrystalline ice under uniaxial compression. Cold Reg. Sci. Technol. **26**, 215 – 229 (1997)

[12] J.J. Petrovich, Mechanical properties of ice and snow. J. Mater. Sci. **38**, 1 – 6 (2003)

[13] L.J. Gold, Engineering properties of fresh water ice. J. Glaciol. **19**(81), 197 – 223 (1977)

① 为方便读者查阅，本书所有参考文献未做改动，其后各章相应部分均做此处理。

[14] M. Akkok, C.M. McC. Ettles, S.J. Calabrese, Parameters affecting the kinetic friction of ice. J. Tribol. Trans. ASME **109**, 552–561 (1987)
[15] A.M. Kietzig, S.G. Hatzikiriakos, P. Englezos, Physics of ice friction. J. Appl. Phys. **107**, 08110 (2010)
[16] C. Stamboulides, P. Englezos, S.G. Hatzikiriakos, The ice friction of polymeric substrates. Tribol. Int. **55**, 59–67 (2012)
[17] F.P. Bowden, T.P. Hughes, The mechanism of sliding on ice and snow. Proc. R. Soc. Lond. **A172**, 280–298 (1939)
[18] P. Oksanen, J. Keinonen, The mechanism of friction of ice. Wear **78**, 315–324 (1982)
[19] D.E. Jones, An experimental investigation of low-speed ice-ice friction. MA thesis. ME thesis, Thayer School of Engineering, Dartmouth College, Hanover, 1989
[20] G. Casassa, H. Narita, N. Maeno, Shear cell experiment of snow and ice friction. J. Appl. Phys. **69**, 3745–3756 (1991)
[21] A. Yasutome, M. Arakawa, N. Maeno, Measurements of ice-ice friction coefficients. Seppyo **61**(6), 443–447 (1999)
[22] S. Kanazawa, M. Arakara, N. Maeno, Measurements of ice-ice friction coefficients at low sliding velocities. Seppyo **65**(4), 389–397 (2003)
[23] N. Maeno et al., Ice-ice friction measurements, and water lubrication and adhesion-shear mechanisms. Can. J. Phys. **81**, 241–249 (2003)
[24] N. Maeno, M. Arakawa, Adhesion shear theory of ice friction at low sliding velocities, combined with ice sintering. J. Appl. Phys. **95**(1), 134–139 (2004)
[25] D.C.B. Evans, J.F. Nye, K.J. Cheeseman, The kinetic friction of ice. Proc. R. Soc. Lond. **A347**, 493–512 (1976)
[26] D. Slotfeldt-Ellingsen, L. Torgersen, Water on ice; influence on friction. J. Phys. D **16**, 1715–1720 (1983)
[27] J. Joly, The phenomena of skating and Professor J. Thomson's thermodynamic relation. Sci. Proc. R. Dublin Soc. **5**, 453 (1887)
[28] O. Reynolds, On the slipperiness of ice. Mem. Proc. Manch. Lit. Philos. Soc. **43**(5), 2 (1899)
[29] W.S.B. Patterson, *The Physics of Glaciers*, 3rd edn. (Elsevier, New York, 1994)
[30] M. Mellor, A review of basic snow mechanics. IAHS-AISH Pub. **114**, 251–291 (1975)
[31] S.C. Colbeck, A review of the processes that control snow friction. CRREL Monograph 92–2, 1–40 (Cold Regions Research and Engineering Laboratory, Hanover, 1993)
[32] M. Shimbo, Sliding on snow surface and friction. Seppyo **22**(5), 147–156 (1960)
[33] F.P. Bowden, D. Tabor, *The Friction and Lubrication of Solids* (Oxford University Press, Oxford, 1964)
[34] D. Kuroiwa et al., The coefficient of sliding friction between ski and chemically treated or mechanically compressed snow surface. Low Temp. Sci. **A27**, 229–245 (1969)
[35] R. Tanahashi, Mechanism of ski-sliding: effects of materials and vibration on friction. J. Jpn. Soc. Mech. Eng. **95**(888), 1001–1004 (1992)
[36] D.A. Moldestad, Some aspects of ski base sliding friction and ski base structure, Engineering thesis, Department of Structural Engineering, Norwegian University of Science and Technology, Trondheim, 1999
[37] D. Buhl, M. Fauve, H. Rhyner, The kinetic friction of polyethylen on snow: the influence of the snow temperature and the load. Cold Reg. Sci. Technol. **33**, 133–140 (2001)

[38] M. Takeda et al., Friction of the short model ski at low velocity. J. Phys. Conf. Ser. **258**, 1–9 (2010)

[39] M.A.H. Leino, E. Spring, Determination of the Coefficient of Kinetic Friction Between Ski and Snow from Gliding Velocity of a Skier. Rep. Ser. Geophys. **19**, 1–11 (University of Helsinki, Helsinki, 1984)

[40] R.I. Perla, Avalanche release, motion, and impact, in *Dynamics of Snow and Ice Masses*, ed. by S.C. Colbeck (Academic, New York, 1980), pp. 397–462

[41] B. Glenne, Sliding friction and boundary lubrication of snow. J. Tribol. **109**(4), 614–617 (1987)

[42] S.C. Colbeck, Kinetic friction of snow. J. Glaciol. **34**(116), 78–86 (1988)

[43] J. Erkkila et al., A cinematographic method for determination of the kinetic friction of skis on snow. Rep. Ser. Geophys. Univ. Hels. **21**, 1–15 (1985)

[44] P. Kapps, W. Nachbauer, M. Mossner, Determination of kinetic friction and drag area in alpine skiing. Ski Trauma Skiing Saf. **10**, 1–17 (1996)

第2章

滑雪板与雪之间的摩擦

沃纳·纳奇鲍尔，彼得·卡普斯，迈克尔·哈斯勒，马丁·默斯纳

2.1 引　言

首款滑雪板是欧洲北部的一个国家的人发明的。它用以提高人们在自然、风力影响下的雪面上的运动能力。滑雪板由平板制成，板翘在板尖部。在负载作用下，滑雪板的顶端和末端弯起来，对滑雪板向前移动形成阻力。为了改进滑雪板的滑行性能，人们发明了弓形弧面的滑雪板，它具有向着滑雪板的中心拱起的结构。负载时，滑雪板平放在雪面上，负载力沿着滑雪板更均匀地分布。随着高山滑雪运动的出现，滑雪板的转弯特性变得更加重要。1928年，奥地利人莱特纳(Lettner)发明了钢制边缘的滑雪板，为滑雪板提供了更多的抓地力。20世纪上半叶，滑雪板制造技术得到了空前发展，由不同底部和顶部层的木芯组成的层压滑雪板生产出来了。1955年，奥地利人科夫勒(Kofler)推出了第一款聚乙烯基底的滑雪板，从此显著改善了滑雪板的滑行性能。此外，聚乙烯基底的滑雪板上的轻微划痕也很容易修复。近年来，随着滑雪板基底的特殊研磨技术的发展和人们对特种蜡的开发，滑雪板的滑行性能得到了进一步改进。

除了对滑雪板的实用性开展的研发之外，我们还获得了许多关于摩擦过程的知识。最初，人们认为雪地上的摩擦是干摩擦。不久之后，人们又推测在雪和冰这类表面上摩擦力较小的原因是滑雪板与雪/冰之间存在一层水膜，这种水膜的形成可能是由于雪/冰受到压力而融化形成的。当对其施加额外的压力时，冰可在较低的温度下融化。[1]如果从能量的角度来考虑，则会出现另一种理论。在雪面温度达到可以滑雪的温度时，摩擦产生的热量足以融化积雪。[2]这个过程会产生润滑摩擦，其被视作滑雪板得以在雪地上滑动的主要摩擦机制。在过去的十年中，又出现了另一种理论。由于低于晶体熔点[3]可产生预融化，由此可以观察到准液体膜，据推测，其可对雪的摩擦产生影响。

2.2 雪地摩擦的机理

2.2.1 干摩擦

关于固体与其支撑表面之间的摩擦力，可使用公式 $F_F = \mu F_N$ 进行计算。F_N 是法向负载，μ 是摩擦因数。这里，我们必须区分静态摩擦和动态摩擦，这取决于物体是静止的还是移动的。静摩擦因数通常比动摩擦因数大。

列奥纳多·达·芬奇(Leonardo da Vinci，1452—1519)已经阐述了摩擦的两种基本规律：(1) 接触面积对摩擦力没有影响；(2) 如果物体的负载加倍，其摩擦力将翻倍。两个世纪后，阿蒙顿(Amonton，1663—1705)也研究了摩擦。根据阿蒙顿第一定律，摩擦力与施加的负载成正比；而根据阿蒙顿第二定律，其比例常数与接触面积无关。库仑(Coulomb，1736—1806)继阿蒙顿的研究后发现，动摩擦因数与速度无关。又过了一个世纪，有研究人员[4,5]指出，固体之间的摩擦阻力产生于粗糙的固体表面上的接触作用。随着接触压力的增加，越来越多的粗糙部分发生接触，因此摩擦阻力也随之增加。

在滑雪中，干摩擦通常模拟为固体-固体的相互作用。摩擦阻力来自雪表面的凹凸不平和/或蜡表面的凹凸不平或滑板基底表面的凹凸不平之间的剪切作用。摩擦因数表达式[6]如下。

$$\mu = \frac{\tau}{\sigma} \tag{2.1}$$

式 2.1 相当于 $F_F = \mu F_N$。在式 2.1 中，τ 为剪切应力；σ 为法向压力，作用于滑雪板和雪地之间。对于剪切应力 τ，可以使用雪的粗糙度或含蜡的滑雪板基底粗糙度的剪切强度表示，该值越小越好。在接近 0 ℃的温度下，凹凸的雪表面比滑雪板基底更软，但比大多数滑雪板用的蜡要硬。[7]当雪/冰的温度从 0 ℃降到 −32 ℃时，雪/冰面凹凸的剪切强度增加约 15%，压缩强度增加约 400%。因此，降低温度可减小干摩擦因数。[8]

2.2.2 湿摩擦

与干摩擦相比，滑雪板与雪地之间的润滑水膜可导致摩擦力减小。鲍登等[2]将水膜的形成归因于摩擦生热。滑雪板和雪地之间的摩擦会产生热量，该热量散发到雪和滑雪板上。如果达到雪的融化温度，那么雪融化形成的水就会在滑雪板和雪地之间起到润滑作用。当凹凸的雪表面和滑雪板基底之间形成完整的水膜时，可使用下列公式计算出层流摩擦力。

$$F_{F,\text{wet}} = \frac{\eta_W A_C v}{h} \tag{2.2}$$

式中，A_C 为滑雪板和凹凸的雪表面之间的实际接触面积，h 为水膜的厚度，v 为滑雪板的速度。水的动态黏度可表示为 $\eta_W = 1.79 - 0.054\theta_S$，单位为 mPa · s；$\theta_S$ 是雪的温度，单位为 ℃。

根据雪的特性和滑雪板基底的质地，雪和滑雪板之间的实际接触面积可能很小。雪是由各种形状不同、大小不一的冰晶组成的，它们包裹和融结在一起。滑雪板滑行面的结构由其质地决定。滑雪板施加的整体负载是由雪表面的一小部分支撑的。接触压力较小时，滑雪板在一些冰尖上滑动；接触压力较大时，这些冰尖会崩塌，所以实际接触面积会变大。假定 A 是滑雪板基底的面积，$A_C = aA$ 是实际接触面积，实际接触面积的分数 a 的范围在 0.001 到 0.015[8]，或者在 0.01 到 0.1[9]。

临界雷诺数说明了从层流到湍流的过渡。对于矩形横截面，流体要保持层流状态，其条件如下。

$$Re = \frac{\rho_W h v}{\eta_W} < Re_{\text{crit}} = 1\,500 \text{ 或者 } hv < 2 \times 10^{-3}\ \text{m}^2/\text{s} \tag{2.3}$$

当滑雪速度低于 40 m/s 时，水膜厚度明显小于 50 μm[10]。因此，水膜中的流体为层流。

2.2.3 混合摩擦

当融水润滑缺失时就会发生干摩擦，而当滑雪板与雪的接触面完全被一层水膜覆盖时，则会发生湿摩擦。在许多情形下，表面凹凸的雪与滑雪板基底之间并不能完全被一层水膜隔开，因此固体-固体接触和润滑接触同时发生，即存在混合润滑条件。由于摩擦生热使水膜变厚，因此润滑接触的比重增加。当水分从雪表面的凹凸中被挤出时，水膜的厚度会降低，而固体-固体接触的比重则会增加。

由于摩擦生热、混合条件以及最终纯粹的湿摩擦，从滑雪板的前端直到滑雪板的尾部，沿着滑雪板存在许多固体-固体接触的情况，因此，摩擦因数也是沿着滑雪板发生变化的。为了计算整个滑雪板的总摩擦因数，我们可以把滑雪板划分成几个部分。整个滑雪板的摩擦因数可以表示如下。

$$\mu = \frac{1}{F_N} \sum_{i=1}^{n} F_{F,i} \tag{2.4}$$

摩擦力 ($F_{F,i}$，$i=1, \cdots, n$)可以针对每一个分割的部分使用合适的摩擦模型(干摩擦、混合摩擦或者湿摩擦)和适当的参数(水膜厚度、法向负载和接触面积等)进行计算。

用另一种更先进的方法时，我们可以额外考虑犁削(ploughing)和挤压(compression)[8]的作用——特别是在滑雪板的前部区域，然后考虑转向(turns)、侧滑(skidding)和刻滑(carving)过程。

2.2.4 准液体层

在雪温低于 0 ℃时，没有产生融化的水。然而，仍然存在着一个边界层——准液体水层，其相当于几个水分子的厚度。[3, 11] 这是一个介于固体和液体之间的中间态。当温度高于－80 ℃时，冰的结晶结构开始改变；当温度处于－30～0 ℃时，冰表面被一层 1～10 nm 厚的准液体水层覆盖。[3] 该薄水层使得表面凹凸的冰晶变圆，降低了冰晶体之间的固体-固体相互作用力。我们推测，正是这层薄水层使得表面凹凸的冰变得光滑，因而雪温在 0 ℃以下时摩擦因数较低。

2.3 热 问 题

2.3.1 基本问题

固态的水在自然界中是以雪和冰的形态存在的。定压比热容 c_p 是单位质量的某种材料在压力不变的条件下，升高热力学温度 1 K 所需的热量。冰、雪和水的比热容表值（table value）分别是 2.110 kJ/(kg · K)、2.009 kJ/(kg · K)和 4.186 kJ/(kg · K)。质量为 m_s、体积为 V、密度为 ρ_s 的雪升高热力学温度（degrees of Kelvin）ΔT 所需的热量可以用公式 $Q = c_{p,\text{S}} m_\text{S} \Delta T$ 来进行计算。当雪的温度达到熔点时，任何进一步供应的热量都可以将雪融化。当雪完全融化时，由于水具有比热容，因此水温将升高。如果水冷却，那么水温降低到 0 ℃后就会结冰。水-雪混合物保持在 0 ℃，直到所有的水结冰。一旦水全部结冰，雪的温度便会继续下降。比融化热或融化焓是从雪到水或反向的相转变中单位质量增加（或减少）的热量，其值为 $H_{\text{fus, W}} = 335$ kJ/kg。雪融化所需的热量可通过公式 $Q = H_{\text{fus, W}} m_\text{S}$ 进行计算。从雪晶体的晶格结构中释放出水分子需要多少能量，当水再次结冰时将释放出相同的能量。

由于摩擦生热，滑雪板下雪的凸出体的顶端温度将会升高。当温度达到 0 ℃时，雪的凸出体将融化形成一层水膜。如果只考虑雪表面一个特定的区域，假定摩擦因数为 0.05，在一块长 1.75 m、宽 0.06 m 的滑雪板区域上，加上负载 400 N 就可产生 35 J 的热量（$Q = \mu F_\text{N} L$）。这些热量将分别流向雪和滑雪板，当雪的温度足够高时，雪开始融化。加热雪所需的能量远低于融化雪所需的能量。下面是两个极端的例子。第一，假定 35 J 的热量全部用于加热雪，则能够将 1.74 g 的雪从－10 ℃加热到 0 ℃（$Q = c_{p,\text{S}} m_\text{S} \Delta T$）。如果假定雪的密度为 500 kg/m³，那么同样质量的雪的体积是 3 480 mm³，其相当于滑雪板和雪之间 0.033 mm 厚的一层雪（$A = 1.75 \times 0.06 = 0.105$ m²）。实际上，雪不是立刻被加热的，我们必须用热导方程求解来研究热传播。可以得出的结论是，在滑雪板经过的那段距离，热传递是限制在非常薄的雪层里的，它的厚度相当于雪表面凸出体的数量级。第二，假定 35 J 的热量全部用于融化雪，那么它可以将质量为 0.11 g 的雪融化成水（$Q=H_{\text{fus, W}}m_{\text{W}}$）。如果融化的水沿着滑雪板整个滑行面积（$A=0.105\ \text{m}^2$）均匀分布，那么水膜的厚度则是 1.0 μm。由于融化的水集中在雪凸出体与滑雪板接触的地方，因而实际接触面积并不可知。已有的公开发表的结果之间最大相差两个数量级。若滑雪板仅有十分之一的滑行面被水覆盖，则水膜厚度是 10.0 μm。有人[10]利用介电仪测得水膜的厚度为 5～20 μm。由于测量仪器有一层亲水的涂层，其测量值很可能偏大。斯特劳斯基(Strausky)等[12]使用荧光光谱来测量水膜，测量范围的最小限值是 0.05 μm，在测量范围内并没有测量到任何水。因为其测量速度低于 0.1 m/s，所以该结果也可能是合理的。鲍尔勒(Bäurle)等[9]对厚度低于 1.0 μm 的水膜热流进行模拟，结果表明：摩擦产生的热量大部分流向滑雪板和雪之间，只有很小一部分用来融化雪。

2.3.2 滑雪板与雪之间热流的建模

在本节中，我们先确定滑雪板上的一个区域，探究在该区域发生的从干摩擦到湿/混合摩擦的转变。因此，我们并不需要知道产生的确切的融水量。为了方便，我们重点关注流向雪中的热量，而忽略流向滑雪板的热量。这样，由于摩擦产生的热量全部传输到雪中，雪表面很快就会达到融化温度。

在雪面上的特定位置引入笛卡儿坐标系(Cartesian coordinate system)，x 坐标为沿着滑雪板的长度方向，y 坐标为沿着滑雪板的横向方向，z 坐标为垂直于雪面的方向。雪面为平面时用坐标 $z=0$ 表示，z 坐标正方向指向雪。z 方向的热流量通过解一维热导方程进行计算。在滑雪板经过的时间内，产生热的速率的公式是 $\Delta Q/\Delta t=F_{\text{F}}v$，式中，$F_{\text{F}}$ 是摩擦力，v 是滑雪板的速度。这将产生一个恒定的热通量进入雪中，其公式如下所示。

$$q=\frac{1}{A}\cdot\frac{\Delta Q}{\Delta t}=\frac{F_{\text{F}}v}{A} \tag{2.5}$$

式中，A 表示整个滑雪板与雪之间的接触面积。假定沿着滑雪板方向的摩擦力是恒定的，$T(z, t)$ 表示的则是在时间为 t 和穿透深度为 z 时的雪的温度。起始时间（$t=0$）是雪和滑雪板刚接触的时刻，结束时间（$t=L/v$）是它们最后接触的时刻。可以用一套完整的公式来计算雪的温度，T 是通过雪的热导方程计算得到的，T_0 是雪的初始温度，q 是进入雪表面的热通量。

$$\frac{\partial T}{\partial t}=\alpha\frac{\partial^2 T}{\partial z^2},\ T(z, 0)=T_0,\ -\lambda\frac{\partial T}{\partial z}(0, t)=q \tag{2.6}$$

由于滑雪板仅以雪表面的凸出体为支撑，冰的热扩散系数和热导率使用的表值分别是 $\alpha_{\text{I}}=0.93\ \text{mm}^2/\text{s}$，$\lambda_{\text{I}}=1.8\ \text{W/(m}\cdot\text{K)}$。热导方程的解为[13]

$$T(z,\ t)=T_0+\frac{2q}{\lambda}\sqrt{\frac{\alpha t}{\pi}}f\left(\frac{z}{\sqrt{4\alpha t}}\right),\ f(x)=\mathrm{e}^{-x^2}-\sqrt{\pi}x\cdot\mathrm{erfc}(x) \tag{2.7}$$

式中，erfc 表示余误差函数，$x=\frac{z}{\sqrt{4\alpha t}}$。由该公式可计算出雪表面 ($z=0$) 的温升。可得

$$\Delta T=\frac{2q}{\lambda}\sqrt{\frac{\alpha t}{\pi}} \tag{2.8}$$

干摩擦的时间定义为 $t_{\mathrm{dry}}=L_{\mathrm{dry}}/v$，$L_{\mathrm{dry}}$ 为滑雪板前端干摩擦部分的长度。此时，雪表面凸出体的尖端的温度从 T_{S} 上升至 0 ℃。设 $\Delta T=\theta_{\mathrm{I}}$，$\theta_{\mathrm{I}}$ 为雪凸出体的摄氏温度。合并上述所有参数，可得

$$L_{\mathrm{dry}}=\frac{\pi}{\alpha_{\mathrm{I}}v}\left(\frac{\lambda_{\mathrm{I}}A_{\mathrm{C}}\theta_{\mathrm{I}}}{2\mu_{\mathrm{dry}}F_{\mathrm{N}}}\right)^2 \tag{2.9}$$

作为数值例子，假设越野滑雪板的尺寸 $A=1.75\ \mathrm{m}\times0.06\ \mathrm{m}=0.105\ \mathrm{m}^2$，其十分之一是实际接触面积 ($a=0.1$)，负载 $F_{\mathrm{N}}=400$ N，移动速度 $v=7$ m/s。雪的温度即 θ_{I} 在 −5 ℃和 −10 ℃时，对应的干摩擦因数 μ 分别为 0.25 和 0.22。[8] 在上述例子中，干摩擦区域的长度 L_{dry} 分别为 0.11 m 和 0.55 m。如果实际接触面积只为二十分之一 ($a=0.05$)，或者如果速度 $v=28$ m/s（比如高山滑雪），则相应的 L_{dry} 分别为 0.03 m 和 0.14 m。由于部分热量传至滑雪板，所以 L_{dry} 的计算值为干摩擦区域的实际长度的下限。

注意，由于雪温较低，干摩擦因数较小，故温度越低，发生干摩擦的区域越大。摩擦因数越小，摩擦生热越少。这是众所周知的事实，即整个滑雪板的总摩擦力随着温度的降低而增加。

这里所描述的模拟方法有两个不足之处：(1) 沿着滑雪板方向的热产生速率不是恒定的；(2) 热量不仅会传递到雪里，也会传递到滑雪板上。为了更实际地估算产生的融水量，我们必须对热流量传递到雪和滑雪板的热导方程进行求解。存在的主要困难有不同类型的摩擦（干摩擦、混合摩擦、湿摩擦）产生热的速率不同、消耗热融化雪的速率不同、挤压水膜使其变薄的速率也不同等。这些模型适用于冰[14, 15]和雪[9]，并且所有这些方法都需要解一套复杂的方程。

2.4　实　　验

滑雪板和雪之间的摩擦受许多因素的影响，如速度、负载、雪的特性（温度、密度、液态水的含量、硬度、结构等）和滑雪板的特性（刚度、导热性、基底材料、基底粗糙度等）。大多数关于滑雪板与雪之间摩擦的知识都来自实验室测量。实验室研究的结果对于解释基本的雪摩

擦过程来说非常重要,但也受限于进行实验的条件。实验中控制的条件如负载、速度、滑雪者特性以及雪的特性,不能与滑雪板的实际滑行过程相对应,在实际滑雪中,运动员使用的一般是长滑雪板(板上被施加较大的负载),且在不同的人造雪和天然雪表面高速滑行。此外,摩擦力随滑雪板而变化,短探针无法反映这一点。

在特定滑雪条件下的测试必须在室外场地上进行。例如,在一个很长的赛道上以滑雪者进行实际测试。很遗憾,这些场地测试结果因环境条件的变化和滑雪者动作的不同而存在缺陷。为了确定雪的摩擦力,尤其是在进行高速情况的测试时,必须将空气阻力和滑行阻力分开考虑,这是个重要的问题,因为此时阻力发挥主导作用。此外,进行室外测试很费时间,并且很麻烦。因此,公开发表的关于此类测试的研究结果很少,我们将在下一章对这些内容进行介绍。

为了在一个可控的环境中依次研究影响雪的摩擦力的各个因素,研究人员开发出了不同的实验仪器。在这些仪器中,销盘式摩擦实验机(pin-on-disk tribometer)是最常见的一种。在这个旋转摩擦实验机上,携带着探针的压块压住装满雪的旋转圆盘,以测试出作用在探针上的摩擦力。带有旋转圆盘的摩擦实验机存在严重缺陷:第一个缺陷是在每次旋转中探针和雪或冰都会重复接触,因此温度和水膜会逐渐积累,雪面在每次探针经过时都会被磨得更光滑;第二个缺陷是高速旋转会产生离心力,融水可能会沿径向向外移动,从而改变测得的摩擦力。因此,因斯布鲁克大学滑雪和高山运动技术中心(the Centre of Technology of Ski and Alpine Sports at the University of Innsbruck)的研究人员研发了一台线性摩擦仪(linear tribometer),它可以在整个滑雪板速度达到 30 m/s 时测试雪的摩擦力。我们将在后面的章节中对这台摩擦仪进行介绍。

2.4.1 场地测试

在高山滑雪和越野滑雪的竞技中,滑雪板制造商和国家滑雪联盟每年都会进行多次滑行测试,目的是为他们的运动员选择滑速最快的滑雪板。这些测试结果通常不会公开发表。对于高山滑雪,经验丰富的滑雪板测试人员以一种团身速降(tucked downhill)的姿势直接滑下测试滑道。测试滑道长度为 350 m,设计的最高速度可达到 30 m/s。除了需要用光电元件采集分段和终点的计时数据以外,我们还需要对空气和雪的温度、空气湿度、雪的水分含量等环境条件进行数据采集。所测得的滑行时间和相应的速度用来评估不同基底材料、不同结构和不同蜡的滑行摩擦力。

我们在位于奥地利塞费尔德(Seefeld)的一个长度为 342 m 的固定测试滑道上,在冬季使用相同的装备的情况下,对一位经验丰富的滑雪板测试员进行了 175 次滑行测试。每次测试都对滑行时空气和雪的情况进行了测量。[16] 图 2.1 展示了雪在分别含有和不含液态水的情况下滑行时间与气温的关系曲线。在大约 6 ℃时,在雪中可以测量到部分液态水。从图 2.1 中我们可以看到不同的趋势:在干雪上,温度升高则摩擦力降低;在湿雪上,温度升高则摩擦力增大。由此我们可以推测：干雪上摩擦力降低的原因是水膜厚度增加而使润滑增大；而湿雪上摩擦力增加的原因是滑雪板和雪之间毛细附着作用增大。

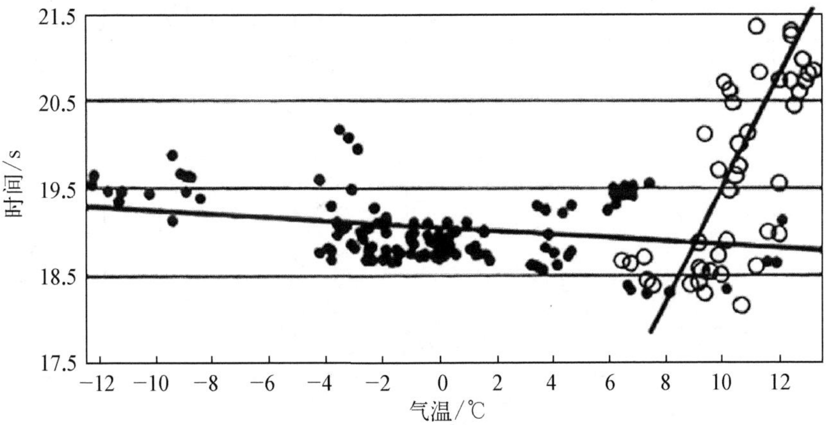

●为不含液态水的雪，○为含有液态水的雪。

图 2.1 直滑测试中滑行时间与空气温度的关系[16]

注：引自 ASTM 标准 STP1266。

表 2.1 总结了直滑、横滑和转向的场地摩擦测试结果。下面简要概述我们团队的现场实验。为了在奥地利塞费尔德固定测试滑道上测定直线滑雪时的摩擦因数和滑雪者的阻力面积[17]，我们安装了 9 个用于测量分段时间的光电元件。通过大地测量（geodetic surveying）方法，我们确定了滑行坡度和光电元件的安装位置。滑雪者的运动采用微分代数方程表示，使用优化方法来分解阻力和摩擦力。结果显示，阻力面积为 0.22 m^2，摩擦因数为 0.008 5（见表 2.1）。通过与其他在风洞中的实验对比，我们发现，阻力面积的值与其他研究数据大致相同，而摩擦因数的值要低于其他研究数据。分析存在这一差异的原因，我们发现：摩擦因数可能取决于一个正比于 v^2 的参数，但这个参数无法从阻力中分解出来。

表 2.1 直滑、横滑和转向中的摩擦力测试概述

μ	速度/(m/s)	测试方法	参考资料
	直滑		
0.03～0.04	2.2	牵引法	文献[20]
0.1	8～27	极限法，光电元件法	文献[20]
0.02～0.1	8～22	光电元件法	文献[21]
0.02(干雪)	0.5～10	极限法，光电元件法	文献[22]
0.03～0.1(湿雪)	0.5～10	极限法，光电元件法	文献[22]

续表

μ	速度/(m/s)	测 试 方 法	参 考 资 料
0.02～0.05	5.5～10.5	极限法，光电元件法	文献[23]
0.008 5	3～29	光电元件法	文献[17]
0.041	0～4	牵引法	文献[24]
横滑			
0.064	1～11	视频法	文献[17]
0.128	11～13	视频法	文献[17]
0.153	15～17	视频法	文献[17]
转向			
0.2～0.3	刻滑	视频法	文献[18]
0.45	速降转向 (downhill racing turn)	视频法	文献[19]
＜0.3	犁式和平行转向(stem and parallel turn)、摆动转向(wedeln)、全制动(snow plow)	序列图像法	文献[25]

卡普斯(Kaps)等[17-19]发表了关于横滑和转向的摩擦因数以及阻力面积的研究论文。滑雪者的重心位置与时间相对应的数据可通过分析二维或三维视频获得；滑雪者的运动方程可通过微分代数方程来进行描述，而摩擦因数和阻力面积可通过动态优化方法确定。在这些情况下，雪地摩擦受到滑雪板的犁削、挤压、侧滑和刻滑等动作的显著影响。从摩擦因数可以看出(见表 2.1)，滑雪板与雪的相互摩擦作用在转向时较小。

2.4.2 实验室测试

鲍登等[2]首先在实验室里研究了在雪或冰上滑行时的摩擦阻力。他们研发了一台摩擦仪器来分析不同材料、不同负载和不同速度时的雪上的摩擦力。根据观察，他们推测，滑块和雪之间通过摩擦生热产生水膜。目前，这已是一个公认的理论。随后，又有许多不同的实验测试用的摩擦仪器研发出来。图 2.2 给出了该领域公开发表的测试概述。对雪上的摩擦力的研究一般采用最高速度为 5 m/s 且最大尺寸为 0.1 m 的探头来进行。在对冰雪运动的研究中，即使对于像冰这样比雪更可控的表面，探头的尺寸也从未重点研究过。

销盘式摩擦实验机是冰雪摩擦研究中最常用的设备类型。它由覆盖着冰或雪的旋转盘和以一个给定的法向力推向面层的探头组成，以测量平行于旋转盘且与旋转方向相反的作

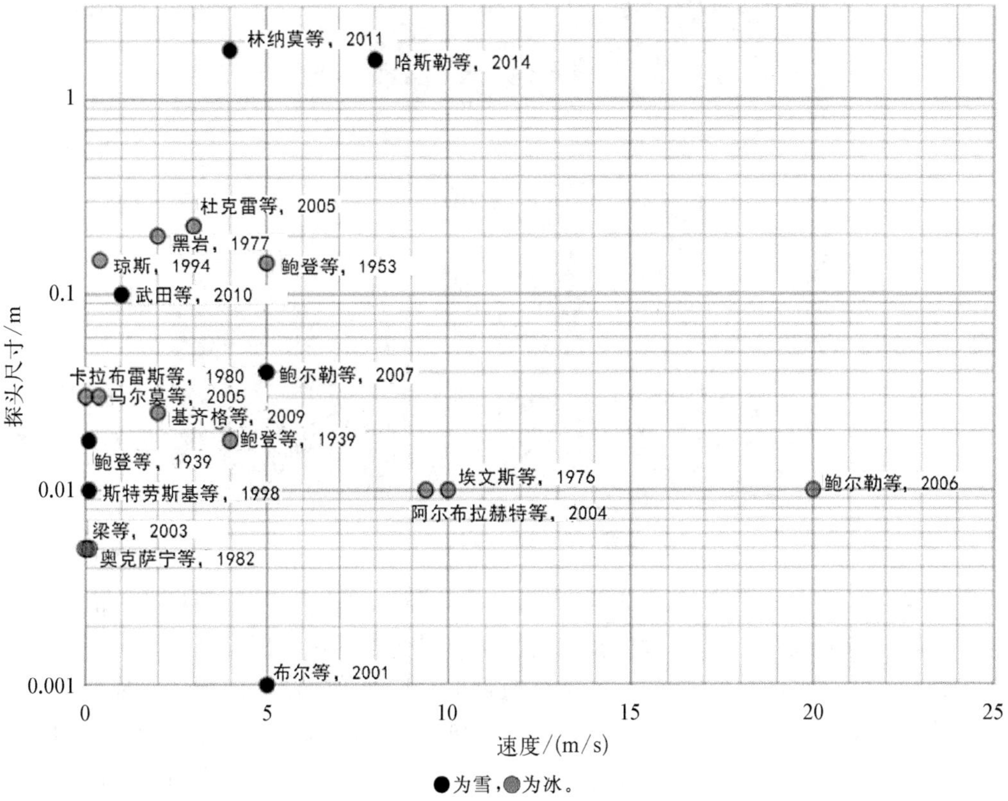

图 2.2　雪和冰的实验室测试概述[34-41]

用力。根据相关文献可知，这类仪器已经广泛开发出来，其旋转盘的直径从几毫米[26]到 1.8 m[27]不等。埃文斯等[28]利用一种在旋转的冰滚筒周围悬挂摆锤的设计来模仿冰面上冰刀的运动。琼斯(Jones)等[29]使用传送带来测试摩擦因数，并测量在固定的冰样块上的摩擦力。还有一些研究人员使用销-盘或盘-盘摩擦实验机进行研究[21, 30, 31]，他们用圆环或圆盘代替销压在雪或冰的表面上，并将实验环境的温度控制在－150 ℃[26]至 0 ℃。

首次实验室测试是在冰面和雪面上同时进行的。[2]在那之后，由于冰的表面更容易制作且实验重复性更好，因此摩擦测试主要是在冰面上进行的。此外，因为冰的接触面平坦并且可以明确定义，所以冰的摩擦机理更容易建模。尤其是在使用旋转测量装置时，对雪的测试通常难以处理，因为其颗粒度和每次旋转都会发生磨损进而引起接触面的变化。

2.4.3　线性摩擦实验机的摩擦测试

因斯布鲁克大学滑雪和高山运动技术中心的研究人员研发了一台线性摩擦实验机(见图 2.3)，主要用于研究雪和滑雪板之间的摩擦机理。

图 2.3　线性摩擦实验机

该设备包括一个线性梁、一个装雪的槽以及一个探头(或滑雪板)的托架。槽可以横向移动,这样可以得到多至十条新做的相同的雪滑道以便于测量。托架被一个功率为 80 kW 的大扭矩电动机牵引。在测试终点,托架可通过电动机和涡流制动来减速。每次测试包括三个阶段:加速阶段、测量阶段和减速阶段。在测量阶段,托架以几乎恒定的速度滑行,其速度范围为 0.1～30 m/s,因此测量长度为 5～20 m。滑雪板或探头连接在托架上(见图 2.4)。托架配有垂直弹簧,可施加到滑雪板上的法向负载的范围为 10～700 N。使用力学

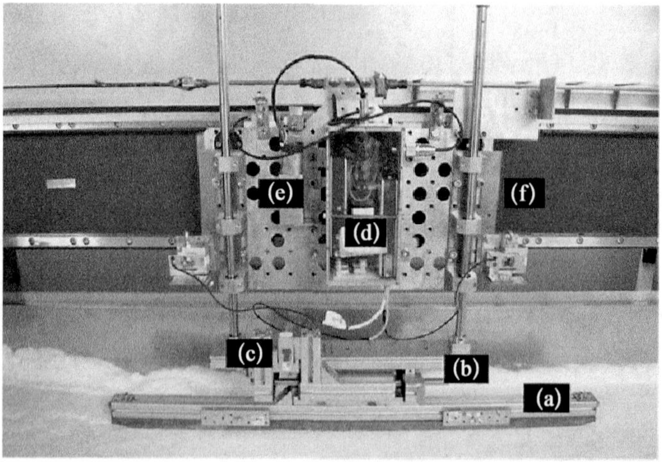

(a) 滑雪板基底探头,(b) 下托架,(c) 水平作用力的力学传感器,(d) 数据采集传输系统,(e) 电池,(f) 线性梁。

图 2.4　线性摩擦实验机的托架

传感器测量滑雪板上的垂直作用力和水平作用力，力学传感器的信号通过无线方式传输至计算机。托架的速度由感应式长度测量系统测得。整个线性摩擦实验机位于冷却室内，其中的空气可以冷却到大约－20 ℃。实验用的雪是在独立的冷却室中使用雪枪制得的。将雪放置在槽中，用不锈钢刀片将其压实，使其平整。冷却线圈固定在槽的底部，用于控制雪的温度。在每次测试之前，要先确定雪的特性(温度、密度、硬度、含水量、颗粒形状和尺寸以及晶粒大小)、空气温度以及空气湿度。

接下来，我们将介绍雪温、速度和垂直负载对雪的摩擦力的影响。将大小为 1.03 m×0.05 m 的探头安装在硬质铝型材下，以获得均匀的负载分布。将雪温设定在－11～－3 ℃，速度设定为 5 m/s、10 m/s、15 m/s 和 20 m/s，垂直负载设定在 10～600 N。每次测量均收集在同一滑道上连续滑行 10 次的数据。对第 4 次到第 10 次滑行的测量数据，计算其水平作用力和垂直作用力的平均值，并由此计算平均摩擦因数。考虑到空气阻力的影响，水平作用力需进行调整。该测量具有高精度的可靠性，且摩擦力会随着速度的提高而降低，在速度为 10 m/s 时，摩擦力约降到原来的 1.3%。平均摩擦因数及其 95% 置信区间的数据如图 2.5 和图 2.6 所示。

2.4.3.1 雪温的影响

在 5 m/s 的低速下，摩擦因数随雪温的升高而下降(见图 2.5)。这一变化符合布尔(Buhl)等[32]在雪上和冰上进行的各种研究的实验结果。[27, 31]布尔等还发现，雪温在－5～0 ℃时，摩擦力最小。这里假设摩擦因数随着雪温升高而减小的原因是雪温越高，润滑作用越强。

与低速测量相反，在 20 m/s 的高速下，我们并没有明显观察到摩擦因数的温度效应(见图 2.5)。

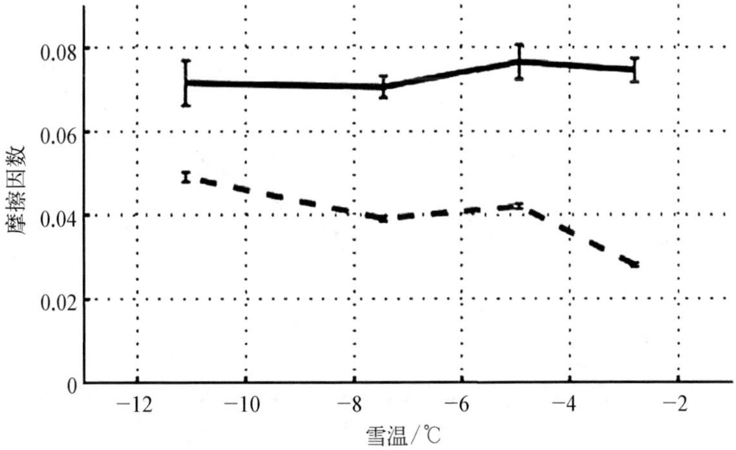

— — —为速度 5 m/s，———为速度 20 m/s，
垂直压力 F_N=146 N，雪密度 ρ=400 kg/m^3。

图 2.5 95%置信区间的摩擦因数与雪温的关系

2.4.3.2 速度的影响

与在雪温为−11 ℃下的测量相反，在雪温为−3 ℃时，摩擦因数随着速度的增加从 0.03 增加到 0.07(见图 2.6)。黑岩(Kuroiwa)[21]还发现，在更高的雪温下，摩擦因数会继续增加。根据湿摩擦公式 $F_{F,\ wet}=\eta_W A_C v/h$ 可以解释，在更高的雪温下，摩擦因数的增加可能与速度的增加有关。

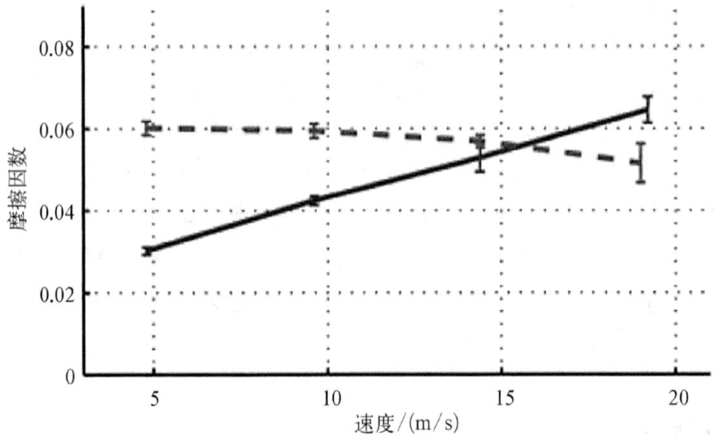

图 2.6 95%置信区间的摩擦因数与速度的关系

2.4.3.3 垂直负载的影响

在速度为 5 m/s 和 15 m/s 时，摩擦力与测量的法向力成正比(见图 2.7)。因此，正如库

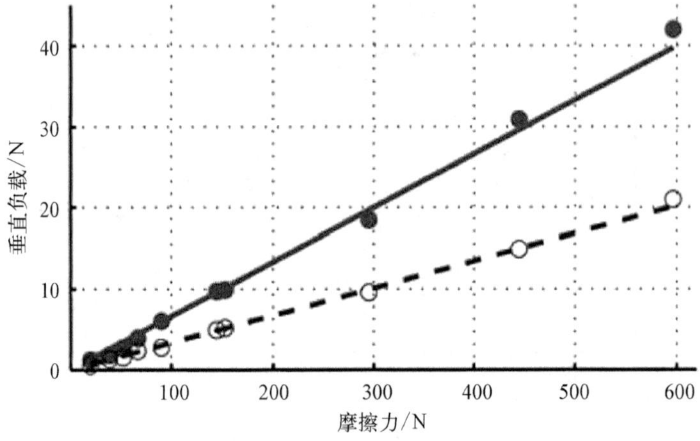

图 2.7 不同速度下摩擦力 F_F 与垂直负载 F_N 的关系

仑摩擦模型(Coulomb type friction)所描述的那样,摩擦因数与法向力无关。对于雪来说,测量的静摩擦因数[33]和动摩擦因数[32]与负载无关,这与我们的研究结果一致。对于冰来说,被反复证实[27,28]的结论是,在一定负载下,摩擦因数会降低。对于这种现象可以这样解释:摩擦力随着负载的增加而增大,因而更高的摩擦生热会产生更多的融化水,引起润滑增加,从而使摩擦因数降低。雪上的摩擦因数可能不受负载的影响,因为在超过一定量后,额外的融化水会被挤出或被雪吸收。

参考文献

[1] O. Reynolds, *Papers on Mechanical and Physical Subjects*, vol. 2 (Cambridge University Press, Cambridge, 1901)

[2] F.P. Bowden, T.P. Hughes, The mechanism of sliding on ice and snow. Proc. R. Soc. Lond. **A172**, 280–298 (1939). doi:10.1098/rspa.1939.0104

[3] Y. Li, G.A. Somorjai, Surface premelting of ice. J. Phys. Chem. **111**(27), 9631–9637 (2007)

[4] F.P. Bowden, D. Tabor, The friction and lubrication of solids. Technical Report, Oxford University Press, Oxford, 1950

[5] F.P. Bowden, D. Tabor, Friction, lubrication, and wear: a survey of work during the last decade. Br. J. Appl. Phys. **17**, 1521–1544 (1966)

[6] B. Glenne, Sliding friction and boundary lubrication of snow. J. Tribol. **109**(4), 614–617 (1987)

[7] F.P. Bowden, Friction on snow and ice and the development of some fast-running skis. Nature **176**, 946–947 (1955)

[8] S.C. Colbeck, A review of the processes that control snow friction. Technical Report 92-2 Cold Regions Research and Engineering Laboratory (CRREL), Hanover (1992). http://www.ntis.gov/index.html

[9] L. Bäurle et al., Sliding friction of polyethylene on snow and ice: contact area and modeling. Cold Reg. Sci. Technol. **47**, 276–289 (2007). doi:10.1016/j.coldregions.2006.10.005

[10] W. Ambach, B. Mayr, Ski gliding and water film. Cold Reg. Sci. Technol. **5**, 59–65 (1981)

[11] G. Sazaki et al., Quasi-liquid layers on ice crystal surfaces are made up of two different phases. Proc. Natl. Acad. Sci. USA **109**(4), 1052–1055 (2012)

[12] H. Strausky et al., Sliding plastics on ice: fluorescence spectroscopic studies on interfacial water layers in the μm thickness regime. Appl. Phys. B **66**(1), 599–602 (1998)

[13] B.N.J. Persson, *Sliding Friction. Physical Principles and Applications* (Springer, Berlin, 2000). ISBN: 978-3-642-08652-6. doi:10.1007/978-3-662-04283-0

[14] E.P. Lozowski, K. Szilder, S. Maw, A model of ice friction for a speed skate blade. Sports Eng. **16**, 239–253 (2013). doi:10.1007/s12283-013-0141-z

[15] E.P. Lozowski, K. Szilder, FAST 2.0 derivation and new analysis of a hydrodynamic model of speed skate ice friction. J. Biomech. Eng. **134**, 8 p (2012)

[16] W. Nachbauer, P. Schröcksnadel, B. Lackinger, Effects of snow and air conditions on ski friction, in *Skiing Trauma and Safety*, ASTM STP 1266, vol. 10, ed. by C.D. Mote et al. (American Society for Testing and Materials, Philadelphia, 1996), pp. 178–185

[17] P. Kaps, W. Nachbauer, M. Mössner, Determination of kinetic friction and drag area in alpine skiing, in *Skiing Trauma and Safety*, ASTM STP 1266, vol. 10, ed. by C.D. Mote et al. (American Society for Testing and Materials, Philadelphia, 1996), pp. 165–177. doi:10.1520/STP37926S

[18] P. Kaps, W. Nachbauer, Snow friction during skiing turns, in *Abstracts Volume II, Second World Congress of Biomechanics*, Amsterdam, NL, ed. by L. Blankevoort, J.G.M. Kooloos (1994), p. 142
[19] P. Kaps, W. Nachbauer, M. Mössner, Snow friction and drag in alpine downhill racing, in *Abstract Book, 4th World Congress of Biomechanics*, Calgary, 2002
[20] B. Habel, Über die Bestimmung von Luftwiderstand und Gleitreibung beim Skilauf. Europa-Sport **20**, 950–955 (1968)
[21] D. Kuroiwa, The kinetic friction on snow and ice. J. Glaciol. **19**, 141–152 (1977)
[22] M.A.H. Leino, E. Spring, Determination of the coefficient of kinetic friction between ski and snow from gliding velocity of a skier. Report Series in Geophysics, vol. 19. University of Helsinki, FI, 1984
[23] J. Erkkilä et al., A cinematographic method for determination of the kinetic friction of skis on snow. Report Series in Geophysics, vol. 21. University of Helsinki, FI, 1985
[24] P. Miller et al., Development of a prototype that measures the coefficient of friction between skis and snow, in *The Engineering of Sport 6*, vol. 1, ed. by E.F. Moritz, S.J. Haake (International Sports Engineering Association, Munich, 2006), pp. 305–310. doi:10.1007/978-0-387-46050-5_24
[25] T. Sahashi, S. Ichino, Coefficient of kinetic friction of snow skis during turning descents. Jpn. J. Appl. Phys. **37**, 720–727 (1998)
[26] H. Liang, J.M. Martin, T.L. Mogne, Experimental investigation of friction on low-temperature ice. Acta Mater. **51**(9), 2639–2646 (2003)
[27] L. Bäurle et al., Sliding friction of polyethylene on ice: tribometer measurements. Tribol. Lett. **24**(1), 77–84 (2006). doi:10.1007/11249-006-9147-z
[28] D.C.B. Evans, J.F. Nye, K.J. Cheeseman, The kinetic friction of ice. Proc. R. Soc. Lond. **A347**, 493–512 (1976)
[29] S.J. Jones et al., Friction of melting ice. Ann. Glaciol. **19**, 7–12 (1994)
[30] S.J. Calabrese, R. Buxton, G. Marsh, Frictional characteristics of materials sliding against ice. Lubr. Eng. **36**(5), 283–289 (1980)
[31] A.M. Kietzig, S.G. Hatzikiriakos, P. Englezos, Ice friction: the effects of surface roughness, structure and hydrophobicity. J. Appl. Phys. **106**(2), 024303 (2009). doi:10.1063/1.3173346
[32] D. Buhl, M. Fauve, H. Rhyner, The kinetic friction of polyethylene on snow: the influence of the snow temperature and the load. Cold Reg. Sci. Technol. **33**, 133–140 (2001)
[33] F.P. Bowden, Friction on snow and ice. Proc. R. Soc. Lond. A **217**, 462–478 (1953). doi:10.1098/rspa.1953.0074
[34] F. Albracht et al., On the influences of friction on ice. Mater. Werkst. **35**, 620–625 (2004). doi:10.1002/mawe.200400822
[35] V. Linnamo et al., Sports technology, science and coaching, in *Proceedings of the 2nd International Congress on Science and Nordic Skiing*, 2011, pp. 28–31
[36] M. Hasler et al., Kinetic friction of boardercross-snowboards. Procedia Eng. **72**, 310–314 (2014)
[37] S. Ducret et al., Friction and abrasive wear of UHWMPE sliding on ice. Wear **258**, 26–31 (2005)
[38] M. Takeda et al., Friction of the short model ski at low velocity. J. Phys. Conf. Ser. **258**, 012007 (2010)
[39] L. Bäurle, Sliding friction of polyethylene on snow and ice, Ph.D. thesis, Swiss Federal

Institute of Technology Zurich, 2006
[40] B.A. Marmo, J.R. Blackford, C.E. Jeffree, Ice friction, wear features and their dependence on sliding velocity and temperature. J. Glaciol. **51**(174), 391–398 (2005)
[41] P. Oksanen, J. Keinonen, The mechanism of friction of ice. Wear **78**, 315–324 (1982)

第3章

冰刀与冰之间的摩擦

弗朗西斯科·布拉金,爱德华多·贝洛尼,斯蒂法诺·梅尔齐,
爱德华多·萨比奥尼,费德里科·切里

关于冰摩擦的科学研究已经有很长的历史了,可追溯到文献[1]中所述的时间甚至更早。这涉及许多科学和工程领域,包括物理学、化学、摩擦学、流体力学和热力学等。在本章中,我们只关注那些侧重于冰鞋和冰刀与冰之间的相互作用的研究。在速度滑冰运动中,冰的摩擦因数较低,主要是因为存在一层水润滑层将冰刀和冰分开。有两种不同的机理即摩擦生热和压力熔化作用,可以解释这个液体层。融水层的厚度随着冰的温度和滑行速度的变化而变化,约为 1 μm。向冰和冰刀中传导的热量以及冰刀下部的润滑液的侧向挤压流动会导致润滑层厚度减小,从而使摩擦因数增加。摩擦的产生是由于在接触处产生了能量损耗——对冰的犁削作用(冰的永久变形、破碎和挤压),以及对冰的液体层的剪切应力。为了研究雪橇动力学并优化其结构布局以最大限度地提高其性能,就需要精确地研究空气动力学和冰与冰刀之间的接触压力。[2-4]虽然我们可以对空气动力进行合理有效的评估(如通过风洞实验),但因其受各种参数,如冰面温度、压力、湿度、冰刀材质和刀刃设计等的影响,很难研究和测量冰刀与冰之间的摩擦力。雪橇和冰刀设计师所面临的主要挑战是理解冰刀和冰、冰刀和雪橇之间的关系。评估冰刀和冰之间的动摩擦因数有两种方法:简化样品的摩擦计测试和在室内/室外进行的实际的冰刀测试。第一种方法虽然对研究、测量低摩擦因数背后的物理特性非常有用[5]——因为可以精确地控制所涉及的不同变量(空气和冰的温度、相对湿度、水质、常压、相对于晶体平面的滑动方向等),但难以对冰刀的实际作用条件(滑行速度、法向负载等)和冰面状况(样品在原生态的冰上滑行的状态)进行有效控制[6]。因此,在本章中,我们将重点关注在室内/室外进行的实际的冰刀测试,以及将会受到不可预测变量(测量噪声)的影响。

3.1　冰刀与冰相互关系的测量

首次尝试对冰与雪橇冰刀间的摩擦进行测量研究的时间可追溯到 1987—1989 年[7-9]，这些研究通过测量雪橇自由滑行的速度间接地推算了摩擦因数(见图 3.1)，以此来评估冰刀材质、构造和磨刀工艺以及冰面情况对动摩擦因数的影响。① 在古岛(Furushima)[10]对滑冰项目的研究以及埃里克森(Ericksson)[11]和厄尔曼(Ulman)等[12]对雪橇项目的研究中也提到了类似的方法。然而，根据针对滑行道上不同位置的单次速度测量结果可知，由于不同的测量点之间存在多个不同的情况(会产生离散性)，因此所测得的动摩擦因数也会受到很大的影响。

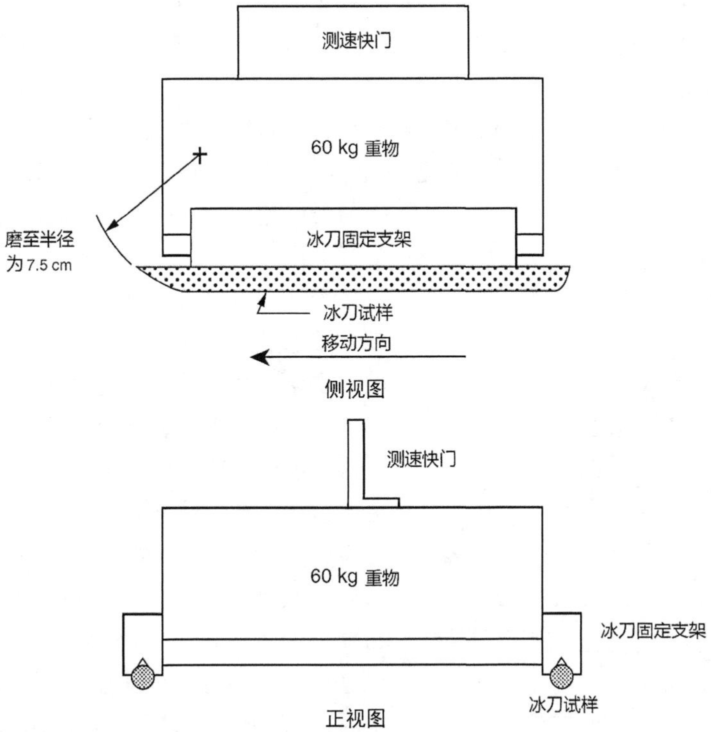

图 3.1　用于测量冰刀与冰之间动摩擦因数的雪橇模型结构图[7, 9]

通过测量在间距为 L 的两个光栅之间的初速度 v_i 和终速度 v_f，我们可以根据式 3.1 计算摩擦因数 μ 的平均值。

① 根据黑岩早期的研究可知，将真冰刀安装到支架上进行冰摩擦的测量可追溯到 1977 年。

$$\mu=\frac{(v_i^2-v_f^2)}{2gL} \tag{3.1}$$

式中，g 为重力加速度。遗憾的是，上述项目研究中所使用的实验装置能测量的速度范围很有限，并且只能模拟直道滑行的情况。正如预期的那样，较低温度下的摩擦因数高于较高温度下的摩擦因数，并且光滑的冰刀在－1 ℃时的摩擦因数比在－10 ℃时的更小。冰刀越粗糙，其摩擦力对温度的依赖性越小。此外，正如摩擦融化理论所预测的那样，使用高度抛光的冰刀以及低热导率的材料在－3 ℃的环境中阻力最小，此时所测得的动摩擦因数最小，约为 0.006。

同样，巴拉金(Balakin)[13]提出了一种评估雪橇摩擦特性的经验方法。然而，就此前所述的测量实验而言，这些分析方法仅评估了有限范围内的冰刀的作用情况，且其会受到许多不确定因素的影响，而不仅仅是延续到雪橇上的空气动力学的影响。另外，德科宁(De Koning)等[14]首次对冰与冰刀/冰鞋间的动摩擦因数进行了直接测量，他们将速度滑冰的冰鞋安装在应变计上并进行校准，以确保冰鞋与冰之间垂直并确定纵向接触应力。实验是由经验丰富的滑冰运动员在室内和室外不同的滑冰场上进行的。实验发现，大约－8 ℃时摩擦因数最小(约为 0.004 2)，这比板垣(Itagaki)等[7]所测得的温度要低(将摩擦因数控制在最小的情况下)。这两个实验有很多不同之处，但最重要的不同之处在于，德科宁等[14]的研究中的滑行速度(8 m/s)大于板垣等[7]的研究中的滑行速度(小于 2 m/s)。此外，实验还发现，摩擦因数会随着速度的增加而增大。这可由德科宁等[14]所发现的在冰鞋与冰界面之间会产生液体层的现象加以解释，即随着速度增加，液体层没有足够长的时间“生长”至“最佳”厚度。为了验证这一说法，并证实冰刀与冰界面间的液体层的主要“贡献”源自哪里，科尔贝克等[15]进行了类似的实验，他们将热电偶插入冰鞋中进行测试(见图 3.2)。事实上，科尔贝克[16]还根据压力融化和摩擦生热理论来解释液体层的存在。压力融化(单独考虑)并不能用来解释冰的低摩擦力，这是因为，达到融化温度所需的压力要高于冰的压缩变形应力，而且如果压力熔化存在，作用于非常薄的液膜里的压力也会对液膜造成很高的挤压损失。

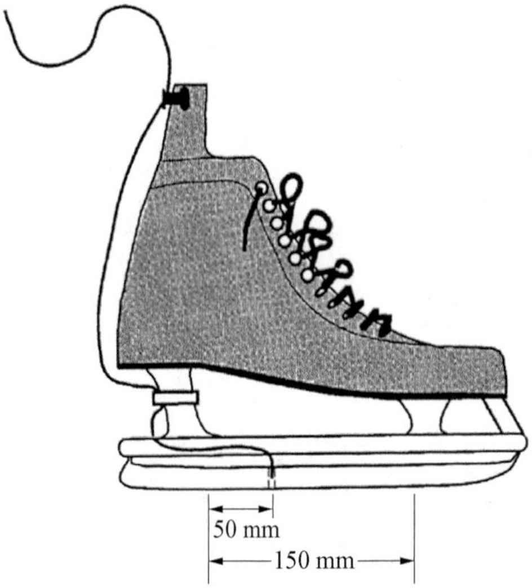

图 3.2 装有直接测温装置的冰鞋示意图[15]

我们在室外和条件受控的室内分别进行了测试。科尔贝克等[15]采用直接(冰鞋中的热电偶)和间接(冰鞋滑过后的冰面温度)方法进行的温度测量表明，主要作用机制是摩擦生热，因为滑冰鞋的温度会随着速度的加快以及隔热层的增加而增加。然而，根据文献[17－

19]可知，钢与冰之间动摩擦因数的最大影响因素通常是接触压力，不仅是因为存在压力融化现象，还因为受到冰道的犁削化的影响。实验结果表明，当以给定的压力值（最佳压力值 p_{opt}，见图 3.3）进行测试时，动摩擦因数可达到最小值。因此，冰刀应以此进行设计，以便在任何状况下达到最佳压力值。

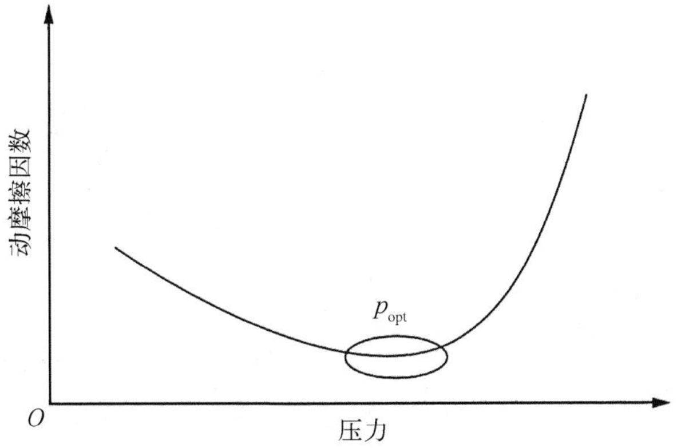

图 3.3 动摩擦因数与压力的关系[17]

文献[20－22]最先提出了设计最优化冰刀的科学方法——基于弹塑性接触（elastic-plastic contact）的低摩擦冰刀的分析设计和制造，以使得冰刀与冰之间的接触面积最小化并防止产生犁削作用。基于这种方法所设计的雪橇冰刀命名为“长野特别版”（Nagano Special），相对于标准版的日本冰刀来说，该冰刀能够将总滑行时间减少 0.42～1.23 s。

在文献[17]中，最优化冰刀的设计是基于最优化法向压力进行的，这是因为影响动摩擦因数的其他参数不易调整，或这些参数的影响是不会产生其他变化的（所以最优值可以求得，此时已考虑到冰刀表面的粗糙度）。例如，温度和滑行速度对摩擦都有很大影响，但影响雪橇中 T 和 v 的方式并不多。事实上，自 2006 年起，对于雪橇和钢架雪车车身的国际化标准制度而言，国际雪车联合会（FIBT）要求运动设备所装配的冰刀必须使用同一种标准化钢材，并且禁止对冰刀进行任何热处理。因此，无论如何优化冰刀，其依赖于天气情况和滑行速度的热传导只在起动阶段受到影响。对冰刀几何形状的任何改变都会直接影响冰刀和冰之间的压力分布，并且根据规则，冰刀的曲率没有限制，只有许多其他设计参数的上限或下限（如冰刀表面的半径、冰刀的厚度和高度等）。因此，可以通过改变冰刀形状实现很宽范围的压力分布。我们通过观察赛道上冰刀的痕迹可以知道，直道部分的实际压力 p 低于 p_{opt}（痕迹浅），而弯道部分的实际压力 p 高于 p_{opt}（痕迹深）。因此，可以通过增加直道部分中的法向压力或减少弯道中的法向压力来降低摩擦因数。我们假设，通过改善弯道中的冰刀行为能够最大限度地节省潜在时间。使用装配有测试装置的冰刀进行摩擦测试和全尺寸测试可以测量 p_{opt}。图 3.4 和图 3.5 显示了在速度为 1 m/s 和两个不同的温度下在实验台上测得的动摩擦因数。

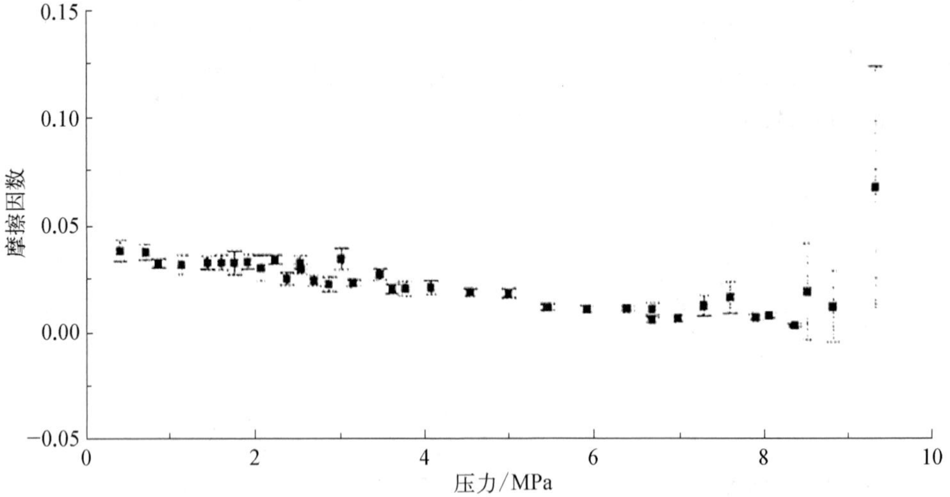

图 3.4 温度为−2 ℃、滑行速度为 1 m/s 时压力与动摩擦因数的关系[17]

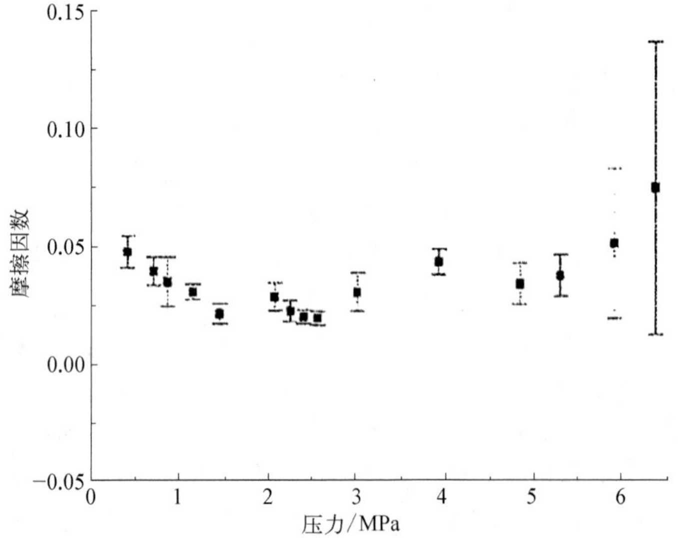

图 3.5 温度为−8 ℃、滑行速度为 1 m/s 时压力与动摩擦因数的关系[17]

从图 3.4 和图 3.5 中可以看出，在温度降低时，p_{opt} 会向较低压力移动(从大约 7 MPa 降到大约 2.5 MPa)。通过深度犁削导致赛道痕迹深度 $d>0.1$ mm 时，较高压力下的 μ 不再呈现降低的趋势。实际上，由于在制备冰面期间产生的预裂纹增加，我们可以观察到，随着温度的降低，在较低压力的状态下也会发生犁削现象。应该注意的是，最佳压力 p_{opt} 是在滑行速度远低于那些雪橇冰刀实验中的滑行速度的前提下测得的。然而在测量滑行速度时，我们并没有观察到 p_{opt} 发生变化。这一发现可以依据以下发现进行解释：对于细冰粒而言，冰的强度不受大于 $10^{-2}\ s^{-1}$ 的应变速率的影响，可能仅与在低滑行速度下 p_{opt} 对滑行速度的依赖性较小有关。在文献[17,23]中,研究人员在任何情况下均假设高滑行速度时的 p_{opt} 等于低滑行速度时的 p_{opt}。

为了能够在冰刀的实际工况下测量动摩擦因数,实验人员还在冰刀和轴上装配了应变计(见图 3.6)。为冰刀装配测试装置的目的是测量撞击产生的应变,并确定撞击所发生的赛道表面的特定位置,而在轴上装配测试装置的目的是通过各个轴末端发生的弯曲来确定在滑行过程中施加在冰刀上的总力。根据轴弯曲的信号,我们在滑行期间观察到冰刀发生了高频率的振动。这些振动导致出现了冲击、犁削和对冰面的破坏等现象,从而产生了更大的摩擦力并消耗了大量能量。因此,有研究者[17]提出优化雪橇框架和悬架系统的减震的建议。相反,对冰刀的应变测量表明,撞击发生于冰刀的特定位置,冰的温度对此位置也有影响。若温度升高,冰会变软,则冰刀会更深地插入冰内。因此,冰刀接触冰面的部分会不规则地向冰刀的前部移动。当冲击力恒定时,压力 p 会随着接触面积的增加而减小,并且有助于减少冲击时的犁削作用。根据这些考虑和测量,我们用有限元分析软件开发了一种称为"Delta 1"的优化冰刀设计(见图 3.7)。在直道中,冰刀在两个半径为 1 050 mm、高度为 0.4 mm 的凸起部分上滑行,从而减小接触面积并增加压力。在弯道中,凸起部分会因弹性变形作用而插入冰内,冰刀表面的其余部分也会与冰接触。这些部件的曲率被设计成 85 m 的实际弯曲半径,由此可以使得在弯道中冰刀对冰面的接触面积增加并且压力降低。

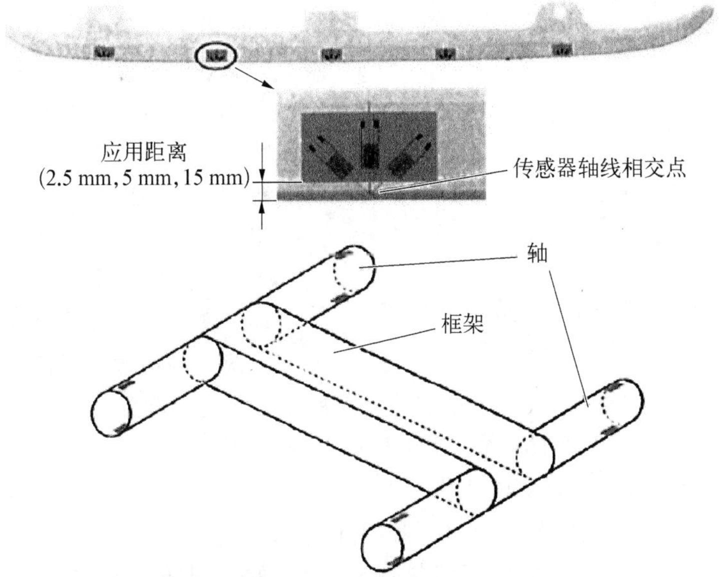

图 3.6 装配应变计的双人雪橇的前冰刀和车轴示意图[17, 23]

现场测试表明,Delta 1 优化冰刀的转向速度比参照冰刀的慢得多,这主要是因为凸起部分所引起的冰的失效以及未在有限元分析中正确考虑该情况。然而,有研究者[17]认为,

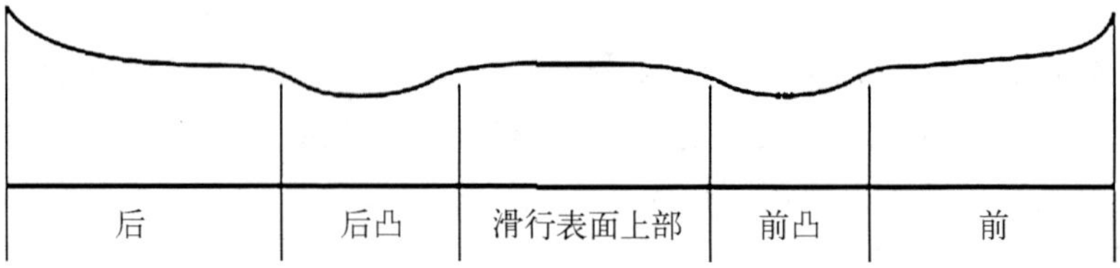

图 3.7 Delta 1 优化冰刀示意图[17]

这为开发具有优化曲率和优化滑行表面半径的最优化冰刀打下了基础。由于规则要求每个雪橇队每个赛季只可以使用两套冰刀，因此建议分别设计两套用于低温和暖温的冰刀。值得研究的还有冰刀的表面层(如陶瓷和类金刚石碳)，它们可能非常有前景。也有研究者[24]通过特定的实验室测试进一步对摩擦最小化的冰刀(实际上是冰鞋)的横截面进行了优化。他们研究了四种不同的钢刃横截面，结论是摩擦和穿透深度有关，并且主要受刀刃的外边角度影响。有研究者[25]对曲棍球冰鞋进行了类似的研究，然而不是在雪橇冰刀上进行的研究。与标准刀刃相比，刀刃角度分别为 48°、68°和 88°的扩口形冰刀刃，其摩擦因数分别可以降低约 13%、21%和 22%，其原因在于接触压力分布更均匀；这一发现因此与"更薄的刀刃产生更少的摩擦力"的范例相矛盾。另外，有研究者[26, 27]也试图直接测量动摩擦因数：为了测量冰刀-冰在实际工况下的接触力，研究者为雪橇的前后轴都装配了应变计桥。此处，我们采用如图 3.8 所示的应变计配置表示。

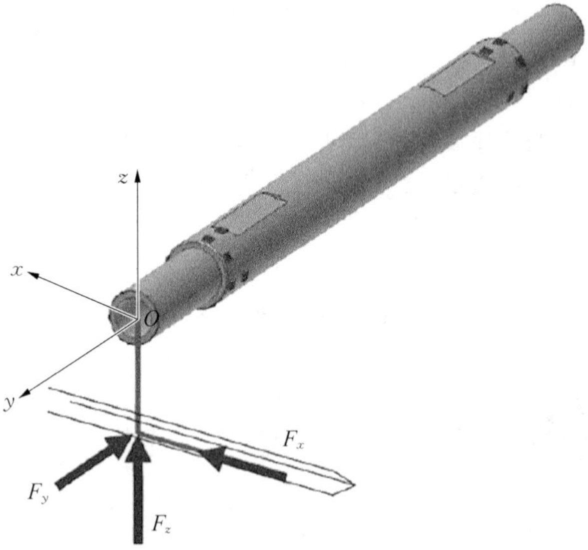

图 3.8 用于冰刀-冰接触力测量的装配轴示意图[26]

注：轴上的深色方块代表应变计。

1. 两个半桥测量 x 周围的力矩(垂直力的评估)；
2. 一个全桥测量轴向力(侧向力的评估)；
3. 两个半桥测量 z 周围的力矩(纵向力的评估)。

应变计按此方式连接，以便于补偿热效应、多余的弯曲扭矩和轴向力(对于四个半桥而言)。

我们通过应用外力 F_x、F_y 和 F_z 的不同组合并测量相应的应变(ϵ_1, ϵ_2, …, ϵ_n)，在室内校准测试轴。通过最小二乘法可获得校准矩阵 $[C]$，公式如下所示。

$$\begin{Bmatrix} F_x \\ F_y \\ F_z \end{Bmatrix} = [C] \begin{Bmatrix} \epsilon_1 \\ \epsilon_2 \\ \cdots \\ \epsilon_n \end{Bmatrix} \tag{3.2}$$

一旦求得校准矩阵，就可以在现场滑行期间测量应变，并重建相应的接触力。除了测试轴外，在塞萨纳·帕里奥(Cesana Pariol)奥林匹克赛道上进行测试的雪橇还配备了以下几种装置。

1. 一个 9 自由度惯性测量单元；

2. 光学传感器，用于连续测量雪橇的绝对速度和侧滑角；

3. 四个线性电位计，用于测量板簧与冰刀的相对距离(每个冰刀一个)；

4. 一个线性电位计，用于测量转向角。

正如我们所预期的那样，随着速度的增加，测得的摩擦因数从 0.08 减小到 0.025。从有关文献中可以清楚地看出，小样本的室内实验室测试有利于评估摩擦现象，但没有达到在实际现场测试中冰刀所真实经历的工况。然而，现场测试受到许多未知的和可变的因素影响，因此确定变化趋势的可能性是受限的。有研究人员提供了两种减少结果分散性和获得更多可重复性结果的方法：一种方法基于使用由汽车拖动的特殊滑板[28]；另一种方法基于使用巨大的径向摩擦计以实现高滑行速度[29]。有研究人员[28]借鉴了一种通常用于评估轮胎稳态性能的方法，设计了一种允许通过转向机制改变冰刀的迎角、被汽车拖拽的特殊雪橇(见图 3.9)。设计该方法的目的是，在稳态条件下，测试在不同的迎角(滑移角)、法向负载和滑行速度下的实际滑行装置的摩擦力。这种方法可以使测试重复进行，从而也可以用来评估冰温、冰刀的几何形状和外倾角的影响。

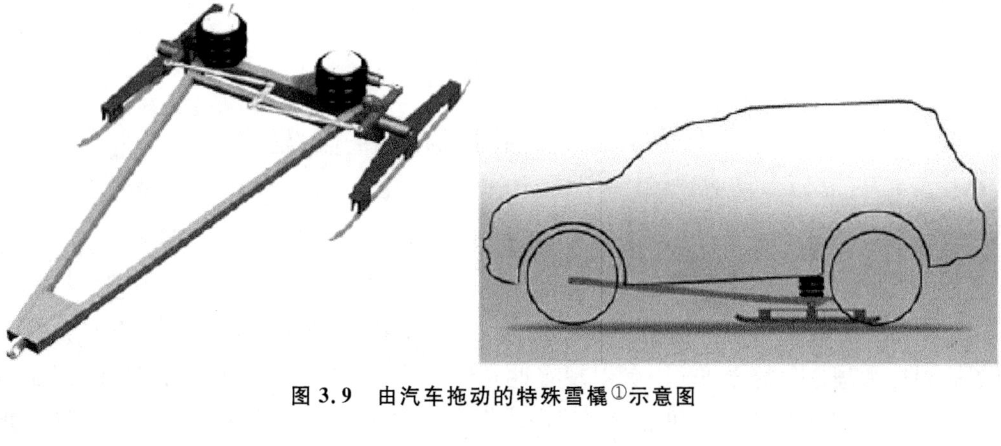

图 3.9　由汽车拖动的特殊雪橇①示意图

① 可在不同的迎角、法向负载和滑行速度下直接测量稳态摩擦力。[28]

有研究人员将真正的雪橇设备用于更受控的环境中，通过使得位于雪橇后面的雷达枪沿着平坦且倾斜的冰面滑动来测量雪橇项目训练用的雪橇板的加速度和减速度。[30,31]根据测量的加速度/减速度，可求得阻力，并易于确定冰刀和冰之间的动摩擦因数。在 1～10 m/s 的速度范围内，测得的摩擦因数为 0.004 2±0.000 9。值得注意的是，这些值远低于之前的研究所发布的数据。在该速度范围内，无法解析 μ 对滑行速度的依赖性。虽然测试应该在更加受控的条件下进行，但是获得的数据较为离散。有研究人员的研究使用了内表面覆盖有冰的大半径滚筒（见图 3.10），并在实验室条件下使用模型滑道进行摩擦测量。[29]这种装置的优点是可以轻松地实现高速度滑行。但是，所进行的测试在以下几个方面与天然雪橇的状况存在不同。

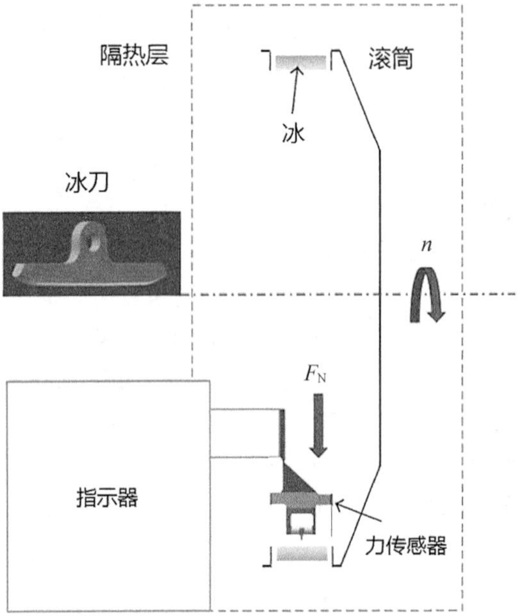

图 3.10 装配有传感器和模型冰刀的动摩擦因数测试仪器[29]

1. 滚筒每转一圈，冰刀滑过冰面的位置相同（相同凹槽），从而大大减少了犁削力。

2. 冰刀摇臂的半径（大半径）和滚筒的半径相同，因此产生了大约 10 cm 的扁平冰面接触长度，远大于标准工况下的接触长度。

3. 施加的接触压力几乎比在实际工况中的冰刀低一个数量级。

该实验所测得的动摩擦因数大约为 0.008，并且随着滑行速度和法向负载的增加而略有下降（在−5 ℃下）。

3.2 冰刀与冰的摩擦模型

直到最近才有研究者建立了数值模型，以用于预测滑冰运动中的冰摩擦。首个模型公式的提出可以追溯到巴拉金等[8]的研究。然而，巴拉金等所提出的模型公式纯粹是唯像①的(phenomenological)，并没有提供任何关于冰刀与冰的摩擦机理的见解。另有研究者[32]提出了一种更为理论化的方法——针对现有世界杯雪橇冰刀在冰道上的三维有限元稳态模型（见图 3.11）。这种更为理论化的方法使用线性和二次四面体元素对冰刀进行建模，同时使用−5 ℃的冰作为应变软化材料。冰刀模型的弯曲实验之间对比的确认精度控制在 3%以

① 唯像（或称现象学）主要是指针对实验现象仅进行概括总结，而不深入解释其内在原因。——译者

内。通过公式计算所得到的冰刀和冰的接触模型的痕迹深度与从现场测试中获得的测量结果一致。另外，该模型还分析了冰中的应力和应变状态。该模型在海茨迈尔(Hainzlmaier)等[17]的研究中得到了改进。研究发现，由于冰刀弯曲值较高，因此研究人员必须使用二次元素而不是线性元素对雪橇冰刀进行建模，并且需要在冰刀与冰界面处采用非常精细的网格进行处理。然而，连接节点数量较大使得计算时间明显增加。因此，冰摩擦的动态模型仍然是未来的主要研究方向。此外，我们还建议进一步改进模型，尤其是关于冰的材料模型，包括热流程、冰刀与冰之间水膜的流体动力学等。布拉金(Braghin)等[26]的研究采用了类似于海茨迈尔等[17]的研究中提出的方法，其开发的模型的主要特征有以下几个方面。

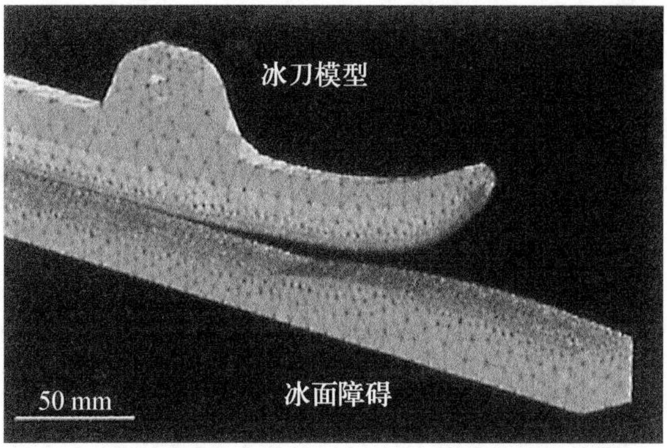

图 3.11　在冰道上的冰刀的三维有限元稳态模型[17]

1. 在有限元模型中不仅考虑了冰刀，还考虑了板簧，将其活动设定为纯粹的弹性行为；
2. 以冰为应变软化材料进行建模；
3. 忽略冰刀温度的升高；
4. 除了接触表面处使用 0.1 mm 的网格种子点外，在整个物体其他部分使用 5 mm 的网格种子点；
5. 对在冰上滑行的冰刀进行动态分析。

研究者在不同的滑行速度、偏摆角(yaw angle)和垂直负载下进行了稳态有限元模拟。在板簧和冰刀上应用滑行速度梯度和垂直负载梯度，并继续模拟，直到达到稳态条件。可能由于数值问题，几次运行都没有达到稳态条件，但是模型所计算的动摩擦因数值低于 0.01。应该注意的是，每次模拟需要大约 1 周的 CPU 时间。得出的结论是，由于设置了许多简化的假定条件(没有温度的升高、没有冰的相变、没有犁削)，因而“需要对数值模型进行改进”。对冰刀与冰的相互作用进行真实的有限元模拟的计算成本和确定所有必备参数的困难程度，使模型趋向于朝简化方向发展，这些模型虽然忽略了冰刀的可变形性，但能够解释那些原本几乎不可能解释的物理现象。这些模型是从 2006 年开始建立的[33-35]，并命名为“基于滑冰热流体动力学的摩擦算法”(friction algorithm using skate thermohydrodynamics, FAST)。该模型的最新版本是 FAST 2.0i，它描述了充分润滑的流体动力学状态下的冰摩擦，其中一层融水完全分离了冰和冰刀的表面。两个表面之间的任何粗糙面接触所产生的影响均不考虑。摩擦力来自犁削力、所发生的(永久)冰变形、破碎和挤压力以及润滑的库埃特流(Couette flow)中的剪切应力。该模型考虑了摩擦融化、进入冰内的热传导和润滑液的侧向挤压流动，还考虑了压力对融化温度的影响。该模型还假设冰刀在未受损的、光滑平坦的冰上滑行。雪橇冰刀的滑动表面可以用两个近似恒定值的弯曲半径来描述：纵向弯曲半径，平行于运动方向(标准值为 34 m)；横向弯曲半径，垂直于运动方向(标准值为 4.75 mm)。冰的硬度是基本参数，可用于确定冰刀刃和冰表面之间的接触面积，从而确定犁削力以及冰刀与冰之间的摩擦因数。事实上，表面接触面积是由冰刀刀刃作用在冰上的力与冰面硬度之比决定的。有几种方法可以评估动态冰硬度。有研究人员将 8～540 g 的钢球从 0.3～1.2 m 的高度落到几个不同的冰面上，通过测量压痕凹坑的直径来确定冰硬度。[30, 36]结果发现，动态冰硬度 p(以 MPa 计)随着冰面温度 t(以℃计)的变化而变化(见图 3.12)，公式如下所示。

$$p(t) = (-0.6 \pm 0.4)t + (14.7 \pm 2.1) \tag{3.3}$$

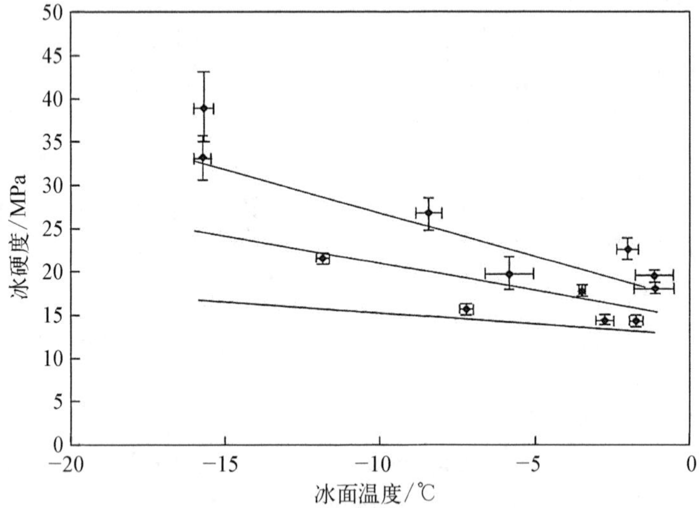

图 3.12 动态冰硬度与冰面温度的关系[36]

注：加拿大奥林匹克公园和卡尔加里奥林匹克椭圆形体育馆中各种冰面的冰硬度。线性拟合和置信限分别是中心线和两条端线。

空气湿度对冰硬度影响的研究目前尚无定论。应该注意的是，如洛佐夫斯基等[37]的研究中所述，通过测试犁削力所得的冰硬度可能与法线方向冲击实验所得的冰硬度不同。事实上，由于犁削力在很大程度上取决于接触区前方附近的冰硬度，而此处的冰基本上完好无损，因此冰的硬度值应该更高；因而实验测试会变得更加难以实施。摩擦融化和压融会产生液体层。摩擦融化在很大程度上会受到冰刀和冰的热传导影响。此外，冰刀施加的压力产生的挤压流动会减小液体层厚度。精确计算挤压流量并非易事。文献[35]做出了以下简化假设。

1. 冰刀和冰之间的接触是充分润滑的(润滑层厚度大于 0.25 μm)；

2. 润滑层厚度仅为沿着冰刀的纵向方向的函数；

3. 在接触面的平均宽度上，挤压流中的平均压力值等同于冰的硬度；

4. 在接触面的侧边缘处的，压力值降至零；

5. 忽略冰刀内部的热传导；

6. 由润滑层自身剪切应力的摩擦能量融化产生的新润滑层，是由剪切层流库埃特流中的大量液态水组成的，其在冰/液界面处的速度为零，在冰刀/液界面处的速度等于冰刀的速度（无滑移边界条件）。

对总摩擦因数的计算而言，各因素的贡献率如下所示。

1. 犁削力占10%～33%（依赖于法向负载）；

2. 融化时间约占15%（极冷冰）～25%（接近熔点的冰）；

3. 当冰面温度很低（−40 ℃）时，冰的热传导占33%（最大法向负载）～40%（静态法向负载）；当冰面温度处于熔点附近时，其贡献率降至零；

4. 挤压流体的贡献率在−40 ℃时相对较小，贡献率范围为25%（最大法向负载）～30%（静态法向负载）；在熔点附近时，其贡献率范围为40%（最大法向负载）～60%（静态法向负载）。

当然，该模型最重要的贡献是以预测的动力学摩擦因数为变量的冰面温度与雪橇滑行速度的函数（见图3.13）。在雪橇的滑行速度较低时不会产生太多的摩擦能量，并且温度较低的冰可以带走大部分摩擦能量，从而产生薄冰层和高剪切应力。在冰的温度较高时，摩擦因数会减小，冰内部的热量损失也会减少。雪橇的滑行速度较高时会产生大量的摩擦能量，且摩擦因数会降到最小。在更高的速度下，犁削力的贡献率相应增加，摩擦因数也开始增加。因为较冷的冰更硬，所以在低温下（穿透深度减小），犁削力减小会导致总摩擦因数降

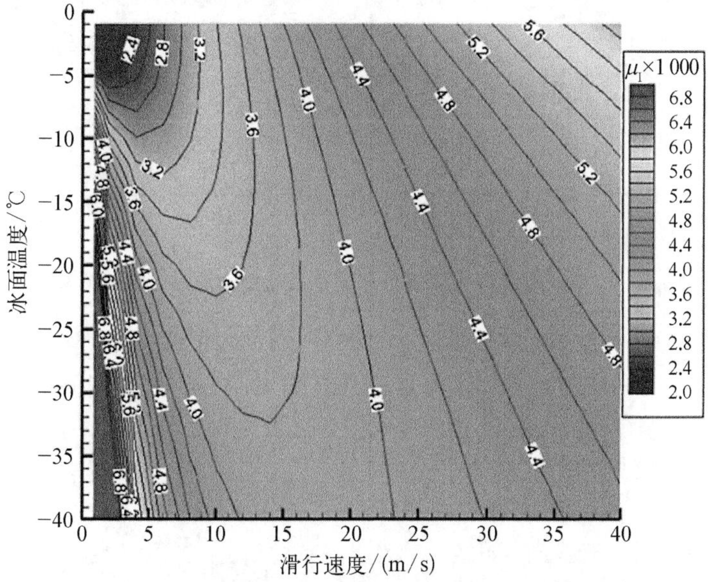

图3.13　以冰摩擦因数表示的冰面温度和滑行速度的关系[35]

低。但是，在雪橇运动中，冰面温度（通常接近环境温度）几乎无法控制。由参照模型可知，如果冰面温度随着空气温度的变化而变化，那么在一天中较冷的时段进行滑行应该更具优势。在分析冰刀尺寸的影响方面，文献[17, 35]得出的结论是，虽然小冰刀的半径（横向半径）影响不大，但也应该使其最大化以实现最小的冰摩擦，对于更高的负载来说更应如此。改变大冰刀的半径对冰摩擦的影响甚至更小。随着小冰刀半径的减小，摩擦因数增加的主要原因是，犁削力的增加产生了更深的冰面穿透，流动路径更窄使得挤压流体增加。其中一部分摩擦力会因小冰刀半径的减小，所产生的摩擦融化的贡献率小幅下降而被抵消。需要注意的是，增加冰刀半径也会影响对滑行的控制，因此减小摩擦应该以合理的折中为目标。此外，有限元模型还验证了以润滑层最大厚度为变量的冰面温度和滑行速度的函数（见图 3.14）。当润滑层的最大厚度（h_{max}）低于表面粗糙单元的峰谷高度（peak-to-valley height）即低于 0.25 μm 时，摩擦模型将失效。通过与德科宁等[14]的研究（见图 3.15）和波里尔等[30]的研究（见图 3.16）的测量数据进行比较，我们验证了该模型。

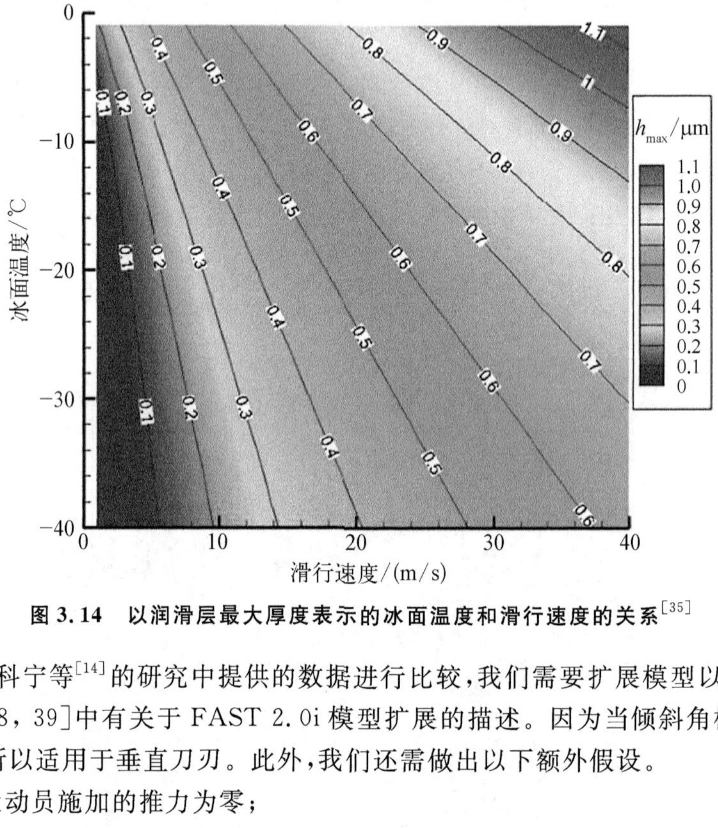

图 3.14 以润滑层最大厚度表示的冰面温度和滑行速度的关系[35]

为了与德科宁等[14]的研究中提供的数据进行比较，我们需要扩展模型以考虑刀刃的倾斜度。文献[38, 39]中有关于 FAST 2.0i 模型扩展的描述。因为当倾斜角极限接近零时，其比较有效，所以适用于垂直刀刃。此外，我们还需做出以下额外假设。

1. 滑冰运动员施加的推力为零；
2. 施加在刀刃侧边与冰面之间的接触面上的力为零；
3. 润滑层的厚度没有横向变化；
4. 刀刃和冰之间的热传导可以忽略不计。

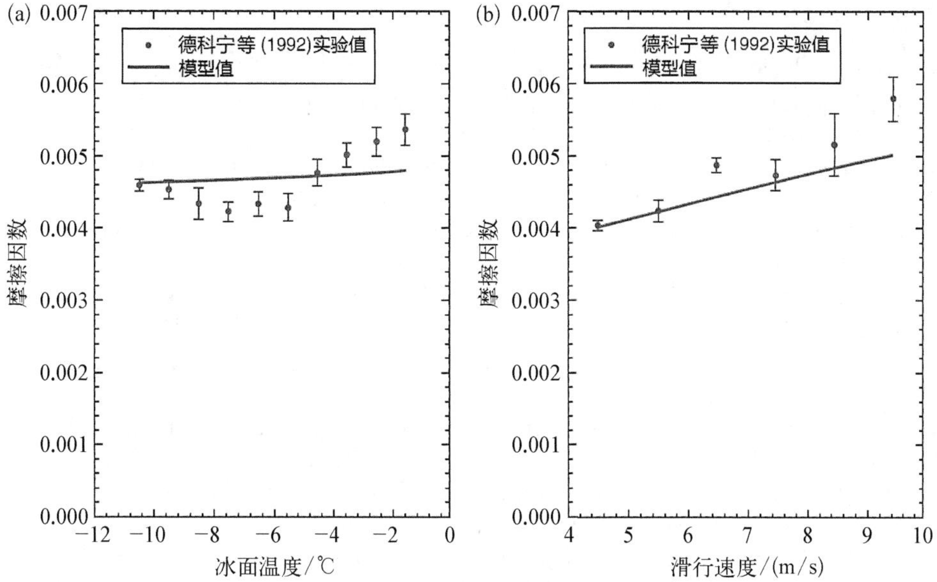

(a) 滑行速度为 8 m/s;(b) 冰面温度为－4.6 ℃。

图 3.15　滑冰过程中冰摩擦因数与冰面温度和滑行速度的函数关系

注：此处，用德科宁等[14]的实验数据验证洛佐夫斯基等[39]的研究中的模型。

模型数据结果表明，对于倾斜的刀刃，冰摩擦因数可能更高。如图 3.15 所示，当在所有冰面温度上取平均值时，动力学摩擦因数的模型值和实验值非常相近。然而，对于实验数据而言，在－7 ℃左右时摩擦因数最低，这在同样的滑行速度下的模型数据中并不明显。当滑行速度较慢时，该模型在相同的温度范围内确实表现出相似的最小冰摩擦因数。对于滑行速度的依赖性，模型值和实验值表现出类似的定性行为，即冰摩擦因数随着滑行速度的增加而增加。然而，实验值的增加率超过了模型值的增加率。相反地，在图 3.16 中，波里尔(Poirier)等[30]得出的雪橇、冰刀的实验数据都明显受到了离散性的影响——尤其是在较高的滑行速度下。因此，我们只能对实验数据进行定性验证。

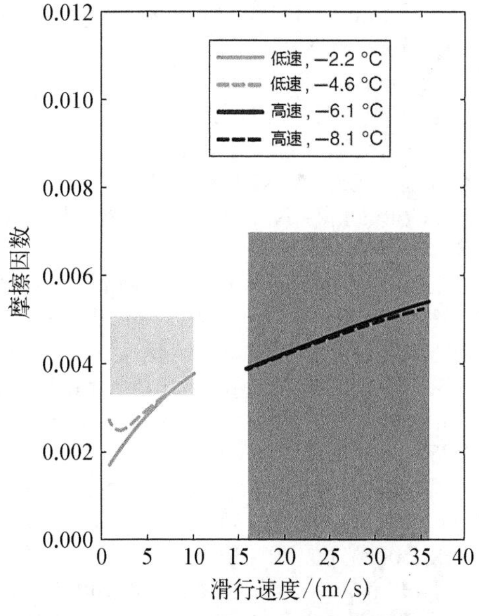

图 3.16　不同的滑行速度的摩擦因数对比

注：矩形结果来自波里尔等[30]的实验数据；连续线段所表示的内容来自洛佐夫斯基等[35]的研究中的模型。

参考文献

[1] J. Joly, The phenomena of skating, Sci. Proc. R. Soc. Dublin, New Series. **5**, 453 (1886)

[2] K. Bromley, Factors affecting performance of skeleton bobsled. Ph.D. thesis, Mechanical Engineering, University of Nottingham, 1999

[3] F. Braghin et al., Bobsleigh driver model, in *Proceedings of the Mini Conference on Vehicle System Dynamics, Identification and Anomalies* (2008), pp. 673–679

[4] C. Sawade et al., Assessment of an empirical bob-skeleton steering model. Procedia Eng. **72**, 447–452 (2014)

[5] K. Tusima, Tribology in skating, skiing, and curling. Toraibarojisuto/J. Jpn. Soc. Tribol. **54**(7), 470–475 (2009)

[6] T. Kobayashi, Studies of the properties of ice in speed-skating rinks. ASHRAE J. **15**(1), 51–56 (1973)

[7] K. Itagaki, G.E. Lemieux, N.P. Huber, Preliminary study of friction between ice and sled runners. J. Phys. (Paris) Colloque **48**, 297–301 (1987) [Chap. 3]

[8] V.A. Balakin, V.N. Smirnov, O.V. Pereverzeva, Sliding of sled runner over ice. Sov. J. Frict. Wear (English translation of Trenie i Iznos) **9**(2), 57–62 (1988)

[9] K. Itagaki, N.P. Huber, G.E. Lemieux, Dynamic friction of a metal runner on ice. Part 1: model sled test. Technical report, US Army Corps of Engineers, Cold Regions Research and Engineering Laboratory (1989)

[10] T. Furushima, Study on the frictional resistance of skates. Seppyo **34**, 9–14 (1972)

[11] R. Ericksson, Friction of runners on snow and ice. SIPRE Report TL 44, US Army Cold Regions Research and Engineering Laboratory (1955)

[12] D.G. Ulman, C. Cross, Engineering a new-generation bobsled. American Society of Mechanical Engineers 79-DE-E-5 (1979)

[13] V.A. Balakin, Friction performance of sports luges and bobsleds sliding along ice track. J. Frict. Wear **17**(1), 29–36 (1996)

[14] J.J. De Koning, G. De Groot, G.J. van Ingen Schenau, Ice friction during speed skating. J. Biomech. **25**, 565–571 (1992)

[15] S.C. Colbeck, L. Najarian, H.B. Smith, Sliding temperatures of ice skates. Am. J. Phys. **65**(6), 488–492 (1997)

[16] S.C. Colbeck, Pressure melting and ice skating. Am. J. Phys. **63**, 888–890 (1995)

[17] C. Hainzlmaier, A new tribologically optimized bobsleigh runner. Ph.D. thesis, Zentraliastitut fiir Medizinteclmik Teehnisehe Universitat Miinchen, 2005

[18] S. Boerboom et al., Effect of runner material on ice friction in bobsleigh, in *Proceedings of the 10th Annual Congress of the European College of Sport Science*, ECSS 2005, Belgrade, July 2005

[19] M. Dumm et al., The effect of pressure on friction of steel and ice and implementation to bobsleigh runners, in *The Engineering of Sport 6*, ed. by E. Moritz , S. Haake (Springer, New York, 2006), pp. 103–106

[20] K. Hokkirigawa, Tribology of the bobsled: development of bobsled-runner for Nagano olympics. Jpn. J. Tribol. **43**(1), 31–38 (1998)

[21] K. Hokkirigawa, Tribology in bobsleigh and skeleton-toward salt lake from Nagano. Jpn. J. Tribol. **47**(2), 69–74 (2002)

[22] K. Hokkirigawa , T. Yamaguchi, Development of a low friction runner and analysis of the new

start technique for bobsleigh. Hyomen Kagaku **26**(12), 762–765 (2005)

[23] C. Hainzlmaier et al., Measurement of the contact force between runner and ice for bobsleigh, in *Proceedings of the 9th Annual Congress of the European College of Sport Science, ECSS 2004*, Clermont-Ferrand, March 2004

[24] M. Fauve, H. Rhyner, Analysis and optimization of the sliding properties of luge steel blades on ice, in *The Engineering of Sport 7* , vol. 1 (Springer, Paris, 2011), pp. 579–586

[25] P. Federolf et al., Impact of skier actions on the gliding times in alpine skiing. Scand. J. Med. Sci. Sports **18**, 790–797 (2008)

[26] F. Braghin et al., Bobsleigh performance optimization through a multi-body model, in *Proceedings of Multibody Dynamics 2009 ECCOMAS Thematic Conference,* Warsav, 29 June-2 July 2009 (2009), pp. 1–12

[27] F. Braghin et al., Experimental assessment of bobsleigh dynamics and ice-skate contact forces, in *Topics in Modal Analysis II, Volume 6*. Conference Proceedings of the Society for Experimental Mechanics Series (Springer, New York, 2012), pp. 487–498

[28] M.R.I. Nieuwenhuijze, A set-up to investigate the steady state behavior of the iron-ice contact of bobsleigh runner. Traineeship report, Eindhoven University of Technology, 2009

[29] M. Scherge et al., High-speed ice friction experiments under lab conditions: on the influence of speed and normal force. ISRN Tribol. (2013). Article ID 703202

[30] L. Poirier, Ice friction in the sport of bobsleigh. Ph.D. thesis, University of Calgary, 2011

[31] L. Poirier et al., Experimental analysis of ice friction in the sport of bobsleigh. Sports Eng. **14**(2–4), 67–72 (2011)

[32] C. Hainzlmaier et al., Computational mechanics in bobsleigh: finite element model of runner and ice. Eng. Sport 5 **1**, 256 (2004)

[33] A. Penny et al., Speedskate ice friction: review and numerical model - Fast 1.0, in *Proceedings of the 11th International Conference on the Physics and Chemistry of Ice*. Bremerhaven, 23–28 July 2006 (The Royal Society of Chemistry, Cambridge, 2007), pp. 495–504

[34] E.P. Lozowski, K. Szilder, Derivation and new analysis of a hydrodynamic model of speed skate ice friction. Int. J. Offshore Polar Eng. **23**(2), 104–11 (2013)

[35] E. Lozowski, K. Szilder, L. Poirier, A bobsleigh ice friction model. Int. J. Offshore Polar Eng. **24**(1), 52–60 (2014)

[36] L. Poirier, E.P. Lozowski, R.I. Thompson, Ice hardness in winter sports. Cold Reg. Sci. Technol. **67**(3), 129–134 (2011)

[37] E.P. Lozowski, K. Szilder, S. Maw, A model of ice friction for a speed skate blade. Sports Eng. **16**, 239–253 (2013). doi:10.1007/s12283-013-0141-z

[38] E.P. Lozowski, K. Szilder, S. Maw, A model of ice friction for an inclined incising slider, in *Proceedings of the 22nd International Offshore and Polar Engineering Conference*, ISOPE 2012, Paper 2012-TPC-1018, Rhodes, June 2012, pp. 1243–1251

[39] E.P. Lozowski, K. Szilder, Derivation and new analysis of a hydrodynamic model of speed skate ice friction. Int. J. Offshore Polar Eng. 23, 104–111 (2013)

第4章

高山滑雪

斯蒂法诺·梅尔齐,爱德华多·贝洛尼,爱德华多·萨比奥尼

4.1 引　　言

如图 4.1 所示,早在史前时代,人们就已经开始使用滑雪板了(壁画和一些古董发现可以证明),当时主要是为了提高狩猎活动的机动性。几个世纪以来,滑雪板逐渐应用在军事上以及在积雪覆盖地区的运输活动上,比如早在 1517 年,就有关于穿越欧洲的长途旅行的报道。[1]对于滑雪技巧的描述则首次出现在 1765 年出版的《军事手册》(*Military Manuals*)中。首次使用滑雪板进行比赛则是在 19 世纪中期的挪威,在那之后的几年内,这项运动从

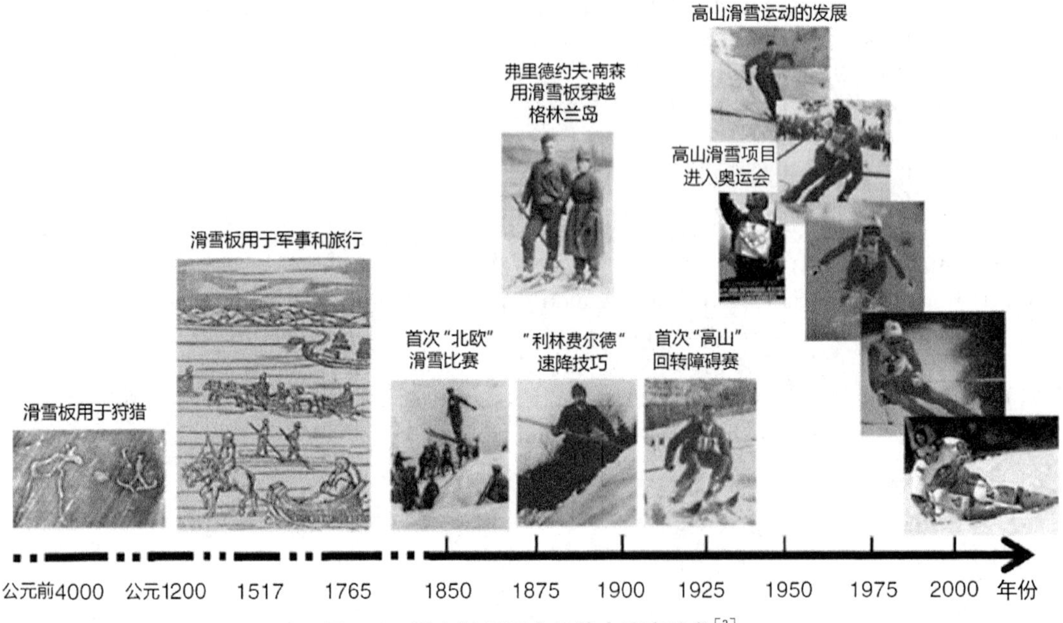

图 4.1　高山滑雪历史的基本演变阶段[3]

整个斯堪的纳维亚半岛推广至阿尔卑斯山脉。最初的比赛项目(北欧项目)只有跳台滑雪和越野滑雪,因为当时人们并没有考虑到阿尔卑斯山适合滑雪。最初,人们在阿尔卑斯山上使用滑雪板只是为了方便徒步登山,而下山并不需要滑雪板。随着时间的推移,滑雪者们开发出了一种新的高山滑雪技巧(Alpine)。马蒂亚斯·兹达斯基(Mathias Zdarsky,关于这位在滑雪历史中特别重要的人物的信息可以查阅文献[2])在1896年撰写的重要教学手册《利林费尔德滑雪技术》(*Lilienfelder Skilauftechnik*)中完整地记载了全套高山滑雪技巧。

进入20世纪以来,滑雪运动有了很多重要的发展:1922年在奥地利米伦(Mürren)举行了第一场高山滑雪竞赛,1924年国际滑雪联合会(FIS)成立,1936年高山滑雪项目终于被列入冬奥会项目。在整个20世纪,滑雪运动在技术和训练方面都有了重要的改进和发展,其中最引人注目的是20世纪90年代卡宾回转滑雪(或称刻滑)技术和固定板(binding plates)的引入[3],这使得以更高的倾斜角和更紧密的曲线进行滑雪成为可能,从而显著改变了这项运动。

国际滑雪联合会的网站上有一个网页专门介绍了高山滑雪的历史[4],也有许多作者相继出版了相关的书籍,如波莱德尼克(Polednik)[5]和苏特纳(Suttner)[6]的著作。

如今,滑雪运动在全世界范围内得到了广泛的传播,无论是亲自参加,还是以粉丝的身份观看比赛,很多人都参与到这项运动中,可以说,滑雪运动对赞助商和相关商业活动的经济吸引力有了显著的提升。按照严格的规定,高山滑雪比赛分为四个项目:回转、大回转、超级大回转和速降。[7]此外,还有混合项目和团体项目。

本章的目的是介绍关于高山滑雪科学方法的最新概述。滑雪者在一些技术性和科学性较强的出版物中,可以找到教练们推荐的经验规则指南。在下面章节关于装备(主要是头盔、滑雪服、滑雪靴和滑雪板,这些也是全套装备中最主要的部分)的内容中,将重点介绍滑雪技术和安全性方面的内容以及基于安全、性能和人体工程学角度的技术创新。之后的章节将主要介绍在露天和风洞中进行的实验。还有利用不同的系统来获得所需的数据,包括滑雪者的3D动力学、地面受力、空气动力学贡献度以及滑雪技术与运动员成绩之间的关系的比较分析。最后,我们会建立一个滑雪者运动的(多体)模型,重点研究滑雪者的运动轨迹、方式和速度等因素的影响。由于运动具有复杂性且涉及大量的参数,因此这项任务并不那么简单。此外,对"局部"(赛道的特定部分)进行优化是远远不够的,必须在整个赛道长度的层面上进行优化才能得到更有意义的结果。

4.2 装备和材料

作为滑雪运动的重要部分,高山滑雪运动也在不断寻求装备的技术发展。从滑雪者的成绩以及为滑雪者提供(或加强)安全保护的保障的角度来看,新技术和新材料的应用可能会产生无法预料的结果。本节主要介绍滑雪者装备中最重要的部分，并特别关注它们对最终结果和安全性的影响。

4.2.1 头 盔

所有滑雪者——无论是初学者还是最熟练的滑雪者——都开始越来越广泛地使用头盔。美国的全国滑雪区联合会(National Ski Area Association，NSAA)的年度报告[8]数据表明，2013—2014 年滑雪季期间，有 73%的滑雪运动员和滑雪爱好者佩戴了头盔。通过对一个较长时期的趋势进行分析，我们可以发现，头盔的使用率不断增加，2002—2003 年赛季从 25%上升到 73%。这些年来，头盔的使用得到了极大的推广，而且制造商在安全性、人体工程学以及设计方面也取得了很大的进展。

使用头盔的目的(就常规应用而言)是防止潜在的冲击危险和头部伤害，比如颅骨骨折或由此产生的长期性脑损伤问题。头盔的设计在近些年发生了改变，以保护头颅避免受到反复冲击而产生严重脑震荡，因为这些损害与头部加速度和头部损伤指数①(HIC)之间存在很高的相关性。[9,10]已有几项研究显示，在滑雪时使用头盔可以防止头部/面部和颈椎损伤。② 针对 13 岁以下儿童的研究结果表明，使用头盔可以减少 43%的头部/面部和颈部损伤[14]，之后更多针对成年运动员进行的研究所获得的结果[1,15]也证明了使用头盔所具有的有益效果，而且目前这些效果已被大家所熟知。

在头部发生碰撞时能够吸收能量产生变形的三个物体分别是头部、涉及碰撞的物体和头盔衬里。[9]头盔的形变对耗散能量而言是必不可少的，并因此减弱了冲击产生的危险后果。典型的能量吸收材料(也应用在车辆、防弹衣、防护服等方面)是具有开孔或闭孔微结构的聚合物泡沫。[16]就现今的头盔而言，普遍的解决方案是使用发泡聚苯乙烯(EPS)，并在其外部包覆一层薄的塑料覆盖物以防止外部物体穿刺。EPS 是轻量级的材料，有利于能量吸收且价格便宜，但它的形变是不可逆转的，这意味着其后续冲击吸收性能存在衰减(后续冲击对头盔的影响也可参见文献[17])，而且 EPS 对外力只会产生局部反应，使得受力集中在一个小区域内(然后出现较高的局部压力)。[9]一个改进头盔的保护性能的思路是，在乙烯基泡沫中引入一些充满高黏度流体的通道[18,19]，这个方案的前期原型是在 VN 泡沫周围包裹那些流体。斯图尔特(Stewart)等[9]针对这一思路进行了多次测试，结果显示：VN 泡沫的

---

① 这是一种测量冲击导致头部受伤可能性的方法，主要考虑了在重心位置测量头部加速度以及外力施加的时间间隔。[11]

② 其他研究者提出了几种不同的观点，他们试图将头盔的使用与滑雪中更多的冒险行为关联起来。斯科特(Scott)等[12]没有发现任何证据表明佩戴头盔者存在风险补偿，可能戴头盔的决定只是总体风险降低决定中的一部分。该假设与鲁日奇(Ružic)等[13]的研究结果相冲突，后者发现，戴头盔的滑雪者的整体风险要高于那些不戴头盔的人；特别是 35 岁以下的成年男性人群，他们表现出更高的风险倾向。有趣的是，在戴头盔的女性滑雪者中，随着年龄增长，风险较高的行为并没有减少。不同的研究结果之间的差异可能取决于不同的数据采集方式：在斯科特的研究中，风险承担的量是自述的(self-reported)；而鲁日奇的研究数据则是从一系列不同类型的滑雪者的项目分析中估算出来的。[13]

性能表现相对于经典的 EPS 材料来说比较好，特别是对多重冲击来说，流体通道有助于改善力（以及压力）的分散，从而获得更好的应力分布，因此之前容易集中在一个小区域内的应力会相应减少。就数据而言，与 EPS 泡沫相比，在 VN 泡沫里的 5 个直径为 0.95 cm 的通道中使用含有 30%甘油的水溶液[9]，第一次冲击时头部加速度峰值就减少了约 17%，第六次冲击时头部加速度峰值可减少约 50%。

4.2.2　滑雪服

滑雪服覆盖了运动员身体的大部分部位，因此在决定空气动力学特性方面起着主导作用（当然它可以保护滑雪者避免碰撞，也可以御寒）。对于专业比赛来说，不同项目对滑雪服的规定是完全不同的，比如越野滑雪不允许使用紧身衣，因而需要宽松的比赛服。很多研究人员对该项目的空气动力学进行了测试并给出了很多建议，如蔡（Chua）等[20]准确分析了使用不同织物的滑雪服的动力学，奥吉亚诺（Oggiano）等[21]分析了从层流到湍流的有效转变，并通过在同样的运动服套装上使用不同单件衣物而使其得到优化。本章第 4.3.3 节特别针对高山滑雪，对空气动力负载和服装的影响进行了分析。① 这里更多地关注织物。高山滑雪服由三层组成：外层是保护性的，内层是吸收性的，中间的黏合层将另外两层黏合在一起，并降低了透气性[相关规定允许的透气量最小值是 30 L/(m^2 · s) [22]]。布朗利（Brownlie）等[23]用全套比赛服做了一系列实验，研究了摩擦、衣服合身度、透气性及其他因素对滑雪者造成的阻力。这种方法虽然有助于获取实用信息，但不能分离变量。还有一些测试是在圆柱体（通常人的肢体是以这种方式建模的[24, 25]）上进行的，巴达尔（Bardal）等[22]在圆柱体和薄而对称的翼型物上测试了不同的织物，为人体的流线型部分提供了很好的参考。图 4.2 显示了阻力系数（C_D）随速度变化的例子，数据（此处为定性绘制）是通过在直径 $d=20$ cm（该趋势取决于圆柱体的直径[22]）的圆柱体上测试 3 种不同的织物获得的。

以“——”表示的织物是一种相当厚的外层光滑的编织物，具有优良的质感，其特性类似于其他典型的运动面料。[26]“– – –”表示的是一种粗糙的织物制成的面料，其外层具有大块凹凸的图案设计，以用于在低速下定义边界层，它可以用于回转比赛（无论速度有多快，其粗糙的表面都能使得阻力系数快速增长）。“– · –”表示的是一种更光滑、更薄的面料，它可保证高转换速度和低阻力系数，良好的特性使其成为速降滑雪服的可选材料。[22]另外，有研究者也讨论了织物的拉伸效果。[22]运动员穿着滑雪服时的实际拉伸度大约是 25%，在测试时提升到 42%（可能是为了提高运动员的舒适度和运动自由度）。提高拉伸度可使粗糙的织物以较高的速度（约 1 m/s）经历流动转换过程，而更光滑的织物却没有类似的效果。② 由于测量的可重复性和稳定性等因素，我们很难对运动员的全套服装进行风洞和阻力测量。尽

① 无论如何要记住，影响空气动力学表现的很大一部分是运动员的身体形状和姿势，而不是服装。

② 织物的拉伸度也与透气性有关，结果表明：对于紧身、形状贴合的面料，织物的透气性本身几乎与阻力没有任何关系。

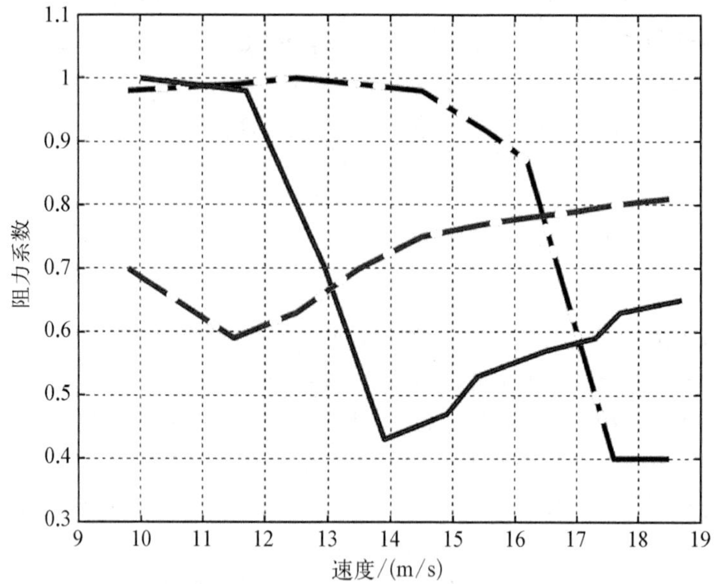

“——”为质地细腻的厚实织物的实验数据；“— — —”为大块凹凸图案的粗糙织物的实验数据；“— - —”为光滑的薄织物的实验数据。

图 4.2 三种不同织物的阻力系数随速度变化的曲线[22]

管这些测试只有有限的量化结果，但我们还是得出了阻力显著减少的结论，这与圆柱体实验的结果一致。[22]

4.2.3 滑雪靴

滑雪靴在性能增强、人体工程学和预防损伤等不同方面也有了很大发展。20 世纪下半叶，滑雪靴技术最重要的改进主要集中在新型滑雪板和技巧（更高的速度、应力和控制）的发展以及材质（如树脂、聚合物等）的发展上。首先是材质的发展。滑雪靴的材质从皮革转变为更硬的材料，1947 年，罗伯特·朗格（Robert Lange）成为首位尝试使用玻璃纤维增强环氧树脂的研究者，他在 1960 年制成了第一个全塑料的滑雪靴，使用的是丙烯腈-丁二烯-苯乙烯共聚物（ABS 塑料）。[27]同年，亨克制鞋（Henke Boots）公司的汉斯·马丁（Hans Martin）申请了用于闭合滑雪靴的杠杆式扣环的专利。[28]而在 1965 年，ABS 被热塑性聚氨酯（adiprene）取代，这种材料可以解决一些力学失效的问题，并可以以注塑模压方式进行生产。之后，罗斯蒙特（Rosemount）公司[29]推出了第一批完全由复合材料制成的滑雪靴，使得使用者的穿鞋过程更加便捷。1966 年，塑料的朗格滑雪靴（所谓的多片式设计由两部分组成，下部为鞋壳，上部为护踝）才真正开始大量生产，同时，意大利蒙泰贝卢纳（Montebelluna）的诺迪卡（Nordica）公司开始使用了一种应用于航空航天中的聚氨酯（desmopan）来制作滑雪靴。[30,31]关于滑雪靴设计，最新的改进是1979年由埃里克·吉斯(Eric Giese)完成的，他采用了附加的鞋舌来控制滑雪靴的屈伸[32]，这个创造命名为“Flexon”(也称为“Cabrio”或三片式设计)，至今仍然是最为通用的多片式设计。[31]

如前所述，为了更好地把运动表现和人体工程学相结合，最基本的做法是选择正确的材料和设计方案。现将滑雪靴最重要的特征总结为如下几个方面。[31]

1. 从滑雪者到滑雪板边缘，通过负载的有效传递来精确控制滑雪板；
2. 快速连接(使用固定器)滑雪板，滑雪者在跌倒时可快速松开滑雪板；
3. 对冲击力的吸收；
4. 在跌倒时，特别是在超负载的情况下保护脚，尤其是脚踝；
5. 符合人体工程学、舒适性和最佳温度/湿度条件。

有关这些观点的完整论述和所涉及的重要参数的定义，可参考文献[31]。

针对滑雪靴的设计，应特别关注安全要求，这方面已有不少相关研究[33,34]。对于滑雪靴的舒适性问题来说，最大的影响因素之一是脚冷。滑雪靴通常具有良好的隔热性，但是脚的汗水和衬里的湿气传输不畅会导致衬里湿气饱和，从而加速热传导损失。霍弗(Hofer)等[35,36]提出了一项在气候舱里模拟滑雪过程对滑雪靴内的微气候进行评估的研究，他们在现场测试时在皮肤和袜子之间使用了四个传感器。总体研究表明，为了防止脚冷(尤其是脚趾冷)，最基本的要求是避免温度过度下降。环境温度和湿度对脚的温度的影响很大，而袜子中较高的含水量降低了保温性能。因此，建议使用防水外壳来阻止雪和水渗入靴内，或者建议安装能快速、彻底使衬里干燥的干燥器。吸水性良好的衬里和疏水性袜子对保持脚部干燥来说也很重要。

从人体工程学的角度来看，平特(Pinter)等[37]进行了一项关于滑雪靴与滑雪运动员的脚和小腿之间的压力分布的研究。测试结果表明，对脚部较宽范围而不是某点处进行压力分布测量很有必要，这样能够确保在整个脚部区域内具有稳定的压力分布。我们还可以从研究结果中推测出哪只靴子会令受试者脚部感到疼痛，以及靴内的压力分布情况如何。在闭合靴子过程中，传感器的状态可以帮助制造商分析不同材料和不同壁厚的外壳，或者不同形状和不同材料的内衬是如何影响压力分布的，从而可以帮助客户做决定。

有研究人员还从其他角度研究了滑雪靴，佩特罗内(Petrone)等[38,39]定义了弯曲指数(单位为N·m)和滑雪靴的刚度[单位为N·m/(°)]，以此来量化滑雪靴的弯曲性能，并将其分类，以便指导用户进行选择。此外，他们还研究了工程学参数与通过在滑雪靴内放置新的鞋垫以提高运动员的表现之间的相关性。鞋垫配有应变计和标记物(目的是通过动作捕捉来测量位移和变形)，以进行实验记录。对于闭合的滑雪靴来说，关于刚度的测试表明鞋尖-鞋跟扭转刚度显著增加(20%)，而侧向刚度测试则没有给出任何总体侧向硬化的证据。因此，我们认为，对于滑雪的经验性优势来说，加固的滑雪靴对板翘(ski-shovel)从一侧到另一侧转换期间的整体扭转刚度的贡献度更大，而其在稳态转向传导期间对侧向刚度的贡献度并无影响。[38]应用运动捕捉技术对这种可变形结构进行结构分析发现，这项技术可以视为对滑雪靴功能分析的有力推进，沿着外壳的局部扭曲角度的变化趋势可以明确显示出该区域的硬化(或软化)是否合适。此外，在加载循环期间沿着滑雪靴的横截面的变形进行分析，可以为踝中部/侧面不舒适的原因提供相关的定量信息。

损伤及其预防也是不容忽视的问题。[40]森尼尔(Senner)等[33, 34, 41-43]深入研究了滑雪靴的安全问题和损伤预防问题。这些研究是复杂的，因为它是滑雪靴的贡献度(如灵活的后扰流板)、滑雪板的干预(如滑雪板后部的松开结构——“名义断裂点”)和固定器等各部分混合的结果，并且也是不同研究领域之间的跨学科讨论的结果。关于安全问题，可能的潜在研究方向最好既包括其他指标(如有效性、效率、可行性)的差异性研究，又要与损伤预防有关，这样才便于在其他运动中进行更大规模的研究。通过在假人/模拟物上进行进一步的研究，我们可以更好地理解结构(如膝盖部位[34])的失效状况，以及这些结构在特定的滑雪状态下的负载情况。同时，我们可以通过测量滑雪过程中活体的关节角度和肌肉活化来更好地理解在负载或防止关节过度负载过程中肌肉力量可能发挥的作用。[34]

4.2.4 滑雪板

1930 年以前，滑雪板基本上是木制的，在这一年，鲁道夫・莱特纳(Rudolph Lettner)首先发明了钢质边缘的滑雪板，使得滑雪板更容易穿着，也十分有助于滑雪者在硬雪上转向。1933 年，层压滑雪板面市。1939 年，亚尔马・哈姆(Hjalmar Hvam)发明了第一个有效的可松开固定器。在接下来的几年中，许多不同的材料如铝(1949 年)、玻璃纤维(1952 年)、聚乙烯(1955 年)用来增强滑雪板结构，并于 1959 年出现了第一个玻璃纤维增强塑料滑雪板。直到 1990 年，经典的特里马(Telemark)几何结构的滑雪板才被深侧切式(deep-side cut)滑雪板——刻滑(卡宾)滑雪板所取代，这种新出现的滑雪板使得整个滑雪运动流行起来。[44]

如今的滑雪板是由不同材料的叠层组成的(如图 4.3 所示)。[45]

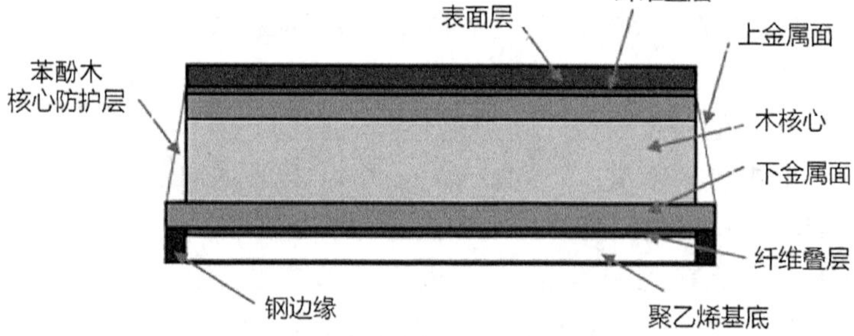

图 4.3 现代层压滑雪板示意图[44]

通常，滑雪板底部是由一层边缘镶嵌钢制框的聚乙烯构成的。滑雪板的弯曲和扭转刚度由两层金属面层之间封闭的木质层压板组成的结构决定。由于沿着滑雪板方向的核心层厚度不是恒定的，因此沿着滑雪板轴线方向的刚性可以产生变化(作用是可方便调整)。此外，玻璃纤维层压板（通常嵌入聚氨酯中）增加了滑雪板的扭转刚度，另一个表面层用于装饰，对滑雪板的结构没有影响。[44]所有这些层都是通过特殊的环氧树脂加压上浆而黏合在一起的。压力可引发变形，导致滑雪板弯成弧形。如果滑雪板在中间部分受力，那么弧形就会将压力传导至滑雪板尾和板翘，这可有效改善滑雪板在板翘和尾部及其边缘在转向时的抓地力。[44]最后是关于固定器的说明，其中最重要的两个相关要求是，将滑雪板固定在滑雪者的靴子上，并在压力过大的情况下可轻松地使滑雪板松开以防止滑雪者受伤。当然，它们也必须保证滑雪者、滑雪板和雪之间的相互作用。通常，固定器由分开的前部和后部组成，其中包括夹持滑雪板的夹子和松开机关。这两部分之间的连接通常是很灵活的，可使得滑雪板的弯曲不会受到明显干扰。最近，一些滑雪板制造商已经研发出了配备一个灵活固定系统的滑雪板，这使得单个部件可具有更好的适应性，从而更好地调整滑雪板与固定系统的整体属性。[44]

4.3 实验测试

分析滑雪者运动（动力学和运动学）的方法、在场地条件下滑雪板与雪之间的接触力和空气动力，都是在装备设计中引入/评估变化、研究滑雪板技巧以及改善训练方法的重要因素。在现代体育中，性能诊断非常重要。

在开发测量系统时，分析运动员的运动状态或确定地面和空气动力的主要困难在于如下所示的几个方面。

1. 测量系统必须满足高精度标准，只有这样才能检测运动员的各个运动轨迹之间的微小的实质性差异；

2. 测量系统应该尽可能减少对运动员自然的运动过程所造成的干扰；

3. 为了能够分析整个比赛或训练过程，测量系统的捕获量应尽可能最大化。

以前数据采集过程可能无法同时实现这些互相矛盾的目标，通常必须有所妥协以获得最佳解决方案。在过去的几年里，特别是在生物力学领域的研究中，测量方法的改变使得人们可能对各种性能技术有新的见解。[46]本节对生物力学研究领域的相关研究进展进行了综述。

关于高山滑雪生物力学的技术文献，基本上可以分为三大类。

1. 定性研究滑雪过程中的作用力和随之产生的运动员运动过程（1930年至今）；

2. 使用生物力学方法和滑雪技术分析系统，以定量描述高山滑雪运动过程（1955年至今）；

3. 基于滑雪运动员运动轨迹关键变量的测量方法，以优化滑行线路（1980年至今）。

第一类文献包含关于滑雪运动的定性描述的研究，如记录专业运动员的运动过程并评估其在滑雪中的受力情况。[47,48]

对于第二类文献来说，对运动过程的首次全面描述是在20世纪50年代实现的。这一研究（实现首次全面描述的研究）使用了安装在滑雪板上的机械齿轮式动力测试仪，测量滑行时作用于滑雪板上的地面反作用力。自20世纪70年代以来，基于实际测量，研究者已开展了数项针对国际知名滑雪运动员的滑雪技术的研究，利用生物力学分析建立了客观的评价标准。[49-51]

第三类文献的特点是使用生物力学分析和数学建模来测量、预测并提出技术改进的建议。许多研究者致力于研究滑行线路和空气动力学姿势的优化。[23,52,53]其他少数研究者则主要关注滑雪板的几何形状是如何影响滑行线路的。[54,55]还有一些研究者试图将滑雪板的偏斜度（弯曲和扭转）和振动模式与滑雪运动员的表现联系起来。为了确定滑雪时滑雪板的偏移度，有研究者采用在滑雪板上安装应变计的方法来直接测量[56,57]，也有研究者使用悬臂梁式传感器进行测量。[58]传感器包括一个三轴加速度计和一个全球定位系统（GPS）。[59]

接下来，我们将介绍捕获高山滑雪运动员三维（3D）动力学和运动学数据、在现场测试中的地面反作用力、通过风洞实验描述空气动力学的主要方法，以及这些方法对于分析/评估滑雪者表现的应用。

4.3.1 捕获高山滑雪运动员3D动力学和运动学的测量系统

在高山滑雪竞技运动中，滑雪者的身体、腿部和手臂的姿势以及重心在三维方向上不断变化。为了分析滑雪者的动力学和运动学数据对其滑雪表现的影响，我们有必要对其身体部位（腿、手臂、臀部和胸部等）的动作进行精确的三维重建。因此，有些研究者提出了各种测量方法来量化滑雪者的动力学和运动学。这些方法实质上可以分成如下几类。

1. 光学系统（基于红外或基于视频的3D运动学）；

2. 基于全球定位系统（global positioning system，GPS）或全球导航卫星系统（global navigation satellite system，GNSS①）的系统；

3. 基于惯性测量单元（inertial measurement unit，IMU）的系统。

基于红外的系统称为在实验室条件下分析人体3D运动特征的黄金标准，然而在室外场地条件（低温、风、太阳辐射、喷雪和可变光照条件）下，其应用是受限制的。此外，仅仅分析一次滑雪转弯的捕捉量就需要大量（多到24个）摄像机。相反，基于视频的3D运动测量方法已被证明在室外场地条件下是准确的和适用的，其可用于估算滑雪者的重心和身体部位的运动。[1,3,60-62]另外，该方法对运动员造成的干扰最小，并且1～2个大回转的捕获量只需要5～6台全方位云台摄像机（panned, tilted and zoomed camera）就能完成。若基于GPS或IMU的系统（在现场测试时运动员可以穿戴），则可以分析更广范围（几个转弯）的甚至运

① 全球导航卫星系统的统称，而通常使用的GPS是美国全球导航卫星系统。

动员在整个滑行过程中的运动轨迹。这些系统的主要缺点是它们对运动员的干扰度较高，以及在估算重心位置时存在准确性不足的问题。为了提高准确性，研究者通常使用传感器结合的方法[63-66]，即将 GPS 和 IMU 数据结合使用。

4.3.1.1　基于视频的 3D 运动学系统

基于视频的测量方法[3, 60-62, 67]已广泛应用于场地条件下滑雪者的 3D 运动学重建。3D 运动学重建的一般程序如图 4.4 所示，包括以下步骤。

1. 大地测量。为了分析场地条件下滑雪者的 3D 运动学，必须进行大量动作捕捉。因此，为了能够跟踪滑雪者并在摄像机图像中使其占据足够大的尺寸，我们需要使用全方位云台摄像机和/或使用固定位置的多个摄像机进行图像设置。任何条件下，都需要一些参考点(标记)和摄像机的空间坐标，以使摄像机可以随时进行校准。出于这个原因，在动作捕捉的前后，研究者必须通过经纬仪(或测速计)测量所有摄像机和参考点的 3D 空间位置。

2. 动作捕捉。使用多台摄像机(摄像机的数量取决于监控过程的长度)拍摄滑雪者，通过同步耦合器信号进行时间同步。捕捉滑雪者的动作时应对摄像机的位置进行选择，具体如下所示。

① 确保结构标记可以清晰识别，必须至少有两个摄像机视角覆盖整个拍摄空间[3]；

② 理想情况下，用于 3D 重建的摄像机光轴应在整个捕获体上相交成矩形；

③ 摄像机应尽可能靠近被分析对象[3]；

④ 应避免平移角度过大(最大平移角度约为 30°)[3]；

⑤ 若滑道受监控的部分被分成子空间，摄像头的位置则应该与后续子空间保证有 2～4 个记录帧的重叠[61]。

3. 3D 运动学重建。每台摄像机的视频捕获必须在时间上与其他摄像机的相应序列同步，然后将捕获到的视频导入 3D 视频分析软件(如 Peack Motus 或 APAS)，在大地测量中已建有的参考点的 3D 空间坐标基础上，将 2D 像素坐标转换成 3D 数据。接着，基于滑雪者的刚性多段模型，使用 3D 视频分析软件来重建滑雪者的运动学。换句话说，滑雪者的刚性多段模型参考点的轨迹和速度(或标记)是由 3D 视频分析软件确定的，通常是采用 12 段[61]到 17 段[3]刚体分段模型。我们可以采用计算分段质量的方法和基于人体测量的人体重心位置研究的方法来重建模型。[68, 69]

4. 后期处理和数据分析。重建后，每个刚体部分的重心轨迹和速度可用于数据分析，也可以计算各种表征滑雪者技术、线路、能量和负载模式的参数。

举个例子，在斯洛文尼亚克拉尼斯卡戈拉(Kranjska Gora)举行的男子世界杯(World Cup)回转滑雪比赛中，有研究者对 18 名男性高山回转运动员进行了基于视频的 3D 运动测量。[61]测量是在 56 门的滑雪滑道上从 7 号到 11 号回转门之间进行的。测量记录了 4 个完整的回转转弯，2 个转弯杆的间距平均约为 11 m，平均坡度为 24°。我们提出如下的实验设置[61]：所有的滑雪滑行记录使用 6 个同步耦合摄像机进行拍摄，覆盖 3 个运动子空间。每

图 4.4 基于视频的 3D 运动学重建过程示意图

个子空间都由一对固定的摄像头覆盖(见图 4.5),有固定的位置和图像设置,摄像头放置在较高的地方以便获得更好的可视性,而且放置在距离滑道 40～70 m 的位置上,以便尽量减小镜头所产生的误差。摄像机的像素大小一直保持在 1 cm 到 2 cm。子空间之间的重叠部分是 2～4 个录制帧。摄像机的帧率为 50 Hz,标准像素的分辨率为 720×576。另外,用两个全方位云台摄像机从两侧记录整个区域,这些记录仅用于协助研究者确认参考点的位置。

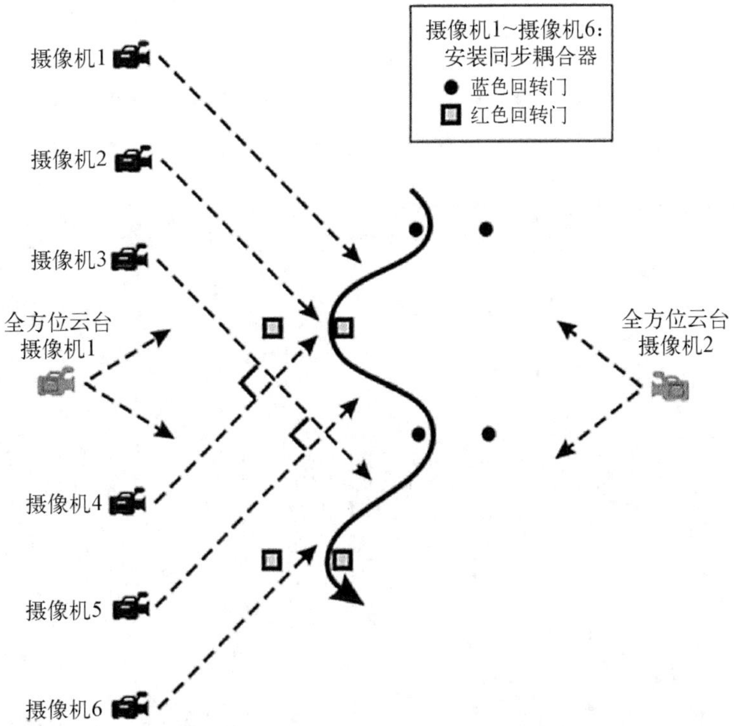

图 4.5　高山回转项目测量设置示意图[61]

所有子空间都使用大地测量方法进行校准,即用 1 个视距仪和 8 个 1.95 m 长的带反射标记的铝制校准杆进行校准。校准杆放置在赛道上,比赛前,研究者将它们的位置拍摄下来。2 个附加杆也放置在赛道上,以便研究者拍摄并定义赛道斜坡的实际下滑线。

滑雪者运动的运动学数据使用由 15 个参考点/关节定义的 12 段的刚体多段模型来表示,每个分段的质量和重心可根据公式[69]来计算。使用艾里尔动力学公司(Ariel Dynamics Inc.)的 APAS Ariel 3D 运动软件将 2×2D 数据转换成 3D 数据。每个子空间的原始数据均采集自 APAS 软件。通过特别设计的程序,将子空间连接在一起。用运动轨迹的重心和它的一阶微分来检查不同子空间的重叠部分和附近的参考点之间数据的一致性。

为了验证上述测量系统的准确性,我们在被监测区域内使用了内向转弯的标识杆进行对比。首先用视距仪对这些标识杆进行测量,然后将测量结果与 3D 运动学测量结果进行比较。位置差异的标准偏差小于 2 cm。

有研究人员提出了不同的设置，并测量了一名世界杯顶级运动员在两种不同的赛道设置中进行 12 次滑行的 3D 运动学数据。[3, 67]在前 6 次滑行中，垂直门距离为 26 m，偏移量为 12 m；后 6 次滑行时，偏移量改为 10 m。用视距仪对 78 个参考点进行大地测量，然后利用这些参考点来校准大约 52 m×12 m×2 m 的动作捕捉体积(见图 4.6)。在该区域内，用 5 台全方位云台摄像机对滑雪者进行拍摄。摄像机通过一个同步耦合器信号进行时间同步，帧率是 50 Hz。在所有的测试记录中，滑雪者占据图片的尺寸均为大约三分之二。在每个摄像机的每一帧中，分布在滑雪者、滑雪板和滑雪杆上的 28 个参考点构成的 17 段刚性多段模型以及 3 个最佳可见参考点被手动数字化了。我们可以利用 Peak Motus 软件和 DLT 软件平移算法(直接线性变换)重建滑雪者的 3D 位置数据。[62]

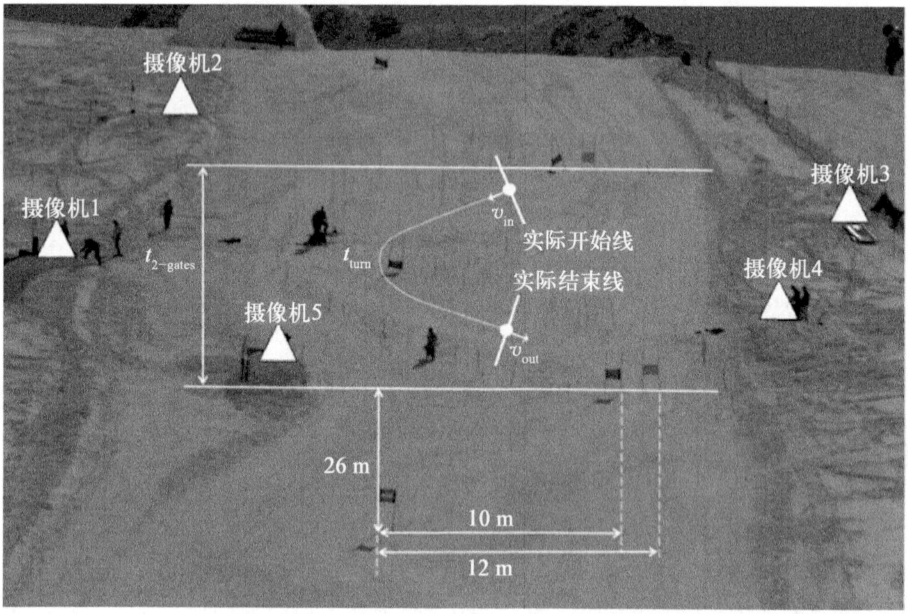

图 4.6 另一种高山回转项目测量设置概览[1]

身体部位标记的重建 3D 位置的测量误差大约为 1 cm。[3]

4.3.1.2 基于 GPS/IMU 的系统

对高山滑雪进行研究需要考察很多条件，而基于视频的 3D 动力学系统的捕获量也很有限，且需要大量的处理时间，所以这种方法并不实用。因此，微分 GNSS(dGNSS)[53, 70]或 GNSS/GPS 和 IMU 的组合[63-66, 71]已用于更有效地重建比赛过程中滑雪者的重心位置、速度和加速度以及分段动力学。但必须注意的是，与基于视频的系统相反，这些基于可穿戴式系统的方法，均未对那些广泛使用且已被证明有效的参考测量方法进行过验证。[70]

有研究者对有效的微分 GNSS 系统的定位精度进行了评估，尤其是对运动科学中常用的 5 种典型 GNSS 方法的定位精度和计算微分 GNSS 解所需的时间进行了研究，具体表现为研究了 3 种不同的卫星信号阻塞情况下的高山滑雪比赛。[70] 为此，研究者选取大回转滑雪中的一个转弯过程，对 GNSS 方法和不受影响的基于视频的摄影测量参考系进行了比较。接着，最精确和最相符的 GNSS 方法定义为参考方法，并在整个大回转滑雪赛道上针对更大的捕捉体积将之与其他方法进行了比较。此外，研究者对用于计算每种方法和每个条件的微分 GNSS 解所需的时间也进行了评估。在测试过程中，6 名欧洲杯或前世界杯的男性滑雪运动员在一个典型的大回转滑雪路线(该滑道由 12 个门组成)上进行了两次滑雪，每次滑雪的持续时间约为 20 s，在此期间，运动员以 17 m/s 的平均速度滑行，加速度达到 4 m/s^2，最小转弯半径为 16 m。在整个滑行过程中，研究者使用 GNSS 捕获运动员的头部轨迹，并且在运动员的头盔上安装 GNSS 天线，与装在缓冲背包中的 GPS/GLONASS① 双频(L1/L2)接收器进行连接，以 50 Hz 的频率记录位置信号，另外还在靠近滑道出发的地方安装了两个 GNSS 基站。

研究者利用大地测量后期处理软件 Justin 的双微分模式对安装在滑雪者头盔上的 GNSS 天线轨迹进行计算，并采用 5 种不同的 GNSS 方法计算其动态位置。方法 A 是一个微分相位解(differential phase solution)，包括 GPS 和 GLONASS 卫星信号以及信号频率 L1 和 L2；方法 B 类似于方法 A，但仅使用频率 L1；方法 C 与方法 A 相似，但仅使用 GPS 信号；方法 D 与方法 C 类似，但只使用频率 L1；方法 E 是仅使用 GPS 信号代码的非微分代码解。

在滑雪者到达滑道的第 7 个转弯时，基于视频的摄影测量参考系同时捕捉 GNSS 天线的信号。与前一节所述相类似，参考系由 6 台全方位云台摄像机组成，以 50 Hz 的帧频捕捉滑雪者的动作。研究者可使用电子同步耦合器信号对摄像机图像进行时间同步。GNSS 天线在摄像机图像中被手动数字化。参考点分别安装在 6、7、8 号转弯处，它们的位置是用经纬仪在局部坐标系统(LCS)中进行确定的。参考点、摄像机的位置和基于 DLT 的平移算法一起用来重建在 7 号转弯处时 GNSS 天线的轨迹。

为了对比基于 GNSS 的轨迹和参考轨迹，全球坐标系统中的 GNSS 坐标转换为局部坐标系(LCS)。

将 5 种 dGNSS 方法和视频系统进行比较，我们可以确定以下两点。

1. 在典型的高山滑雪条件下，方法 A 是唯一能够始终提供亚分米定位精度的 GNSS 方法，即使用 GPS 和 GLONASS 卫星系统以及信号频率 L1 和 L2 的微分方法；

2. 方法 A 所定位的空间精度最高，其次是方法 C、方法 B、方法 D 和方法 E。

通过对整个大回转滑雪过程中的 5 种 dGNSS 方法进行比较，我们可以得出以下几点。

1. 用方法 B、方法 C 和方法 D 进行一定数量的测量会产生米数量级的差异，其中包括

① 俄罗斯全球导航卫星系统。

整数固定模糊度(integer fixed ambiguity)和实数浮点模糊度(real number float ambiguity)的解;

2. 在卫星信号阻塞最弱的情况下,最佳配置(方法 A)如果失去 GLONASS 卫星系统或者 L2 频率,也能得到有效的结果;

3. 即使在有利于 GNSS 测量的条件下,其他方法也不能满足高山滑雪对定位精度的要求;

4. 定位精度高的方法能在最短的时间内计算出微分解;具体来说,用方法 A 求解整数模糊度所花费的时间最短,然后是方法 C、方法 B 和方法 D。

必须指出的是,GNSS/GPS 数据只是用于重建天线的轨迹和速度,而不是滑雪者完整的 3D 运动学数据。然而,基于单自由度模型重现滑雪者的生物力学现象(滑雪者转弯时为了平衡径向的惯性力而侧向倾斜),是可以估算出滑雪者的轨迹、滑雪者重心的速度和滑雪板的速度的。[53, 72] 滑雪者可以模拟成一个连接到 GNSS 天线的倒立"钟摆"(见图 4.7),它在任何时间都是动态平衡的。在直线滑雪中,当滑雪者的径向加速度为零时,"钟摆"处于中间位置。在转弯期间,"钟摆"会偏离其中间位置。"钟摆"和雪面的交点用于确定滑雪板的位置。"钟摆"的重心(与滑雪者的重心重合)可以基于全身分段运动学数据集来确定。表示滑雪者侧向倾斜的倾斜度 γ,可以用重力和 dGNSS 天线径向加速度 $a_{r,\text{GNSS}}$ 的线性组合来计算(见图 4.7a)。[72]

滑雪者的倾斜度 γ 也可以从描述倒立"钟摆"模型的平衡方程[53]中得到

$$\ddot{\gamma} = g\cos\gamma + \omega^2 R_{\text{CoM}}\sin\gamma \tag{4.1}$$

式中,滑雪者质量 m(包括设备)、滑雪者重心 (l_{CoM}) 与地面之间的距离已消除(见图 4.7b),ω 是滑雪者绕垂直于斜坡矢量的转弯角速度,而 R_{CoM} 是滑雪者重心的转弯半径。

事实上,我们可以从前面的时间阶段中得到角加速度 $\ddot{\gamma}$,角速度 ω 由 GNSS 的测量结果提供,而重心的转向半径是 GNSS 天线轨迹和滑雪者倾斜度的已知函数。

注:(a) 重力加速度和 GNSS 天线径向加速度;(b) 滑雪者"钟摆"模型的作用力。

图 4.7 滑雪者的倒立"钟摆"模型

为了重建滑雪者的完整 3D 运动学模型，GPS 数据必须与 IMU 相结合。在文献[63]中我们找到了一个例子，其中，融合运动捕捉(FMC)技术用来重建高山滑雪运动员的 3D 运动学模型。在此应用中，FMC 由自行开发的复合系统组成，该系统能够融合来自 IMU、GPS、视频和压力鞋垫的数据。具体而言，为了确定滑雪者身体各部位的运动学特征，研究者将 13 个 IMU 连接到了运动员的头部、躯干、骨盆、上臂、下臂、大腿、小腿和滑雪靴上。为了尽量减少这些 IMU 对运动员的干扰，它们都被固定在运动员身上，并通过一件莱卡紧身衣来连接导线。该紧身衣在每个 IMU 的位置都留有开口，以便运动员可以使用双面胶带将 IMU 直接贴到自己的皮肤上。每个 IMU 都用弹力带固定，然后和紧身衣上的魔术搭扣黏起来。

所有的 IMU(采样频率为 50 Hz)都包含 3 个陀螺仪、3 个加速度计、3 个磁力计和 1 个温度计，装在一个火柴盒大小的盒子(质量约为 35 g)里。

在运动员的头盔上固定一个 GPS(输出频率为 1 Hz，精度为±5 m)，并在滑雪路线附近设置一个地区性 GPS 基站。

采用一个压力测量系统(见第 4.3.2.2 节)来确定足底压力和不同滑雪板之间的负载比值。

在滑道左侧的一个固定的位置上，用手持数码摄像机追拍滑雪者的运动视频，该视频用作外部参考并用来确认数据的有效性。

有研究者还开发出了融合 IMU 和 GPS 数据的算法，用于估算滑雪者身体各部位的姿势、速度和方向[63](如图 4.8 所示，该算法可以在文献[64-66]中找到替代方法)。

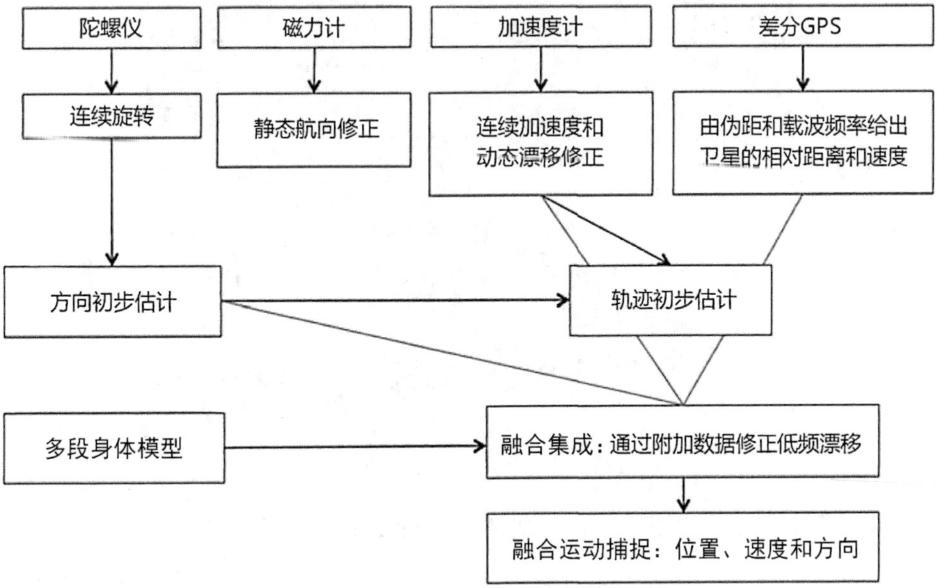

图 4.8 用于 IMU 和 GPS 测量的传感器融合集成算法流程

通过融合输出频率为 1 Hz 的 GPS 数据(基站和头盔上)和采样频率为 50Hz 的 IMU 数据(头盔上),我们可以计算出运动员头盔的运动轨迹。如此一来,由动态加速度和角速率漂移所引起的测量误差便可以得到补偿。

经纬仪和 GPS 可以用来测量运动员出发和结束的精确位置以及每个门的位置。

我们利用 FMC 对新西兰国家队一名 20 岁的男性队员(体质量为 78 kg)的 3D 运动学进行了捕获,他在新西兰北岛的鲁阿佩胡山(Mt Ruapehu)滑雪场完成了 5 次 10 门 300 m 大回转滑雪训练课程。

虽然没有通过与参考测量系统的对比来确认,但我们估算,在整个比赛过程中,GPS 的精度将从精度衰减因子(dilution precision)为±5 m(这意味着 50%的测量值与真实值的偏差在 5 m 以内)提高到最大误差为±1.5 m,并且 IMU 的方向误差将从大于 20°减小到小于 5°。

此外,通过对两次大回转滑雪过程进行对比,以及分析滑雪者的动力学和运动学,我们能够指明根本的细微差异——两次滑行之间的时间变化小于 1%(见第 4.3.4 节)。

4.3.2 地面作用力的测量

滑雪者受到的作用力如图 4.9 所示。重力 $\boldsymbol{G}$ 是为滑雪者提供动力的主要作用力,它加快了滑雪者在斜坡上的下滑速度,给滑雪者施加动量(滑雪者质量和速度的乘积)。

图 4.9 滑雪者受到的作用力

地面反作用力[①]$\boldsymbol{F}_r$ 产生于雪抵抗压实的力以及抵抗滑雪者所施加的负载下的剪切力,

① 在图 4.9 中,地面反作用力施加在滑雪板中间的一个点上。真实的受力点取决于滑雪板间的力量分布。

它可以使滑雪者减速、加速和转动。

在回转滑雪中要保持动态平衡，就要求重力必须与地面反作用力的垂直分量平衡。此外，由于水平和垂直反作用分力通过重心产生扭矩，滑雪者必须保持自身的动态平衡，并控制住自己不要围绕重心旋转，从而避免在转弯时向内或向外滑倒。[73]

滑雪者运用肌肉产生的内部力量来控制四肢和身体以自己期望的方式运动，从而操控滑雪装备和蹬雪动作。[73]

滑雪者的前进方向因滑雪板的边缘而改变。雪的特性使得滑雪者能够在雪表面上滑行。当滑雪者操纵滑雪板边缘并偏离重心时，雪会通过抵抗压缩来改变滑雪者的动量，从而使滑雪者实现转弯。[73]

空气动力学阻力 $\boldsymbol{F}_{\mathrm{D}}$ 与滑雪者重心的瞬间速度方向相反，雪的摩擦力与滑雪板的瞬间速度方向相反。空气阻力的大小取决于几个因素，其中滑雪者能够控制的是自己的姿势和迎风面积(见第 4.3.3 节)。滑雪板与雪之间的摩擦包含不同雪况下滑雪板的摩擦学特性，最重要的是滑雪者要精准控制滑雪板的方向。

根据牛顿第二定律，地面反作用力、空气动力学阻力和重力必须与作用于滑雪者的惯性力 $\boldsymbol{F}_{\mathrm{in}}$ 平衡。

本节描述了测量地面反作用力的方法，而第 4.3.3 节则描述了估算空气动力学阻力的主要方法。

关于地面反作用力的测量方法的研究已经有了一些进展。最新的有关高山滑雪的研究主要集中在三个独立的方法上：(1) 基于 3D 运动学(或者是基于视频或 IMU/GPS)分析的估算[63, 72]；(2) 在滑雪靴和固定器[74]之间或者在固定器和滑雪板之间放置测力传感器[75, 77]；(3) 足底压力测量系统(或压力鞋垫系统)[46, 63, 76-78]。此外，肌电图(EMG)测量也常用于监测与地面反作用力相关的肌肉活动。[46, 74]

4.3.2.1 力传感器

在滑雪板和固定器之间[75, 76]或在固定器和滑雪靴之间[74]放置几个测力传感器可以进行地面反作用力的估算。测力传感器通常由 2～4 个感应单元组成，并且可以测量三个维度的力量。

在高山滑雪运动中最通用的商用力传感器是由位于瑞士温特图尔(Winterthur)的奇石乐(Kistler)公司开发的，它由 3 个使用压电传感器的 3D 测力仪组成，能够测量 3D 作用力和扭矩。

有研究者介绍了以点对点(ad hoc)模式设计的传感器。[74, 75]具体来说，研究者介绍的力传感器由 2 个测力板组成，每个测力板包含 2 个称重传感器，测力板安装在滑雪靴的靴底上。[74]

而他们所介绍的六分量测力计则由三部分组成：滑雪靴上的固定件、固定器上的固定件以及称重传感器。[75]为了测量负载，研究者在称重传感器中装配了一个带有标尺的机械非耦合剪切梁。电源和蓝牙也集成到系统里。这台测力计的主要特点是可以与任何滑雪装备一起使用，可根据不同的滑雪靴尺寸进行适应性调整，并可提供无线数据传输。

4.3.2.2 压力测量系统

足底压力测量系统（或压力鞋垫）可输出与作用在脚部的测量压力成比例的电信号（电压或电流）。因此，足底压力测量系统不会直接测量地面的反作用力，而是测试垂直于传感鞋垫的压力。

就传感器的特性而言，压力传感器所需的关键参数包括线性度、滞后性、温度敏感性、传感尺寸和压力范围。此外，为了使其能固定在鞋垫（鞋底）中，压力传感器的厚度必须降到足够小（约为 2 mm），并保证柔韧轻便（不要超过 300 g，以避免影响运动）。[79]

最常用的压力传感器分别是电容式传感器、电阻式传感器、压电传感器和压阻式传感器。[79]德国诺维尔（Novel）公司的 Pedar 鞋垫系统采用的是电容式传感器，而美国泰克斯康（Tekscan）公司的 F-Scan 鞋垫系统采用的则是电阻式传感器。

4.3.2.3 3D 运动学

牛顿第二定律可以用于估算地面反作用力 $\boldsymbol{F}_{\mathrm{r}}$[63, 72]。

$$\boldsymbol{F}_{\mathrm{r}}=\boldsymbol{F}_{\mathrm{in}}-\boldsymbol{G}-\boldsymbol{F}_{\mathrm{D}} \tag{4.2}$$

式中，惯性力 $\boldsymbol{F}_{\mathrm{in}}$、重力矢量 $\boldsymbol{G}$ 分别是通过滑雪者重心的加速度和重力加速度矢量乘以滑雪者的质量（包括设备的质量）而得到的。利用基于视频的方法或基于 IMU/GPS 的方法可以确定滑雪者的重心加速度，从而重建滑雪者的 3D 运动学模型。空气动力学阻力标量 F_{D} 可以通过以下公式计算得出（见第 4.3.3 节）。

$$F_{\mathrm{D}}=\frac{1}{2}\rho C_{\mathrm{D}}Av_{\mathrm{G}}^{2} \tag{4.3}$$

式中，ρ 是空气密度，v_{G} 是滑雪者重心的速度，该速度是通过重建 3D 运动学模型获得的。阻力面积 $A_{\mathrm{D}}=C_{\mathrm{D}}A$ 可以通过文献[80, 81]提出的模型进行估算（见第 4.3.3 节）。

4.3.2.4 地面反作用力测量方法的比较

基于 3D 运动学分析（特别是基于视频的方法）估算地面反作用力非常耗时（至少在使用基于视频的方法时如此），其准确性从未经过参考测量的验证；而且，仅仅依靠 3D 运动学分析并不能够评估滑雪板内部和外部之间的作用力分布。

通过比较压力传感器和压力测量系统我们可以发现，它们有各自的优点和缺点。压力鞋垫的优点主要体现在以下两个方面。

1. 由于压力鞋垫的尺寸小，因此在场地研究中易于使用。首先，不需要大量地改变滑雪装备；其次，其对运动员的干扰最小。相反，压力传感器的质量更大一些（0.5～1.0 kg），当其安装到滑雪装备上时，它的特点会随着滑雪板的刚度和站立高度的变化而发生显著变化(压力传感器的高度大约是 0.4 mm)。[78]压力传感器可能会对滑雪者的表现产生负面影响，因而在高水平滑雪过程中，我们可能无法对其进行动力学分析。[76]

2. 运动员可以使用自己的滑雪板、固定器和滑雪靴。相反，由于压力传感器安装在滑雪靴和固定器之间，或安装在固定器和滑雪板之间，因此在测试过程中，运动员通常不能使用自己的滑雪板、固定器和滑雪靴。

压力传感器的优点主要体现在以下两个方面。

1. 能够测量 3D 的力和力矩，而压力鞋垫只能测量垂直于鞋垫本身的力。[76]

2. 测得的力非常可靠，测定值视为标准值。而压力鞋垫对力的测量精度仍然值得重点讨论。[76,77]

有研究者对高山滑雪中压力传感器与压力鞋垫所提供的力测量进行了比较。[76]10 个专业运动员和 10 个中级水平滑雪者用不同的技术(刻滑和平滑技术，参见第 4.3.4.1 节)在陡峭的(23°)和平坦的(15°)斜坡上分别进行了两组 10 次双回转滑行。在测试前，所有运动员不仅都在滑雪板和固定器之间安装了压力传感器，而且都在滑雪靴内放置了压力鞋垫。具体的操作是，将奇石乐公司生产的 2 个压力传感器分别安装在滑雪板的前部固定器和后部固定器下面，而将德国诺维尔公司生产的 Pedar 压力鞋垫置于滑雪者的滑雪靴里面。所有的滑雪者都可以使用自己的滑雪靴。研究者只对运动员左腿地面反作用力的垂直分量进行了比较。结果表明，通常情况下，压力鞋垫是通过压力传感器测量的，它估低了地面反作用力垂直分量的平均值和峰值。[76]这种对垂直地面反作用力的低估与转弯阶段(加载或卸载阶段)有关：在加载阶段，相对平均差异在 22%到 35%；而在卸载阶段，相对平均差异在 13%到 39%。

另外，我们还应注意，两个测量系统之间的差异也受滑雪者的个人能力、滑雪技术和地形坡度的影响。

4.3.3　空气动力

高山滑雪中的空气动力基本上是运动员及其装备与周围空气之间压力的相互作用。空气动力一般分为两个分量：阻力 F_D 和升力 F_L (见图 4.10)。

空气动力学阻力 F_D 定义为空气动力沿着相对的风的方向上的投影。这意味着如果相对的风的方向与运动员的运动方向保持一致，则阻力与运动的方向(如滑雪者速度矢量 $\boldsymbol{v}_G$ 的方向)相反。阻力的大小取决于三个主要的参数：(1) 运动员/装备组合的迎风面积 A (定义为运动员/装备组合投影在垂直于运动方向的平面上的面积)；(2) 阻力系数 C_D (取决于滑雪者/装备组合的形状和表面粗糙度)；(3)滑雪者与空气之间的相对速度 v。空气动力学阻力可表示为

$$F_D = \frac{1}{2}\rho C_D A v^2 \tag{4.4}$$

空气和滑雪者身体之间的相对速度通常视为与不考虑风速的贡献度时滑雪者的速度 v_G 一致。

图 4.10 空气动力分量(阻力 F_D 和升力 F_L)示意图

升力 F_L 是空气动力的另一个分量,也是垂直于阻力的分量。与阻力相同,升力的大小也取决于三个主要参数:(1) 运动员/装备组合的迎风面积 A;(2) 升力系数 C_L(取决于滑雪者/装备组合的形状和表面粗糙度);(3) 滑雪者与空气之间的相对速度 v。空气动力学升力可表示为

$$F_L = \frac{1}{2}\rho C_L A v^2 \tag{4.5}$$

在高山滑雪中,除了遇到需要跳跃的下坡以外,空气动力学升力通常会被忽略。

很多研究者通过风洞实验和现场测试对高山滑雪中的空气动力学进行了研究。[23, 52, 53, 80-82]

其中,有研究者得出了大量关于加拿大男子和女子高山滑雪队风洞实验的结果。[23]这些实验的目的是评估滑雪者的位置(或姿势)、迎风面积和服装渗透性对空气动力学阻力的影响。

测试是在通用汽车公司风洞实验场(General Motors wind tunnel,测试区域大小为 5.5 m×10.4 m)和加拿大国家研究委员会风洞实验场(National Research Council of Canada wind tunnel,测试空间大小为 1.94 m×2.7 m×5.2 m)进行的。

在测试过程中,滑雪者在风洞的六分量测力天平上模拟速降团身的姿势,或者保持更加

直立的姿势。研究者具体分析了测试中滑雪者的六种姿势：紧实团身、中高位团身、高膝盖、预备跳/缩臂、空中/展臂以及站立。

在每个测试阶段，所有滑雪者都穿着常规的比赛装备（头盔、护目镜、手套、背部保护器、滑雪靴、内衣和滑雪杖），使用不同尺寸的不同新旧程度的速降和大回转滑雪服，并且使用德国司登利电子设备公司（Steinel Elektronik GmbH & Co.，Germany）的 Steinel 孔隙度仪对服装渗透性进行测量。

研究者在 80、90、95、100 km/h 这四种空气速度下分别进行了测试。每位滑雪者均拍摄了正面数码照片。背景中使用一个 10 cm×10 cm 的网格参考板，前景中使用参考标杆，然后通过数字平面测量法测量每张照片中滑雪者的迎风面积。

观察发现，因为滑雪者张开手臂、站得更直立会导致迎风面积大量增加，所以阻力增加。比如，当滑雪者从预备跳/缩臂姿势转换成空中/展臂姿势时，F_D 将增大 41%。因此，教练教导滑雪运动员在跳跃时要将他们的手臂尽量贴近身体，从而大大减少空气阻力。

对于完全团身姿势来说，阻力面积（C_DA）为 0.17～0.23 m^2，而站立姿势的阻力面积值为 0.25～0.33 m^2，这与文献[52]中报告的结果一致。阻力系数则在 0.46 到 0.6。但也有研究指出，在直线滑雪过程中，当速度高于 75 m/s 时，C_D 的大小与身体姿势无关。[52]

不同滑雪服引起的阻力变化范围为 5%～7%。此外，滑雪者在选择适合的服装时还需要考虑以下几个因素。

1. 速降滑雪服比大回转滑雪服产生的阻力小得多；

2. 在滑降滑雪服中加入大回转滑雪保护垫会导致迎风面积和阻力的增加；

3. 如果滑雪者所穿着的服装尺寸过小，那么该滑雪者可能会过度拉伸身体并造成更大的阻力；

4. 如果滑雪者所穿着的服装尺寸过大，那么可能会因服装宽松而增加阻力；

5. 旧的服装会失去弹性，变得多孔化，从而会比新的服装造成更大的空气动力学阻力；

6. 服装层数过多会增加滑雪者的迎风面积，服装层与层之间会产生气囊而增加阻力。

如上文所述，风洞测试论证了滑雪者的姿势和人体测量学的特征，从而推动了空气动力评估经验模型的发展。

例如，在文献[80]中，阻力面积 C_DA 是根据姿势参数（滑雪者身体部位的长度和运动的方向）按下式估算得出的。

$$C_DA = a_1(L_1\sin\theta_1 + L_2\sin\theta_2 + L_3\sin\theta_3) - a_2 + a_3(|\sin\xi_1| + |\sin\xi_2|) \tag{4.6}$$

式中，L_1、L_2 和 L_3 分别表示小腿、大腿和胸部的长度，角度 θ_i（$i=1, 2, 3$）代表它们相对于雪表面矢状面的倾斜角度，角度 ξ_1 和角度 ξ_2 是两只手臂在水平面上的取向角度。请注意，角度 θ_i 和角度 ξ_i 可以通过基于视频或 GPS/IMU 的方法重建身体部分的运动学（见第 4.3.1 节）来确定。另外，a_1 和 a_2 是文献[80]中的实验确定的拟合系数，该实验主要是在风洞实验场中对几名不同滑雪姿势的滑雪者进行的测试。

有研究者提出了一个类似的模型。[81]根据这个模型，阻力面积 C_DA 视作体长 L、滑雪者的迎风面积 A、滑雪者的瞬时高度 H 和宽度 W 的函数，如下式所示。

$$C_DA = b_1 + b_2L + b_3A + b_4H + b_5W \tag{4.7}$$

即使在这种情况下，A、H 和 W 也可以通过重建身体部分的运动学数据来确定，进而可以估算出滑雪者的轮廓。[72]拟合系数 b_i 是通过风洞实验确定的。

4.3.4 滑雪技术和表现的评价与分析

前面几节中介绍的测量系统可促进以下两点的发展。

1. 因回转滑雪板材料和形状的根本变化而引起的滑雪技巧的改变；
2. 评价高山滑雪运动表现的客观方法的发展。

4.3.4.1 传统平滑与刻滑技术的比较

刻滑的出现彻底改变了滑雪技术。[83]基本上，刻滑滑雪板的腰部弧度更大，并且明显比传统滑雪板的长度短。此外，滑雪板和固定器之间还装有一块固定板，因而滑雪者的站立高度会增加 1～2 cm。在刻滑滑雪中，“弯道转向”是很重要的。使用这种技术，转向可以沿着滑雪板边缘进行，而不需要任何侧滑组件。刻滑转弯时的导航曲线半径是以下变量的函数：滑雪板弧度、立刃角度和滑雪板弯曲度（见图 4.11）。滑雪板腰部的弧度越大，立刃角度越大，滑雪板的弯曲程度必须更大，以确保边缘全长均能与斜坡接触。在与斜坡充分接触的情况下，切入雪中的曲线长度确定为转弯半径。[46]

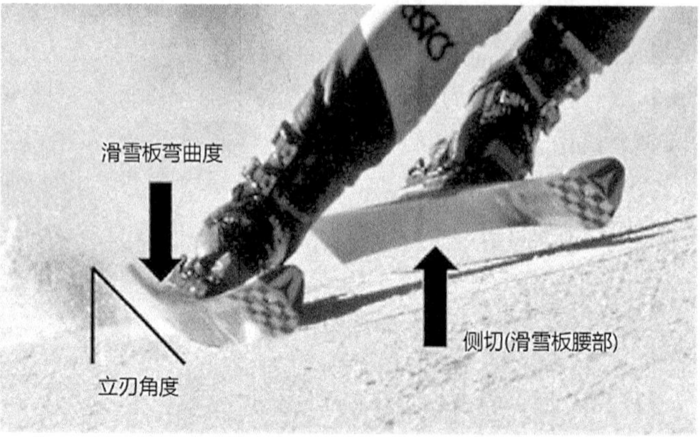

图 4.11 刻滑中的侧切（滑雪板腰部）、立刃角度和滑雪板弯曲度

有研究者对传统平行转弯技术和新式刻滑转弯技术进行了比较。[46]为此，在其他方面的范围完全相同的情况下，由同一批运动员使用传统滑雪技术和刻滑技术分别进行了一系列平行转弯和刻滑转弯的测试。滑雪测试员使用不同腰部弧度的滑雪板滑行6次，每次有8个转弯。采用基于视频的测量方法来重建滑雪者的3D运动学数据。研究者使用两个压力鞋垫测量了地面反作用力和滑雪靴中的压力分布，同时观察滑雪测试员在转弯时臀大肌、股内侧肌、股外侧肌、股直肌、股二头肌、胫骨前肌和腓骨长肌的活动。

传统的平行转弯和新式的刻滑转弯的技术特点对比如下[46]。

1. 在传统的平行转弯中，在转弯阶段，负载主要施加在滑雪板外侧；而在刻滑技术中，在整个转弯阶段，都是在内侧腿部集中协同负载(intensive co-loading)的；

2. 刻滑技术具有相对较短的第二控制阶段(控制滑雪板在下滑线外)和相对较长的转弯初始阶段；

3. 就转弯初始阶段而言，刻滑技术与传统的平行转弯技术在动作结构上非常相似，这两种技术都可以看到向上减重(up-unweighting)与边缘的不断变化相结合的情况；

4. 使用刻滑滑雪板进行转弯时，运动员需要更好的矢量平衡和更高超的边缘转向能力，以保持自身处于滑雪板的中央位置；

5. 由于滑雪板腰部弧度更大、更柔软以及转弯阶段立刃角度更大，因此采用新式刻滑技术可以实现更小的转弯半径。

4.3.4.2 高山滑雪水平评估

在比赛中，顶级滑雪者之间的成绩差异往往低至百分之一秒。然而已经有证据表明，速度最快的滑雪者在滑雪过程中各个分段的时间差可以达到10%。因此，即使是最高级别的滑雪者，他们的分段成绩也有可能得到显著提高。目前，关于影响滑雪成绩的物理机制已经有了多项研究，比如以下几个方面。

1. 滑雪板和雪之间的摩擦[84]；
2. 身体姿势对空气阻力的影响[23,52]；
3. 比赛技巧对地面反作用力的影响[46,83]；
4. 滑雪者在施力点处改变动作对滑行时间的影响[85]；
5. 沿斜坡方向改变下滑路线以获得最大滑行速度[86]。

然而，对于应该如何控制滑雪转弯以达到良好的效果，仍然存在许多问题。

基于之前描述的测量系统所提供的数据(第4.3.1节)，有研究者进行了多次尝试，试图提出一种关键而有针对性的分类方法，以便将高山滑雪成绩进行分类。还有的研究者则引入了以下参数来研究时间差，尽管它和各分段的成绩之间是否具有直接关系尚未完全被证实。

1. 分段入口速度：从直观上来看，入口速度较快可能会使分段时间变短。对于连续的分段来说，这意味着滑雪者应该尽量争取较高的分段出口速度，以缩短后面分段所需的时间。但也可能存在一种“速度障碍”，此时运动员需要控制速度以避免出现失误。

2. 路径长度：教练们的普遍看法是，较短的路径长度可能会缩短分段时间。然而，更短的路径长度需要更小的转弯半径，因而滑雪者的运动轨迹更尖锐，这可能会导致速度减慢。

3. 滑雪运动员重心的转弯半径和滑雪板的平均转弯半径：前面有关滑雪者路径的讨论表明，这些参数可能导致过度尖锐的轨迹，从而引起速度的损失。

4. 能量耗散：转弯的质量可以根据雪地摩擦和空气阻力所引起的能量损失来进行估算。假设高山滑雪比赛的主要驱动力是势能，且能量耗散主要是由于滑雪板与雪之间存在摩擦力和空气动力学阻力，故能量耗散速率可以通过总机械能（动能和势能）的变化除以质量和入口速度来进行估算：

$$\frac{\Delta e_{\text{mech}}}{v_{\text{in}}}=-\frac{\dfrac{\Delta(v^2/2)}{\Delta z}+g}{v_{\text{in}}} \tag{4.8}$$

式中，v 表示滑雪者的重心速度，v_{in} 为入口速度，z 为海拔高度，g 为重力加速度，Δ 为微分。

5. 地面反作用力：可通过在转弯过程中的地面反作用力提供另一种评估能量耗散的方法。

为了对这些参数是否可以作为回转滑雪比赛中运动员成绩的预测因素以及它们之间的关系进行研究，有研究者对 18 名男子高山滑雪运动员在克拉尼斯卡戈拉举行的世界杯滑雪比赛中的表现进行了比较。[61]他们采用基于视频的 3D 运动学测量，对回转滑雪 56 门滑道中的 4 个门进行了监测，也使用了文献[61]以及本文第 4.4 节中所述的实验设置。

研究过程中的注意事项如下[61]。

1. 对于专业运动员和其他滑雪者来说，Δe_{mech} 和滑雪速度明显不同，而转弯半径与地面反作用力的差异并不明显。

2. 分段时间与 $\Delta e_{\text{mech}}/v_{\text{in}}$ 呈最大的负相关关系，与 v_{in} 呈第二大负相关关系。

3. 出口速度 v_{out} 与 $\Delta e_{\text{mech}}/v_{\text{in}}$ 之间的相关性最大。

4. 高入口速度 v_{in} 对获得短的分段时间以及高的出口速度 v_{out} 来说必不可少。由于 v_{out} 与 $\Delta e_{\text{mech}}/v_{\text{in}}$ 之间的相关性最大，因此后者可以视作很好的分段成绩估算量。但是必须注意一点，这个参数没有考虑滑雪者在入口处和出口处的方位，而方位会严重影响滑雪者的成绩和可能出现的错误。

5. 入口速度 v_{in} 与 $v_{\text{out}}-v_{\text{in}}$ 呈很大的负相关关系。这表明滑雪者可能会有“速度障碍”，超过这个速度时他们更容易犯错。

6. 转弯半径与 Δe_{mech} 之间呈正相关关系，这意味着较小的转弯半径与最大的能量损失相关联。

7. 为了减少能量耗散，必须降低最小转弯半径和最大地面反作用力；相对于在转弯门之间选择更直接的路线来说，在转弯门之间选择平滑的弧线可能会产生更好的效果。

8. 仅凭分段时间和滑雪者速度，不足以估算在比赛中滑雪者的分段成绩的好坏。

斯波里（Spörri）等[67]的部分研究结果与苏佩伊（Supej）等[61]的研究发现相反。即使在这种情况下，基于视频的3D运动学测量依然用于研究滑雪者进行单次转弯过程的表现。具体来说就是在测试过程中使用第4.4节所述的实验设置[67]，由顶级世界杯高山滑雪运动员在两种不同的赛道设置上进行12次滑行；赛道上，门与门之间的垂直距离为26 m，偏移量分别为12 m和10 m。

与文献[61]相反，通过对比最快的和最慢的一次滑行，我们发现，被测试的滑雪者的两次平均转弯的$\Delta e_{mech}/v_{in}$没有差别，而两次滑行时间相差3.6%。根据这些结果可知，尽管滑雪者在整个回合中的两次滑行中消耗的能量相同，但也有可能获得更好的成绩，所以仅凭$\Delta e_{mech}/v_{in}$这个指数，是无法预测滑雪者任何一个转弯的表现的。对于产生这种差异的原因，可能有如下几种解释。

1. 在文献[67]中，研究者只对一名滑雪者进行了测试；

2. 在单次转弯分析中，发生在接近终点的错误只会对分段监测产生很小的影响；

3. 因为转弯终点的滑雪者姿势/方向对分段分析的影响微乎其微，所以在单次转弯分析中，高的出口速度可能会对随后的分段来说很重要。

因此，使用$\Delta e_{mech}/v_{in}$作为表现指数可能只适用于较长的分段。

与部分研究结果[61]相一致的是，在最快的一次转弯过程中，研究者发现，滑雪者重心的转弯半径一直较大。然而滑雪者重心的即时方向与下滑线之间的角度都较小，这意味着势能可以以较高的速率转化为动能。最快的转弯是在坡面上的垂直位置更高的时候开始和结束的，并且转弯时较少偏离下滑线的方向。因此，滑雪者必须在通过门之前就尽量完成转弯动作，才能有效提高成绩。

有研究者提到了关于滑雪者应遵循轨迹的类似考虑：在实验中对同一名滑雪者在10门大回转赛道上进行两次不同的测试，进行作用力矢量分析并结合3D运动学分析，得到轨迹曲线。[63, 71]

具体来说，使用文献[63]和第4.3.1.2节中所描述的实验设置，通过GPS/IMU的3D运动学重建(第4.3.1.2节)可以估算出滑雪者的受力。

放置在地形坡度增加之前的6号门确定为缩短时间的关键点。在最快的一次滑行测试中，滑雪者的最大转弯点正好在此门之前。比起最慢的一次滑行测试，这次测试结果虽然重心轨迹较长，但是却使得滑雪者在经过5号门后的滑行轨迹更直(缩小了滑雪者重心方向和下滑线之间的角度)，从而能加速通过6号门。滑雪者在滑道最陡部分的入口处可获得较高的动量，从而缩短了总滑行时间。相比而言，最慢滑行测试的最大转弯点更靠近门，滑雪者被迫在经过门之后做出一个半径非常小的转弯动作。作用力矢量分析为这个结果提供了进一步的解释。事实上，在速度最快的滑行测试中，滑雪者能够在最大转弯点(转弯时滑雪冲力对改变滑雪者的动量影响最大的点)周围增加压力，这使得转弯期间的加速成为可能。相反，在速度最慢的滑行测试中，滑行曲线出口处的转弯半径较小，这容易导致打滑并产生制动力，从而降低滑雪者的速度。

4.4 高山滑雪的数学模型

4.4.1 高山滑雪模型的目标

对比赛中的高山滑雪者进行建模仍然是一项颇具挑战性的任务：描述在3D空间中不断改变姿势的人的运动，以及运动时人体通过一对滑雪板与雪发生的相互作用。这可能是体育工程师不得不面对的最棘手的问题之一。

滑雪板与雪之间的相互作用本身就是一件非常复杂的事情(见第2.2节)：滑雪板是与雪发生相互作用的相当复杂的弹性组件几何体，它是一种不均匀的“材料”，会随着一些参数(主要是温度和湿度)的变化而发生相应的变化。因此，滑雪过程中可能会出现几种摩擦机制，这几种摩擦机制不仅可能出现在赛道的不同部分，也可能出现在滑雪板本身之上，因为滑雪板本身就存在不同的压力分布和温度梯度。

最后要强调的是，人体的动力学对滑雪成绩起着至关重要的作用。对它的描述需要几个自由度，这些自由度几乎可以以无限的方式组合起来。对滑雪者的运动和反应进行真实的数学重现是非常困难的，但是对其获得一致的结论是必不可少的。

尽管所有这些因素和限制仍需要得到妥善解决，但技术文献中已经提出了几种模型。事实上，数学模型存在许多优点，因而其更具吸引力。数学模型的优点具体如下所示。

1. 相对于实验测试，数学模型可以用更少的时间和更低的成本进行详尽的灵敏度分析，并且不会对运动员造成伤害；

2. 数值模拟是确定性的，而实验测试则需考虑到一些变数(天气、积雪特征、运动员的疲劳和失误)的发生；

3. 数学模型的每个参数都可以被控制和单独更改，并且可以清楚地证明其作用。

技术文献中呈现的模型，如从质点模型[87]、刚体模型[88]到多段模型，包括进行回转滑雪、速降滑雪甚至空中技巧训练时在雪上移动的滑雪者-滑雪板系统[89]，都具有不同程度的复杂性。

有些模型主要是针对滑雪板与雪之间的接触而建立的：在这种情况下，滑雪者通常简化成质点或刚棒来进行图示，因为此时主要的研究焦点在于理解滑雪板的几何形状和弹性对滑雪成绩的影响。换句话说，一些模型开发出来是为了改进和优化滑雪装备。

坂田(Sakata)等[90]用质点模拟滑雪者，将滑雪板设定为一个非均匀的正交各向异性板，研究了鞋中心位置对滑雪者转弯的影响。费德罗夫(Federolf)等[91, 92]建立了一个有限元模型来描述滑雪板与雪的接触，分析了立刃角度、雪的硬度以及作用在固定器上的力对刻滑转弯半径的影响。

其他模型则专注于滑雪者，尝试重现其在进行回转滑雪、跳跃、速降滑雪甚至展示空中技巧时的行为和反应。[89]对运动轨迹或身体姿势的优化是这些研究的潜在成果，它们便于用来改进滑雪技术和提高成绩。滑雪者的模型也可以用来估算如何通过身体关节（特别是膝盖）传递力和力矩，以便弄清楚为什么特定的反应或身体姿势更容易对滑雪者造成伤害。一般来说，其他很多研究的目标是为运动员的训练提供支持，而这些研究则是为了尽量降低伤害风险。

除少数例外[87, 88]，滑雪者的模型一般是基于多段方法而建立的。高计算成本的建模往往促进了滑雪板与雪接触的简化模型的研究，特别是涉及 3D 动态时。滑雪者运动的真实性通常是通过运动捕捉技术，并根据实验测试中记录的数据来驱动模型关节而获得的。这意味着在大多数情况下，研究者只能通过求解逆动力学来估算在接触面或身体关节中的负载。无论如何，有关文献得出了基于滑雪者状态的身体姿势控制逻辑的实现方法和前向动力学的仿真结果。[93, 94]

鲁达科夫（Rudakov）等[88]开发了一种优化轨迹的算法：在回转滑雪中将滑雪者模拟成一个质点，通过刚性棒与滑雪板相连。陈（Chen）等[89]使用 2D 多段模型分析了滑雪者的体质量和姿势对其速度、加速度及关节力量的影响。纳奇鲍尔（Nachbauer）等[93]建立了一个 2D 多段模型来分析滑雪者在速降滑雪时的跳跃动力学，他们的工作还包括建构肌肉骨骼模型，以证明滑雪者在降落时的姿势与前交叉韧带（ACL）峰值力量之间的关系。川合（Kawai）等[95]使用 3D 多段模型模拟了滑雪者在平行转弯中的控制行为（立刃角度、重心的向内位移和边缘的受力）。奥伯雷格（Oberegger）等[94]研究了刻滑转弯中滑雪者的 3D 动力学。

下文将更详细地描述上述模型。根据研究者们对滑雪装备或滑雪者动力学的不同研究方向，我们将模型分为两类。

4.4.2　滑雪板建模

4.4.2.1　固定器位置对滑雪转弯影响的预测

坂田等[90]提出的研究主要是分析滑雪者在转弯时，固定器的纵向位置（鞋中心）对滑雪者-滑雪板系统的动力学的影响。

坂田等根据图 4.12，对滑雪者-滑雪板系统进行了建模。图 4.12 为滑雪板的侧视图：鞋的中心位置标记为点 C，它是坐标系的原点；坐标系以 ξ 为纵轴，ζ 为指向下方的垂直轴

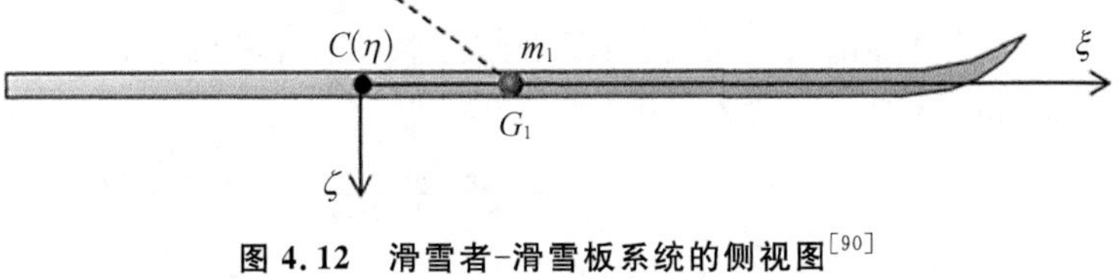

图 4.12　滑雪者-滑雪板系统的侧视图[90]

和横轴 η；滑雪者被简单地图示化为集中在点 G_2 上的质量 m_2；由于滑雪者的移动，点 G_2 相对于坐标系的位置会发生变化；滑雪板的质量 m_1 和其重心在点 G_1 中；点 G 代表滑雪者-滑雪板系统的重心。

滑雪板被模拟为非均匀正交各向异性板，其弯曲刚度沿着 ξ 方向变化。沿 ξ 方向的弯曲刚度是根据在滑雪板中心处的最大值约为 11 000 N・m/rad 的钟形函数(bell-shaped function)来描述的。弯曲刚度以类似的方式沿 η 方向发生变化，其在滑雪板中心处的最大值约为 7 500 N・m/rad。这些数据采集自一段 2.012 m 长的回转滑雪测试。雪的表面被图示化为一个线性弹簧层，并假设其常数 $k_0 = 1.0 \times 10^7\ \mathrm{N/m^2}$。

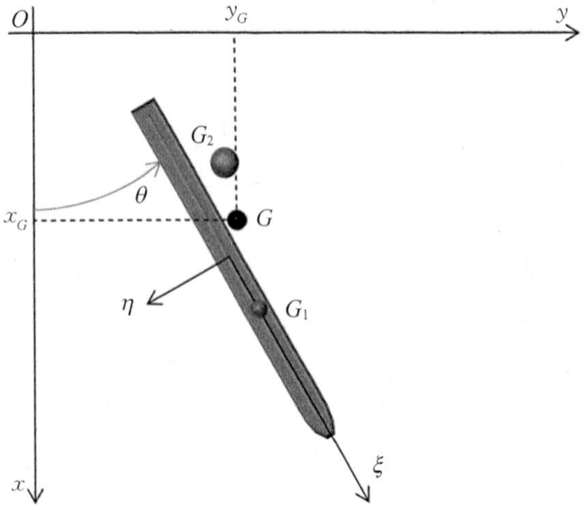

图 4.13 滑雪者-滑雪板系统的俯视图[90]

假设滑雪者-滑雪板系统如图 4.13 所示地在水平面上移动，因此系统重心的位置可以识别为坐标轴 x 和 y，而滑雪板相对于 x 轴的方向由 θ 得出。

滑雪者-滑雪板系统的运动方程如下式所示。

$$\begin{cases}(m_1+m_2)\ddot{x}_G = f_x \\ (m_1+m_2)\ddot{y}_G = f_y \\ I_G\ddot{\psi} = M_z\end{cases} \tag{4.9}$$

式中，I_G 是滑雪者-滑雪板系统围绕垂直轴线通过 G 点的转动惯量，f_x 和 f_y 分别表示滑雪板与雪之间的接触力沿着 x 轴和 y 轴方向的分量，M_z 是相对于 G 的接触力沿垂直轴生成的力矩。

通过弯道所需的侧向接触力由滑雪者的边缘作用产生。图 4.14 通过滑雪者重心在 $\xi-\eta-\xi$ 参考系的横向位移 η_{G_2} 重现了其边缘作用。此时，滑雪者沿着滑雪板的垂直和纵向轴线分别对滑雪板施加一个力 q_ζ 和一个力矩 M_ξ。由于边缘作用，滑雪板围绕其纵向轴线(立刃角度)旋转产生了角度 β。作用于滑雪者的重力和惯性力矩 $m_2\ddot{w}_c$，导致滑雪板产生刚性位移。至于滑雪板，f_2 和 f_η 分别代表沿 ζ 方向和 η 方向分布的接触力。虽然图 4.14 中缺少证明，但模型中包含了因重力和滑雪板振动而产生的作用力。假定滑雪板每单位面积的质量沿纵向变化，其范围为从滑雪板边缘的 8 $\mathrm{kg/m^2}$ 到滑雪板中心的 20 $\mathrm{kg/m^2}$。

有研究者[90]进行了几次模拟，假设一名滑雪者以 10 m/s 的速度进行回转滑行，进入转弯时其横向位移 η_{G_2} 从 0 逐渐增加到均衡值。同时，假设滑雪者的重心沿纵向移动 ξ_{G_2}，针对鞋中心位置沿滑雪板纵轴方向的改变进行重复模拟。特别是，假定 l_c 为从滑雪板尾部到鞋中心的距离，L 为滑雪板的长度，比值 l_c/L 所研究的范围是 39%～45%。分析数值后可得出以下结论。

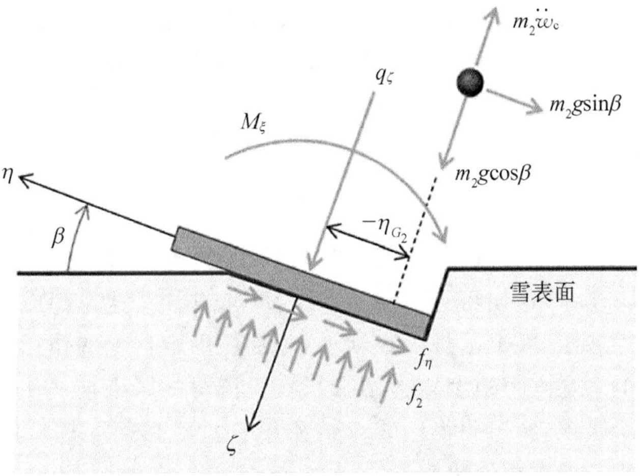

图 4.14 滑雪者-滑雪板系统的正视图[90]

1. 就围绕垂直轴的旋转速度而言，鞋中心的纵向位置会影响滑雪者-滑雪板系统在转弯时的反应。鞋中心向前移动时，滑雪者可以得到更快的转弯速度；鞋中心向后移动时，则会获得相反的效果。

2. 鞋中心的纵向位置对滑雪者-滑雪板系统的重心轨迹影响不大。

3. 鞋中心的位置不同，会影响滑雪板纵轴与系统重心 G 轨迹的切线之间的角度。滑雪者的重心可根据向 (ξ_{G_2}) 的变化而调整，以便滑雪板与系统重心 G 的轨迹相切。当鞋中心向前移动时，如果滑雪者也向前移动，这个结论就将会被证实。当鞋中心向后移动时，滑雪者必须也将自身重心向滑雪板尾部移动，以获得相同的结果。文献[90]所得出的 ξ_{G_2} 的变化也只有几毫米。

4.4.2.2 通过有限元模型预测刻滑转弯半径

费德罗夫等[91, 92]使用有限元模型来描述在刻滑转弯期间滑雪板与雪之间的相互作用。他们的研究目标是调查一些参数，如立刃角度、雪硬度和滑雪板固定器上的负载对实际转弯半径的影响。[92]

通过 Howe 模型[96]，我们可以估算出刻滑滑雪的转弯半径 R_c：

$$R_c = \frac{L^2}{\dfrac{8\mathrm{SC}}{\cos\theta} + d\tan\theta} \tag{4.10}$$

式中，L 是滑雪板长度，θ 是立刃角度，d 是穿透深度，SC 是滑雪板侧切度，我们可以依据下式计算得出 SC。

$$\mathrm{SC} = \frac{w_1 - 2w_2 + w_3}{4} \tag{4.11}$$

式中，w_1 是滑雪板板翘处的宽度，w_2 是滑雪板腰部宽度，w_3 是滑雪板尾部的宽度。式 4.10 的结果如图 4.15 所示，转弯半径是立刃角度的函数，分别对应 FIS 所规定的三个半径 R_{SC} 的值。最后 R_{SC} 的值可以估算如下所示。

$$R_{SC}=\frac{L^2}{8SC} \tag{4.12}$$

上述公式是基于理想的刻滑转弯，即没有发生打滑现象而得出的；式 4.10 只需要几个几何参数便可计算出转弯半径，这使得它的应用非常简单。同时，这也构成了该方法的缺点，即转弯半径对物理特性参数（如滑雪板的灵活性、施加在固定器上的作用力或雪的硬度）的依赖性是无法被证明的。在立刃角度高达 40°时，实验测得的结果与式 4.10 的估算结果较为一致。如果超出这个极限，实验测得的转弯半径基本上大于根据式 4.10 估算出的值，差异主要产生于逐渐增大的滑雪板穿透深度。

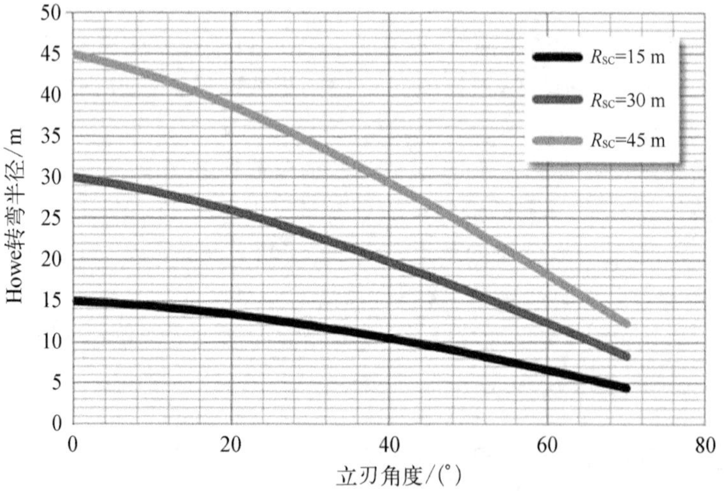

图 4.15 根据 Howe 模型计算的对应不同侧切半径的转弯半径（$d=3$ mm）

有研究者将模型分为滑雪板模型和固定器模型：滑雪板模型由一系列基于基尔霍夫薄板理论（Kirchhoff plate theory）的壳单元组成，该模型中存在薄的黏合层以及非各向同性材料（如木芯和玻璃纤维复合材料）；固定器模型则是通过一系列 8 节点体积单元而得以建立的。[91, 92]

引入边界条件来研究滑雪者传递给固定器的力、重力和惯性对滑雪板以及滑雪板与雪之间相互作用的影响，还可以通过实验测试收集边界条件的数据。实验中，由一位经验丰富的滑雪者进行几次刻滑转弯，其中，滑雪者施加到滑雪板上的作用力和力矩是通过固定器上的测力计来进行记录的。此外，我们可以通过视频系统地对滑雪者和滑雪板的运动轨迹进行捕获，以确定立刃角度和系统加速度。

分析模型用来描述滑雪板与雪之间的相互作用，该模型考虑了雪的可塑性。在施加作用力阶段，压力 p 可由雪面穿透深度 d 相关的公式得到。

$$\begin{cases} p(d)=2A(\beta)d+B & (d>0) \\ p(d)=0 & (d\leqslant 0) \end{cases} \tag{4.13}$$

根据实验测试[97]，在立刃角度 $\beta>40°$ 时，A 的取值范围为 2～20 kPa/mm，B 的合适范围为 0～400 kPa。在未受负载阶段，雪压力可表示为

$$\begin{cases} p(d)=C(d-d_{\max})+p_{\max} & (d_{\max}\geqslant d>d_0) \\ p(d)=0 & (d\leqslant d_0) \end{cases} \tag{4.14}$$

式中，C 值与雪的弹性恢复相关，其范围在 0.15～1.15 MPa/mm[98]；$d_{\max}$ 是施加负载阶段达到的最大穿透深度；$p_{\max}$ 是相应的压力；d_0 代表在未受负载阶段接触压力降为零时的穿透深度（$d_0=d_m-p_m/C$）。

该模型的有效性已通过与实验数据的详尽比较而得到了验证。首先，雪模型通过有限元分析重现文献[97]中使用的测量设置而得到验证，其中穿透板以不同的立刃角度被按压进入雪地。测试结果得到了式 4.13 的数据的验证，并由模型充分重现。其次，我们进行了准静态模拟，仅考虑了刻滑滑雪板压入雪中的施加负载阶段，将滑雪板的变形形状与静态实验中施加负载并以各种立刃角度压入雪地的滑雪板的形状进行比较。最后，对实际刻滑转弯半径进行了比较，数据是在对前述经验丰富的滑雪者进行室外测试的过程中采集的。当考虑到雪面上存在因滑雪板前段的作用产生了凹槽时，我们获得了满意的结果。

通过对模型验证后进行的分析，我们得出以下结果。

1. 增加立刃角度会减小转弯半径，但当立刃角度大于 40°时，数值结果与从 Howe 模型输出的不同。[96]如图 4.16 中定性地显示的那样，超过这个数值时转弯半径将达到一定程度

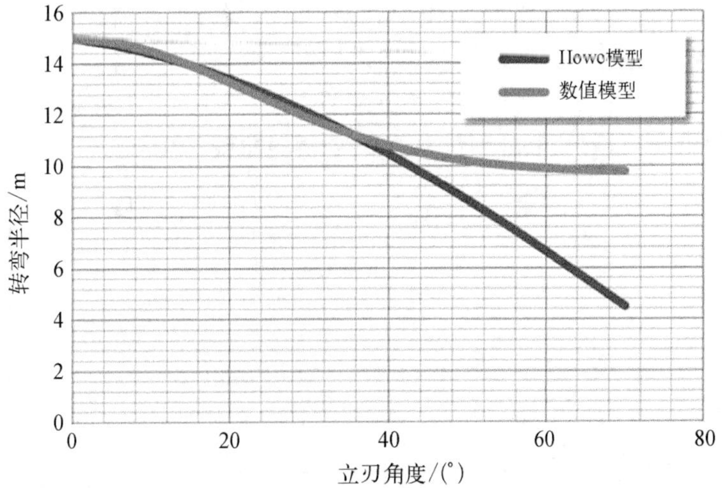

图 4.16　由 Howe 模型与数值模型得到的转弯半径的对比（d=3 mm）[92]

的渐近线，而不是减小。据分析，转弯半径依赖于立刃角度，我们可以用高斯函数来近似计算。这个现象可以解释为滑雪板后部在滑雪板本身前部形成的凹槽中滑动。从文献[96]中提出的纯粹几何模型来看，这减小了滑雪板的弯曲度，因此低估了有效转弯半径。

2. 当立刃角度较小时，软雪相对于硬雪来说可产生较小的转弯半径。这种效应与滑雪板更深入雪(软雪)有关。基于相同的原因，在软雪中增加立刃角度会使凹槽更宽，从而可以预见到渐近线区域。因此，相对于软雪来说，立刃角度较大时，滑雪者在硬雪中可产生更小的转弯半径。

3. 增加固定器上的垂直压力会减小转弯半径。体质量更大的滑雪者或更快的滑行速度会产生更小的转弯半径。无论如何，垂直压力的影响很小：依赖于立刃角度，垂直压力对转弯半径产生的减小值保持在 0.5～1.2 m/kN 的范围内。这个结果意味着：由于雪表面存在凹凸不平的情况，垂直接触压力的变化不会显著地破坏滑雪者在刻滑转弯时的稳定性。

4.4.3 滑雪者建模

4.4.3.1 质点模型：回转滑雪中的轨迹优化

在回转滑雪或速降滑雪运动中遵循最佳路径，对于完赛时间最小化来说至关重要。滑雪者必须根据积雪条件、赛道几何形状和滑雪装备的情况来确定最佳的运动轨迹，尝试沿着最佳轨迹滑行，并在遇到问题时做好准备，以便切换不同的路径。在比赛中，运动员只有几分之一秒的时间来执行这些任务，因此，训练和经验是培养这些能力的必要条件。

数学模型可以提供用于识别最优化路径的信息，尤其是可以根据不同的赛道几何形状、雪况、滑雪装备和运动员的特点等来确定最佳轨迹。数学模型的结果可以为运动员的训练提供有益的帮助。

鲁达科夫等[88]提出了一种用来确定回转滑雪最佳轨迹的相对简单的方法。在这项工作中，滑雪者被模拟为质点，并通过无重力的刚性棒与滑雪板刚性连接。

如图 4.17 所示，回转滑雪赛道的特点由两个参数决定：L 代表赛道空间“区段”，即同一侧两杆之间的纵向距离；a 代表杆到最大下滑线(赛道中线)的距离。

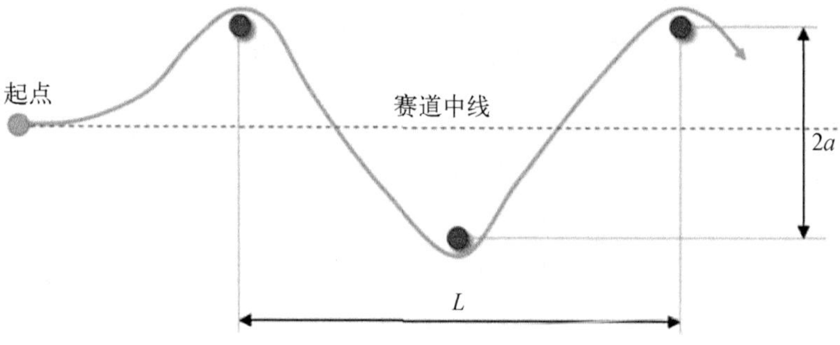

图 4.17 用于优化的回转赛道[87]

假设回转滑雪赛道曲线的斜率只沿着赛道中线方向变化，并且具有以下关系。

$$\alpha(l)=\alpha_0-l/R_S \tag{4.15}$$

式中，l 是回转滑雪赛道沿着中线的曲线横坐标，α_0 是初始斜率，R_S 表示高山滑雪坡道的圆柱面半径。

如图 4.18 所示，整个滑雪者-滑雪板系统 m 的质量集中在重心 G 处，通过无重力的刚性棒 $\overline{GO}$ 连接到一个滑雪单板上。最后一个假设是重现滑雪双板的响应。滑雪板与雪接触，其纵轴用单位矢量 $\boldsymbol{i}$ 来表示，与最大下滑线形成角度 ϕ。在图 4.18 中，单位矢量 $\boldsymbol{j}$ 的方向与接触表面 O 垂直。这里可引入一个副法线单位矢量(binormal unit vector) $\boldsymbol{k}$ 来辨别横向方向，如下式所示。

$$\boldsymbol{k}=\boldsymbol{i}\times\boldsymbol{j} \tag{4.16}$$

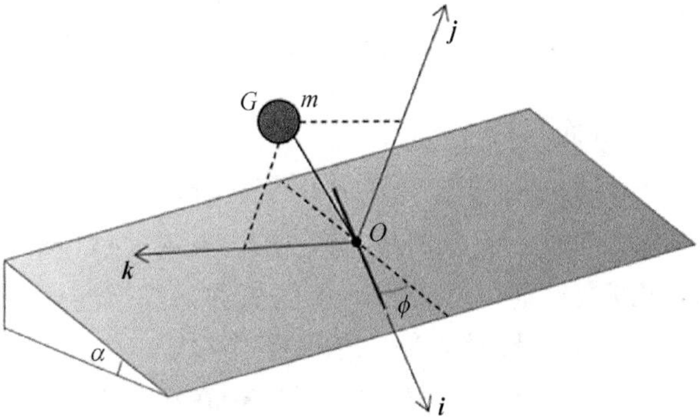

图 4.18　滑雪者-滑雪板系统相对于滑道的方向标定[88]

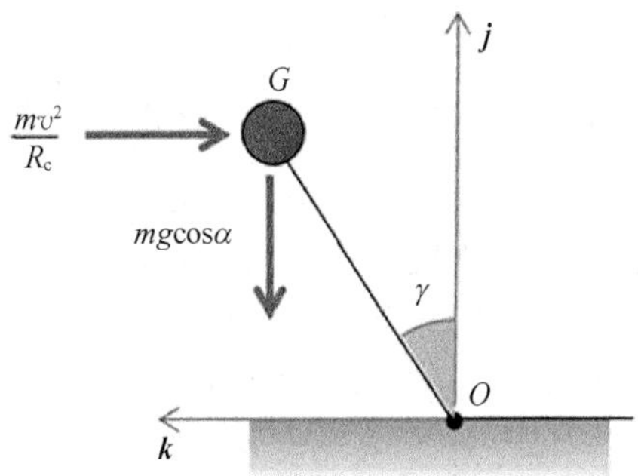

图 4.19　滑雪者-滑雪板系统的正视图[88]

当滑雪者转弯的时候，刚性棒 $\overline{GO}$ 绕着滑雪板的纵轴旋转，重现了滑雪者将重心向内移动以达到平衡的动作。图 4.19 为滑雪者-滑雪板系统的正视图，刚性棒 $\overline{GO}$ 与垂直于接触表面的轴形成了一个夹角 γ，该夹角可由下式计算得出。

$$\gamma=\arctan\left(\frac{v^2}{R_c g\cos\alpha}\right) \tag{4.17}$$

式中，v 为滑雪者速度模数(其方向由 $\boldsymbol{i}$ 确定)，g 为重力加速度，R_c 为转弯半径。

该系统可用空间中的 3 个自由度来描述，因此，可以列出 3 个分别沿 $\boldsymbol{i}$、$\boldsymbol{j}$、$\boldsymbol{k}$ 方向的运动方程。可以用沿 $\boldsymbol{j}$ 和 $\boldsymbol{k}$ 方向的方程来计算接触反应力，如下式所示。

$$\begin{cases}N_j=-\dfrac{mv^2\cos^2\phi}{R_S}+mg\cos\alpha\\[2ex] N_k=\dfrac{mv^2}{R_c}-mg\sin\alpha\sin\phi\end{cases} \tag{4.18}$$

还可以用沿 $\boldsymbol{i}$ 方向的运动方程来计算速度，如下式所示。

$$m\frac{\mathrm{d}v}{\mathrm{d}t}=mg\sin\alpha\cos\phi-\frac{1}{2}\rho A_{\mathrm{D}}v^{2}-\mu\sqrt{N_{1}^{2}+N_{2}^{2}} \tag{4.19}$$

式中，μ 是滑雪板与雪之间的摩擦因数。在文献[88]中，μ 与 γ 之间的依赖关系可以用一个简单的式子 $\mu=0.05+K\tan\gamma$ 来表示，其中 $K=0.24$。根据空气密度 ρ 和阻力面积 A_{D} 可计算出空气动力学阻力。最佳轨迹是通过优化算法获得的，其目的在于最大限度地缩短完赛时间。重心的轨迹假定为一个六次多项式，其系数根据最小化算法而改变。每个系数的组合都可以定义一条轨迹。我们可以通过求解式 4.17 和式 4.18 来确定接触力（同时根据滑雪者与滑雪板接触力所允许的最大值来检查结果的合理性），还可以通过求解式 4.19 来计算速度曲线。通过这种方式，每条轨迹都可以对应一个完赛时间。

该研究的研究者还根据一条长度 $L=20$ m 和 $a=4$ m 以及初始倾斜度 $\alpha_0=32°$ 的回转滑雪赛道得出了程序的优化结果。假定 $m\approx 80$ kg，$A_{\mathrm{D}}=0.48$ m^2，刚性棒 $\overline{GO}$ 的长度为 0.5 m，则滑雪板在转弯杆附近的最佳转弯半径为 2.78 m，最佳入弯角度 ϕ_{c} 为 50.2°。

4.4.3.2 2D 多段模型：分析滑雪者运动的垂直面

参考在前一段中分析的模型，模型的复杂性可以大幅增加。我们可通过在模型中添加更多的自由度来描述人体的运动以及滑雪板的形变。此外，我们还可以引入用来描述滑雪板与雪之间相互作用的更简化的公式。增加复杂性通常会带来更多的信息并提高准确性，但同时意味着，我们需要更大的计算量和更多确定的数据来确保结果的可靠性。

描述滑雪者-滑雪板系统垂直面的动力学特征的 2D 多段模型，是一个在准确性和简单性之间取得良好平衡的方案。关于该方法的两个例子，我们可以在文献[89，93]中找到。

陈等[89]提出的工作目标是，分析滑雪者在不平的斜坡上滑行、跳跃、着陆和执行空中技巧时的 2D 动力学。

这种 2D 多段模型使用 7 个自由度来描述滑雪者-滑雪板系统在垂直面的运动。滑雪板是作为刚性棒引入的，因而它在平面中的位置，在绝对参考系 $x-y$ 中由位置点 $(x_O,\ y_O)$ 和旋转角度 (θ_0) 来确定如图 4.20 所示。O 点代表滑雪板中心的位置。人体用 4 个刚性棒来表示，分别代表小腿、大腿、躯干和手臂。旋转关节 R_1 将小腿和滑雪板连接起来，另外 3 个旋转关节 R_2、R_3、R_4 分别表示连接小腿与大腿、大腿与躯干和躯干与胳膊的关节。4 个刚性棒之间的相关旋转角度 $(\theta_1,\ \theta_2,\ \theta_3,\ \theta_4)$ 用来识别人体每个部分的位置。

将滑雪板与雪之间的相互作用代入局部接触模型中，压力 p 取决于穿透深度和速度。如图 4.21 所示，滑雪板分成几个分段，接触模型在局部应用于每个单元。当压力作用于第 i 个单元时，坐标为 ξ_i，计算公式如下所示。

$$p_i=A+B\delta_i+C\dot{\delta}_i \tag{4.20}$$

式中，δ_i 代表第 i 个单元的中心穿透雪的深度，$\dot{\delta}_i$ 代表穿透速度。由于我们将人体假设为刚

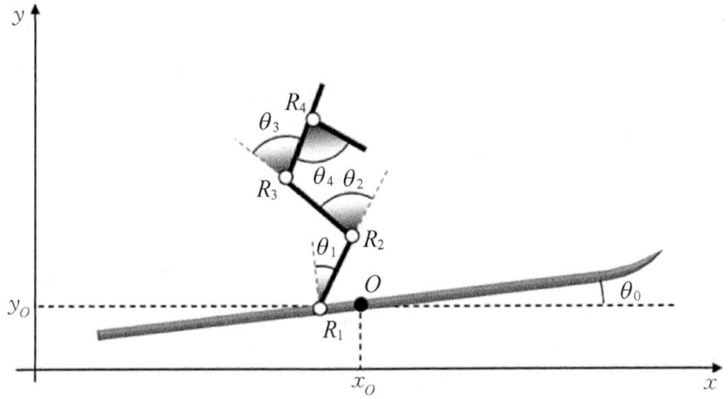

图 4.20　模型的自由度示意图[89]

性棒,因而这个简化模型无法估算出沿滑雪板的压力分布。滑雪板的弹性和刚度沿着滑雪板长度变化,这决定了受力如何从固定器分散传输到接触表面上。通常情况下,在滑雪靴下面的位置受力更大,并且会随着滑雪板刚度的变化而分散到滑雪板的底面。

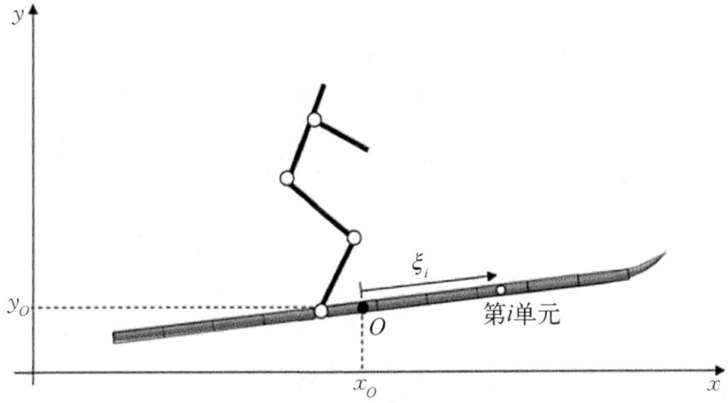

图 4.21　滑雪板的分段示意图[89]

因此,考虑到弯曲刚度的分布情形,我们引入了权重函数 $E(\xi)$。

$$E(\xi)=\frac{1}{E_{\max}}\left(\frac{d_1}{x^2+0.5}-d_2\right)\qquad(-0.5l\leqslant x\leqslant 0.5l)\tag{4.21}$$

式中,$E_{\max}$ 代表最大弯曲刚度(在滑雪板中心处测得),l 是滑雪板长度,d_1 和 d_2 是权重函数中的两个参数。一旦引入权重函数,作用在第 i 个单元上的法向接触力 N_i 则可以通过下式计算得出。

$$N_i=E(\xi)A_i p_i\tag{4.22}$$

接触力 N_i 通常指向接触表面 A_i。我们可利用简单的库仑摩擦模型来计算切向接触力。对作用于每个单元上的力求和,可得到作用于滑雪板上的在 x 方向和 y 方向的总作用力,以及对滑雪板中心产生的力矩。

作为附加功能，该模型还可以用来研究不同身体姿势引起的阻力变化。假定身体的每个单元都是圆柱形的，其阻力 $F_{D,j}$ 是根据其质心对空气的相对速度 v_j 和沿着相对速度方向的迎风面积的投影 A_j 计算出来的，如下式所示。

$$F_{D,j}=\frac{1}{2}\rho C_D A_j(v_j)v_j^2 \tag{4.23}$$

$F_{D,j}$ 显然与相对速度 v_j 的方向相反。模型方程也可以写成矢量形式。

$$\boldsymbol{M}(\boldsymbol{q})\ddot{\boldsymbol{q}}=\boldsymbol{Q}(t,\boldsymbol{q},\dot{\boldsymbol{q}}) \tag{4.24}$$

式中，$\boldsymbol{q}$ 是自变量的矢量，如下式所示。

$$\boldsymbol{q}=[x_O \quad y_O \quad \alpha \quad \theta_1 \quad \theta_2 \quad \theta_3 \quad \theta_4] \tag{4.25}$$

将数值模型的结果与固定斜坡的速降滑雪简化模型的计算结果进行比较。在这种情况下，我们也可以用简单的滑动关节来描述接触模型。由这两种模型所得到的速度曲线非常一致。

接着，将该模型应用到更复杂的非平面地形的场景中。自由滑雪比赛中的跳跃甚至空中技巧动作均可采用逆动力学来进行模拟。这些模拟是根据之前记录的运动学数据[99]来驱动关节进行的。通过将滑雪者起跳时的速度和飞行角度与实验测量数据进行比较，我们可以发现两者具有一致性。

总而言之，即使只考虑 2D 动力学，我们也可以利用上述模型，以相当简单的方法来研究几个参数对运动成绩和安全性的影响。该模型可以用来描述滑雪者的身体姿势如何影响速度曲线、在跳跃后着陆时的负载如何对关节产生影响，或者自由滑雪中如何控制空中技巧的动作质量。这样的模型可以为改进训练技术提供更多的信息。

纳奇鲍尔等[93]的工作使这个方向的研究前进了一大步。他们建立了 2D 多段模型，以研究跳跃着陆的运动学对前交叉韧带受力峰值的影响。为了研究滑雪者模型中关节的驱动，他们将滑雪板的弹性考虑在内，并引入了肌肉-骨骼模型(muscolo-skeletal model)。

纳奇鲍尔等[93]采用了七刚体模型对滑雪运动员进行模拟。滑雪运动员的头部、手臂和躯干分别设为 1 个刚体，而每条腿分别设为 3 个刚体(大腿、小腿和脚)。每个滑雪板分成 9 个刚性单元，用旋转关节连接。用线性弹簧减震器元件连接各单元，以模拟滑雪板的弹性。从整体上来看，滑雪者-滑雪板系统具有 25 个自由度。

如前所述，模拟体系中有一个肌肉驱动模型。每个下肢的 8 类肌肉(髂腰肌、臀肌、腘绳肌、股直肌、股肌、腓肠肌、比目鱼肌和胫骨前肌)都被考虑在内，每个模型都是一个三元希尔肌肉模型(three-element Hill-type model)。收缩动力学模型考虑了肌肉纤维长度、伸长速度、肌肉长度和激活度，最后将这一系统模拟成一阶方程式。系统的运动方程式如下式所示。

$$\boldsymbol{M}(\boldsymbol{q})\ddot{\boldsymbol{q}}=\boldsymbol{F}(\boldsymbol{q},\dot{\boldsymbol{q}})+R(\boldsymbol{q})\boldsymbol{F}_{\mathrm{m}} \tag{4.26}$$

式中，$\boldsymbol{M}(\boldsymbol{q})$ 表示在广义坐标 $\boldsymbol{q}$ 里系统质量矩阵函数的矢量，$\boldsymbol{F}$ 是整体作用力(包括重力、身体姿势的阻力函数、惯性效应和接触力)的矢量，而 $R(\boldsymbol{q})\boldsymbol{F}_{\mathrm{m}}$ 是肌肉力 $\boldsymbol{F}_{\mathrm{m}}$ 和相应的臂长 $R(\boldsymbol{q})$ 作用在关节上的力矩的矢量。

在模拟滑雪板和雪的接触时，应考虑垂直接触力与穿透深度的关系，如下式所示。

$$N_i=\frac{1}{2}k_{\mathrm{p}}A_i\left(d_i+\sqrt{d_i^2+d_0^2}\right)(1+b_{\mathrm{d}}\dot{d}_i) \tag{4.27}$$

式中，N_i 是垂直作用于雪表面的力，并且施加在滑雪板的第 i 个单元(单元面积为 A_i)上；d 和 $\dot{d}$ 分别代表穿透深度和穿透速度。刚度参数 k_{p} 设定为105 $\mathrm{N/m^3}$，减震参数 b_{d} 设定为0.75 s/m，参考深度 d_0 设定为0.01 m。

作用于第 i 个单元的摩擦力 T_i 的计算公式如下：

$$T_i=-\mu N_i\frac{v_i}{\sqrt{v_i^2+v_0^2}} \tag{4.28}$$

式中，v_i 是平行于雪面的滑行速度，v_0 设定为 1 m/s，摩擦因数 μ 设定为0.1。

为了确定一块2.11 m长的高山速降滑雪板的黏弹性，我们通过实验测试[100]对其进行了几次模拟。

我们对肌肉的激活过程进行了优化，以使模型可以重现先前记录的实验数据。我们用高速摄像机捕捉了一名速降滑雪者在跳跃时的运动学数据；引入三个代价函数 J_1、J_2、J_3，并将其总和最小化，如下式所示。

$$J_1=\frac{1}{N_{\mathrm{d}}t}\int_0^t\sum_{i=1}^{N_{\mathrm{d}}}\left[\frac{q_i(t)-q_{i,\mathrm{data}}(t)}{\sigma_i}\right]^2\mathrm{d}t \tag{4.29}$$

$$J_2=\frac{w_{\mathrm{m}}}{N_{\mathrm{m}}t}\int_0^t\sum_{i=1}^{N_{\mathrm{m}}}u_i^2(t)\mathrm{d}t \tag{4.30}$$

$$J_3=\frac{w_{\mathrm{s}}}{2N_{\mathrm{s}}t}\int_0^t\sum_{N_{\mathrm{d}}+1}^{N_{\mathrm{d}}+N_{\mathrm{s}}}\left[q_i^2(t)+\dot{q}_i^2(t)\right]\mathrm{d}t \tag{4.31}$$

首先，第一个函数 J_1 说明了在所有的跳跃过程中，当滑雪者跳跃时间持续 t s时，模型输出数据 $q_i(t)$ 和实验数据 $q_{i,\mathrm{data}}(t)$ 之间的误差。N_{d} 是滑雪者模型的自由度数，σ_i 是比例因子。接着，引入第二个函数 J_2 来优化肌肉冗余：N_{m} 代表肌肉的数量，$u_i(t)$ 代表第 i 个肌肉单元的神经刺激，而 w_{m} 是加权因子。最后，以 w_{s} 加权函数 J_3，将跳跃过程中滑雪板的移动(振动)考虑在内；N_{s} 是滑雪板分段的自由度数。最小化这些代价函数可以减少滑雪者模型值与实验数据之间的差异，尽量减少肌肉的激活能，避免滑雪板过度地和不切实际地振动。

假设 $w_m=10$、$w_s=0.01$，则代价函数的总和最小，从而获得了参考模拟值。与实验数据相比，上述结果较好，也证明了关节角度应存在微小差异（≤6.7°）。

随后的一系列数值模拟对运动员接触地面前的着陆姿势进行干扰。参考蒙特卡罗模拟法（Monte Carlo approach），我们将随机数添加到滑雪者的自由度中（相对于参考模拟）。假设干扰为高斯分布，则采用先前分析所发表的标准偏差数据。[41]例如对于膝盖旋转，假定其标准差为8.7°。

在这些条件下，基于代价函数 J_1、J_2、J_3 的最优控制问题得到解决。这次，J_1 仅涉及完赛时间，由此，滑雪者模型在着陆时可试着恢复到正确姿势。同时，在 J_2 中，w_m 设为1，以便在跟踪正确姿势时增加权重。

这些模拟的目的是研究干扰着陆姿势对膝盖前交叉韧带（ACL）上的峰值受力的影响。数值结果表明，向后倾斜、髋关节屈曲、膝关节伸直和踝关节背屈等姿势的增加都与较高的ACL受力峰值的增加有关。滑雪者重心与支撑基座之间的距离越大，其受伤风险越高。这些结论与跳跃引起的动力学损伤分析产生的结果是一致的。

总之，这项研究工作的结论，不仅可以为滑雪运动员训练提供帮助——在刚开始滑行时引导身体前向旋转，在腾空期间保持团身姿势，还可以为赛道设计提供合理化建议，即斜坡越直且越长、飞行轨迹越低、速度越小，滑雪者受伤风险越小。

4.4.3.3 3D多段模型

在一些冬季体育运动中，运动员需要做出复杂的动作，在三维空间中不断变换运动姿势。虽然前文中的分析所采用的方法在有些情况下很有意思而且很有用，但在这样的条件下并不适用。例如，在斜坡上进行转弯时，研究滑雪者的动力学需要采用3D多段模型，这大大增加了模型中自由度的数量，导致计算成本明显增加。

这些方法的困难之处在于如何获取滑雪者真实的动作和反应。由于自由度很高，这个问题一般是通过使用高速摄像机在户外测试中捕获的运动学数据来解决的。这意味着该模型的几个甚至所有的自由度都是相互影响的，并且可以通过计算自由度的逆向动力学数据来估算作用于滑雪板和身体关节的力和力矩。该方法也可用于研究不同滑雪者的运动学数据对速度曲线和接触力的影响，为滑雪运动员的训练提供有用的信息。

目前，受计算成本的限制，这些模型往往需要外加用于模拟滑雪板，以及滑雪板与雪之间接触的简化模型。基于同样的原因，为了获取滑雪者的真实动作，对滑雪者的姿势进行优化以达到速度最大化或伤害最小化，在前向动力学中进行分析仍然是非常困难的。

川合等[95]的研究专注于描述滑雪者在平行转弯期间的动作和通过固定器传递的力（尤其是通过滑雪者的重心位移、立刃角度和立刃作用力），来确定所谓的“滑雪板控制”。最后，结合3D-CAD图形和多段模拟以实现目标。

滑雪者的模型由各身体部位（头部、颈部、躯干、上臂、下肢、手、大腿、小腿和脚）组成并实施。模型是用3D-CAD系统绘制的。各身体部位都视为刚性的，其惯性特征是用文献

[101]中的数据进行估算的。该模型不包括滑雪板、滑雪靴和滑雪杖。大多数身体部位之间的相对位移和旋转是受限的，而其他的(如肘部旋转、躯干-大腿旋转、膝盖旋转和立刃角度)则不受限。

接下来，录制滑雪者平行转弯的视频，并将其分成时间间隔为 0.1 s 的帧。然后使用 3D-CAD 模型仔细地重现滑雪者在每一帧中的姿势。回放该动作片段，并与视频中的动作进行直观的视觉对比，直到模型的运动动作自然、流畅。

最终，将该动作片段用于建立滑雪者的多段模型。非限制关节的运动用来重现两个相反的平行转弯的片段。这里没有引入滑雪板与雪之间的接触模型，因为滑雪者的动作是预先确定的，因而可以求解逆向动力学。

运动学分析可以确定滑雪者重心的轨迹，重心点的横向位移和垂直位移最重要，因为它们代表着滑雪者在转弯过程中对滑雪板的控制。对于局部的参考帧来说，在模拟开始时(在进入第一个弯道之前)以滑雪者的重心为中心，最大横向位移和垂直位移分别是 0.2 m 和 0.5 m。其中，纵向位移可以忽略不计。

就加速而言，研究者在滑雪者转弯的中段记录了横向加速度的峰值，鉴于该研究工作中进行的模拟，可确定加速度的峰值范围为 7～8 m/s^2。虽然垂直位移明显小于横向位移，但估算的垂直加速度的峰值大于 5 m/s^2。这是因为垂直运动的过程分别表现为向下减重阶段和向上增重阶段，并且大约是横向运动过程的一半。

另一个运动学分析的额外输出量是立刃角度，它也是构成滑雪者在转弯过程中对滑雪板进行控制的因素之一，立刃角度最高可达 60°。

动态分析使得我们可以预测立刃作用力(如通过固定器将力从滑雪者转移到滑雪板)，这些力是重力和惯性力共同作用于身体不同部位的结果。在户外测试中，我们用称重传感器捕捉了滑雪者运动中的立刃作用力，如此一来，模型的输出值与实验结果可以成功地进行比较。当模拟的滑雪者体质量为 62 kg 时，其在转弯中段的最大横向力为 500～600 kN；而垂直作用力的值与向下减重和向上增重有关，从进入转弯时的 300 kN 开始，增加到转弯中段的 900 kN。

在奥伯雷格等[94]的研究中，滑雪者多段模型的运动只是部分地基于运动学数据进行驱动的。为满足运动学的限制条件和平衡条件，一些自由度被激活。此外，滑雪者的速度曲线以前向动力学进行计算。

滑雪者-滑雪板系统模型由 7 个刚体组成：2 个刚体为滑雪板、2 个刚体为小腿、2 个刚体为大腿、1 个刚体为躯干。躯干刚体包含了手臂、头部和装备(如头盔和滑雪杆)的影响。膝盖和脚踝被模拟为旋转关节，而臀部被模拟为球形关节。

右侧滑雪板固定器的轨迹 P_{rsk} 受到限制，这意味着其在雪面上的路径坐标是已知的，但是速度曲线需要通过直接动力学来确定。这个轨迹是基于滑雪者进行了一系列刻滑转弯的实验数据而确定的。在户外测试中，滑雪者的动作被 3 个同步摄像机以 50 帧/s 的帧率拍摄下来。然后研究者对视频进行后期处理[102]，以获得滑雪者和滑雪板上标记的 3D 坐标。在同一个实验[103]中，研究者还使用了 2 个测力台来测量右侧滑雪板上的力和力矩。

回到模型中，右侧滑雪板的纵轴与其轨迹的中心切线形成一个角度 ψ，这个角度解释了在实验测试期间无法避免的横向打滑的影响。此外，沿纵轴施加一个旋转角度 β（立刃角度）。在计算角度 β 时，假设滑雪者在转弯时是平衡的，且滑雪者必须向内倾斜重心以平衡离心力。当合力 $\boldsymbol{F}_{\mathrm{r}}$ 所在的平面垂直于运动点的方向并朝向支撑基座(滑雪板之间)时，即可达到该条件。

假设立刃角度等于矢量 $\boldsymbol{F}_{\mathrm{r}}$ 与垂直于 P_{rsk} 接触面的单位矢量 $\boldsymbol{n}_{\mathrm{h}}$ 之间的夹角。矢量 $\boldsymbol{F}_{\mathrm{r}}$ 可以用下式进行计算。

$$\boldsymbol{F}_{\mathrm{r}}=mg \pm m \frac{v_G^2}{R}\boldsymbol{n}_{\mathrm{t}} \tag{4.32}$$

式中，m 代表系统的总质量，g 为重力加速度，R 是曲线半径，v_G 为重心的速度。单位矢量 $\boldsymbol{n}_{\mathrm{t}}$ 在 P_{rsk} 中与雪面相切，垂直于 $\boldsymbol{n}_{\mathrm{h}}$ 并指向左下方。因此，立刃角度可变为下式。

$$\beta=-\arctan\left(\frac{\boldsymbol{F}_{\mathrm{r}} \cdot \boldsymbol{n}_{\mathrm{t}}}{\boldsymbol{F}_{\mathrm{r}} \cdot \boldsymbol{n}_{\mathrm{h}}}\right) \tag{4.33}$$

式中，“·”表示两个矢量之间的标量积，根据惯例，立刃角度 β 在右转时为正。

由于脚踝采用旋转关节建模，因此立刃角度 β 也对应于右腿的倾斜角度。

右膝、右大腿和左大腿旋转的时间历程是基于实验数据推导出来的，而左膝和脚踝的旋转是通过数值积分计算出来的，这样就满足了两个运动学条件。

一旦确定了左膝的位置，左膝关节的旋转就决定了滑雪靴与地面的距离。根据第一运动学条件，左膝盖的旋转(左脚的旋转)应该被设定，以使滑雪靴与雪面保持接触。这个条件是通过将滑雪靴和雪面之间的距离归零来获得的，这里的雪面在局部近似于密切平面(osculating plane)。

作为第二运动学条件，左脚踝旋转至滑雪板的纵轴与密切平面相切。

考虑到限制的接触模型，因为雪面上的轨迹是预先确定的，所以滑雪板上接触力的两个分量可以直接计算为反作用力。唯一需要建模的作用力分量是影响速度曲线的纵向摩擦力 $F_{\mathrm{F},i}$，如下式所示。

$$F_{\mathrm{F},i}=-\mu\,|\boldsymbol{N}_i|\,\frac{\boldsymbol{v}_i}{|\boldsymbol{v}_i|} \tag{4.34}$$

式中，作用于第 i 个滑雪板单元上的摩擦力是由摩擦因数 μ 乘以垂直接触力 $\boldsymbol{N}_i$ 而得到的。在式 4.34 中，$\boldsymbol{v}_i$ 表示第 i 个滑雪板单元的接触点速度。摩擦因数随速度的变化而变化，且遵循如下线性模型。

$$\mu=\mu_0+\mu_i\,|\boldsymbol{v}_i| \tag{4.35}$$

假定滑雪者的身体有 6 个自由度，则可得出系统的运动方程和一组表示关节影响的代数方程。因此,我们便可以得到 42 个微分运动方程和 41 个代数限制方程。该系统实际上只有 1 个真正的自由度,由右侧滑雪板沿预定轨迹的位置表示。自由坐标由每个身体部位的重心位置和用来描述空间方向的欧拉参数(Euler's parameters)来表示,同时可引入拉格朗日参数(Lagrange parameters)来计算反作用力和力矩。

该模型用于模拟滑雪者在上述实验测试中的一系列侧向转弯(半右转、全左转和全右转)。首先对相同的序列进行了逆向动力学(ID)分析,以获得运动量的参考值,以及髋、膝和踝关节上的反作用力和力矩。[104]很明显,通过压力传感器测量的固定力可以用于直接比较。

就滑雪者的速度而言,适当调整式 4.35 中的摩擦因数能够使逆向动力学(ID)和前向动力学(FD)模拟获得几乎相同的结果。在左转弯的中间部分,速度曲线最大值为 45 km/h。两种模拟结果几乎完全一致,这意味着滑雪者遵循着与速度曲线相同的轨迹滑行。尽管存在这种情况,根据式 4.32 和式 4.33 计算得到的向内倾斜角仍比 ID 模拟的结果大几度。对于优化倾斜角模型的估算值来说,似乎只需要进行微小调整即可实现。在左、右转弯的中段,倾斜角度甚至可以达到约 50°。

FD 模拟的结果与通过测力板获得的右侧滑雪板上的反作用力一致。在左转弯时,最大值可达到 1 400 N。此外我们发现,当对 ID 模拟和 FD 模拟所获得的左膝和右膝的力进行比较时,两者显示出非常好的一致性。

总之,这项工作试图重现滑雪者的真实动作,其采用的方法不仅仅基于运动捕捉技术,而且还建立在滑雪者运动与滑道几何轨迹以及速度之间的关系上。应用一些简单的关系式,可以确定一条腿上的小腿倾斜角度和另一条腿上的膝盖与脚踝的角度。虽然还有细微之处需要改进,但是仅利用一个模型就可以解决完整的前向动力学模拟问题从而优化滑雪者的姿势,这项研究工作便已迈出了很有意义的一步。

参考文献

[1] J. Spörri, Helmet use and risk of head injuries in Alpine Skiers and snow-boarders. Ph.D. thesis, University of Salzburg, 2012
[2] J. Allen, Mathias Zdarsky: the father of Alpine Skiing. Skiing Herit. J. **20**, 8–14 (2008)
[3] J. Spörri, Biomechanical aspects of performance enhancement and injury prevention in alpine ski racing. Ph.D. thesis, University of Salzburg, 2012
[4] International Ski Federation (FIS), History of skiing (2015), http://history.fis-ski.com/
[5] H. Polednik, *Das Glück in Schnee* (Amalthea, Vienna, 1991)
[6] J. Suttner, *Die Grossen Skisport-Stars* (Copress, München, 1992)
[7] International Ski Federation (FIS), Document library (2015), http://www.fis-ski.com/inside-fis/document-library/alpine-skiing/#deeplink=rules
[8] D. Byrd, Helmet usage and safety fact sheet. Tech. rep. National Ski Area Association (2014)
[9] D. Stewart et al., Evaluating the performance of helmet linings incorporating fluid channels. J. ASTM Int. **7**, 10 (2010)
[10] R.M. Greenwald, G.T. Gwin, J.J. Crisco, Head impact severity measures for evaluating mild traumatic brain injury risk exposure. Neurosurgery **62**, 789–798 (2008)

[11] A. Patel, T. Goswami, Comparison of intracranial pressure by lateral and frontal impacts -validation of computational model, in *Injury and Skeletal Biomechanics* (InTech, Rijeka, 2012)
[12] M.D. Scott, D.B. Buller, P.A. Andersen, Testing the risk compensation hypothesis for safety helmets in alpine skiing and snowboarding. Inj. Prev. **13**, 173–177 (2007)
[13] L. Ružić, A. Tudor, Risk-taking behavior in skiing among helmet wearers and nonwearers. Wilderness Environ. Med. **22**, 291–296 (2011)
[14] A.J. Macnab et al., Effect of helmet wear on the incidence of head/face and cervical spine injuries in young skiers and snowboarders. Inj. Prev. **8**, 324–327 (2002)
[15] B.E. Hagel et al., Effectiveness of helmets in skiers and snowboarders: case-control and case crossover study. Br. Med. J. **330**, 281 (2005)
[16] N.J. Mills, in *Polymer Foams Handbook: Engineering and Biomechanical Applications and Design Guide*, ed. by M.A. Butterworth (Heinemann, Burlington, 2007)
[17] M. Swarén, H.-C. Holmberg, A. Eriksson, Repeated low impacts in alpine ski helmets. Sports Technol. **6**, 43–52 (2013)
[18] L.R. Young, N. Chan, J. Ruchelsman, Incompressible fluid-lined protective helmet, 60/792, 287, 2006
[19] A. Claire, B. Vue, Helmet liners with fluid filled channels. Tech. rep. MIT Course 16.621 (MIT, Cambridge, 2007)
[20] J.J.C. Chua, F.K. Fuss, O. Troynikov, Aerodynamics of loose sports garments, in *5th Asia-Pacific Congress on Sports Technology (APCST)*, 2011
[21] L. Oggiano, L. Saetran, A low drag suit for ski-cross competitions, in *8th Conference of the International Sports Engineering Association (ISEA)*, 2010
[22] L.M. Bardal, R. Reid, Testing of fabrics for use in alpine ski competition suits, in *9th Conference of the International Sports Engineering Association (ISEA)*, 2012
[23] L. Brownlie et al., Factors affecting the aerodynamic drag of alpine skiers. Proc. Eng. **2**, 2375–2380 (2010)
[24] J.R. Shanebrook, R.D. Jaszczak, Aerodynamic drag analysis of runners. Med. Sci. Sports **8**, 43–47 (1976)
[25] M.M. Zdravkovich, Conceptual overview of laminar and turbulent flows past smooth and rough circular cylinders. J. Wind Eng. Ind. Aerodyn. **33**, 53–62 (1990)
[26] L. Brownlie et al., Streamlining the time trial apparel of cyclists: the Nike Swift Spin project. Sports Technol. **2**, 53–60 (2009)
[27] M. Lund, The empire that exploded: Bob Lange and the plastic boot. Ski. Herit. J. **13**(3), 13–23 (2001)
[28] W. Lert, The finish line. Ski. Herit. J. **8**(3), 40–45 (1996)
[29] S. Masia, The short happy eras of the American ski boot. Ski. Herit. J. **14**(2), 35–38 (2002)
[30] S. Masia, The selling of skiing. Ski. Herit. J. **17**(4) 36–40 (2005)
[31] M. Colonna, M. Nicotra, M. Moncalero, Materials, designs and standards used in ski-boots for Alpine Skiing. Sports **1**, 78–113 (2013)
[32] S. Masia, The rise and fall of the knee-high boot. Ski. Herit. J. **6**, 16–17 (2003)
[33] V. Senner, F.I. Michel, S. Lehner, *Ski Equipment-Related Measures to Reduce Knee Injuries* (bfu – Swiss Council for Accident Prevention, Berne, 2013)
[34] V. Senner et al., Technical possibilities for optimising the ski-binding-boot functional unit to reduce knee injuries in recreational alpine skiing. Sports Eng. **16**, 211–228 (2013)

[35] P. Hofer et al., Temperature, relative humidity and water absorption in ski boots, in *5th Asia-Pacific Congress on Sports Technology (APCST)*, 2011
[36] P. Hofer et al., Microclimate in ski boots -temperature, relative humidity, and water absorption. Appl. Ergon. **45**, 515–520 (2014)
[37] M. Pinter, M. Eckelt, H. Schretter, Evaluation of ski boot fitting characteristics by means of different pressure distribution measurements, in *8th Conference of the International Sports Engineering Association (ISEA)*, 2010
[38] N. Petrone et al., Analysis of the structural behavior of an innovative reinforced ski boot, in *8th Conference of the International Sports Engineering Association (ISEA)*, 2010
[39] N. Petrone, G. Marcolin, F.A. Panizzolo, The effect of boot stiffness on field and laboratory flexural behavior of alpine ski boots. Sports Eng. **16**, 265–280 (2013)
[40] M.S. Koehle, R. Lloyd-Smith, J.E. Taunton, Alpine ski injuries and their prevention. Sports Med. **32**(12), 785–793 (2002)
[41] M. Barone, V. Senner, P. Schaff, ACL injury mechanism in alpine skiing: analysis of an accidental ACL rupture, in *Skiing Trauma and Safety*, ed. by R.J. Johnson (American Society for Testing and Materials, West Conshohocken, 1999)
[42] V. Senner, S. Lehner, Skiing equipment: what is done towards more safety, performance and ergonomics? in *The Impact of Technology on Sport II* (Taylor & Francis, London, 2008), pp. 803–811
[43] V. Senner, S. Lehner, H. Bohm, Equipment development and research for more performance and safety, in *Science and Skiing IV* (Meyer & Meyer Sport, Maidenhead, 2009), pp. 110–133
[44] P.A. Federolf, Finite element simulation of a carving snow ski. Ph.D. thesis, ETH, 2005
[45] E. Bernardo, Studio dei materiali impiegati nella costruzione degli sci. MA thesis, Universitá degli Studi di Padova, 2011
[46] E. Muller, H. Schwameder, Biomechanical aspects of new techniques in alpine skiing and ski-jumping. J. Sports Sci. **21**, 679–692 (2003)
[47] J. Howe, *Skiing Mechanics* (Poudre Canyon Pr, Laporte, 1983)
[48] D.A. Lind, S.P. Sanders, *The Physics of Skiing. Skiing at the Triple Point* (Springer, New York, 2003)
[49] E. Müller, Analysis of the biomechanical characteristics of different swinging techniques in alpine skiing. J. Sports Sci. **12**, 261–278 (1994)
[50] B.M. Nigg, Load of the locomotor system during skiing: a biomechanical perspective. Sci. Skiing **1997**, 27–35 (1994)
[51] C. Raschner et al., Carving turns versus traditional parallel turns – a comparative biomechanical analysis, in *Proceedings of 2nd International Congress on Skiing and Science* (2001), pp. 56–57
[52] P. Kaps, W. Nachbauer, M. Mössner, Determination of kinetic friction and drag area in alpine skiing. Ski Trauma Skiing Saf. **10**, 165–177 (1996)
[53] M. Supej et al., Aerodynamic drag is not the major determinant of performance during giant slalom skiing at the elite level. Scand. J. Med. Sci Sports **23**(1), 38–47 (2012)
[54] F. Casolo et al., A composite model for the simulation of skiing techniques, in *Science and Skiing* (Chapman and Hall, Cambridge, 1996), pp. 116–130
[55] J. Margane et al., A mechanical apparatus executing turns on carver skis, in *Proceedings of the 16th ISBS Symposium* (1998), pp. 285–289
[56] R. Adelsberger et al., On bending characteristics of skis in use. Proc. Eng. **72**, 362–367 (2014)

[57] M. Fauve et al., Measurement of dynamical ski behaviour during alpine skiing, in *Science and Skiing* (Meyer & Meyer Sport, Maidenhead, 2007), pp. 195–206
[58] T. Yoneyama, M. Kitake, K. Osada, Investigation on the ski-snow interaction in a carved turn based on the actual measurement. Proc. Eng. **2**, 2901–2906 (2010)
[59] M. Bassetti et al., Sensor nodes for the dynamic assessment of alpine skis, in *Topics in Modal Analysis II-Conference Proceedings of the Society for Experimental Mechanics Series*, vol. 6 (Springer, New York, 2012), pp. 471–479
[60] R. Reid, A kinematic and kinetic study of alpine skiing technique in slalom. Ph.D. thesis, Norwegian School of Sport Sciences, 2010
[61] M. Supej, R. Kipp, H.C. Holmberg, Mechanical parameters as predictors of performance in alpine World Cup slalom racing. Scand. J. Med. Sci. Sports **21**, e72–e81 (2011)
[62] M. Mössner, P. Kaps, W. Nachbauer, A method for obtaining 3-D data in alpine skiing using pan and tilt cameras with zoom lenses. Ski Trauma Skiing Saf. **10**, 261–278 (1996)
[63] M. Brodie, A. Walmsley, W. Page, Fusion motion capture: a prototype system using IMUs and GPS for biomechanical analysis of alpine ski racing. Sports Technol. **1**, 17–28 (2008)
[64] K. Hirose, H. Doki, A proposal for motion analysis method of skiing turn by measurement of orientation and gliding trajectory. Proc. Eng. **13**, 17–22 (2011)
[65] A. Kondo, H. Doki, K. Hirose, An attempt of new motion measurement method for alpine ski turns using inertial sensors. Proc. Eng. **34**, 421–426 (2012)
[66] A. Kondo, H. Doki, K. Hirose, Motion analysis and joint angle measurment of skier gliding on the actual snow filed using inertial sensors. Proc. Eng. **60**, 307–312 (2013)
[67] J. Spörri et al., Turn characteristics of a top world class athlete in giant slalom: a case study assessing current performance prediction concepts. J. Sports Sci. **7**, 647–659 (2012)
[68] C.E. Clauser, J.T. Mc Conville, J.W. Young, Volume and centre of mass segments of the human body. Tech. rep. (Wright-Patterson Airforce Base, Dayton, 1969)
[69] W.T. Dempster, Space requirements of the seated operator. Tech. rep. (Wright-Patterson Airforce Base, Dayton, 1955)
[70] M. Gilgien et al., The effect of different global navigation satellite system methods on positioning accuracy in elite alpine skiing. Sensors **14**, 18433–18453 (2014)
[71] M. Brodie, A. Walmsley, W. Page, Force vector analysis of ski racing technique using fusion motion capture, in *Proceedings of the XXV International Symposium on Biomechanics in Sports* (2007), pp. 71–74
[72] M. Gilgien et al., Determination of external forces in alpine skiing using a differential global navigation satellite system. Sensors **13**, 9821–9835 (2013)
[73] R. LeMaster, *The Skier's Edge* (Human kinetic, Champaign, 1999)
[74] O. Radenovic, B. Nemec, V. Medved, A new biomechanical measurement and testing method for turns in alpine skiing, in *IFMBE Proceedings of MEDICON 2001* (2001), pp. 624–627
[75] A. Kiefmann et al., A new six component dynamometer for measuring ground reaction forces in alpine skiing, in *The Engineering of Sport 6* (Springer, New York, 2006), pp. 87–92
[76] K. Nakazato, P. Scheiber, E. Müller, A comparison of ground reaction forces determined by portable force-plate and pressure-insole systems in alpine skiing. J. Sports Sci. Med. **10**, 754–762 (2011)
[77] G. Stricker et al., Determination of forces in alpine skiing and snowboarding: validation of a mobile data acquisition system. Eur. J. Sport Sci. **10**(1), 31–41 (2010)
[78] M. Lappi, The kinetic characteristics in competitive slalom skiing. Ph.D. thesis, Norwegian School of Sport Sciences, 2009

[79] A.H.A. Razak et al., Foot plantar pressure measurement system: a review. Sensors **12**, 9884–9912 (2012)
[80] C. Barelle, M. Tavernier, Experimental model of the aerodynamic drag coefficient inalpine skiing. J. Appl. Biomech. **20**, 167–176 (2004)
[81] F. Meyer, D. Le Pelley, F. Borrani, Aerodynamic drag modeling of alpine skiers performing giant slalom turns. Med. Sci. Sports Exerc. **44**, 1109–1115 (2011)
[82] K. Watanabe, T. Ohtsuki, Postural changes and aerodynamic forces in alpine skiing. Ergonomics **20**, 121–131 (1977)
[83] M. Supej, O. Kugovnik, B. Nemec, New advances in racing slalom technique. Kinesiologia Slovenica **8**(1), 25–29 (2002)
[84] S.C. Colbeck, A review of the friction of snow skis. J. Sports Sci. **12**, 285–295 (1994)
[85] P. Federolf et al., Impact of skier actions on the gliding times in alpine skiing. Scand. J. Med. Sci. Sports **18**, 790–797 (2008)
[86] R. Von Hertzen, U. Holmlund, M.A. Ranta, On the velocity maximization in downhill skiing. J. Biomech. **30**, 525–529 (1997)
[87] R. Rudakov et al., The slalom path optimization on the curvilinear slope. Russ. J. Biomech. **7**, 2–56 (2003)
[88] R. Rudakov et al., Optimisation of the skier's trajectory in special slalom. Proc. Eng. **2**, 3179–3182 (2010)
[89] L. Chen, Z.-H. Qi, A 2-dimensional multi rigid bodies skiing model. Multibody Syst. Dyn. **21**, 1–98 (2009)
[90] T. Sakata, M. Tsukiyama, Effect of position of shoe centre on ski turn. JSME Int. J. **42**(4), 922–929 (1999)
[91] P. Federolf et al., Finite element simulation of the ski-snow interaction of an alpine ski in a carved turn. Sports Eng. **12**, 123–133 (2010)
[92] P. Federolf et al., Parameter study using a finite element simulation of a carving Alpine ski to investigate the turn radius and its dependence on edging angle, load and snow properties. Sports Eng. **12**, 135–141 (2010)
[93] D. Heinrich, J. van den Bogert, W. Nachbauer, Relationship between jump landing kinematic and peak ACL force during a jump in downhill skiing: a simulation study. Scand. J. Med. Sci. Sports **24**, 180–187 (2013)
[94] U. Filippi Oberegger et al., Simulation of turns with a 3D skier model. Procedia **2**, 3171–3177 (2010)
[95] S. Kawai, K. Yamaguchi, T. Sakata, Ski control model for parallel turn using multibody system. JSME Int. J. **47**(4), 1095–1100 (2004)
[96] J. Howe, *The New Skiing Mechanics* (McIntire, Waterford, 2001)
[97] P. Federolf et al., Deformation of snow during a carved ski turn. Cold Reg. Sci. Technol. **46**(1), 69–77 (2006)
[98] P. Federolf, Finite element simulation of a carving snow ski. Ph.D. thesis, ETH Zürich, 2005
[99] Q.W. Hao et al., Kinematic study on biff movement of freestyle aerial in poor training by Ji Xiao-ou. J. Shenyang Inst. Phys. Educ. **22**, 18–20 (2003)
[100] F. Bruck, P. Lugner, H. Schretter, A dynamic model for the performance of carving skism, in *Skiing Trauma and Safety*, ed. by R. Jhonson, M. Lamont, J. Shelaly (American Society for Testing and Materials, West Conshohocken, 2003)
[101] M. Miura, Y. Ikegami, S. Matsui, Calculation of the compound C.G. by using coordinate measurement (in Japanese). Sci. Phys. Educ. **24**(8), 517–522 (1974)

[102] W. Nachbauer et al., A video technique for obtaining 3D coordinate in alpine skiing. J. Appl. Biomech. **12**, 104–115 (1996)
[103] K. Schindelwig et al., Prediction of moments at the knee joint for carving and parallel turns technique, in *Book of Abstracts, 17th Congress of the ISB, Calgary* (1999), p. 667
[104] U. Filippi Oberegger et al., Reaction forces and moments in carved turns. J. ASTM Int. **7**(9), 187–205 (2010)

第5章

越野滑雪

彼得·卡尔森,M. 艾尼格伦,M. 廷斯滕,D. 桑德斯特伦,
B. 埃斯宾,A. 科普提乌,M. 贝克斯特伦

5.1 越野滑雪和滚轮滑雪

越野滑雪、冬季两项和定向滑雪基本上都是北半球国家运动员从事的竞技体育运动。比赛季是在地面被雪覆盖的时候,时间大致从当年的11月中旬延续到次年的3月下旬。其余时间是赛前滑雪运动员的长期训练准备阶段。在这期间,滑雪运动员一般使用滚轮滑雪板进行旱地训练,以达到模仿在雪地上滑雪的目的。此外,在过去的几十年里,可以使用滚轮滑雪板进行传统式和自由式技术测试的滑雪机(treadmill)被成功研发出来,因此对越野滑雪者来说,可以采用特定的室内方法进行相关的滑雪测试。

对于越野滑雪、冬季两项和定向滑雪等项目的运动员来说,由于滑雪者和滑雪板的抓地力和滑行(静摩擦因数和动摩擦因数)的影响因素(如空气/雪的温度、湿度及雪/风的条件等),滑雪技术和能量消耗不断变化,因而进行户外雪上实验很难实现标准化。此外,户外实验的难点还包括以下几点:很难控制预期的测试速度;很难找到一个适当的倾斜角度相对恒定的测试坡道,以便受试者完成特定的技术动作;在每次测试的过程中,受试者的稳定的能量消耗存在恢复周期。

此外,越野滑雪板有不同的长度,其拱形部分的高度和刚度也各不相同,这使得滑雪者可以根据自身的身高、体质量和技术水平选择相对适合的滑雪板。正因为如此,对于不同的受试者来说,使用同一对滑雪板意味着其个人与滑雪板并不匹配,相反地,与个体匹配的滑雪板由于抓地力和滑行效果差异很大,因而很难标准化。另外,滑雪板制造商的经验表明,想获得具有重现性的滑雪板特性(如滑雪板的抓地力和滑行效果)是很困难的,即使是按相同技术参数生产的滑雪板,其性能也会有所不同。因此,目前关于越野滑雪的生理学和生物力学的研究,多是在室内滑雪机上使用滚轮滑雪板进行的。正是因为可以在相对稳定和可重复的条件下进行比较,所以我们才有机会使用各种类型的先进测试设备进行研究。虽然

在滑雪机上进行滚轮滑雪与在雪上滑雪不会完全相同，但是滑雪者使用的装备和滑雪条件多少会与之有些相似，比如越野滑雪板和雪地之间与滚轮滑雪板和滑雪机之间条件相似。因此，开发器材和测试方法与生理和生物力学研究同等重要，这样可以最大限度地减少错误，提高测试方法的特性、有效性和可靠性，从而提高利用运动员进行研究的相关性。

在滑雪机上进行滚轮滑雪的主要目的之一是模拟越野滑雪板在雪地上滑行时的摩擦因数。当采用传统式、斜跨步和双杖推撑技术滑行时，抓地力（静摩擦因数 μ_S）的变化会影响腿部的发力，而滚动阻力系数（μ_R）的变化意味着需要不同推进力来克服滚轮滑雪板的滚动阻力。在最大摄氧量方面，实验结果表明，滑雪时不同的摩擦因数[1, 2]没有统计学上的区别。同时，在分级最大测试(graded maximal test)中，从开始到产生最大摄氧量和主动型疲劳的时间会发生改变。此外，当滚轮滑雪在比赛速度下以次最大强度（submaximal intensity)进行时，对于给定的速度和倾角，不同的 μ_S 和 μ_R 会导致身体上部和下部骨骼肌细胞的恢复略有不同，从而对滑雪技术、内外血液循环及次最大摄氧量（滑雪的经济性）产生影响。此外，由于专业运动员的成绩预测因素（performance-predicting factor）的差异很小，因此对越野滑雪、冬季两项和定向滑雪运动员进行实验时，研究者应重点关注滚轮滑雪板摩擦因数标准化的重要性。最后同样重要的是，从训练的角度来看，使用与雪上使用的滑雪板摩擦因数显著不同的滚轮滑雪板进行滑雪技巧训练是否有效，这是值得怀疑的。

本章接下来将评估控制滑雪板摩擦因数的重要性，并举例说明装备的创新及用于衡量和使这些变量标准化的方法。

5.1.1 滑动摩擦力和滚动阻力的力学实验

在实验研究中使用滚轮滑雪板，研究者必须控制其滚动阻力系数（μ_R）。控制滚轮滑雪板 μ_R 的原因之一是模拟在雪地上滑雪时存在的摩擦因数。但是，越野滑雪板的动态（滑行）摩擦因数会随着很多因素，如不同天气和雪的条件，滑雪板基础材料的类型、形貌及各类滑雪蜡的制备等的变化而变化。因此，在该领域不同的研究[3-5]所得出的摩擦因数范围为0.02～0.18。但是，当滑雪者沿着之前的压痕滑行时，大多数情况下适用的摩擦因数范围为0.02～0.06。另一个控制滚轮滑雪板 μ_R 的重要原因是确保这种特定测试方法具有良好的重现性，这样可以与滑雪机实验的结果做出准确的比较，并得到相应的结论。但是，在使用滚轮滑雪板的实验中，尤其是在早期的实验中，μ_R 并不总是能够得到验证。

在如今的研究中，常规的 μ_R 的计算方法是测量总阻力对总法向力的比值，如下式所示。

$$\mu_R(N_{\text{total}}, \alpha) = \frac{F_r + F_f}{N_r + N_f} = \frac{S - mg\sin\alpha}{mg\cos\alpha} \tag{5.1}$$

式中，角度 α 是滑雪机的倾斜度，S 是在压力传感器中记录的切向力，m 是滚轮滑雪板和施加于其上的负载的总质量，g 是重力加速度，N 是滚轮上的法向力，F 是滚动阻力，下标 r

和下标 f 分别表示作用力的后部位置和前部位置。如果重心的位置、轮子与滚轮滑雪板(或滑雪者)上产生 S 的位置之间的水平距离,以及地面(滑雪机橡胶垫)与产生 S 的位置之间的垂直距离均为已知的,那么可以计算单个的法向力。但是,在关于轮滑雪板滚动阻力系数 μ_R 的研究中,人们感兴趣的是总阻力而不是单个值。

只有少数研究人员对滚轮滑雪板的 μ_R 进行过研究。在已发表的研究文献中,最早的方法是测量背着不同质量背包的滑雪者的受力,滑雪者按指令在滑雪机上滑行,并将质量均匀地分布在滚轮滑雪板的两个滚轮上。[6] 以此方法得到的数据呈现出一些变化,但并没有显示出该测试方法具有可靠性。[6-8] 另一种类似的方法是在户外雪地上研究滚轮的滚动阻力,测试结果显示出 20%的差异。[9]

有研究人员[6]用该方法观察到滚轮滑雪板滚动阻力系数不依赖于速度,而是随着体质量的增加而增加。然而,1994 年和 1995 年霍夫曼(Hoffman)等[7, 11]发现,μ_R 并不受体质量影响,而是与速度有关。米利特(Millet)等[8]发现低阻力滚轮滑雪板的 μ_R 不依赖于速度,但高阻力滚轮滑雪板的 μ_R 则取决于速度。

文献[6]还指出,在进行力学测量之前应先将滑雪板预热,但并没有描述预热所需的时间和任何温度记录,也没有描述在冷滑雪板和热滑雪板之间 μ_R 的差异到底有多大。如果 μ_R 与温度有关,那么对生理学测试结果进行比较就非常重要,根据之前不同的使用情况来看,滚轮滑雪板可能会有不同的初始温度。

在实验前是否需要预热时间的问题,是由艾尼格伦(Ainegren)等[10]提出的。他们发现,若要得到稳定的 μ_R 和温度(对后轮螺栓进行测量),则滑雪板的滚轮需要连续滚动 30 min。这项研究清楚地表明,在测试前必须适当地对滚轮滑雪板进行预热,否则不同测试结果无法正确进行比较。他们还提出了在滑雪机上预热滑雪板的想法,或者在低温烤箱中通过控制升温来代替预热过程。根据滑雪者的质量,滚轮滑雪板可以加热到适当温度后立即使用。这种预热滚轮滑雪板的方法在后续的研究[2, 10]中也得到了应用。

用于测量滚轮滑雪板 μ_R 的第二种方法(按发表时间顺序)也是由艾尼格伦等[10]提出的。他们设计了专门的设备以进行滚轮滑雪板滚动阻力测量(rolling resistance measurements, RRMS),该设备使用配重铅板来模拟不同的体质量(见图 5.1)。有研究者对滚动阻力测量系统的重现性进行了测试,测试表明,不论是采用传统式或是自由式滚轮滑雪板,两组配对测量的结果都没有差异($p<0.05$)。

与早期研究[6-8, 11]相反,本研究显示法向力与 μ_R 之间呈负相关,而不同的滑雪机速度(8~28 km/h)并没有使 μ_R 发生显著变化[10]。然而,滑雪机的振动以及研究者在 RRMS 固定点中观察到的振动,导致滑雪板在铅板两侧的稳定轮上摇摆。后来未发表的实验结果表明,这种摇摆减小了在压力传感器中测得的力 S,特别是随着铅板数量的增加,重心的垂直位置会升高,质量惯性矩(mass-moment of inertia)也更大。因此,这些振动对上文中所提到的"滚轮滑雪板 μ_R 是不同法向力的函数"的结果造成了一些影响。但是,它对重现性研究的结果影响可能不大,因为这种偏差对两组配对测量的影响相同。

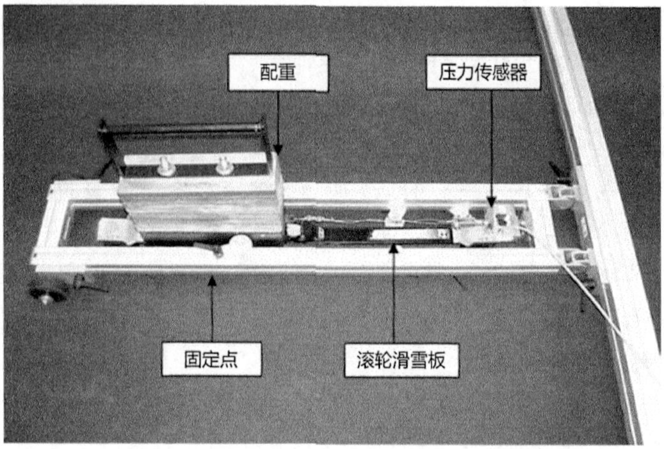

图 5.1　装备铅板配重的滚轮滑雪板和滚动阻力的测量设备

有研究者用误差条(±SD)来表示同一制造商生产的相同型号的 6 个传统式和 6 个自由式滚轮滑雪板之间 μ_R 的差异。[10]对于自由式滚轮滑雪板和传统式滚轮滑雪板来说，μ_R 的误差分别可达到 0.000 7 和 0.001 0(28%和 34%)。

为了在随后进行的实验中解决这个问题，艾尼格伦等[1]开发了滚动阻力调节功能模块，模块包括两个滚筒轴承，其作用在橡胶轮上的压力可使用弹簧螺钉进行调节，进而调节单个滚轮滑雪板的阻力。将此模块应用于滚轮滑雪板其中一个轮子上，研究者就可以在不同的测试条件下调整 μ_R 至标准化，并能模拟在户外雪地上滑雪时所产生的阻力系数。

最后，艾尼格伦等[12]还提出了第三种测量滚轮滑雪板 μ_R 的方法(见图 5.2)。这种方法基于小型滑雪机的基本设计，配有横梁和滑雪板稳定侧向支撑，由滚珠轴承轮及可以向固定

图 5.2　滚轮滑雪板滚动阻力测量系统[12]

滑雪靴的滑雪板固定点施加不同垂直负载的螺纹杆构成。由于这种滚动阻力测量系统仅使用一个压力传感器就能测量三个坐标轴方向的力，所以可以得到一种简单的测量不同方向作用力的优化方法。与使用铅板的 RRMS 系统不同，该系统发生的滑雪机内振动较少，也没有铅板两侧间的摇摆。此外，它更符合人体工程学。到目前为止，虽然关于该系统的实验结果很少，但重现性的研究表明其可靠性良好。[12]

5.1.2　不同滚动阻力系数的生理作用

已经有几项研究分析了不同的 μ_R 对生物力学和生理学的影响。其中，有一些研究使用上述方法在滑雪机上测量了滚轮滑雪板的 μ_R。另外，在户外其他环境中和其他表面（如沥青滑冰场[8]和沥青路面[13]）上，也有人进行了生物力学和生理学的测量。

霍夫曼等[13]使用 μ_R 相差 100%的滚轮滑雪板（μ_R 分别为 0.012 和 0.024～0.026）研究了在滚轮滑雪中采用自由式“V2 交替（G4）技术”滑雪时，推杖力和代谢需求对次最大强度的影响。该研究表明两种滑雪板的推杖时间相似，但当使用较高 μ_R 的滚轮滑雪板时（$p<0.01$），滑雪者的恢复时间和动作循环周期较短，推杖力、循环速率、摄氧量、心率、血乳酸及疲劳感知度的峰值和平均值也较高。也有研究者使用 μ_R 相差 100%的滑雪板（μ_R 分别为 0.011 和 0.021）测试了采用 V1(G3)技术滑雪时对次最大强度的生理影响。[13]这项研究检测结果表明，外部功率的差异为 17%，摄氧量的差异为 13%，心率的差异为 5%（$p<0.05$）。对于相同摄氧量的高水平运动员来说，较低阻力的滚轮滑雪板需要更快的速度 0.4 m/s(15%)。还有研究者使用 μ_R 相差约 50%的传统式滑雪板（μ_R 分别为 0.020 和 0.029）和自由式滚轮滑雪板（μ_R 分别为 0.017 和 0.009）测试了滑雪者在滑雪机上滚轮滑雪时对两种技术——斜跨步和 G3 技术的生理影响。[2]这项研究结果表明，以次最大稳定速率（约为最大摄氧量的 55%和 75%）进行滚轮滑雪训练时，外部功率的差异为 8%～12%，摄氧量的差异为 5%～9%，心率的差异为 3%～8%，血乳酸的差异为 14%～46%（$p<0.05$），而循环速率、循环周期和疲劳感知度等因素呈现并不显著或微小的变化。渐进最大值测试显示，两种技术达到疲劳的时间发生了 12%～24%的显著变化，而这并没有对最大摄氧量、功率、心率和血乳酸造成影响。

总之，关于 μ_R 的力学和生理实验的整体结果，明确强调了对滑雪者实验中使用的每对滚轮滑雪板的 μ_R 进行控制的重要性。力学测试发表的研究成果表明，μ_R 在不同组的滚轮滑雪板之间的差异很大，但是 μ_R 与越野滑雪板在雪地上滑行的摩擦因数相同。因此，对于真人滚轮滑雪实验中的重现性问题来说，滚轮滑雪板的滚动阻力似乎比无效滚动阻力系数更需要重点研究。此外，由于不同的法向力和速度对 μ_R 的影响，结果上存在一些差异。但不能确定这种差异是否是由于所用方法的不同，或是因为不同的滚轮滑雪板对不同的法向力和速度的反应不同所引起的。一项涉及多家滚轮滑雪板制造商的更全面的研究表明，这种差异是可以消除的。此外，滚动阻力测试采用的是静态法向力，而不是在真人滚轮滑雪时更多地作用在轮子上的动态法向力。在研究中,假设在静态法向力作用下,真人滚轮滑雪时 μ_R 存在一个特定值。另一个不确定性来源于在自由式滚轮滑雪中滚轮滑雪板侧切时作用在轮子上的侧向力。这些力是如何影响滚动阻力的,在相关研究中并没有得到验证。滑雪板构造和侧向力的差异都可能会对滚动阻力产生影响。总而言之,这也显示了使用高效可靠的方法来量化 μ_R 的重要性。

5.1.3 传统式的越野滑雪板和滚轮滑雪板

用于比赛和在雪地上进行传统式滑雪训练的越野滑雪板与雪地接触的表面可以分为3个区域[14]:中间区域(抓地区,grip zone),该区域使用抓地蜡(grip wax);前、后两个区域(滑动区,glide zones),该区域使用增滑蜡(glide wax)。抓地区的作用是使滑雪板和雪地之间产生足够的摩擦力,从而使滑雪者在滑雪板静止的时候(静态摩擦),可在雪地表面采用斜跨步、人字步和双杖推撑技术将腿部的蹬力转化为推力。滑动区的作用正好相反,即尽量减少摩擦,这对于在雪面上滑行(动态摩擦)的滑雪者来说很重要。在雪地上滑行时,滑雪者希望摩擦力尽可能小,而当滑雪板在雪地上静止且需要施加推力的时候则希望摩擦力尽可能大,因而只能在上述两者之间寻求平衡。

为了减少抓地区对滑行的负面作用,越野滑雪板应具有有一定深度和刚度的拱形曲面,因此当滑雪板以滑动区进行滑行时,可以保证其抓地区尽量少地接触雪地。[14]滑雪板在滑行时与雪地不发生接触的抓地区的大小,主要取决于滑雪板曲面的深度和刚度,也与滑雪者的体质量和抓地蜡的用量有关。因此,越野滑雪板的曲面应具有不同的深度和刚度,以便滑雪者能根据自身体质量和滑雪技术来进行选择。

市场上的传统式滚轮滑雪板是这样设计的——两个轮子(一个前轮、一个后轮)中的一个是棘轮,以便滑雪者在蹬腿时在雪面上产生抓地力(静态摩擦),比如瑞典斯特纳斯(Sterners)公司的PRO-SKIC2、挪威斯威纳(Swenor)公司的Swenor Fiberglass和芬兰玛威(Marwe)公司的Marwe Classic等。由于这种棘轮构造不受施加在滑雪板上的负载影响,而是该类型构造本身在棘轮和地面之间可产生较高的静摩擦因数(μ_S),因此与滑雪者的体质量和滑雪技术无关。这与在修整后的滑道上滑雪形成鲜明对比,在这种滑道上为了获得良好的抓地力必须使用正确的技术,或者使用涂有抓地蜡的越野滑雪板,以保证 μ_S 达到相似的效果。

即使相比于涂有抓地蜡的越野滑雪板,棘轮滚轮滑雪板可施加相对更高的切向力,从而产生更大的推力。但是尚不明确的是,技术熟练的越野滑雪者是否利用(或错用)过这个条件。当滑雪者意识到在滚轮滑雪板上的错误训练可能会导致雪上滑雪技术出现问题后,他可能会决定在滚轮滑雪板上进行训练时不使用全部的潜在的 μ_S。

我们尚不清楚的是,棘轮滚轮滑雪板和涂有抓地蜡的越野滑雪板之间的 μ_S 的区别大小,以及这种 μ_S 的区别是如何影响越野滑雪者的生物力学和生理学的。下文我们将介绍在该领域发表的几篇研究论文的结果。

5.1.4　静摩擦因数的力学实验

一些研究者对传统式越野滑雪板的静摩擦因数 (μ_S) 进行了研究，该因数定义为开始滑行前滑雪板静止在雪面上时，作用在滑雪板上的切向力和法向力之间的比值。埃克斯特伦(Ekström)[14]使用了固定在滑雪板上的测力台系统对摩擦因数进行了研究，在其雪上实验中，滑雪者开始滑行之前，滑雪板的静摩擦因数 μ_S 约为 0.25。

在对真人在雪地上滑雪期间的静摩擦因数 μ_S 进行的研究中，有的研究者利用了固定在滑雪板上的测力台系统[14, 15]，有的研究者利用了安装在雪面下的长形的力平台系统[16-18]。科米(Komi)[15]和史密斯(Smith)[19]讨论了这两种方法的优缺点。最后的结论是 μ_S 数据为 0.1～0.2，是分别根据切向力和法向力进行估算的，分别为体质量的 0.1～0.2 倍和 1～3 倍。[14, 15, 17, 18]

为了能够量化滚轮滑雪板的 μ_S，有研究者使用了一个功能性的夹具，该夹具能施加与表面垂直的不同负载，并在滚轮滑雪板上产生切向牵引力。夹具上配备有和滑雪机上所使用的相同类型的橡胶垫底板，或者是表面涂有沥青的底板。[20]重复研究后结果显示，此方法的误差约为 5%。

在垂直负载研究范围(500～1 500 N)内，三家不同制造商的棘轮式滚轮滑雪板的 μ_S 的结果如下：滑雪机橡胶垫的 μ_S 约为 0.81，干和湿的沥青面的 μ_S 分别约为 1.05 和 0.92。这个 μ_S 是用涂有抓地蜡的越野滑雪板在雪面上进行滑雪实验所测得的 μ_S 的 5～8 倍。[14, 16-18]

有研究者介绍了一种具有曲面和可调节抓地性的新型滚轮滑雪板(曲面滑雪板)。[20]这项功能适用于滚轮滑雪板的前轮。当施加一个足够大的负载使曲面被压下时，前轮与位于上方的棘轮线轴产生接触。因此，抓地力取决于滚轮滑雪板的曲面刚度，这可通过弹簧螺丝轻松进行调节。

曲面滑雪板的实验结果表明，这种构造类型的静摩擦因数 μ_S 可以在完全没有抓地力一直到测试所需要的棘轮滚轮滑雪板抓地力的范围内变化。[20]

5.1.5　不同静态摩擦因数的生理作用

为了能够研究滚轮滑雪时的 μ_S，有研究者增补了棘轮滚轮滑雪板和曲面滚轮滑雪板的相关研究，后者在滑雪板的固定器和滚轮滑雪板之间带有测力台系统。[1]该系统使用应变计测量三个方向上的力。在使用前文所述的夹具并设定的不同 μ_S 的滚轮滑雪板滑雪时，为了能够计算腿部推进阶段的 μ_S，我们对两个坐标方向的切向力和法向力进行了分析研究。

使用棘轮滚轮滑雪板以接近比赛速率的次最大稳态速率进行滚轮滑雪时，其 μ_S，是文献[1, 16－18]所得出的雪面滑雪 μ_S 的 3～4 倍，也是埃克斯特伦[14]所得出的雪面起动摩擦因数的 2.5 倍。因此，利用这种优势，滑雪者能够让腿部施加更大的推力，而不会向后滑动。然而，棘轮滚轮滑雪板中夹具设定的 μ_S，并不能完全用于实际滑雪，因为对于滑雪者来说，μ_S 有一个边界值，如果超过该边界值，滚轮滑雪板会向后滑动。

此外，当滑雪者用曲面滑雪板以与雪面上滑雪相同的 μ_S 进行滚轮滑雪时，其氧消耗量将比使用棘轮滚轮滑雪板滑雪时要多出约 14%。[1] 对于给定速度和斜坡，使用曲面滑雪板的氧消耗量大是因为滑雪者需要消耗能量来推动曲面获得相应的抓地力，而使用棘轮滚轮滑雪板滑行时则不需要。另一个能量消耗大的原因是，μ_S 较低时，腿部施加推进力的能力会下降，因此滑雪者需要增加滑雪杖的推动力来作为补偿。用斜跨步和双杖推撑技术滑雪时，这种从少量的腿部做功向上半身做功的转变，效率似乎较低。此外在文献[1]中，氧消耗量（滑雪经济性）和疲劳时间较差的组内相关性(intra class correlation)分别表明，当滑雪者使用 μ_S 较高的滚轮滑雪板时具有最佳的滑雪经济性和完赛时间，而当使用滚轮滑雪板的 μ_S 与雪面上滑雪的更相似时得不到最好的滑雪经济性和完赛时间。因此，滑雪经济性和效率对于滑雪者的完赛时间非常重要，而且它明显地受到不同 μ_S 的影响。研究者还提出了问题，当使用滚轮滑雪板的 μ_S 高于雪面上滑雪板 μ_S 数倍时，测得的滑雪经济性和效率是否有效？

在文献[1]中，滑雪者还使用不同 μ_S 进行了分级最大测试。与使用不同 μ_R 的滚轮滑雪板的结果类似，最大氧摄取量并不受不同 μ_S 的影响，但疲劳时间的变化却很大——用 μ_S 较低的滚轮滑雪板滑雪时，疲劳时间缩短了 30%。

总之，对于 μ_S 的力学和生理实验结果清楚地表明，越野滑雪板和棘轮滑雪板之间的 μ_S 存在差异，越野滑雪板滑行时所用的 μ_S 和棘轮滚轮滑雪板滑行时所用的 μ_S 也存在差异。这种 μ_S 的差异最终会影响滑雪者的力量和能量消耗。为了解决这种差异，我们可以使用与曲面滑雪板相同类型的滚轮滑雪板来进行生理和生物力学实验和旱地训练。

5.1.6 多功能滚轮滑雪板

在芬兰沃卡蒂(Vuokatti)举行的第二届北欧滑雪科学会议上，艾尼格伦等[21]设计出了用于实验室测试的装配有测试仪器的滑雪板（多功能滚轮滑雪板）。滚轮滑雪板的底座采用钛合金，使用增材技术（3D 打印）制造，并配备有插座以便于使用测力台系统（如图 5.3 所示）。

在论文中，艾尼格伦详细描述了校准过程以及测力台系统的控制。滚轮滑雪板还具有前文所述的可调节抓地力和滚动阻力的功能。市售的自由式滚轮滑雪板具有窄轮但不带可调节抓地力的功能，而装配上滚动阻力功能和测力台系统后，便可得到用于实验室测试的自由式滚轮滑雪板。由于这个多功能滚轮滑雪板的设计仅限在室内滑雪机上使用，并具有较

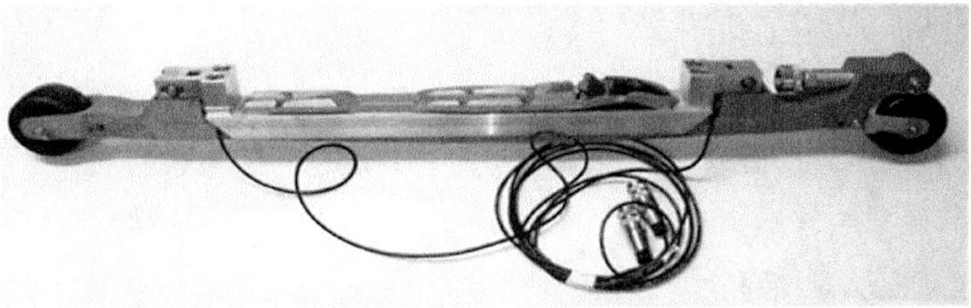

图 5.3　用于实验室测试的经典样式滚轮滑雪板[21]

低的地面间隙，因此比目前市售的滚轮滑雪板重心更低。这使得该多功能滚轮滑雪板与目前市售的滑轮滑雪板相比，更稳定且能提供更好的“地面感觉”。

5.2　越野滑雪的运动描述

越野滑雪的赛道是平整的雪面，或者是专为传统式或自由式滑雪的计划用途而临时准备的。在越野滑雪比赛中，滑雪者必须在组织者预先设定的滑道上滑行。滑道的形态由 FIS 的认证手册规定。[22]这套规则的最主要原则之一是，该滑道的地形分布应为大约三分之一上坡、三分之一下坡、三分之一丘陵。此外，爬坡定义为 A 级、B 级或 C 级，这取决于它们的高度差和梯度。最小的爬坡高度差为 4 m，而最大的爬坡高度差不应超过 80 m。每个爬升的坡度根据类型的不同从大约 6%变化到大于 18%，而爬坡高度差不到 4 m 或者坡度变化小于 6%的地形则视为起伏的地形。从这里可以得出的结论是，与其他运动（如场地自行车和速度滑冰）相比，越野滑雪是在大量的上升滑道上进行的。因此，重力会对滑雪者的运动产生相当大的影响。重力表示为

$$G = mg \tag{5.2}$$

式中，m 是滑雪者和器材的总质量，g 是重力加速度，通常设为 9.81 m/s^2。重力始终竖直向下作用。对滑雪者来说，另一个很明显的阻力是滑雪板和滑道之间发生的滑动摩擦力。这种物理现象将在第 5.4 节进一步描述。这里我们将这种力简化为库仑摩擦力，具有恒定的摩擦因数，因此表达式如下：

$$F_\mu = \mu_K N \tag{5.3}$$

式中，μ_K 是动摩擦因数，N 是滑雪板和滑道之间的法向力。该表达式可以改写为

$$F_\mu = \mu_K m\left(g\cos\alpha + \frac{v^2}{R}\right) \tag{5.4}$$

式中，α 是倾斜角，v 是速度，R 是滑道垂直平面的曲线半径。式 5.4 中括号中的第二项是

法向加速度，源于滑道的曲线轮廓。文献[23]指出，动摩擦因数在 0.02 至 0.10 之间变化。摩擦力方向总是与运动方向相反的。

当滑雪者沿着滑道行进时，滑雪者几乎所有的表面区域都会与周围空气接触。在速度维度上，空气中的气体分子必须绕开身体移动并让其通过。因为这些气体分子具有惯性，所以这种移动不会完全不受限制，但或多或少在高速下是受压力驱动的。由该压力所施加的力称为空气动力阻力，通常表示为

$$F_D = \frac{1}{2} C_D A \rho v^2 \tag{5.5}$$

式中，C_D 是阻力系数，取决于身体的形状，A 是投影的迎风面积，ρ 是空气密度。如果环境中没有风影响运动者，阻力的方向就指向运动的相反方向；如果环境中有风存在，空气动力阻力的方向就由相对的风的矢量总和来决定。在强大的顺风中，阻力可能会推动滑雪者前进。C_D 和 A 的乘积定义为阻力面积，可以在风洞中被测量到。对于越野滑雪者来说，阻力面积取决于身体的姿势。在下坡速度很高时，滑雪者经常保持一个具有低阻力面积的姿势，以减小空气动力阻力。当滑雪者采用半蹲姿势而不是直立的姿势时，其阻力面积可减少约 58%。[24]

在大多数情况下，滑雪者必须在行进方向上生成推进力来克服减速力。推进力可表示为

$$F_S = \frac{\dot{E}\eta}{v} \tag{5.6}$$

式中，$\dot{E}$ 是能量消耗率，η 是滑雪者的力学效率。能量消耗是有氧和无氧能量消耗的总和。力学效率高度依赖于分技术(sub-technique)的使用和滑雪者的技术。在下坡时，滑雪者往往是被动的，只是站在滑雪板上不产生推进力。根据牛顿第二定律可知，作用在滑雪者身上的所有外力的总和将会发挥作用，产生与滑雪者相关的惯性加速度。如果所有外力的总和等于零，就不产生加速度。然而，滑雪者仍然可以以相当快的速度滑行，产生一个明显的推进力来维持这一恒定速度。根据牛顿第二定律可知，滑雪者在运动方向上的运动方程可以表示为

$$\alpha = \frac{\dot{E}\eta}{vm} - g\sin\alpha - \mu_K\left(g\cos\alpha + \frac{v^2}{R}\right) - \frac{C_D A \rho}{2m} v^2 \tag{5.7}$$

式中，α 是运动方向的加速度。莫克斯尼斯(Moxnes)等[25]提出了该越野滑雪运动员运动方程的其中一种版本。此外，他们基于推进力的恒定推进功率和速度的依赖关系提出了这个方程中推进力的许多数学解。莫克斯尼斯等还阐述了不同体质量的滑雪者是如何被不同的倾斜度和不同的滑动摩擦情况影响的。所有作用在滑雪者身上的力和滑道的几何形状都可以在图 5.4 中的受力图中看到。

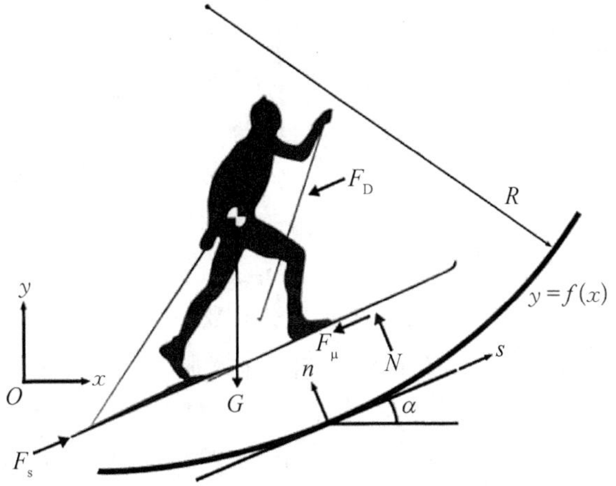

图 5.4　越野滑雪运动员的总体和自然运动坐标受力图

注：运动方向是 s，运动的法线方向是 n。路线轮廓方程由 $y=f(x)$ 表示，其中 y 是因变量，x 是自变量，分别表示海拔高度和水平位置。

卡尔森(Carlsson)等[26]提出了运动方程应用的进一步发展，他们提出了一种通过运动方程的数值解模拟越野滑雪的数值方法。这种方法可以评估不断改变的滑道倾斜度和现实中滑道的形状。卡尔森等[26]还研究了上坡和下坡结合、不同的摩擦因数以及风向对滑雪者的影响。为了确定某个滑雪者是否有优势，所有这些参数的影响都必须考虑到。然而一般来说，身材较为瘦小的滑雪者在上坡时有优势，而身材较为高大的滑雪者则在下坡时和平地上有优势。这与投影的迎风面积上的质量放缩有关，会直接影响空气动力学阻力，反过来又是高速时的首要阻力。相对于体质量来说，身材较为瘦小的滑雪者的迎风面积相对更重要，因此，空气动力学阻力对身材较为高大的滑雪者的影响更大。此外，身材较为瘦小的滑雪者在顺风中有优势，而对于身材较为高大的滑雪者来说，情况正好相反，因为他们相比于身材较为瘦小的滑雪者能在逆风中占有更多优势。这也是投射迎风面积的缩放效应。

不同的雪况对不同体质量的滑雪者也有不同的影响。体质量较小的滑雪者在慢速的雪地条件下更有优势，因为滑雪板和雪地之间的摩擦力较大。这是因为低速会产生较低的空气阻力，根据上文所述的相同的缩放推理，是对体质量较小的滑雪者有利。当然，也存在个别差异，比如滑雪板的准备工作，这可能对滑雪板和雪地之间的摩擦力甚至成绩都有非常重要的影响，这里不再赘述。不言而喻，即使是体质量较小的滑雪者，也可以从精心准备的在雪地上具有较小摩擦力的滑雪板中很明显地获益。对于上坡地形，体质量较小的滑雪者与体质量较大的滑雪者相比通常更有优势。这与空气阻力无关，因为在假设的上坡地区，阻力在低速下是微不足道的，而重力施加在滑雪者身上的作用更大。对于同一水平的滑雪者来说，体质量较小的滑雪者往往具有更高的氧摄取量和体质量比值。这使其能量消耗更高，进而功率输出和体质量的比值更高，当主要限制因素为重力时这是有益的。莫克斯尼斯等[27]

通过使用类似的模拟模型进一步研究了越野滑雪的运动过程。他们将模型进行实验数据拟合，并将模拟结果与实验数据进行比较。此外，敏感性分析显示了改变每个参数的效果，这对运动员和教练都很有帮助。根据莫克斯尼斯等[27]的研究结果可知，运动功率和体质量对他们研究中所模拟的特定滑道的完赛时间影响最大。

为了避免运动员疲劳，滑雪者生物能量系统中的能量消耗率受到了限制。因此，通过滑雪板和滑雪杖产生的输出功率也受到限制。由于输出功率受限，滑雪者在起伏路线上滑行时需要被迫改变速度。滑雪者沿着滑道改变速度的方式称为配速策略。桑德斯特伦(Sundström)等[28]介绍了一种能够优化配速策略的数学模型，这样可以使得比赛用时最小化。这种方法依赖于式 5.7 中运动方程的解和一个限制运动员生物能量学的模型。桑德斯特伦等[28]利用了简单的平均输出功率限制模型，该模型并未区分不同基底产生的动力。然而，更为复杂的生物能量模型[如玛格丽亚-莫顿模型[29](Margaria-Morton model，M-M 模型)]已用于公路自行车项目中类似的配速策略优化[30]。虽然没有经过彻底验证，但与平均功率限制模型相比，这种更复杂的生物能量模型可能更现实，而且无可争议地进一步限制了输出功率的变化。

根据桑德斯特伦等[28]的研究可知，与或多或少均匀的输出功率分布相比，在特定的冲刺短滑道中使用一个优化的配速策略的优势是可以节省 6.5%的完赛时间。从上面的生物能量模型的推理来判断，估计真正的优势会更小。然而根据文献[30]可知，在一场于起伏路线上进行的公路自行车比赛中，M-M 模型的数值结果仍然比恒定功率策略显示出 3.6%的时间优势。在输赢差异通常低于 1%的专业级别的越野滑雪比赛中，这样的结果也是一个显著的提升。

5.3 早期自由式滑雪板的优化

本节主要内容引自参考文献[31－35]。

本节展示了如何通过使用现代技术来改进早期的和传统的结构。此时所说的早期结构是一个越野滑雪板。目前已发现的最古老的滑雪板是在瑞典北部西博滕(Västerbotten)的沼泽中发现的，有五千多年的历史。根据早期的观点，优化的目标是获得自由式滑雪板(skating ski)最佳的几何形状，但如今这些想法却截然不同。然而，这里所述的研究方法是通用的，优化是一个可以改进装备性能的强大的“设计工具”。

5.3.1 引 言

在冬季下雪的国家中，不同的文化会发展出不同的穿越野外的旅行方式。在北美和加拿大，人们最常用的是雪鞋，而在斯堪的纳维亚半岛的北部地区，人们则经常使用滑雪板。

已知最早的滑雪板可以追溯到公元前 3500 年，它称为“卡尔夫特拉斯克滑雪板”(Kalvträskskidan)，这些滑雪板由木材制成。它们长 2 040 mm，宽 155 mm(见图 5.5)。

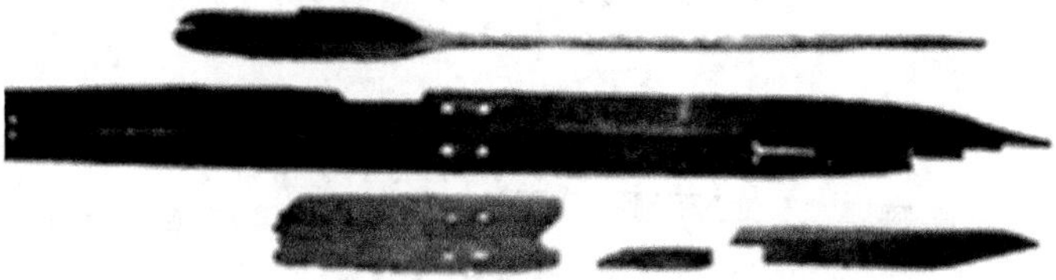

图 5.5　著名的卡尔夫特拉斯克滑雪板与滑雪杖

同一时期在挪威勒德于(Rödöy)发现的岩石雕刻，显示出了古代男子滑雪的样子(见图 5.6)。

图 5.6　勒德于岩刻：古代滑雪男子

现在滑雪主要用作运动和锻炼。由于现代滑雪有专门的赛道(光滑且质硬)，故越野滑雪比赛主要分为两类：传统式和自由式(类似于滑冰)。这样的分类对滑雪板性能的要求有所不同。

传统式滑雪中需要滑雪板具有良好的滑动性、良好的抓地力和较小的质量。由于前两个要求是对立的，因此每个滑雪者必须自行选择合适的滑雪板。问题主要在于，在滑雪过程的不同阶段如何控制压力的分布。

自由式滑雪中不需要滑雪板具有抓地力，只需要其具有很好的滑行性。尽管如此，由于自由式滑雪板的几何形状与传统式滑雪板相同，自由式滑雪板中间的拱形部分仍然是抓地区。然而，抓地区的拱形部分对自由式滑雪板毫无意义，根据埃里克·卢德维格森(Erik Ludvigsson)的观点，对这类滑雪板的要求应该是高刚度的和低质量的。他甚至提出过滑雪板应该是平坦的，即没有拱形部分这一观点。

传统的滑雪板是由木头制成的。新材料的研发开始于 20 世纪 70 年代中期。现今的滑雪板是先进的复合材料结构，由碳纤维、增强塑料和蜂窝芯等构成。

5.3.2　问题定义

5.3.2.1　传统式滑雪板

传统式滑雪板的基本理念是减少其对雪的局部压力，使得它能在雪面上滑行。这可以用两块平板来实现，为了帮助滑雪者减少所消耗的能量并提高速度，滑雪板都有弯曲的前端。滑雪者的脚可以放置在平衡点位置，这意味着即使滑雪者的脚抬起来，滑雪板也能保持平衡。滑雪是否有效，取决于滑雪板是否同时具备良好的向前滑行性和向后抓地力，这个问题已经以许多不同的方式解决了。一种仍在使用的早期技术是在滑雪板下面镶嵌毛皮、猪鬃或类似材料。现代滑雪运动使用滑雪蜡和准备充分的滑道改变了滑雪板的几何形状。如今的滑雪板中间拱形部分较高，一般可将抓地蜡涂在该处；而将滑行蜡涂在其他部位上。只要滑雪者站在两块滑雪板上，拱形部分则不会与雪面接触；而一旦滑雪者站在一块滑雪板上，拱形部分（以及抓地蜡）就会与雪表面接触（见图5.7）。

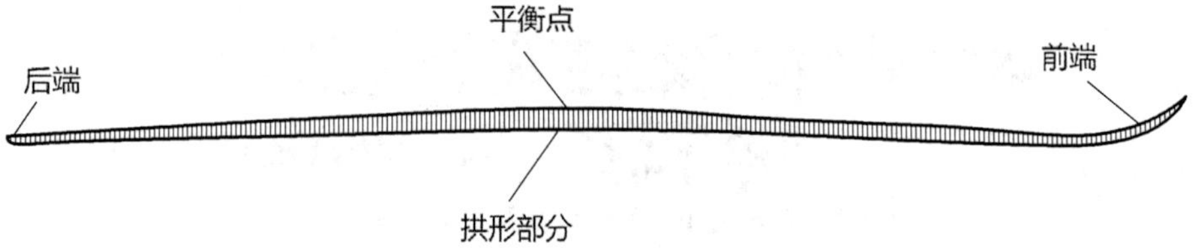

图5.7　现代滑雪板的结构图

5.3.2.2　早期自由式滑雪板

早期自由式滑雪板的几何形状（见图5.8）源于上述的现代滑雪板。这意味着传统的自由式滑雪板虽然有拱形部分，但却没有抓地功能。早期的研究表明，滑雪板的结构越坚固，越适合自由式技术。

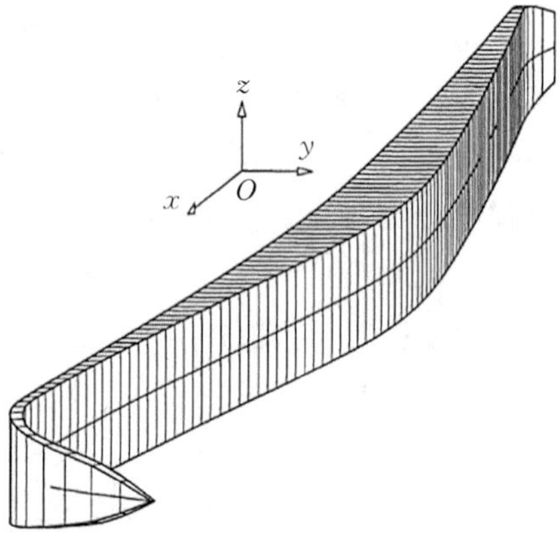

图5.8　滑雪板的3D视图

5.3.2.3　滑冰滑雪板的新设计

埃里克·卢德维格森和瑞典奥运滑雪运动员克里斯特·梅吉贝克（Christer Majbäck）多年来一直致力于开发性能更好的自由式滑雪板。在他们早期的研究结果中，他们认为一个好的自由式滑雪板应具有以下特性。

1. 刚度高；
2. 初始结构平坦（没有拱形部分）；
3. 前端软；
4. 质量小。

滑雪板必须符合FIS制定的滑雪板规则，并且其几何形状不能妨碍滑雪者做动作。滑雪板原型一般是用试错法来制作的，但这种方法即昂贵又耗时。

5.3.2.4　材料配置

设计问题视为一个优化问题来进行研究。然而，制作一个具有柔软前端的平坦的滑雪板并不困难，但问题是如何结合高刚度和低质量来制作。

滑雪板模型由特定方向排列的纤维叠层包围的轻质内芯构成（见表5.1和表5.2）。选择一种蜂窝材料作为内芯，用纤维材料组装成叠层（见图5.9）。叠层编号按逆时针方向依次为 1～4。这意味着叠层 1 和叠层 3 是滑雪板侧面，叠层 2 和叠层 4 分别是滑雪板的顶部和底部。每个叠层由 5 层不同材料组成，从内芯开始用 1～5 编号。在前 4 层中的每一层，这些纤维都具有不同的排列方向。叠层 1 至叠层 3 中的第 5 层仅是用于提供美观的表面。在叠层 4 中，第 5 层是滑行层(见表 5.3)。

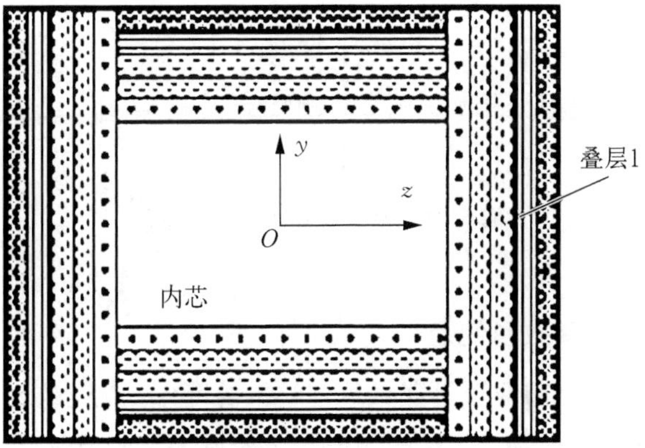

图 5.9 滑雪板截面图

表 5.1 内芯的材料属性

材料编号	弹性模量 E/MPa	剪切模量 G/MPa	泊松比 ν	密度 ρ /(kg/m^3)
1	6.76	2.6	0.3	29

表 5.2 各层的材料属性

材料编号	弹性模量 E_1/MPa	弹性模量 E_2/MPa	剪切模量 G_{12}/MPa	泊松比 ν_{12}	泊松比 ν_{21}	密度 ρ /(kg/m^3)
1	72 000	7 200	3 600	0.30	0.03	1 700
2	82 000	6 640	2 540	0.21	0.017	1 700
3	144 800	11 720	4 482	0.21	0.017	1 550

表 5.3 纤维排列方向(所有叠层)

	第 1 层	第 2 层	第 3 层	第 4 层	第 5 层
β /(°)	0	90	+45	−45	各向同性

纤维的排列方向由一个角度给出，该角度介于实际叠层平面上投影的 x 轴和纤维材料的第一个方向之间。这个角度称为 β。在所有叠层中每层的纤维排列方向相同。例如，在所有叠层中第 1 层纤维排列方向的 β 是 0°(见表 5.3)。

5.3.2.5 加载情况

如图 5.10 所示，在滑雪板的平衡点处施加负载并进行支撑。施加 200 N 负载 F，u 为平衡点的垂直位移。

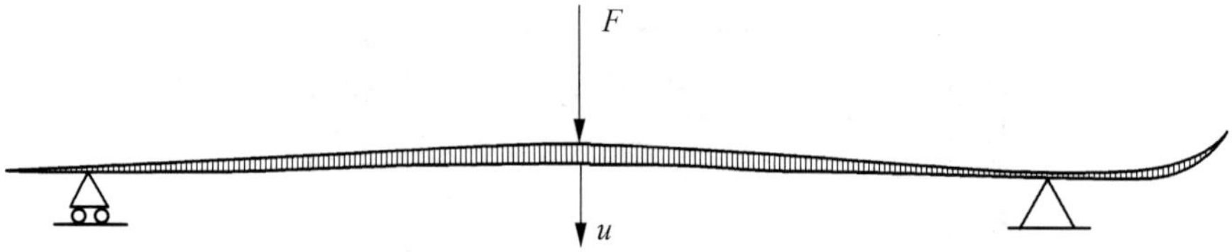

图 5.10 滑雪板施加负载示意图

5.3.2.6 优化问题、目标函数和变量

优化可以描述为在给定的情况下获得最佳结果的行为。优化方法的起源可以追溯到牛顿、拉格朗日和柯西的那个时期，但实际方法取得的巨大进展开始于现代高速计算机的发展。从广义上来讲，优化几乎可以用来解决任何工程问题。

在竞争激烈的当今世界，简单开发一个可接受的设计通常是不够的，因而研究人员经常需要设计最佳解决方案。此外，对环境的日益关注引发了诸如此类的问题：我们最有效地利用有限的资源了吗？我们能获得一个更经济的设计吗？我们是否能够在可接受的范围内冒险？数学的优化方法提供了解决这些问题所需的工具。

一些典型的用于优化不同工程学科的应用程序如下。

1. 设计航天器结构和最小质量的飞机；
2. 建筑物、桥梁等的结构设计；
3. 化学反应器的设计；
4. 最高效率的泵、涡轮机和传热设备的设计；
5. 销售人员通过一次旅行访问各个城市所采取的最短路线；
6. 设备维护和更换计划以减少操作成本；
7. 电网设计。

本文主要针对自由式滑雪板进行优化，且优化问题可表述为下式：

$$\begin{gathered}\text{Min}\, u(x,\ y,\ z)\\ \text{Subject to}\ m(x,\ y,\ z)\leqslant \overline{m}\end{gathered}\tag{5.8}$$

式中，u 是偏移量，m 是滑雪板的质量。几何变量可分为两组，即外部几何形状变量和层厚度变量。根据 FIS 规定，外部几何形状的 12 个变量可以在 y 方向和 z 方向上变化，36 个层的厚度变量可以在 0.01 至 5.0 mm 之间变化。

5.3.2.7　优　化

已有研究者将 OASIS 软件与 ALADDIN 前/后处理器结合使用，以进行结构优化。[32]系统处理各种各样的设计变量，如形状、厚度（也适用于复合材料）、材料取向（纤维排列方向）和材料特性（材料选择）。应力、位移、特征频率、质量和质量惯性矩可当作目标/限制函数。我们可以通过迭代解决优化问题，在每次迭代中，可创建一个近似的子问题并求解。子问题序列的解通常在 10 次迭代中收敛。就迭代次数而言，收敛速度不依赖于设计变量或目标/限制函数的数量。但是，收敛在很大程度上取决于这些函数的非线性。我们可以使用一阶导数（梯度），将所选响应函数的每个子问题变成凸函数和可分函数。每次迭代的计算成本，在设计变量和响应函数的数量上近似为线性。

5.3.3　结　果

当我们按照第 5.3.2.5 节中所述对参考滑雪板（克里斯特·梅吉贝克比赛用的滑雪板之一）施加负载时，所测得的偏移量是 92 mm。质量极限 $\bar{m}$ 设定为与参考滑雪板质量相同的值。随着不同类型的材料配置，结果如下。

5.3.3.1　材料配置Ⅰ

在所有叠层中，第 1～4 层为材料 2，第 5 层为材料 1（见表 5.4）。偏移量 $u=17$ mm。

表 5.4　材料配置Ⅰ的滑雪板各层的层厚度和纤维角度 β

β/(°)	第 1、3 层厚度/mm			第 2 层厚度/mm			第 4 层厚度/mm		
	Δ_1	Δ_2	Δ_3	Δ_1	Δ_2	Δ_3	Δ_1	Δ_2	Δ_3
0	0.04	0.02	0.02	1.24	1.42	0.74	0.78	1.40	0.64
90	0	0	0	0	0	0	0	0	0
+45	0.18	0	0.01	0	0	0	0.02	0	0
−45	0.13	0	0.03	0	0	0	0	0	0

注：Δ_1、Δ_2、Δ_3 分别表示 x 值为 0～500 mm、500～800 mm、800～1 800 mm。

5.3.3.2　材料配置Ⅱ

叠层 1～3 中的第 1～4 层为材料 2，叠层 4 中的第 1～4 层为材料 3，所有叠层中的第 5 层为材料 1（见表 5.5）。偏移量 $u=12$ mm。

表 5.5　材料配置Ⅱ的滑雪板各层的层厚度和纤维角度 β

β/(°)	第 1、3 层厚度/mm			第 2 层厚度/mm			第 4 层厚度/mm		
	Δ_1	Δ_2	Δ_3	Δ_1	Δ_2	Δ_3	Δ_1	Δ_2	Δ_3
0	0.24	0.13	0.20	0.94	1.25	0.94	0.66	1.21	0.83
90	0	0	0	0	0	0	0	0	0
+45	0.13	0	0.01	0	0	0	0	0	0
−45	0.05	0	0.05	0	0	0	0	0	0

注：Δ_1、Δ_2、Δ_3 分别表示 x 值为 0～500 mm、500～800 mm、800～1 800 mm。

5.3.3.3　材料配置Ⅲ

在所有叠层中，第 1～4 层为材料 3，第 5 层为材料 1(见表 5.6)。偏移量 $u=9$ mm。几何形状变量接收值参照图 5.11。

表 5.6　材料配置Ⅲ的滑雪板各层的层厚度和纤维角度 β

β/(°)	第 1、3 层厚度/mm			第 2 层厚度/mm			第 4 层厚度/mm		
	Δ_1	Δ_2	Δ_3	Δ_1	Δ_2	Δ_3	Δ_1	Δ_2	Δ_3
0	0.05	0.02	0.02	1.24	1.48	1.15	0.77	1.39	0.96
90	0	0	0	0	0	0	0	0	0
+45	0.13	0	0.03	0	0	0	0	0	0
−45	0.07	0	0.05	0	0	0	0	0	0

注：Δ_1、Δ_2、Δ_3 分别表示 x 值为 0～500 mm、500～800 mm、800～1 800 mm。

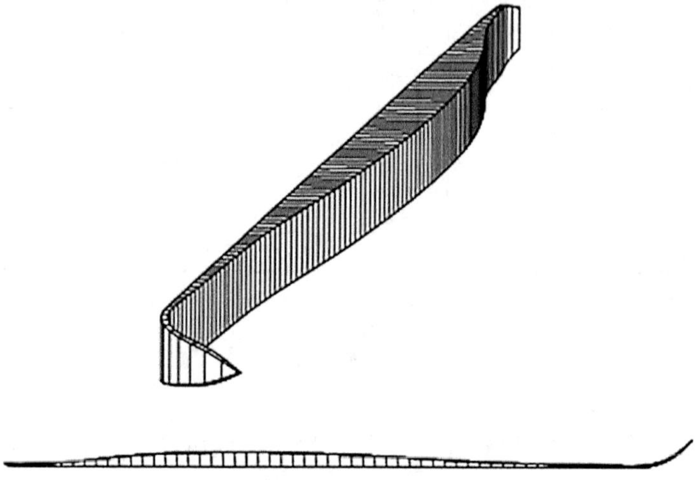

图 5.11　新滑雪板的模型图

5.3.4 讨 论

在不增加质量的情况下，材料配置Ⅲ中的偏移量从92 mm减少到9 mm。这意味着刚度大约以10倍的级数增加，根据克里斯特·梅吉贝克的说法，这种滑雪板原型的整体反馈比早期自由式滑雪板好很多。

结果表明，叠层1和叠层3(滑雪板的侧边)中的各层厚度太小了，没有实际意义。虽然滑雪板原型的两侧没有纤维层，但是扭转刚度足够高。叠层2和叠层4(滑雪板的顶部和底部)中的各层厚度调整为市售的适用纤维材料相应的尺寸。

在模型中，滑雪板的几何形状能在y方向和z方向上变化。虽然优化的几何形状表明，滑雪板的顶部厚度在z坐标方向应该是可变的，但受到加工工艺的限制，因而在z方向上，我们仍然只能用恒定厚度。

当我们进行了这些计算后发现，自由式滑雪板的演变与预期不同。本文中所总结的建模方法也适用于滑雪板的其他设计要求，例如，在滑行表面下针对所需的压力分布进行优化、对拱形部分的理想刚度进行优化等。

一般来说，任何需要选择某个参数或变量来满足限制的问题都可以当作优化问题来描述和解决。一个正确的问题公式对于优化过程能否成功至关重要，但是一旦问题被转录到标准模型中，它们看起来都是一样的。这意味着相同的解决方案可以广泛应用于解决各种设计问题。

5.4 滑雪双板和滑雪单板的摩擦力

摩擦力在滑雪双板(ski)和滑雪单板(snowboard)的滑行中起着关键作用。减少摩擦力、提高滑行效率的目标，对相应装备的建模和设计都有很大的影响。尽管与雪/冰相关的滑动摩擦研究已经取得了很多重大进展，但许多关键问题仍然悬而未决。虽然系统看起来相当简单，但涉及的过程和相互作用却非常复杂。环境的重大变化及滑雪双板和滑雪单板的动态条件，也会使得滑动摩擦现象的建模和分析变得很复杂。

在常用的两个平面物体滑行的分析和建模中[14,36-45]，描述摩擦力对负载的依赖性的最常见关系式如下：

$$F_{\mathrm{Fr}}=\mu F_{\mathrm{N}} \tag{5.9}$$

式中，F_{Fr}是纵向(沿表面)摩擦力，μ是摩擦因数，F_{N}是负载力垂直于表面的分量。但通过更仔细的分析，某些难题开始出现。

5.4.1 静摩擦和动摩擦

值得注意的是，我们不可能用连续函数来真实地描述摩擦力与负载之间的关系。在静态条件下，一个表面还没有在另一个表面上滑行时，系统处于平衡状态，滑动抵抗力 F_R 与纵向拉力 F_L 相等且方向相反。当拉力在某一点超过阈值 F_{st} 时，滑动突然开始，抵抗力稳定在某个较低的 F_D 值处（在第一次近似中）。这代表特有的黏滑行为存在两种不同（静态和动态）的摩擦力值。[4, 36, 46-49]

众所周知，在动态（滑动）状态下，摩擦力与法向负载力的依赖关系不是线性的。实验证明，我们可以通过拟合方程对固体与冰/雪之间的摩擦力（对于在某些环境条件下及某些不是很大的负载来说）进行近似计算（见图 5.12）。[14, 40-44]

$$\mu = \mu_0 - \mu_x F_N \quad \text{或者} \quad F_{Fr} = \mu_0 F_N - \mu_x F_N^2 \tag{5.10}$$

事实上，这种非线性的本质可能要复杂得多，或许我们只是通过多项式级数展开式的第一项来进行近似计算，如下式所示。

$$F_{Fr} = \sum_{i=1}^{\infty} k_i F_N^i \tag{5.11}$$

线性方程（式 5.9）和二阶方程（式 5.10）的近似值都相当有用，但是在某些情况下它们可能并不够好。

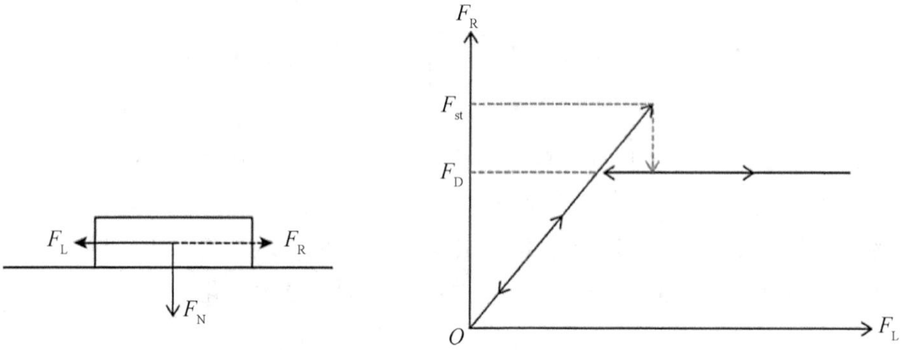

图 5.12 具有两种不同（静态和动态）摩擦力的特有黏滑行为示意图

5.4.2 滑行速度的作用

固态物体和雪之间的摩擦力对其滑行速度显示出明显的依赖性（具体情况可参见文献[4, 39, 42 - 44, 50 - 56]）。在倾斜表面上，物体在自重作用下滑动（此时忽略空气阻力，见

图 5.13)的基本方程式可写成下式[36]：

$$F_L - F_{Fr} = m\ddot{x}, F_L = mg\sin\alpha,\ F_{Fr} = \mu mg\cos\alpha \tag{5.12}$$

式中，m 是滑块的质量，g 是自由落体加速度，α 是倾斜角度，x 是沿滑动表面的坐标轴。由于摩擦因数取决于滑行速度，因而该等式可以重写为下式：

$$\frac{1}{g}\ddot{x} + \mu(\dot{x})\cos\alpha - \sin\alpha = 0 \tag{5.13}$$

在稳态的滑行条件下，$\dot{x}$ 为常数或者 $\ddot{x}=0$，由此可得一个简化的稳态滑行条件方程式。

$$\mu(\dot{x}) = \tan\alpha \tag{5.14}$$

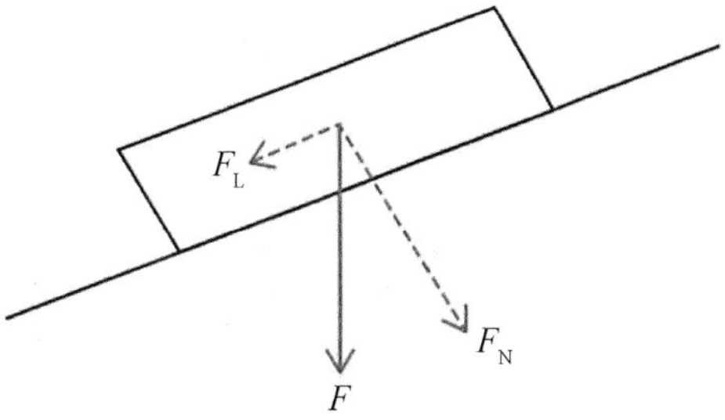

图 5.13　物体在倾斜表面上以自重作用滑动的示意图

有趣的是，正如我们将看到的那样，对于那些公认的摩擦因数对滑行速度的依赖关系，这个简化的方程式没有合理的解。

环境参数的变化对滑动摩擦也有影响，这会使情况进一步复杂化。图 5.14 所展示的是在不同雪温下摩擦因数对滑行速度的函数相关性(使用实验数据拟合的方法来分析其相关性，这些实验数据有的取自文献[39，40，42，43]，有的是对文献数据的拟合)。图 5.15 所展示的是式 5.14 的分析解，可用拟合方程表示滑行速度与摩擦因数的相关性，以对应于图 5.14 的实验数据[39，40，42，43]。

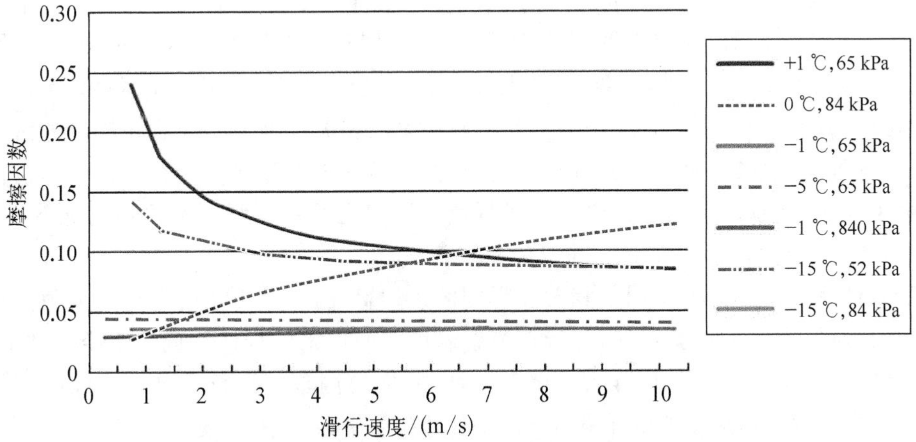

图 5.14　不同雪温时摩擦因数对滑行速度的函数关系

很容易看出，对于实际倾斜角度为 10°～30°的斜坡，以稳态的滑行速度作为式 5.14 的解，在温度低于−5 ℃时通常是可实现的。这些值比越野滑雪的滑行速度实验测量值高一些

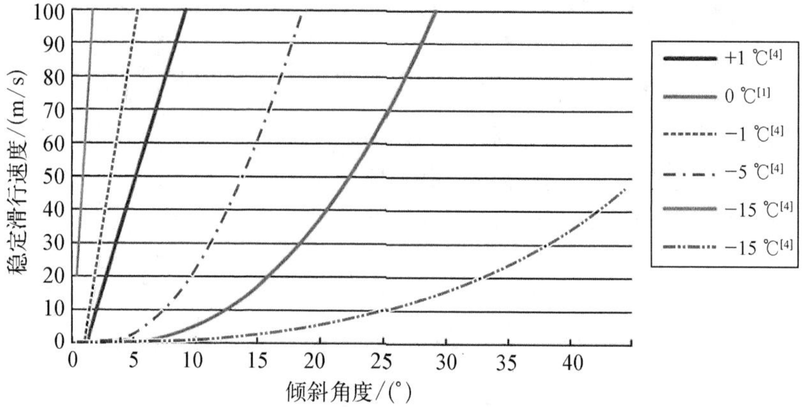

图 5.15 基于摩擦因数函数关系的式 5.14 的分析解

(参见文献[24, 40, 57, 58])。但在讨论的简单方法中,其他因素(如空气阻力)并没有被考虑进去。另外,拟合方程也是基于滑雪的速度不超过 10～20 m/s 的实验数据,因而对较高滑行速度的预测解可能也不清楚。

值得注意的是,根据实验所测得的摩擦因数对滑行速度的依赖关系[39, 40, 42, 43]可知,在接近熔融温度下,即使斜坡角度很小(见图 5.15),式 5.14 的解连同拟合的滑行速度与摩擦因数依赖关系的解析表达式计算所得到的稳态滑雪速度(见图 5.14)也可高达 50～100 m/s。当然,这些估算仅适用于不受空气阻力影响的系统,比如负载较大的滑雪板在斜坡上滑行。但是,以我们在越野滑雪方面的经验可知,在接近熔融温度下自由滑行,通常并不比在寒冷条件下滑行更有效,而且稳态滑行速度应该更低而不会更高。

最重要的建议之一是,在摩擦因数与低滑行速度的相关性方面,可能还有另一个"上升"的分支。实际上,在测试摩擦因数与低滑行速度(玻璃和花岗岩上的冰微晶)的相关性的实验中,当速度低于 1 m/s 时的确会出现"上升分支"[36,47]。图 5.16 显示了摩擦因数随着滑行速度稳定增加的情形(与图 5.14 中 0 ℃时实验测量的相关性类似),而且在较低的滑行速度时出现了这种相关性额外的"上升分支"。在这两种情况中都存在一个在类似的高滑行速度下的解,但是对于"校正"的相关性,在低滑行速度下存在另一个解。在这种情况下,式 5.14 的解可由 $y=\mu(v)$ 和 y 为常数的曲线的交点得出。

然而,使用"校正"的摩擦因数相关性得到的这种解,因产生的稳态滑行速度值太低而不现实。根据越野滑雪的经验可知,在接近熔融温度时的稳态滑行速度低于寒冷条件下的值,但并不像"校正"模型预测的那样大幅降低。此外,实验测量的滑行速度与摩擦因数的相关性[36, 39]无法显示出当速度值低至 0.5～1 m/s 时存在这种"上升分支"。

当考虑空气阻力时,我们计算出的稳态滑行速度值变得更加实际。若考虑空气阻力,则式 5.12 可以重新写成:

$$F_L - F_{Fr} - F_D = m\ddot{x}, \ F_L = mg\sin\alpha, \ F_{Fr} = \mu mg\cos\alpha \quad (5.15)$$

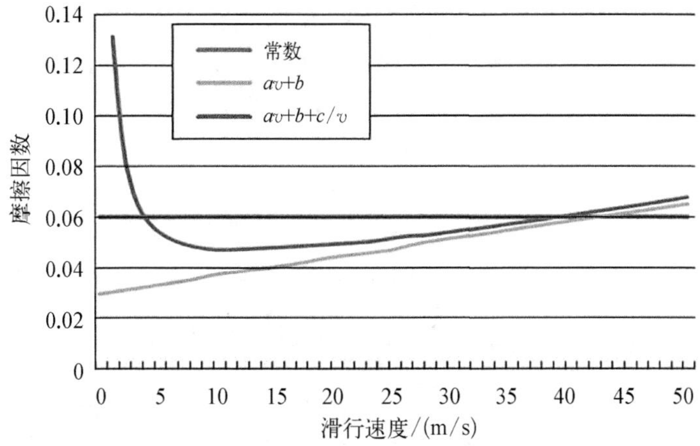

图 5.16　低速情况下校正的摩擦因数与滑行速度的关系

空气阻力为

$$F_{\mathrm{D}}=\frac{1}{2}C_{\mathrm{D}}A\rho\dot{x}^{2} \tag{5.16}$$

若使用符号 $\dot{x}=v$，则可得出如下方程式。

$$mg\sin\alpha=\mu(v)mg\cos\alpha+\frac{1}{2}C_{\mathrm{D}}A\rho v^{2} \tag{5.17}$$

不需要对式 5.17 中的所有拟合分析曲线 $\mu(v)$ 求解(如之前对更简单的式 5.14 所做的那样)，而是采用简化方法和图解方式来求解(使用相应的曲线)。图 5.17 和图 5.18 显示了当

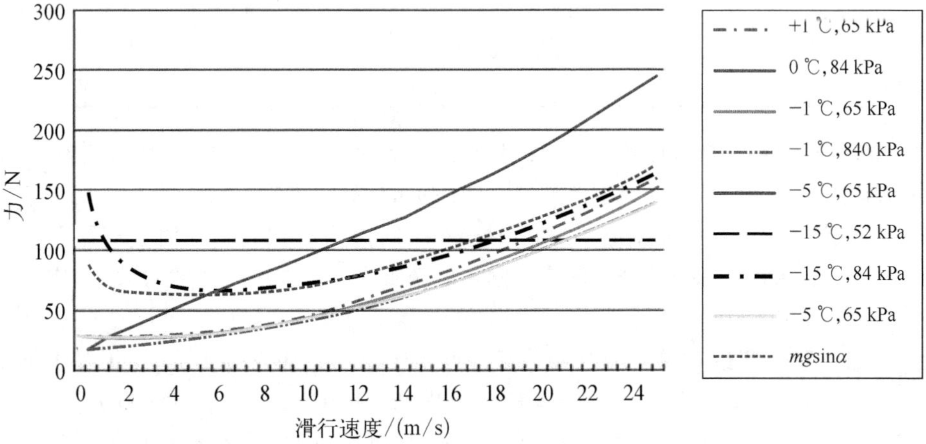

图 5.17　摩擦因数对滑行速度依赖性的拟合实验数据(斜坡倾斜角为 10°)

摩擦因数对滑行速度的相关性由实验数据[39, 40, 42, 43]进行拟合时部分团身姿势的解，当斜坡倾斜角为 10°时法向负载为 65 kg，当斜坡倾斜角为 20°时法向负载为 69 kg。表 5.7 总结了使用此方法估算的稳态滑行速度值。斜坡倾斜角为 10°，相当于 18%的倾斜度；斜坡倾斜角为 20°，相当于 36%的倾斜度。

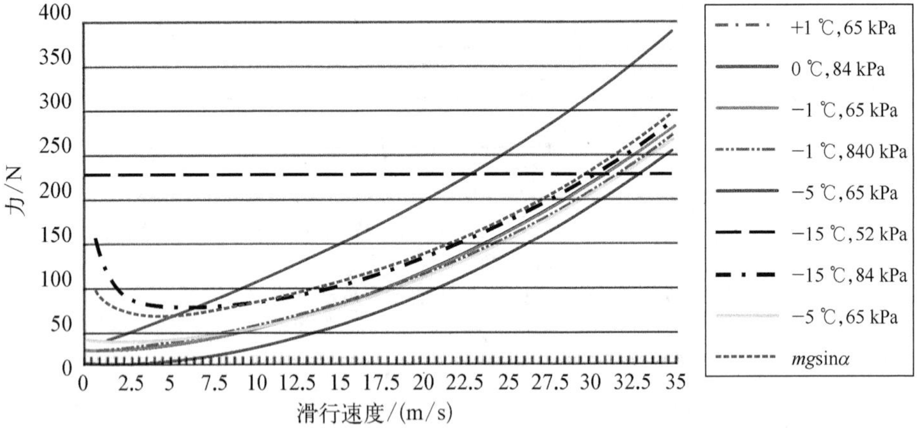

图 5.18 摩擦因数对滑行速度依赖性的实验数据拟合(斜坡倾斜角为 20°)

表 5.7 滑行速度估算值

温度/℃	斜坡倾斜角角度/(°)	直立姿势速度/(m/s)	部分团身姿势速度/(m/s)
0	10	10	11
−5	10	15	20
−15	10	12	18
0	20	17	23
−5	20	22	32
−15	20	21	30

以上估算表明，对于摩擦因数在低温下依赖于滑行速度的情形，滑雪者在斜坡上以 10 m/s 的速度滑行，其体质量产生了 65 kg 法向负载，滑雪者在做部分团身姿势时空气阻力约占整体制动力(空气阻力加摩擦力)的 30%～40%，而当滑雪者直立时空气阻力约占整体制动力的 60%。由这个模型可知，在接近融雪的情况下，在这些平缓的斜坡上，空气阻力会产生超过 80%的制动力。

因此，如果我们假设在滑行中制动力只是产生于摩擦力和空气阻力，而不是根据上述接近融雪条件下估算的稳态滑行速度的合理值得出的——完全是由于空气阻力，这意味着即使对滑雪者的姿势和服装流线型做最小的改进，在接近融雪的温度下，应该也能大大地改善越野滑雪运动员的滑行效率。例如，滑雪运动员保持“腹部下移”的姿势时，最终速度(当阻力和浮力的总和等于重力时的稳态值)估计刚好超过 50 m/s。[24, 59]然而,目前世界跳伞纪录的速度是 2013 年创造的大约 150 m/s。[24]这样来看,空气阻力机理虽然很重要,但并不是在接近融雪温度时,较低的稳态滑行速度产生制动力的唯一原因。

专业滑雪运动员和业余运动员几乎都知道,越野滑雪板在接近融雪温度时滑行性较差,因此人们就可能会寻求其他机理。在接近融雪的条件下滑行效率的大大降低,这对滑雪运动的影响很大。其中一个可能的影响也许是滑雪板通过滑道时雪面受压引起的法向非弹性变形导致能量损失。虽然在实验室和现场测试中都有关于雪压缩及其弹性性能的大量实验数据[42, 56, 60-62],研究者也在不同环境条件下的雪地里[63, 64]进行了一些声波释放研究,而且研究者对雪的非弹性特性与滑行的关系[65]很感兴趣,但是目前没有模型可以估算出这种作用是如何影响滑雪双板和滑雪单板滑行的。

另外一种影响可能是,在接近融雪条件下,沿着滑雪赛道有明显更大的积雪位移。这可能有多种原因:首先,由于湿雪更容易被压缩,导致滑雪板会更深地压入其中,从而会在滑雪道上由滑雪板前部的倾斜外形而产生一个作用力分量,使得雪在滑行方向上产生位移(微犁削效果)。其次,滑雪板底面与积雪之间存在摩擦力,在接近融雪的情况下,这种力会造成积雪在滑行方向上发生非弹性变形。积雪位移的观点并不新颖。早期就曾有人进行实验来尝试证明这一观点——“更好的滑雪板滑行所产生的积雪位移更少”,研究者使用放在滑雪赛道表面下雪地里的加速度计来进行测试,但是并未成功。[57]最后,通过在接近融雪的条件下对滑行进行大量的研究,研究人员也得到了某些湿摩擦模型[36, 37, 51, 66-69],但到目前为止,还是不可能证明或者反驳“滑雪板引起的积雪位移可能会影响滑行摩擦力”这一说法。

5.4.3　摩擦力对负载压力的依赖性

人们普遍认为,实验测量对摩擦因数的依赖性是雪的结构变化和不同摩擦机理的相互作用导致的。假设在轻度寒冷的条件下滑行,由于部分冰晶在接触区域融化[36, 50, 70, 71],因而会出现薄水膜的情况。这种融化的准确机理虽然仍存在争议,但最有可能与雪的压缩、制动以及界面区域出现的冰晶相关。在更寒冷的条件下,这种机理变得不那么有效了,因为推测界面产生的热量不再能够产生有效的融化。随着气温升高,越接近融雪温度,界面水膜变得越厚,流体动力学摩擦机理也开始发挥重要作用。实验观察到的摩擦因数与负载的相关性也支持此模型[38-40, 42-44, 56, 72],可参考式 5.10,该式也可重写为

$$F_{\mathrm{Fr}}=\mu_0(F_{\mathrm{N}}-\alpha F_{\mathrm{N}}^2)=F_{\mathrm{N}}\mu_0(1-\alpha F_{\mathrm{N}})=F_{\mathrm{N}}\mu_x \tag{5.18}$$

表 5.8 给出了文献中相应的实验测量值(以式 5.18 中的各符号表示)的对比情况。这里值得注意的是,当温度接近融雪温度时,压力相关的依赖性急剧变化,并且摩擦因数开始随着压力的增加(式 5.18 中的系数 α 变成负值)而增大。这在某种程度上与广义模型一致,即随着水量的增加,流体动力学摩擦只会使制动力更大(见图 5.19[38])。

表 5.8 文献中实验测量的摩擦因数的对比情况

$\mu_0/\times10^{-3}$	t 时 μ_0 的 α/%	p/kPa	t/℃	v/(m/s)	滑行体	参考资料
8～38	0.5(−1 ℃)～1.3(−15 ℃)	89～400	−1～−15	0.5～3	木头在冰上	文献[39]的表 2
33～80	3(−5 ℃)～0.4(−14 ℃)	1.25～50	−5～−14	3.6	滑雪板在雪上	文献[42]的曲线 5、曲线 6、图 5.2.5
110～300	0.04(−5 ℃)～0.02(−14 ℃)	25～100	−6	0.01～0.2	滑雪板在雪上	文献[40]的图 20
60～83	7.6(−7 ℃)	1 500～3 000	−7	1	聚四氟乙烯在冰上	文献[43]的图 1－10B
9.5～38	0.56(−1 ℃)～1.36(−15 ℃)	870～3 900	−1～−15	0.5	冰在冰上	文献[43]的图 1－10A
40～155	2.8(−20 ℃),1.7(−10 ℃),0(−5 ℃)	50～200	−5～−20	5	滑雪板在雪上	文献[41]的图 2
6.3～120	0.6(−5 ℃,−10 ℃)～1.8(−15 ℃)	50～300	−5～−15	5	滑雪板在雪上	文献[41]的图 3
5～9	0.045(4 ℃)～0.02(8 ℃)	?	4～8	1	曲棍球杆刃在冰上	文献[72]的图 7
30～100	−71%*	～1 940	0	4	冰在冰上	文献[38]的图 2
6～36	4.7(−27 ℃)～28(−3.3 ℃)	～1 940	−3.3,−27	4	冰在冰上	文献[38]的图 2

注：* 在这种情况下，摩擦因数随着负载力的增加而增大；
? 表示没有可用的数据。

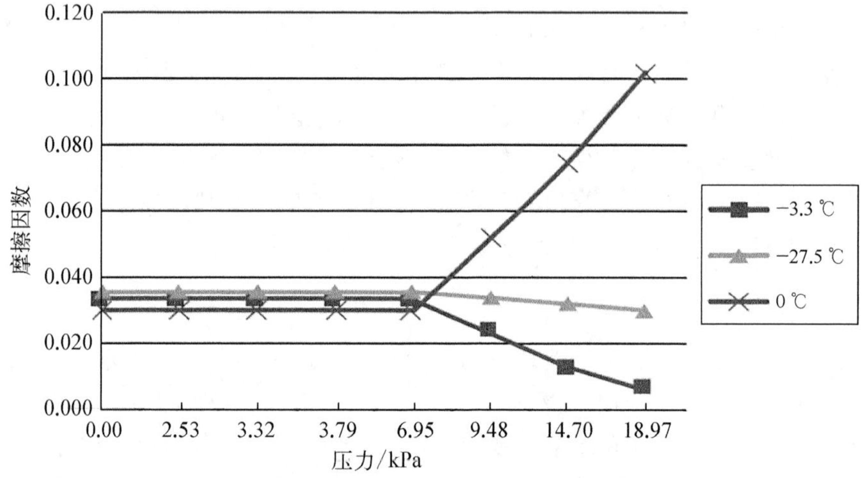

图 5.19 摩擦因数与压力和温度的依赖关系[38]

5.4.4　滑行、摩擦和振动

另一个对滑行效率有重要影响的因素是滑行体的振动。众所周知，在振动存在的情况下，平均摩擦力往往会变小。[57, 73-80]因此，它可以对设计和制造滑雪板的方案产生显著的影响。简单建模可以帮助人们理解与振动对滑动摩擦产生影响有关的某些关键问题。

如果假设振动可以显著改变动态负载力，然后基于式 5.10 和关于这种非线性关系的总体思考，我们可以将法向负载和摩擦力的瞬时值的表达式写成下式。

$$F_{\mathrm{N}} = F_{\mathrm{N_0}}[1 + k\sin(\omega t)] \tag{5.19}$$

式中，非线性贡献度系数 k 反映了与静态负载力相关的振级。因此，摩擦力的公式可以重写为下式。

$$F_{\mathrm{Fr}} = \mu_0 F_{\mathrm{N}} \pm \alpha\mu_0 F_{\mathrm{N}}^{x} \tag{5.20}$$

然后，平均摩擦力将由振动期的时间积分给出，如下式所示。

$$\overline{F_{\mathrm{Fr}}} = \int_0^{2\pi} (\mu_0 F_{\mathrm{N}} \pm \alpha\mu_0 F_{\mathrm{N}}^{x})\mathrm{d}(\omega t) \tag{5.21}$$

式 5.20 和式 5.21 是刻意以广义形式书写的，反映了寒冷条件（负的非线性贡献度）和接近融化温度（正的非线性贡献度）与负载的相关性。为了使描述更具概括性，我们还引入了功率参数 x（“非线性指数”）。根据迄今为止获得的实验数据，在寒冷温度下，x 接近 2；在接近融化温度下，x 从 −0.5 变成 0.5。

在寒冷条件中实验测量摩擦因数的相关性这个特定情况下，瞬时摩擦力和平均摩擦力将相应地变为下式。

$$F_{\mathrm{Fr}} = \mu_0 F_{\mathrm{N}} - \alpha\mu_0 F_{\mathrm{N}}^{2} = \mu_0 F_{\mathrm{N}}(1 - \alpha F_{\mathrm{N}}) \tag{5.22}$$

以及

$$\overline{F_{\mathrm{Fr}}} = \int_0^{2\pi} (\mu_0 F_{\mathrm{N}} \pm \alpha\mu_0 F_{\mathrm{N}}^{2})\mathrm{d}(\omega t) \tag{5.23}$$

为了更好地了解振动对固体在雪和冰上滑行的影响，我们可以使用从文献中获得的摩擦因数。如表 5.8 所示，摩擦因数的范围是相当重要的（针对不同的环境条件、滑动体材料和负载的测量结果）：μ_0 为 10^{-3}～100^{-3}，α 为 μ_0 的 0.1%～50%。图 5.20 和图 5.21 是使用美国国家仪器公司（National Instruments）的 LabVIEW 软件来进行计算机建模的结果。[81]

图 5.20 显示出在不同的振级（系数 k，式 5.19，单位为%）下瞬时摩擦力与时间的依赖性关系（瞬时摩擦力，式 5.19），以及摩擦因数与负载力没有相关性的情况。由于系统的非线

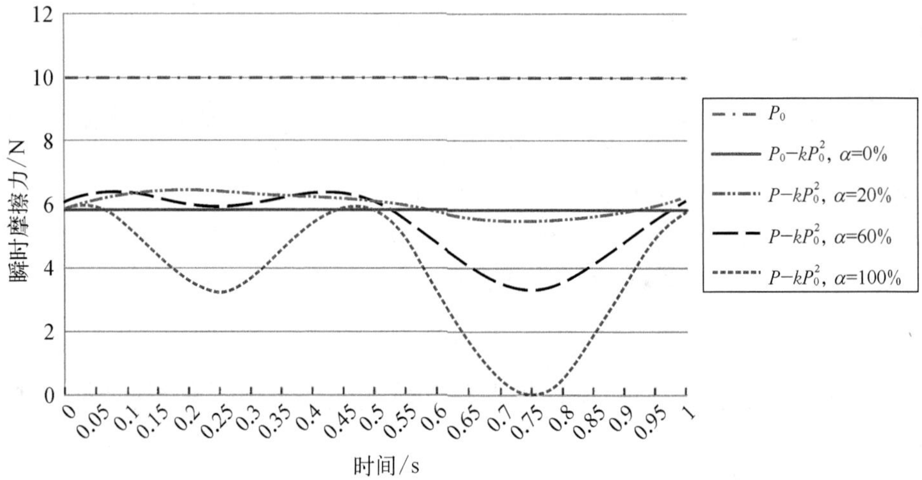

图 5.20　不同振级下的瞬时摩擦力与时间的关系

性比较显著，在较大振级下的瞬时摩擦力的曲线十分扭曲。

图 5.21 显示了在不同振级下平均摩擦力与静态负载力的相关性在非线性条件下（由式 5.20 计算）与线性条件下（式 5.9 或者式 5.20 中 $\alpha=0$）的对比。请注意，在线性条件下振动不应该引起平均摩擦力的改变。

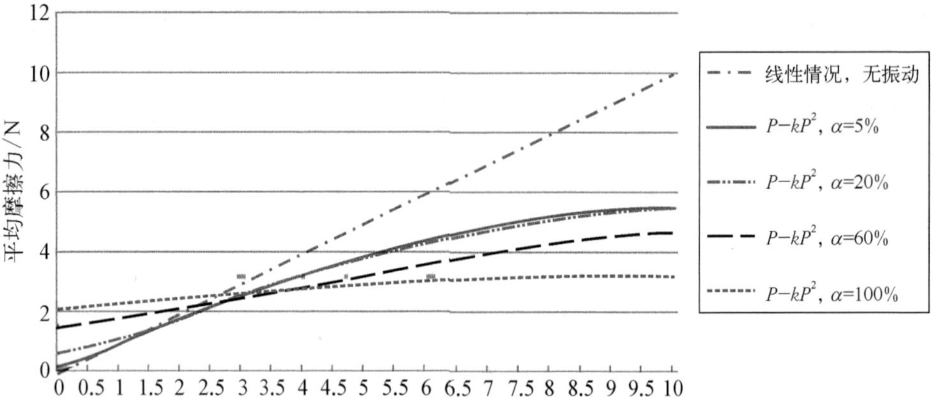

图 5.21　不同振级的静态负载力与平均摩擦力的关系

有趣的是，在低静态负载力和高静态负载力的非线性情况下，振动影响的趋势存在明显差异。这是由于非线性对瞬时负载力的影响。事实上，这种作用力不可能变得小于 0（滑动表面只是不再与雪面接触）。应该注意到的是，在这种情况下，图 5.21 所示的振动幅度视为静态负载力的固定百分比，这在一定程度上夸大了振动所产生的影响。

图 5.22 显示了在线性情况(不依赖静态负载时)、没有振动的非线性情况以及 $\alpha=0.01$ 时有振动的非线性情况下(使用式 5.20 计算),摩擦因数对振动强度(以静态负载力的百分比表示)的依赖关系。

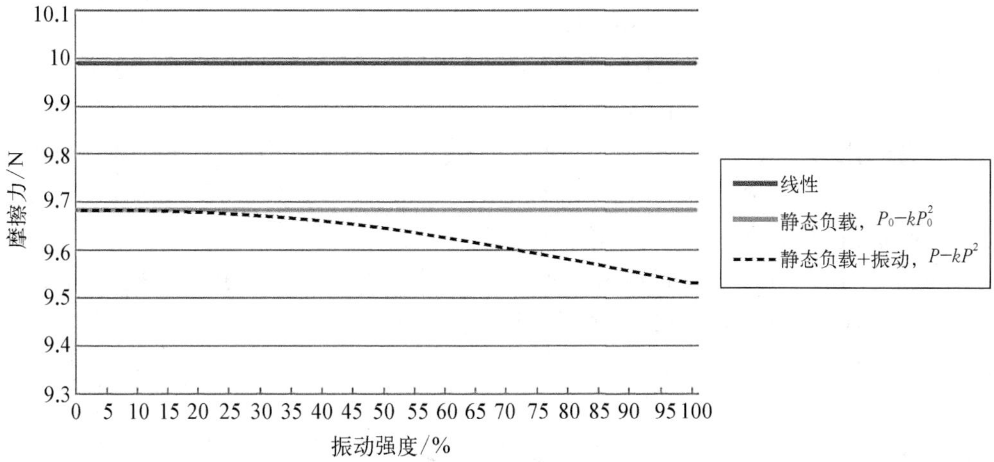

图 5.22　振动强度与摩擦力的关系

图 5.23 显示了在线性情况(不依赖静态负载时)、没有振动的非线性情况以及 $\alpha=0.01$ 时有振动的非线性情况下(使用式 5.20 计算),在非线性指数为 2.5 而不是图 5.20 中所介绍的 2 时摩擦因数对振动强度(以静态负载力的百分比表示)的依赖关系。在这种情况下,静态负载和振动的影响都要明显大得多。

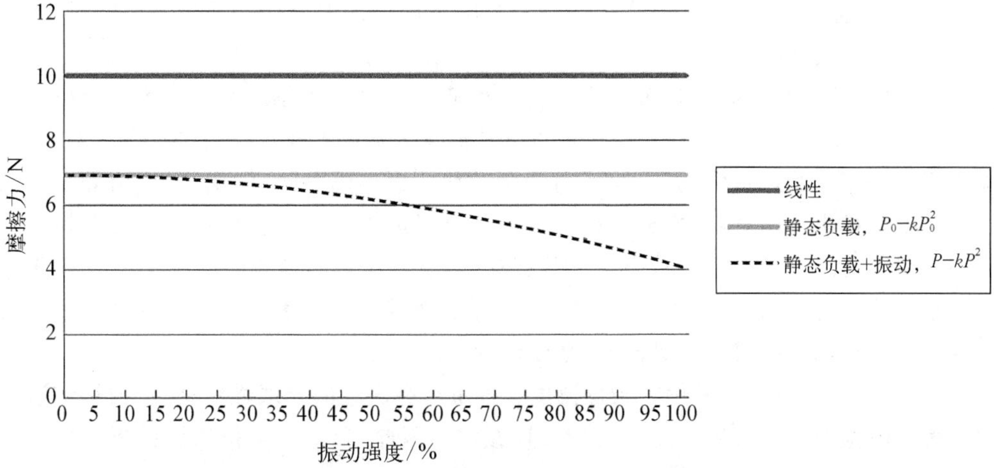

图 5.23　非线性指数较高的振动强度与摩擦力的关系

我们的模型清楚地表明,在多项式 5.11 中展开更高阶的项数 ($i>2$),对于正确解释振动对滑行效果的影响非常重要，即使其贡献度系数（k_i）在展开式里面很小。

根据上述对振动条件下平均摩擦力的简单建模，我们得出如下结论。

1. 在线性情况下，当使用式 5.9 来描述摩擦力对负载的依赖性时，振动不应对滑雪板滑行面开始从雪表面升起(其中，平均摩擦力将开始减少)时的平均滑动摩擦产生任何影响。

2. 在非线性情况下(式 5.20 中描述的)，如果非线性贡献度为负值(如摩擦因数随着负载的增加而减小)，那么中等的和强烈的振动均可以显著降低平均摩擦力。这个情况是介于－5 ℃至－20 ℃的寒冷条件的典型特征。

3. 在非线性情况下(式 5.20 中描述的)，如果非线性贡献度为正值(如摩擦因数随着负载的增加而增加)，那么振动则主要起负面作用，且会增加平均摩擦力。这种情况是接近融雪条件的特征(在温度约为－5 ℃或更高时的情况下)。

以上结论与滑雪运动员描述滑雪板之间软硬差异的“直觉”并不矛盾。依据这些结论我们或许可以推理出，寒冷天气下使用的滑雪板不应非常坚硬且具有吸声性，其总体设计应该有利于在自由滑行中产生振动。反之，适用于接近融雪条件的滑雪板应该更坚硬，因为这样有利于滑行。

对于设计适合不同温度条件的滑雪板来说，与上述讨论有关的另一个很重要的区别之处在于滑行面的设计。假设摩擦机理在寒冷和接近融雪的温度条件下有显著差异，那么滑雪板滑行面的材料和微观结构为这些条件所做的优化也应该是不同的。

当温度接近融雪温度时，摩擦力主要是受流体动力学、毛细管和表面张力的影响。因此，很多重要的研究工作[37,82-88]致力于分析滑行表面的润湿性对摩擦力的影响。在这些情况下，摩擦因数通常会随着负载力的增加而增加(推测是由于界面区域产生了额外的融化水)。这意味着为了减少不必要的额外融化水的作用，滑雪板的滑行面应该没有较尖锐的微观凹凸结构，因为众所周知，任何变形作用都会随着局部压力的增加而增大。同时，流体动力学和毛细管作用将显著依赖于滑雪板滑行面的润湿性和微观凹凸度[82-88]；而凹凸度(可能包括滑雪板滑行面的微观结构)对滑动摩擦的毛细管、流体动力学和局部压力诱导机理的影响存在差异，这是有可能的。这里我们可以从其他技术学科中找到类似的情况。例如，针对潮湿天气对汽车轮胎进行优化，研究者通常会设计更深和更宽的“凹槽”用于引导水从轮胎面上的沟槽中排出。因此，优化滑雪板滑行面的微观结构可以改善滑雪板的滑动性能。虽然有很多研究者提出了一些建议[89]，获得了专利[90-93]，而且制造出一些简单有趣的用于改善滑雪板滑行面的产品[94, 95]，但是他们对于滑雪板所选择的环境条件以及到底什么样的滑雪板滑行面微结构和组成才是最佳的，至今还没有达成共识。

此外，我们还可以尝试利用在较低温度条件下摩擦因数的非线性特征。同样，在这里我们应该考虑摩擦力会随着局部压力的增加而减小。因此，我们可以推出滑雪板滑行面应该具有更尖锐的微观凹凸度，这样才有利于产生额外的融化水膜。在这两种情况下，很明显可能需要同时存在不同尺度的凹凸结构，以优化更宽温度窗口下的滑行摩擦力。但雪结构也是根据前几天甚至前几周的温度变化过程而变化的——即使是在相同的温度下，滑雪板滑行面与新降落的雪和重新结晶的雪之间的相互作用也会不同。因此，对这一问题的研究仍具有广阔的空间。

5.4.5 负载压强

应特别注意的是，在所有与变形（弹性和非弹性）相关的因素中，最关键的参数之一是负载压强，而不是负载力。因此，在表 5.8 和图 5.19～5.23 中，根据相关的参考文献数据计算得出的是平均压强值（表观压强），而不是负载力。水-冰系统的相平衡在不同温度下与局部压强有很大的相关性（见图 5.24[36]）。因此，研究滑雪板滑行面与雪之间的压强分布也有助于我们理解滑动摩擦机理[14, 40, 44, 56, 72, 96, 97]。

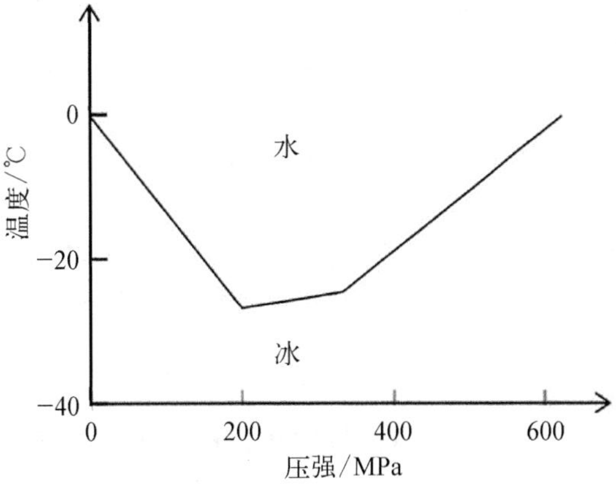

图 5.24 水-冰系统相平衡图

用一对越野滑雪板自由滑行，表观接触面积约为 5 cm×20 cm×4＝400 cm^2，滑雪者的质量为 60 kg，计算的平均接触压强仅约为 1.5 N/cm^2 或者 0.015 kPa（100 N/cm^2 ＝1 kPa）。这远远低于图 5.24 中所预测的温度低于－5 ℃时，冰-水互相转变所需的水平。根据现有理论可知，这些计算的表观接触面积应该用实际接触面积来代替。[36]表观接触面积在很大程度上取决于滑雪双板或滑雪单板滑行面微观结构的具体细节和雪地条件。唯一能得出的一般性结论是，表观压强-微观压强和表观接触面积-实际接触面积的参数是一致的，即当一个参数增加时，另一个参数也会增加，反之亦然。

通过负载力和表观接触面积来估算粗糙接触压强的明显缺点之一是滑雪板滑行面下的压强分布不均。有许多关于滑雪板的接触压强分布的研究结果[72, 96-98]发表，但到目前为止，这些研究的主要目的是帮助滑雪运动员选择与其相匹配的滑雪板。同时，这些研究也可以提供一些有趣的信息，有助于我们理解滑雪双板和滑雪单板的滑动摩擦。

图 5.25 显示了现代复合材料滑雪板前部接触面积的平均值和最大压强值与负载力的关系。实验采用泰克斯康公司的 F-Scan VersaTek 压力测量系统[99]进行测试，具体是用两个型号为 3000E 的薄膜压力传感器排列成单条状，并将其放置在滑雪板前部的接触区域内。传感器中的压力传感元件排列成矩形网格，两个坐标上间距都为 0.2 in①。传感元件尺寸均为 0.1 in × 0.1 in（制造商给出的分辨率是 3.9 个传感器/cm^2）。系统灵敏度约为 0.005 Pa。

① 1 in(英寸)＝25.4 mm(毫米)。

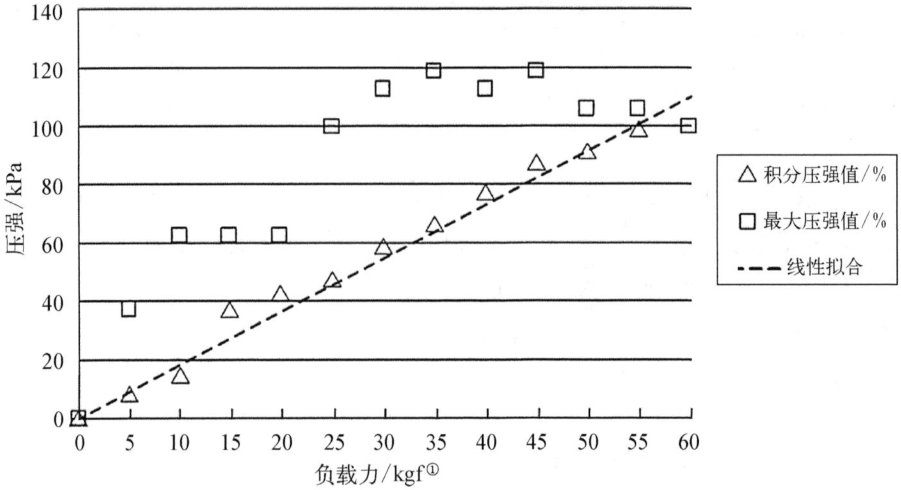

图 5.25 滑雪板接触区域的压强与法向负载力的关系

注：使用泰克斯康 F-Scan 系统测量滑雪板前接触区域的压强，将传感器型号为 3000E 放置在覆盖硬质表面的软质缓冲垫上。当负载力超过 60 kgf 时，所有滑雪板滑行面都会接触到测试平台表面。滑雪板为 Rossignol SILVER 44 carbon，长 195 cm。软质底面层为地毯材料。

对整个接触区域的压强进行积分可得负载力，方程式如下。

$$F=\int P\,\mathrm{d}A \tag{5.24}$$

实际上，相应的积分值与负载力成比例，直到接近最高负载力。当负载力高于 55 kgf 时，滑雪板几乎平贴在表面上，接触面积变大并超过压力传感器产生误差的尺寸。最大压强（整个接触面积的绝对峰值）首先随着负载力增加而增大，在大约达到最大负载力的一半之后从开始变得稳定。有趣的是，通过负载力和表观接触面积计算得出的平均压强，在负载力大于 5～10 kgf 时几乎没有变化，这是表观接触面积逐渐增加的缘故。

图 5.26 展示了滑雪板接触面积中最大压强点位置的变化和对应于 50％压强的边界位置与软质现代复合材料滑雪板的法向负载力（位置从滑雪板前端开始测量）之间的依赖关系。有趣的是，通过接触压强分布和最大压强位置所测得的表观接触宽度，对于适度变化的负载力来说几乎是稳定的。应注意的是，在这种情况下测量的最大压强大约为 10 kPa。

这里需要特别指出的是，第二接触表面（实际上是雪）的性质及其可压缩性，对滑雪板滑行面下的压强分布有很大影响。图 5.27 显示出了老式全木质滑雪板的表观接触面积及其位置与负载力的关系，其中，全宽度对应的压强降低到测量系统的灵敏度极限（0.005 Pa），50％宽度对应的接触区域的压强下降到峰值的一半。

正如预期的那样，硬质底面的接触压强面积小于软质底面。但有趣的是，在所有的负载

① 1 kgf（千克力）＝9.81 N（牛）。

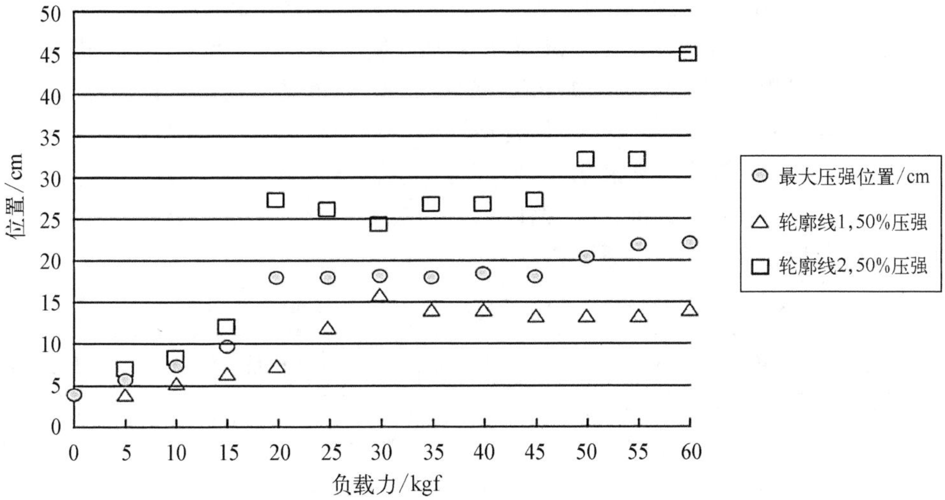

图 5.26 滑雪板接触区域随着法向负载力变化的最大压强点偏移

注：使用泰克斯康 F-Scan 系统测量滑雪板前接触区域的压强，将传感器型号为 3000E 放置在覆盖硬质表面的软质缓冲垫上。当负载力超过 60 kgf 时，所有滑雪板滑行面都会接触到测试平台表面。滑雪板为 Rossignol SILVER 44 carbon，长 195 cm。软质底面层为地毯材料。

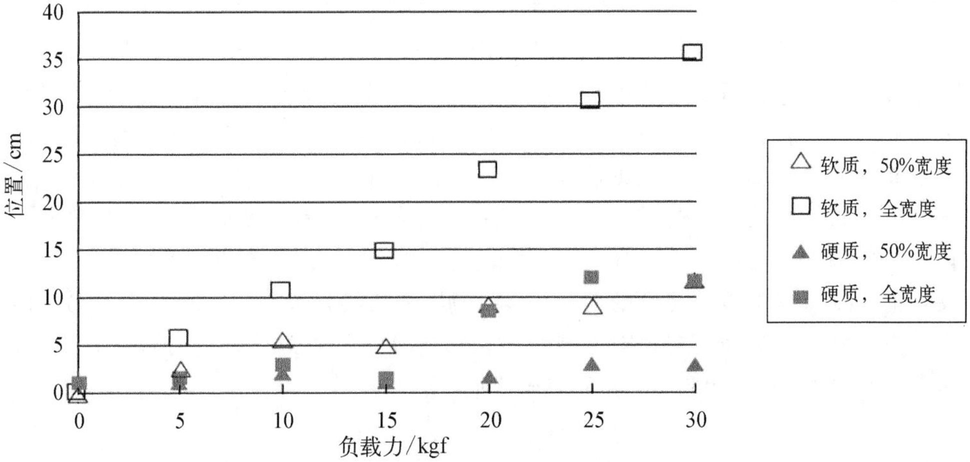

图 5.27 滑雪板接触区域内全宽度和 50%宽度的位置轮廓线与法向负载力的关系

注：使用带有 3000E 传感器的泰克斯康 F-Scan 系统测量滑雪板前接触区的压强，将 3000E 传感器铺设在有或者没有软质衬里的坚固基面上(铝合金)。50%宽度是对应于 50%压强峰值点的位置的测量数据，全宽度是压强高于测量系统的阈值极限(0.005 Pa)的位置的测量数据。滑雪板为 Edsbyns Racing No748，长 201 cm。当负载力超过 30 kgf 时，所有滑雪板滑行面都会接触到测试平台表面。软质底面层为地毯材料，硬质底面层为铝合金平台。

力条件下，硬质底面的接触区域都更靠近滑雪板的前部。接触区域中的最大压强也大不相同，软质底面的最大压强可达 0.6 kPa，而硬质底面的最大压强则高达 2 kPa。

这里应该特别注意，滑雪板下的滑行面和接触区域不仅取决于其设计和负载力，还取决于雪的特性。在与滑雪双板和滑雪单板相关的研究中，雪的特性通常是以温度、湿度、晶粒结构和硬度来表征的（硬度主要通过不同构造的硬度计进行测量[56, 60, 100-102]）。而对于实验室内实际评估的压强分布和压强接触区域，压力传感器下的材料硬度应该至少大致对应于雪的特征值。合成材料更容易通过其弹性来表征，表 5.9 给出了不同温度下实验测量的雪的硬度和杨氏模量的近似对应关系[42, 60]。

表 5.9　不同温度下的实验测量的雪硬度与杨氏模量的近似对应关系

雪的类型	密度/(g/cm^3)	硬度/(kg/cm^2)	杨氏模量/MPa	温度/℃
新雪	0.33		0.15～0.4	0～−35
细颗粒雪	0.35		0.15～0.6	0～−40
	0.28	1～4		0～−40
粗颗粒雪	0.38	3～9		0～−40
	0.47		0.25～1.2	0～−35
压实的人造雪	0.43	3～30		0～−40
	0.51		0.25～1.7	0～−35

我们在实验中，在压力传感器的下层使用软质地板地毯材料时，杨氏模量为 7～33 kPa（对于相应的压力，即使有聚合物传感器铺在上面，运动员体质量的负载也是相当低的）。当我们采用 20 mm 厚的铝合金型材构成平台基面，将其用作“硬质”底层材料时，杨氏模量为 69 GPa。虽然杨氏模量可以因为薄膜压力传感器的存在而减少一点，但是其值仍然很高，因此无法与冰雪特性相比较。在实验中，这种基底层的极端硬度参数用于评估滑雪板压力实验中以测量压强值的可能分布，实际上也很重要。为了获得更真实的压力测量条件，研究者应该使用泡沫底层材料或者更硬的地毯，或者橡胶（杨氏模量为 0.1～50 MPa[103]）。但许多关于滑雪板接触压力的研究并没有对薄膜压力传感器下的材料弹性进行分析，这导致了与真实情况相比，实验测量的数据仍然存在较大差距。

参考文献

[1] M. Ainegren et al. The influence of grip on oxygen consumption and leg forces when using classical style roller skis. Scand. J. Med. Sci. Sports **24**(2), 301–310 (2014)
[2] M. Ainegren, P. Carlsson, M. Tinnsten, Roller ski rolling resistance and its effects on elite athletes' performance. Sports Eng. **11**, 143–157 (2009)
[3] D. Buhl, M. Fauve, H. Rhyner, The kinetic friction of polyethylen on snow: the influence of the snow temperature and the load. Cold Reg. Sci. Technol. **33**, 133–140 (2001)

[4] S.C. Colbeck, A review of the processes that control snow friction, in *Cold Regions Research and Engineering Laboratory, CRREL Monograph 92–2* (U.S. Army Corps of Engineers, Hanover, 1993)
[5] F. Saibene et al. The energy cost of level cross-country skiing and the effect of the friction of the ski. Eur. J. Appl. Physiol. **58**(7), 791–795 (1989)
[6] M.D. Hoffman et al. Influence of body-mass on energy-cost of roller skiing. Int. J. Sport Biomech. **6**, 374–385 (1990)
[7] M.D. Hoffman et al. Physiological comparison of uphill roller skiing-diagonal stride versus double pole. Med. Sci. Sports Exerc. **26**(10), 1284–9 (1994)
[8] G.Y. Millet et al. Effect of rolling resistance on poling forces and metabolic demands of roller skiing. Med. Sci. Sports Exerc. **30**(5), 755–62 (1998)
[9] R.W. de Boer et al. Physiological and biomechanical comparison of roller skating and speed skating on ice. Eur. J. Appl. Physiol. Occup. Physiol. **56**(5), 562–9 (1987)
[10] M. Ainegren, P. Carlsson, M. Tinnsten, Rolling resistance for treadmill roller skiing. Sports Eng. **11**, 23–29 (2008)
[11] M.D. Hoffman et al. Delta efficiency of uphill roller skiing with the double pole and diagonal stride techniques. Can. J. Appl. Physiol. **20**(4), 465–79 (1995)
[12] M. Ainegren, P. Carlsson, M. Tinnsten, A portable rolling resistance measurement system, in *The Impact of Technology on Sport V*, ed. by P. Fuss, P. Clifton, K.M. Chan (Subic A., Hong Kong, 2013)
[13] M. D. Hoffman et al. Physiological effects of technique and rolling resistance in uphill roller skiing. Med. Sci. Sports Exerc. **30**(2), 311–7 (1998)
[14] H. Ekström, Force interplay in cross-country skiing. Scand. J. Sports Sci. **3**, 69–76 (1981)
[15] P.V. Komi, Force measurements during cross-country skiing. Int. J. Sport Biomech. **3**, 370–381 (1987)
[16] P.V. Komi, Ground reaction forces in cross-country skiing, in *Biomechanics IX-B*, ed. by R. Norman, D. Winter et al. (Human Kinetics, Champaign, 1985)
[17] P.V. Komi, R.W. Norman, Preloading of the thrust phase in cross-country skiing. Int. J. Sports **8**, 48–54 (1987)
[18] P. Vahasoyrinki et al. Effect of skiing speed on ski and pole forces in cross-country skiing. Med. Sci. Sports Exerc. **40**(6), 1111–6 (2008)
[19] G.A. Smith, Cross-country skiing: technique, equipment and environmental factors affecting performance, in *Biomechanics in Sport*, ed. by V. Zatsiorsky (Blackwell Science Ltd, London, England, 2000)
[20] M. Ainegren, P. Carlsson, M. Tinnsten, An experimental study to compare the grip of classical style roller skis with on-snow skiing. Sports Eng. **16**, 115–122 (2013)
[21] M. Ainegren et al. The multifunctional roller ski, in *Second International Congress on Science and Skiing, Vuokatti*, ed. by S. Lindinger, V. Linnamo, A. Hakkarainen (2012)
[22] *FIS Cross-Country Homologation Manual* (International Ski Federation, 2012)
[23] S.C. Colbeck, A review of the friction of snow skis. J. Sports Sci. **12**, 285–295 (1994)
[24] E. Spring et al. Drag area of a cross country skier. Int. J. Sports Biomech. **4**, 103–113 (1988)
[25] J.F. Moxnes, K. Hausken, Cross-country skiing motion equations, locomotive forces and mass scaling laws. Math. Comput. Model. Dyn. Syst. **14**(6), 535–569 (2008)
[26] P. Carlsson, M. Tinnsten, M. Ainegren, Numerical simulation of cross-country skiing. Comput. Methods Biomech. Biomed. Eng. **14**(8), 741–746 (2011)

[27] J.F. Moxnes, O. Sandbakk, K. Hausken, Using the power balance model to simulate cross-country skiing on varying terrain. Open Access J. Sports Med. **5**, 89–98 (2014)
[28] D. Sundström et al. Numerical optimization of pacing strategy in cross-country skiing. Struct. Multidiscip. Optim. **47**(6), 943–950 (2013)
[29] R.H. Morton, Modelling human power and endurance. J. Math. Biol. **28**(1), 49–64 (1990)
[30] D. Sundström, P. Carlsson, M. Tinnsten, Comparing bioenergetic models for the optimisation of pacing strategy in road cycling. Sports Eng. **17**, 1–9 (2014)
[31] *OASIS-ALADDIN User's Manual* (Alfgam Optimering AB, Stockholm, 1990)
[32] B. Esping, D. Holm, O. Romell, The OASIS-ALADDIN structural optimization system. Int. Ser. Numer. Math. **110**, 159–186 (1993)
[33] D. Zenkert, *An Introduction to Sandwich Construction* (Royal Institute of Technology, Stockholm, 1993)
[34] K. Åström, O. Norberg, Förhistoriska och medeltida skidor, in *Västerbotten, Västerbottens läns Hembygdsförbund* (1984)
[35] P. Carlsson, B. Esping, *Optimization of a Racing Ski* (Mitthögskolan, 1994)
[36] B.N.J. Persson, *Sliding Friction. Physical Principles and Applications*, 2nd edn. (Springer, Berlin, 2000)
[37] L. Bocquet, Friction: an introduction with emphasis on some implications in winter sports, in *Sports Physics*, ed. by C. Clanet (2013), pp. 407–427
[38] F.P. Bowden, T.P. Hughes, The mechanism of sliding on ice and snow. Proc. R. Soc. Lond. A **172**(949), 280–298 (1939)
[39] P. Oksanen, J. Keinonen, The mechanism of friction of ice. Wear **78**, 315–324 (1982)
[40] H. Ekström, Force interplay in cross-country skiing. Lic thesis, Linköping University, 1980
[41] D. Buhl, M. Fauve, H. Rhyner, The kinetic friction of polyethylen on snow: the influence of the snow temperature and the load. Cold Reg. Sci. Technol. **33**, 133–140 (2001)
[42] P. Sturesson, Friction characteristics between ski base and ice-fundamental lab scale tests and practical implications. M.Sc thesis, Uppsala University and Primatera AB, 2008
[43] A.-M. Keitzig, Microscopic ice friction. Ph.D. thesis, Technishe Universität Berlin, 2006
[44] L. Bäurle, Sliding friction of polyethylene on snow and ice. MA thesis, Swiss Federal Institute of Technology, Zurich, 2006
[45] P. Federolf, B. Nigg, Skating performance in ice hockey when using a flared skate blade design. Cold Reg. Sci. Technol. **70**, 12–18 (2012)
[46] F.P. Bowden, Friction on snow and ice. Proc. R. Soc. Lond. A **217**, 462–478 (1953)
[47] O.M. Braun, A.G. Naumovets, Nanotribology: microscopic mechanisms of friction. Surf. Sci. Rep. **60**(6–7), 79–158 (2006)
[48] D. Kuroiwa, The kinetic friction on snow and ice. J. Glaciol. **19**(81), 225–235 (1977)
[49] S. Sukhorukov, Ice-ice and ice-steel friction in field and laboratory. Ph.D. thesis, Norwegian University of Science and Technology, 2013
[50] S.C. Colbeck, Kinetic friction of snow. J. Glaciol. **34**(116), 78–86 (1988)
[51] A.-M. Kietzig, S.G. Hatzikiriakos, P. Englezos, Ice friction: the effects of thermal conductivity. J. Glaciol. **56**(197), 473–479 (2010)
[52] P. Kapps, W. Nachbauer, M. Mossner, Determination of kinetic friction and drag area in alpine skiing. Ski Trauma Skiing Saf. **10**, 1–17 (1996)

[53] C. Stamboulides, Microscopic ice friction of polymeric substrates. Ph.D. thesis, The University of British Columbia, Vancouver, 2010
[54] C. Stamboulides, P. Englezos, S.G. Hatzikiriakos, The ice friction of polymeric substrates. Tribol. Int. **55**, 59–67 (2012)
[55] N. Maeno, M. Arakawa, Adhesion shear theory of ice friction at low sliding velocities combined with ice sintering. J. Appl. Phys. **95**(1), 134–139 (2004)
[56] D.A. Moldestad, Some aspects of ski base sliding friction and ski base structure. Engineering thesis, Department of Structural Engineering, Norwegian University of Science and Technology, Trondheim, 1999
[57] A. Koptyug, L. Kuzmin, Experimental field studies of the cross-country ski running surface interaction with snow. Procedia Eng. **13**, 23–29 (2011)
[58] L. Kuzmin, Investigation of the most essential factors influencing ski glide. MA thesis, Licentiate Thesis, Luleå University of Technology, 2006
[59] Global speed skydiving database (2014), http://www.gssdb.speedskydiving.eu/hall_of_fame.php
[60] S. Colbeck et al. *The International Classification for Seasonal Snow on the Ground* (International Commission for Snow and Ice, World Data Center for Glaciology, University of Colorado, Boulder, Colorado, 1990)
[61] T. Katutosi, The temperature dependence of hardness of snow, in *Snow Mechanics. Proceedings of the Grindelwald Symposium*, vol. 114, 1975, pp. 103–109
[62] T. Theile et al. Mechanics of the ski-snow contact. Tribol. Lett. **36**, 223–231 (2009)
[63] T. Iwase, T. Sakuma, K. Yoshihisa, Measurements of sound propagation characteristics in snow layer, in *Proceedings of 17th International Congress on Acoustics*, Rome, vol. 1, 2001, pp. 274–275
[64] R.A. Sommerfeld, A review of snow acoustics. Rev. Geophys. Space Phys. **20**(1), 62–66 (1982)
[65] M. Mössner et al. Modeling the ski-snow contact in skiing turns using a hypoplastic vs an elastic force-penetration relation. Scand. J. Med. Sci. Sports **24**, 577–585 (2014)
[66] W. Nachbauer, P. Schröcksnadel, B. Lackinger, Effects of snow and air conditions on ski friction. Skiing Trauma Saf. **10**(1266), 178–186 (1996)
[67] S.C. Colbeck, A review of the friction of snow skis. J. Sports Sci. **12**, 285–295 (1994)
[68] S.C. Colbeck, A review of the friction of snow, in *Physics of Sliding Friction*, ed. by B.N.J Persson, E. Tosatti. NATO ASI Series, vol. 311 (Springer, The Netherlands, 1996)
[69] B. Glenne, Sliding friction and boundary lubrication of snow. J. Tribol. **109**(4), 614–617 (1987)
[70] B. Bhusam, *Introduction to Tribology* (Wiley, New York, 2002)
[71] S.C. Colbeck, Pressure melting and ice skating. Am. J. Phys. **63**, 888–890 (1995)
[72] P. Federolf et al. Does a skier's position on the ski affect the results of gliding tests used to assess ski-snow friction?, in *Proceedings of the ISBS-Conference 24 International Symposium on Biomechanics in Sports (2006)*, 2007, pp. 554–557
[73] A. Koptyug, M. Bäckström, M. Tinnsten, Cross country ski vibrations: loaded vs. unloaded skis, in *Proceedings of 2nd International Congress on Science and Nordic Skiing, ICSNS 2011*, Vuokatti, Finland, 28–31 May 2012, p. 83
[74] A. Koptyug et al. Cross-country ski vibrations and possible mechanisms of their influence on the free gliding. Procedia Eng. **34**, 473–478 (2012)

[75] A. Koptyug, M. Bäckström, M. Tinnsten, Studies into the mechanisms of the cross-country ski vibrations and possible models of the phenomenon. Procedia Eng. **60**, 40–45 (2013)

[76] A. Koptyug, M. Bäckström, M. Tinnsten, Gliding-induced ski vibrations: approaching proper modeling. Procedia Eng. **72**, 539–544 (2014)

[77] A. Shionoya, K. Sato, Development of a simulator generating ski board vibrations in actual skiing. Procedia Eng. **60**, 269–274 (2013)

[78] K.W. Buffinton et al. Laboratory, computational and field studies of snowboard dynamics, in *TMS Series. Materials and Science in Sports*, 2001, pp. 171–183

[79] M.A. Chowdhury, M. Helali, The effect of relative humidity and roughness on the friction coefficient under horizontal vibration. Open Mech. Eng. J. **2**(1), 128–135 (2008)

[80] M.A. Chowdhury, D.V. Nuruzzaman, M.L. Rahman, Influence of frequency and direction of vibration on the coefficient of friction of aluminum, in *Proceedings of the 4th BSME-ASME International Conference on Thermal Engineering, (BSME-ASME 2008)*, 2008, pp. 826–831

[81] Lab view Software package LabVIEW-2014, http://www.ni.com/labview/

[82] J.L. Giesbrecht, Polymers on snow: towards skiing faster. Ph.D. thesis, ETZ Zurich, 2010

[83] A.-M. Kietzig, S.G. Hatzikiriakos, P. Englezos, Ice friction: the effects of surface roughness, structure and hydrophobicity. J. Appl. Phys. **106**, 024303 (2009)

[84] A.-M. Kietzig, A biomimetic approach to ice friction, in *Green Tribology*, ed. by M. Nosonovsky, B. Bhushan. Green Energy and Technology (Springer, Berlin/Heidelberg, 2012), pp. 223–264

[85] L. Kuzmin, P. Carlsson, M. Tinnsten, The relationship between the type of machining of the ski running surface and its wettability and capillary drag. Sports Technol. **3**(2), 121–130 (2010)

[86] L. Bäurle et al. Sliding friction of polyethylene on ice: tribometer measurements. Tribol. Lett. **24**(1), 77–84 (2006)

[87] D. Dressler, S.I. Green, An examination of the wettability of the running surface of skis as a means of minimizing snow friction, in *4th Asia Pacific Conference on Sports Technology*, Honolulu, 2009

[88] L. Kuzmin, Interfacial kinetic ski friction. Ph.D. thesis, Mid Sweden University, Sweden, 2010

[89] F. Breitschädel, Ø. Lund, S. Løset, Cross country ski base tuning with structure imprint tools. Procedia Eng. **2**(2), 2907–2911 (2010)

[90] S. Lyng, Plastic non-wax ski base and methods for its manufacture. U.S. Patent 4272577 A, 1981

[91] W.D. Danner, H. Woitschatzke, Ski with three-dimensional running surface. Patent EP 0015447 B1, 1984

[92] V. Tonel, Ski or snowboard with improved gliding. Patent WO 1995015794 A1, 1995

[93] W.D. Danner, I.L. Ver, H. Woitschatzke, Three-dimensional ski surface. U.S. Patent 3858894 A, 1975

[94] Kuzmin ski technology AB (2014), http://www.kuzmin.se/pgs/scrapers_engl.html

[95] Primateria AB (2014), http://www.primateriasport.se/Scrapers.php

[96] K. Pärssinen, Finite element method for the calculation of nominal pressure distribution between ski and track. Finite Elem. Anal. Des. **10**, 1–8 (1991)

[97] R.F. Orellana, Experimental methods to measure mechanical properties of cross country skis. M.Sc thesis, Luleå University of Technology, 2012

[98] J. Nilsson, L. Karlöf, V. Jakobsen, A new device for measuring ski running surface force and pressure profiles. Sports Eng. **16**, 55–59 (2013)
[99] Tekscan Inc (2014), http://www.tekscan.com/medical/system-fscan1.html
[100] J. Huang, Speed of a skydiver (terminal velocity), in *The Physics Factbook*, ed. by G. Elert (Midwood High School, Brooklyn College, Brooklyn, 1999)
[101] C. Pielmeier, M. Schneebel, Snow stratigraphy measured by snow hardness and compared to surface section images, in *Proceedings of the International Snow Science Workshop*, vol. 29, 2002
[102] M. Schneebeli, C. Pielmeier, J.B. Johnson, Measuring snow microstructure and hardness using a high resolution penetrometer. Cold Regions Science and Technology **30**, 101–114 (1999)
[103] S.K. De, J.R. White, *Rubber Technologist's Handbook*, vol. 1 (Rapra Technology Limited, Exeter, 2001). ISBN:9781859572627

第6章

跳台滑雪的空气动力学

米科·维尔马维塔

6.1 引　言

跳台滑雪(简称“跳雪”)是一项刺激且竞技性强的运动,涉及弹道学和空气动力学因素。弹道学因素是指跳雪运动员在跳台起跳段的起跳速度和起跳位置,而空气动力学因素则包括运动员/滑雪板系统的滑翔特性(速度、服装设计、表面积、运动员/滑雪板系统的姿态、阻力和提升力)。弹道学和空气动力学因素都对跳雪运动员提出了特殊要求,例如,运动员应最大限度地提高垂直升力并使阻力最小化。跳雪运动已经吸引了观众长达200多年,在技术和装备的发展上也经历了几个著名的阶段。本章不打算对这一领域先前的研究工作展开全面的研讨,但会提供一些著名的研究、调查或评论以供参考。

6.1.1 历史背景

自1924年在夏蒙尼(Chamonix)举行的第一届冬奥会开始,跳雪项目就已经进入冬奥会。挪威人雅各布·图林·塔姆斯(Jacob Tullin Thams)可能是20世纪20年代中期世界上最好的跳雪运动员,他开创了一种名为“康斯伯格”①的新型跳跃方式,这种方式的特征为上半身弯曲、身体大幅度前倾并且手臂向前伸展与滑雪板平行,取代了以前的直立方式。1936年,约瑟夫·布拉德(Josef Bradl)以这种新型跳跃方式首次完成100 m的跳跃距离(见图6.1)。早在1926年就已经由斯特劳曼(Straumann)[1]第一次在风洞中展开了跳雪研究(见图6.2),他开创性地利用运动方程建立了第一个跳雪的力学解析模型。

20世纪50年代中期,瑞士跳雪运动员安德烈亚斯·德舍尔(Andreas Däscher)成为第

---

① 以发明者的故乡“Kongsberger”命名。——译者

图 6.1　约瑟夫·布拉德在超过 100 m 的跳雪记录中使用的飞行姿态

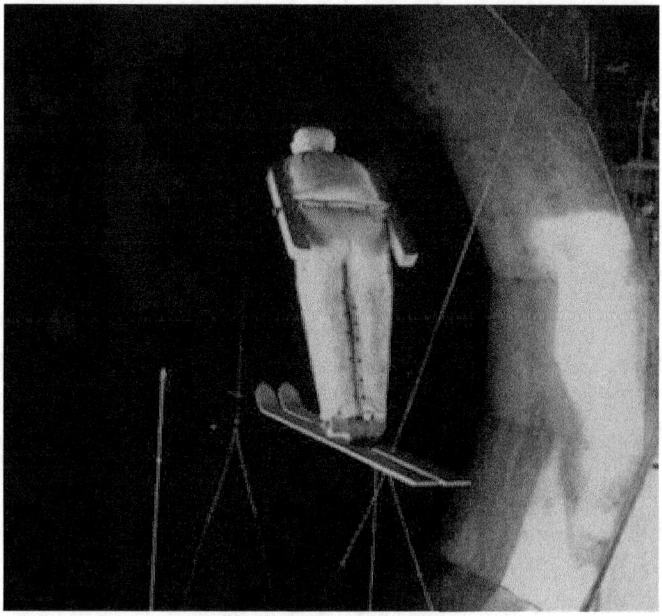

图 6.2　1926 年跳雪运动员模型的风洞实验[1]①

① 图片已获得斯特劳曼博士的授权。

一个采用身体更加极端向前倾斜并且保持手臂靠近身体向后伸展的姿势的跳跃者。这很可能是来自斯特劳曼[2]在 1954 年的风洞研究结果，该研究也是为了更好地利用空气动力进行飞行，当时德舍尔也是测试对象之一。根据实验结果，斯特劳曼[2]提出了一种最佳的空气动力学飞行姿态(见图 6.3)，这与多年后流行的最佳跳雪姿态惊人地相似。科尼格(König)[3]在 1952 年发表了另一篇关于整个跳雪过程的全面理论分析的科技文献。

图 6.3　1954 年风洞实验中的跳雪运动员安德烈亚斯·德舍尔[2]①

为更好地理解跳雪中的空气动力学，下一个重要的阶段是由谷(Tani)等[4]开展的跳雪飞行力学研究。他们进行了大量的风洞实验，测量了作用在一个全尺寸的跳雪运动员模型上的空气动力和俯仰力矩，并以此作为运动员与滑雪板方向以及相对风向的函数。他们提出了最好的飞行姿势，即手臂应该靠近身体侧面。他们还指出，具有最大升力阻力比(F_L/F_D)的飞行姿势并不会获得最长的跳跃距离。很有可能是在这些数据的帮助下，日本运动员在 1972 年札幌冬奥会上获得了 3 个跳雪项目的胜利。同年，谷、井内以及格罗津(Grozin)[5]提供了更多的风洞实验数据，包括以迎角(α)为变量的空气动力学升力系数(C_L)与阻力系数(C_D)之间的关系(见图 6.4)。

上面提到的数据几乎覆盖了真实跳跃中出现的运动员飞行姿势和滑雪板位置的整个范围，这些信息可以用于后来对跳雪过程进一步的计算和计算机模拟。其中一项计算是由雷米佐夫(Remizov)[6]完成的，在一定程度上来说，其研究结果至今仍然有效。雷米佐

① 图片已获得斯特劳曼博士的授权。

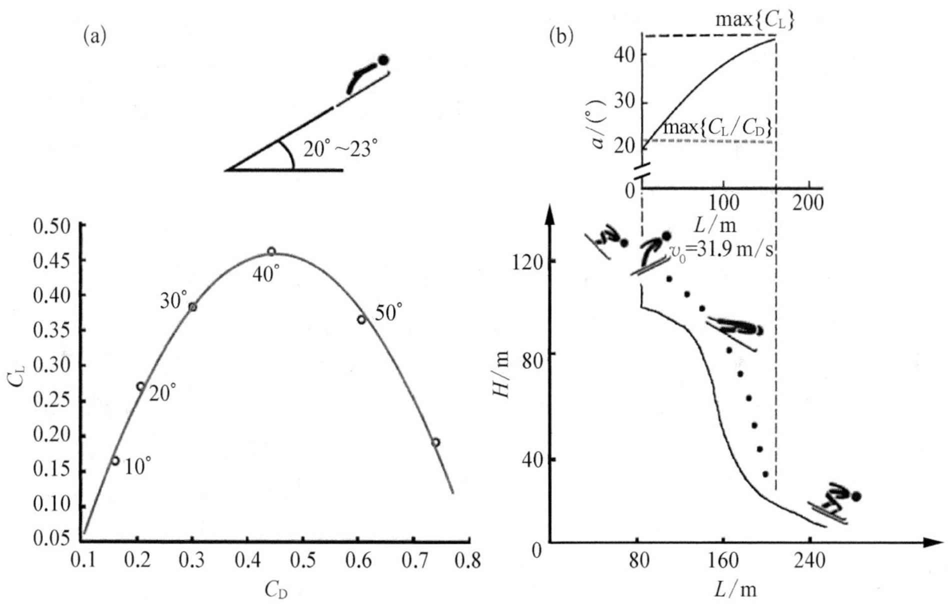

(a) 迎角为 10°～50°时的 C_L-C_D 图；(b) 最佳飞行路径和相应的最佳迎角[6]。

图 6.4 以迎角为变量的空气动力学升力系数与阻力系数的关系

夫应用了庞特里亚金最大化原理(Pontryagin's maximum principle)[7]，并利用了格罗津的数据解决了最优飞行问题，即运动员应该如何改变迎角才能获得最长的跳跃距离。结果表明：当迎角逐渐增大时，最长跳跃距离的曲线表现为凸函数，该凸函数的形式取决于各个空气动力学参数(见图 6.4)。荣格(Jung)等[8]使用庞特里亚金最大化原理在普通跳台、大跳台上进行飞行姿势的优化工作中得出了类似的结果。根据雷米佐夫的计算，当初始速度为 30 m/s 时，与最佳飞行轨迹相比，在整个飞行过程中保持最大 C_L/C_D 的恒定的飞行姿态时跳跃距离会损失 13 m，而保持最大 C_L 值时跳跃距离会损失 10 m。德诺斯(Denoth)等[9]将自己的实验研究与雷米佐夫的理论分析进行比较后发现，飞行阶段的优化是有问题的，特别是在早期阶段。他们指出，优化必须包括跳跃的所有阶段。此外，波兰研究小组成员马里尼亚克(Maryniak)等[10]通过风洞模型实验，基于强有力的数学方法得出了实验结果，为跳雪运动员的飞行姿势对空气动力学的影响研究做出了很大贡献。

在较早的几年，关于跳雪装备(滑雪板和跳雪服)发展的文献记载并不多，然而在跳雪服的设计方面出现了许多创新。所有关于装备方面的变化都增加了空气动力学效应，也增加了跳雪运动员的跳跃距离。哈伯德(Hubbard)等[11]提出，在给定一组恒定的初始条件下，跳跃距离应由空气动力与重力的总比值确定。根据文献[11]，这一比值似乎在谷等完成风洞实验后的 17 年中逐渐有所变化，这可能是由于自那以后开始实施的几项规则变化造成的。

因此，他们在所有的模拟中将谷等研究数据中的升力调整为 1.2 倍，并将阻力调整为 0.85 倍。20 世纪 70 年代中期，跳雪服出现了一个显著变化。由于它背后的材料完全不透气，所以使得空气动力大大增加。这个主意很可能来自博尔德·普赖姆尔(Baldur Preiml，奥地利跳雪队 1974—1980 年的主教练)，他和制造商雷因阿尔特(Reinalter)一起设计了新的跳雪服。自那以后，叠层发泡跳台滑雪服就成了管制最严格的运动装备之一。奥地利跳雪队在 1974—1975 年赛季四山锦标赛(Four Hills Tournament)中首次使用了新款跳雪服，取得了三连胜，这在该锦标赛 60 多年历史中仅发生过三次。因诺尔(Innauer，第一批使用这些新跳雪服的成员之一)在 2014 年的访谈中讲道，这套跳雪服的优势在于使运动员在大跳台中的跳跃距离至少增加了 5 m。因诺尔曾说过，有了这些材料，根据训练和研发的水平，国家队提高了自身实力。[12] 梅耶尔(Meier)[13] 提供了 20 世纪 70 年代中期关于这套跳雪服的空气动力学效应的一些证据。在文献[13]的视频影像分析中，因诺尔 1976 年在奥伯斯特多夫(Oberstdorf)创造 176 m 跳跃距离世界纪录时的着陆速度(25.4 m/s)比起跳速度(31.6 m/s)要小得多，而 12 个运动员的平均着陆速度和起跳速度分别为 32.0 m/s 和 30.5 m/s。然而，因诺尔本人对这些新服装并不满意，因为他的飞行技术对俯仰力矩的变化相当敏感。

6.1.2 V 型方式取代了经典飞行方式

“我的腹股沟力量太弱了，所以发生了这样的事。这不是在计划中的，完全是偶然的。”瑞典人博克洛夫(Boklöv)在 2014 年的私人访谈中谈到他在跳雪中采用了革命性飞行方式——V 型方式。虽然还有其他人使用 V 型的跳跃姿势[伊里·马莱奇(Jiří Malec)，1988 年卡尔加里冬奥会跳雪项目铜牌获得者；波兰人米罗斯拉夫·格拉夫(Miroslaw Graf)，据说是他首先使用了 V 型方式[14]]，但博克洛夫的成功吸引了更多人对这种飞行方式的优势进行更详细的研究。

曼克(Mahnke)等[15] 发表了关于 V 型方式的最早也是最重要的研究。他们进行了一系列风洞实验，同时研究了 V 型方式与传统方式相比所具有的优势。该研究的结果如图 6.5 所示，所有偏离于普遍接受的传统位置(这也给出了最优方式的标记)的角度，都为运动员/滑雪板系统提供了更好的空气动力学特性。按照时间顺序，关于 V 型方式空气动力学的下一篇文章可能是卡特(Cutter)[16] 的研究，他的综合测试是在美国空军学院航空实验室(the United States Air Force Academy Aeronautics Laboratory)的亚音速风洞中使用缩比模型(1∶5.5)进行的。在卡特的研究中，V 型角的角度为 22.5°，脚踝角度为 20°(该角度视为运动员使滑雪板在运动方向上减阻的最大可行角度)，其最佳 F_L/F_D 比为 1.55。由于教练员迫切需要更多关于这种新飞行方式优势的信息，因此在 V 型跳跃的早期阶段进行了多项研究[17-22]。与老的平行飞行方式相比，大多数研究清楚地表明，V 型飞行姿势所带来的空气动力学特性更好。V 型方式能够使运动员更向前倾斜，这是由于俯仰力矩发生了改变(运动员/滑雪板系统的纵向旋转,即上半身向上/向下)。金(Jin)等[21]提到,V 型方式对初始角速度非常敏感。但他们认为,在最初的角速度超过$-17°/s$的情况下,跳雪运动员将无法旋转。将技术动作转变为使用 V 型方式的跳雪运动员们很快发现,如果在滑雪板上把雪靴绑得更靠后一点儿的话,更有利于他们向前倾斜。但这同时也带来了非常高的摔倒风险,并且由于不平衡的俯仰力矩而容易发生严重事故。此后,根据一些研究(见图 6.6[22]),自 1994—1995 年赛季起,FIS 将滑雪板前部长度(L_1)与滑雪板总长(L)的最大比例限制在 0.57。其他关于 V 型方式优点的研究结果也已陆续发表。[23, 24]

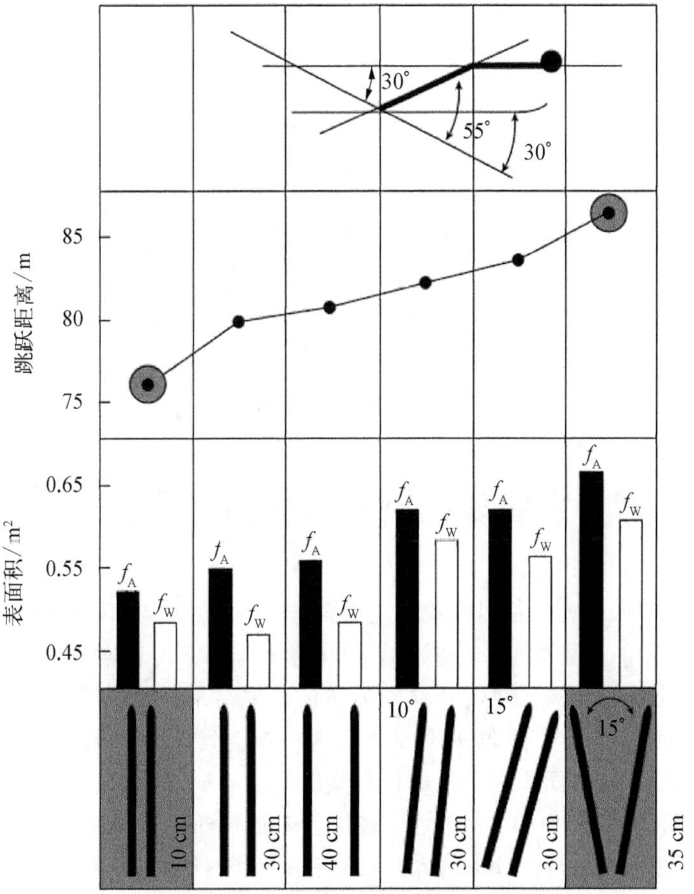

f_A 为空气动力实验,f_W 为风洞动力实验。

图 6.5 滑雪板姿态对空气动力和跳跃距离的影响[15]

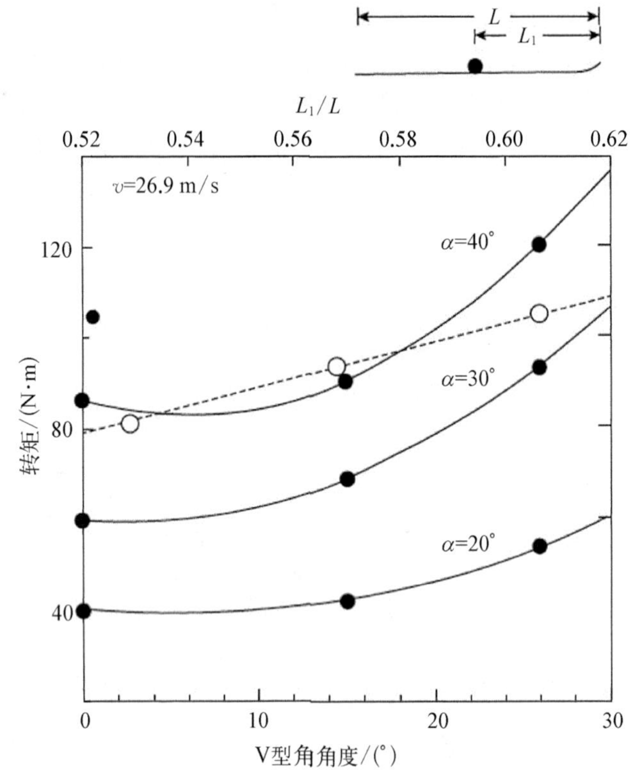

—●—为 L_1/L = 0.57[迎角(α)不同]；---○---为 L_1/L = 0.52～0.62(α=30°，V型角角度为26°)。

图 6.6 作用在滑雪板上的转矩[22]

6.2 跳雪过程不同阶段的空气动力学

跳雪空气动力学的研究包括风洞测量、数学方程的计算机模拟以及可以为计算机模拟提供合适的输入数据的现场测量。虽然计算流体动力学(CFD)通常作为未来研究跳雪空气动力学的工具，但迄今为止关于跳雪空气动力学的研究结果却很少[25-27]。根据数值模拟[25]得出的结论是，目前的CFD工具似乎不能充分地模拟空气动力情况，至少在测试的框架内是这样的。研究发现，升力面积和阻力面积与实验结果不同，因此无法以足够的准确度预测飞行轨迹。诺斯特鲁德(Nørstrud)等[26]对跳雪运动员不同姿态时的流体情况进行了数值分析，并给出了非黏性(欧拉方程，Euler equation)和黏性(纳维-斯托克斯方程，Navier-Stokes equation)计算的几个结果。得出的结论是，V型方式显示出空气动力特性的提升，这种方式可使滑雪板在产生有利的升力方面发挥重要作用(见图6.7)。李(Lee)等[27]选择迎角和相对于滑雪板的身体角度作为优化工作的设计变量，利用三维RANS方程并结合流场分析，对跳雪运动员的姿态进行了基于克里金优化方法(Kriging optimization method)的数值优化。结果表明,以 F_L/F_D 比值为目标函数,优化后的姿态比参考值提高了 28.8%(见图 6.8)。CFD 技术被运用于霍尔门科伦(Holmenkollen)滑雪跳台进行全面改造项目的几个阶段中,固定式挡风屏障也被纳入建筑设计中。[28]

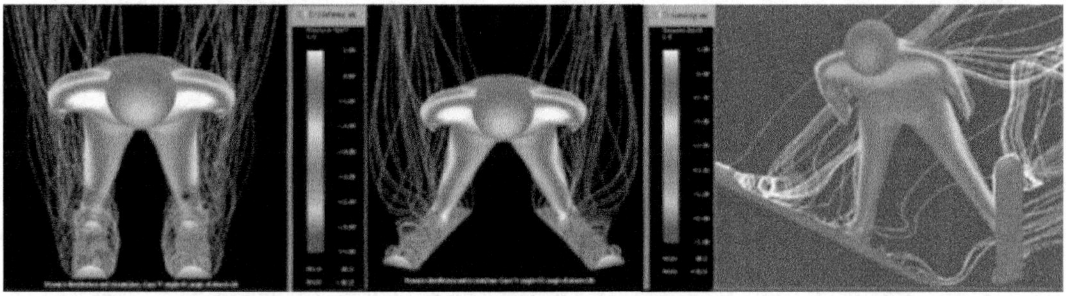

图 6.7　跳雪运动员周围压力分布和气流示意图(在滑雪板上方可见重大的涡流产生)[26]

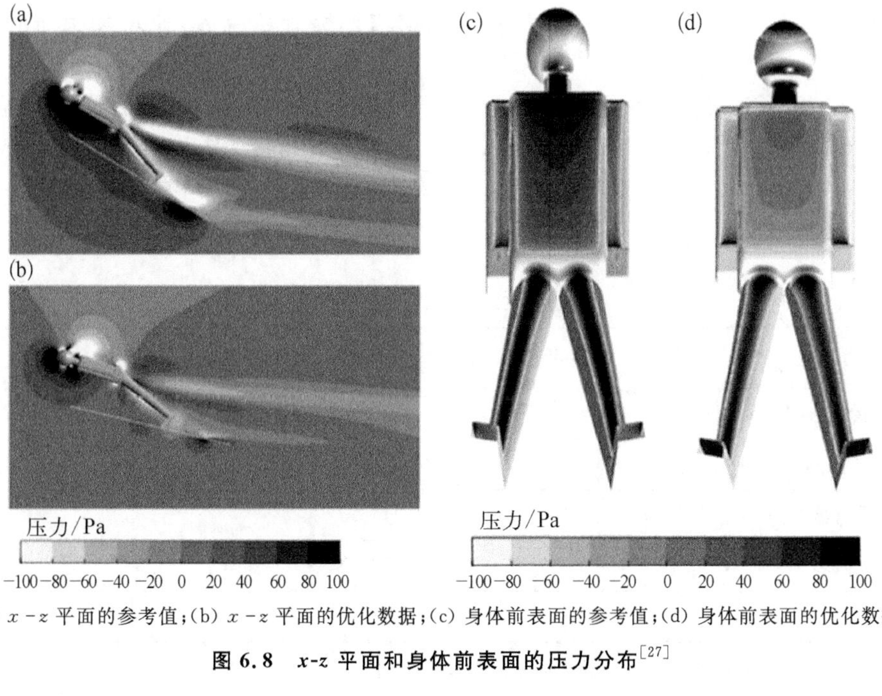

(a) $x-z$ 平面的参考值;(b) $x-z$ 平面的优化数据;(c) 身体前表面的参考值;(d) 身体前表面的优化数据。

图 6.8　x-z 平面和身体前表面的压力分布[27]

跳雪过程包括助滑、起跳、飞行和着陆这几个阶段,每个阶段都对跳跃距离有重要影响。起跳可能是整个跳雪过程中最关键的阶段,因为它决定了跳雪运动员在接下来的飞行阶段的表现,因此也决定了跳跃距离(见图 6.9)。空气动力学在这些阶段中均起着重要的作用,其中飞行阶段研究得最多。

图 6.9 从起跳到飞行的过渡阶段

在不同运动学科中评估空气动力学作用的有效方法之一，就是将空气动力学与运动员/装备的质量联系起来。哈伯德等[11, 29]使用“空气动力本体特性”(β)来说明空气动力相对于重力(F_{aero}/F_{grav})的重要性概念。例如，投掷出的铅球不会受到其周围的空气太大影响，因此可以忽略空气阻力或气动升力等影响($\beta_{max}=0.0086$)；非常轻的羽毛球的空气动力为其质量的 100 倍($\beta_{max}=100$)；F1 赛车利用空气动力学构件产生向下的压力增加自身质量，因此理论上赛车手们能够以 160 km/h 的速度在一个隧道的顶部倒置着行驶。[30]在跳雪过程中，特别是在飞行阶段，有时空气动力能够补偿重力，使运动员平行于斜坡飞行。

表 6.1 显示了运动员在跳雪过程中各项空气动力学参数对跳跃距离的影响。通过使用 Aquila 跳雪模拟器[31]对参考跳跃(reference jump，其跳跃距离为 134 m)的相关参数进行灵敏度分析可知，该模拟器为对跳跃距离的一阶积分和二阶积分的组合，其离散时间步长为 0.02 s。

表 6.1 所选参数对跳跃距离影响的灵敏度分析

参 数	变化量	跳跃距离/m(参考跳跃的跳跃距离为 134 m)	差异量/m
官方助滑速度	+1 km/h	138.4	4.4
运动员的质量	−1 kg	135.7	1.7(1.4[a])
C_L(飞行阶段)	+1%	135.7	1.7
C_D(飞行阶段)	−1%	134.8	0.8
稳态迎风速度	+1 m/s	140.1	6.1

注：a 为忽略质量对侧向速度 v_z 和助滑速度 v_{inrun} 的影响后的值。

计算机模拟分 4 个阶段进行(见图 6.10)：(1) 助滑的直线段和曲线段；(2) 位于助滑终点发生实际起跳的起跳台直线段；(3) 瞬态飞行阶段(一般为起跳后 0.25～0.50 s)；(4) 迎角动态可调的充分展开飞行阶段。表 6.1 中的参考跳跃的跳跃距离在下文中将多次使用。

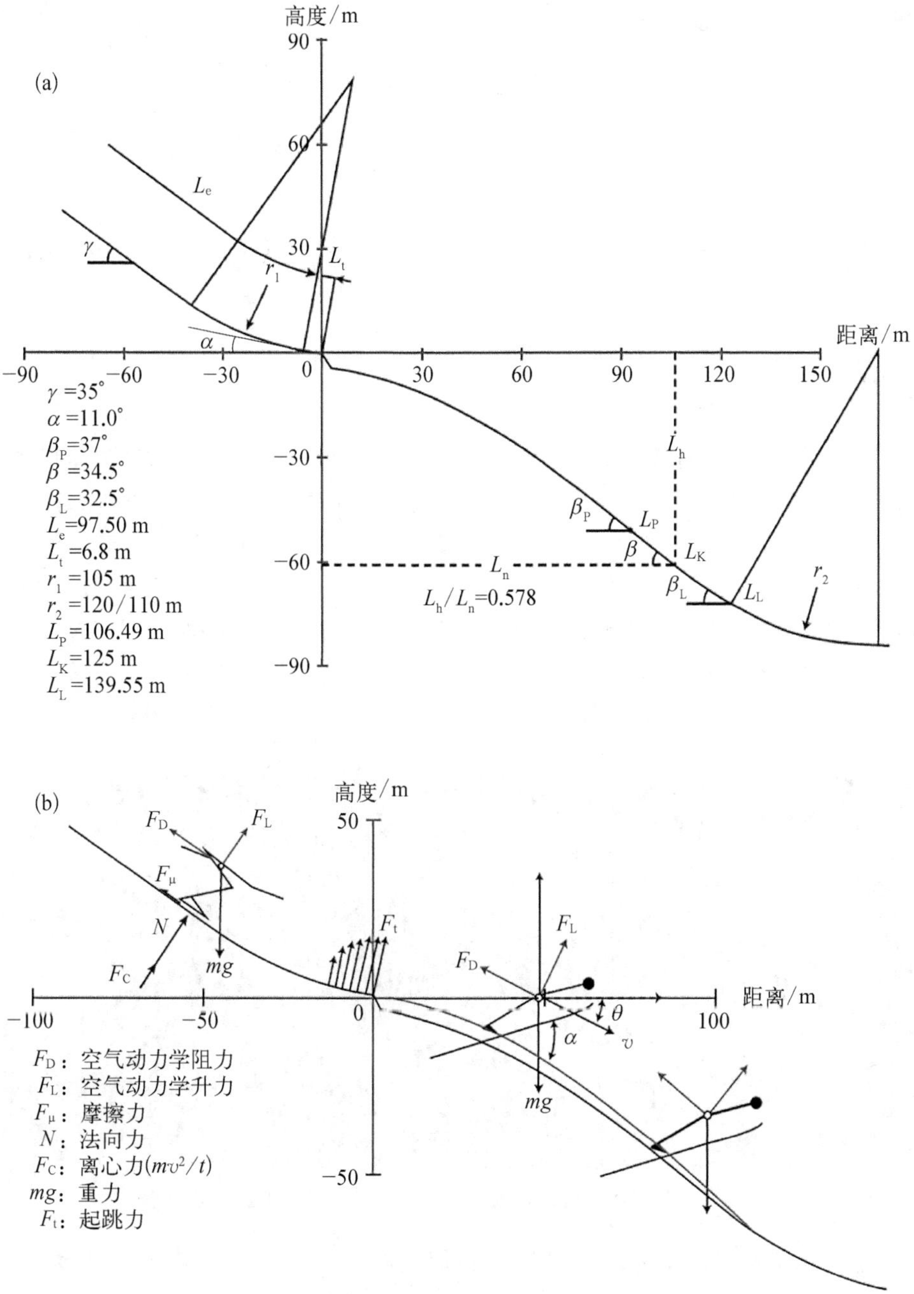

(a) 官方跳台剖面图①；(b) 计算机模拟整个跳雪过程的示意图。

图 6.10　计算机模拟跳雪过程的 4 个阶段

① 克林根塔尔 HS－140 m 跳雪坡道(修正自国际滑雪联合会证书 No. 55/GER 44)。

空气动力可以通过以下方程式来描述。

$$
\begin{aligned}
F_{\mathrm{D}} &= \frac{1}{2}\rho v^{2} C_{\mathrm{D}} A \\
F_{\mathrm{L}} &= \frac{1}{2}\rho v^{2} C_{\mathrm{L}} A
\end{aligned}
\tag{6.1}
$$

式中，F_{D} 为空气动力学阻力，F_{L} 为空气动力学升力，ρ 为空气密度，v 为速度，A 为投影面积，C_{D} 为阻力系数，C_{L} 为升力系数。

6.2.1 助滑阶段

表 6.1 清楚地表明，助滑速度是影响跳跃距离最重要的因素。然而，助滑阶段尚未得到广泛的研究。[32]在助滑过程中，运动员尝试通过减少空气动力学阻力（F_{D}）来增加加速度，这主要取决于运动员的飞行姿势和阻力面积（通常表示为 $C_{\mathrm{D}}A$，其中 C_{D} 是代表其形状以及流线特性的阻力系数，A 是物体的代表性阻力面积）。如果忽略表 6.1 中参考跳跃助滑过程中的空气动力学参数，那么正式助滑速度将增加 3.6%（3.3 km/h），跳跃距离将增加 18.2 m。图 6.11 为在风洞中测量跳雪运动员空气动力的示例。图 6.12 则显示了三名跳雪运动员的助滑姿势对应空气动力的测量结果。

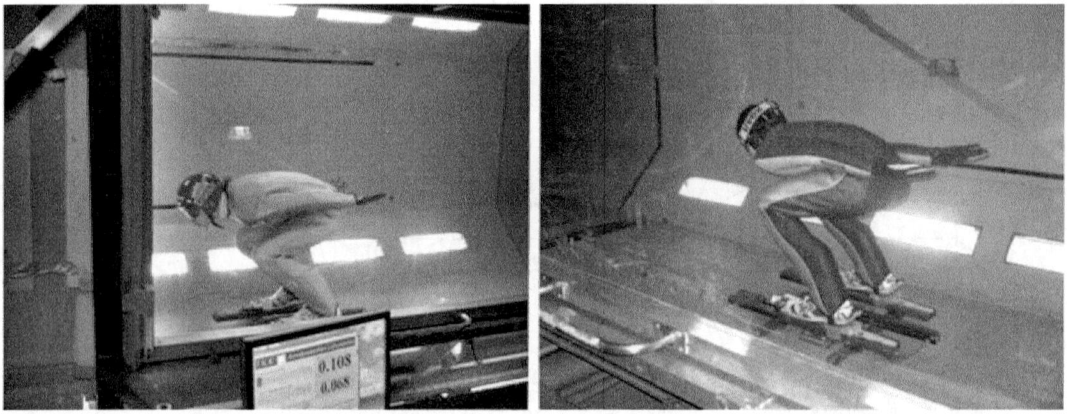

图 6.11　测量跳雪运动员助滑姿势空气动力的风洞实验示意图

这些力值用来估算 $C_{\mathrm{D}}A$，运动员 A 和运动员 B 的 $C_{\mathrm{D}}A$ 估算值分别为 0.084 和 0.150。[33]可以看出，运动员的个子越高并不一定意味着其空气阻力越大。当估算的阻力面积为 0.20 m^2 时，上述 $C_{\mathrm{D}}A$ 对应的阻力系数分别为 0.42 和 0.75，表明运动员 A 和运动员 B 助滑姿势的空气动力学特性有很大的差异。空气动力学升力（F_{L}）的差异甚至更大。在跳雪助滑过程中，空气动力学升力应该尽可能接近于零，而在速度滑雪（速度约为 250 km/h）时空气动力学升力可能很重要，因为它能够减少滑雪摩擦力。[34]汤普森（Thompson）等[35]在

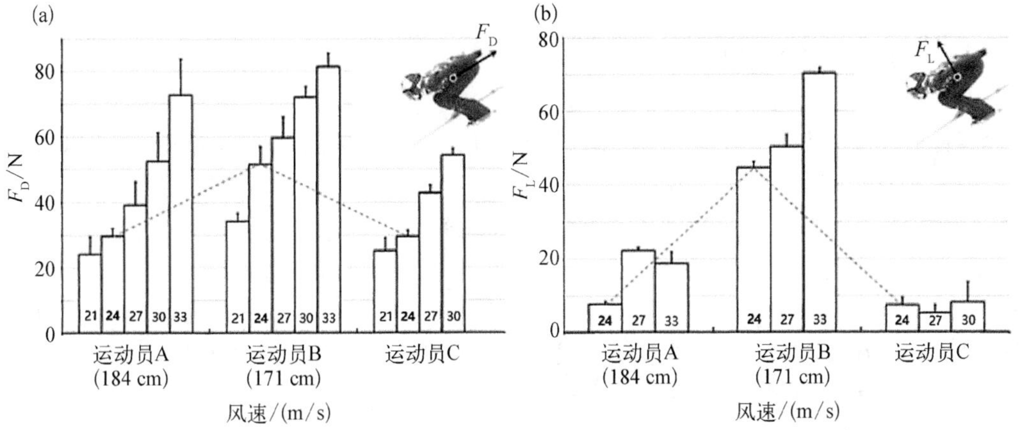

(a) 空气动力学阻力；(b) 空气动力学升力。

图 6.12　三名跳雪运动员在风洞中保持助滑姿势所测得的空气动力对比

风洞中对速滑运动员进行了测量，其阻力系数的测量结果为 0.16。由于跳雪运动员在跳雪中的助滑姿势也必须为起跳提供最佳的初始条件，因此空气动力学并不是这一阶段需要考虑的唯一因素。埃特玛(Ettema)等[36]讨论了这些在空气动力学阻力作用下的初始条件。

参加 2014 年索契冬奥会大跳台比赛的运动员从同一位置出发的平均助滑速度为 (93.1±0.4) km/h(92.1～94.2 km/h，$n=48$)，同时助滑速度与跳跃距离的相关系数是 0.434($p<0.01$)。在这一届冬奥会比赛中，部分运动员的体质量与助滑速度之间的关系如图 6.13 所示。该图针对空气动力学，对不同体质量的运动员的影响给出了一些对比数据。

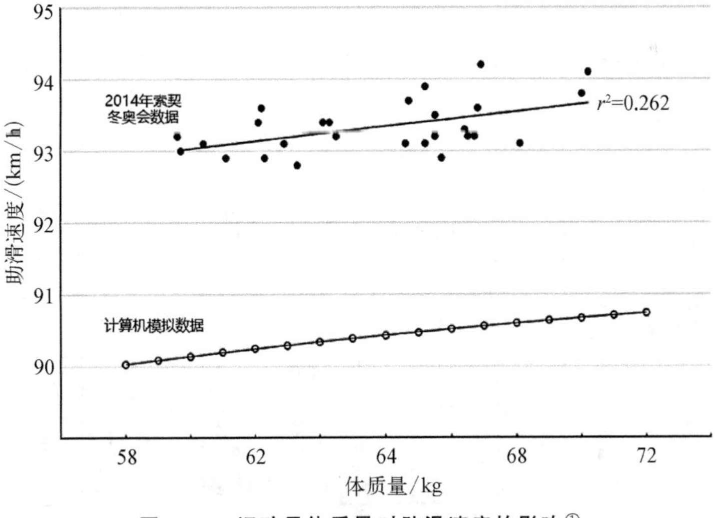

图 6.13　运动员体质量对助滑速度的影响①

① 原版书中的横坐标标量有误，此处沿用原版书上的信息。——译者

6.2.2 起跳阶段空气动力学

尽管早先已经有研究者提出了一些推测，但由于跳雪起跳过程的弹道特性，所以起跳时空气动力学的作用尚未得到广泛研究(参见文献[33，37，38])。[39]从空气动力学的角度来看，起跳是非常关键的，因为运动员在起跳时迅速暴露于空气之中，此时不仅需要最大限度地提高垂直加速度，而且需要将空气阻力降到最低，两者之间需要折中平衡。基于一系列风洞实验，维尔马维塔(Virmavirta)等[33]得出结论：在起跳过程中空气动力学升力(F_L)有助于运动员减轻在实际起跳动作中所承受的负载($mg - F_L$)。负载的减少会缩短起跳时间并提高力量爆发速率(见图 6.14 和图 6.15)。

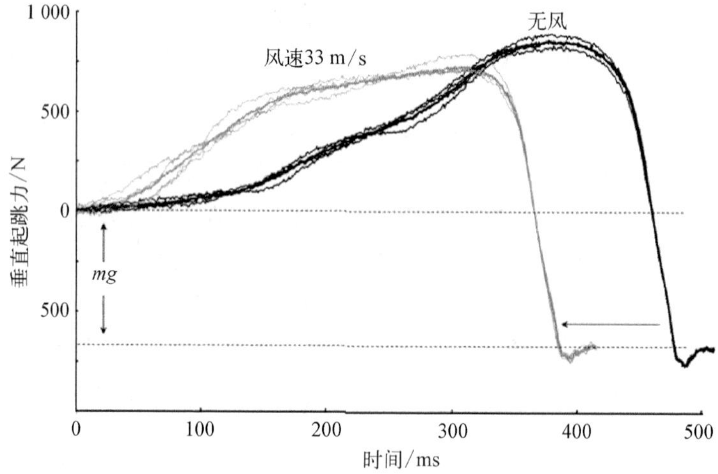

图 6.14 某运动员在风洞的连续实验中测得的垂直起跳力曲线

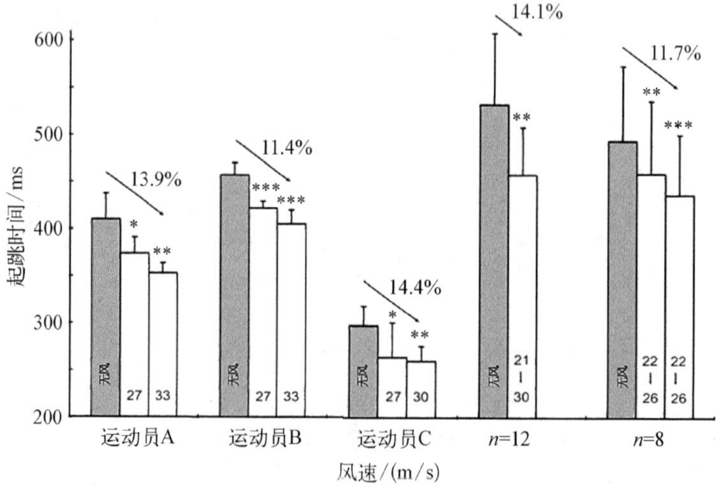

图 6.15 风洞中不同风况下几名运动员的起跳时间对比

维尔马维塔等[33]是基于地面反作用力（包括起跳力和空气动力）而进行的测试，因此，起跳过程中空气动力学升力的瞬时行为被掩盖了。然而，研究者利用平均加速度方程以及平均力方程，可以用无风和有风条件下平均力的差来求解起跳阶段的平均升力。对两位不同的运动员进行测量后计算得出的平均空气动力学升力分别为 72 N 和 100 N。维尔马维塔等[37]通过在风洞中对带滑雪板运动员的起跳进行重复测试（见图 6.16 和图 6.17），从而证实了他们先前的发现。穆勒（Müller）[38]也进行了类似的风洞测试。在这些测试中，研究者在滑雪板下使用了滚轮以模拟助滑跑道与滑雪板之间的低摩擦状态。

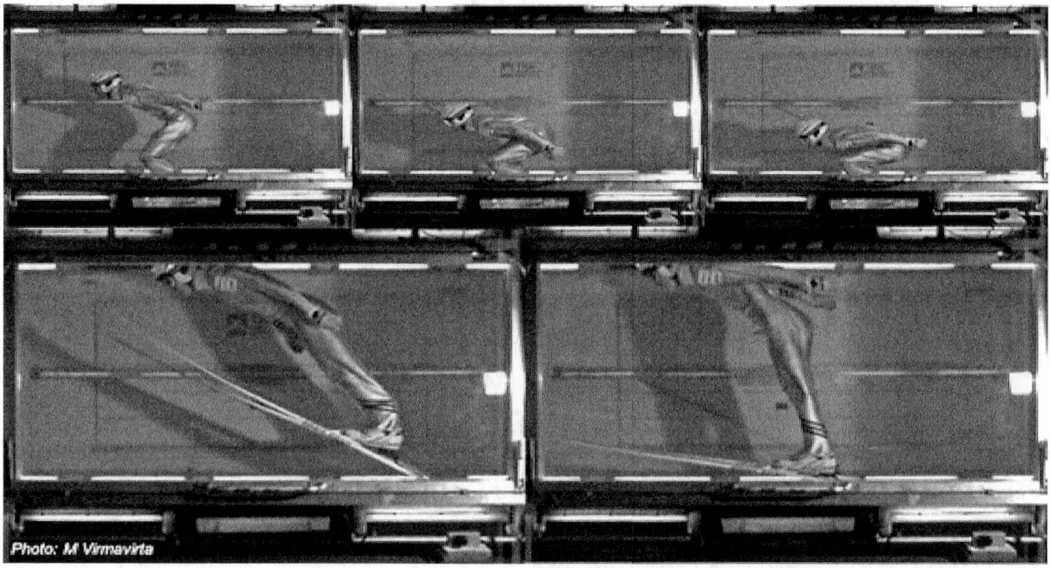

图 6.16 风洞中风速为 105 km/h 时运动员带滑雪板起跳示意图

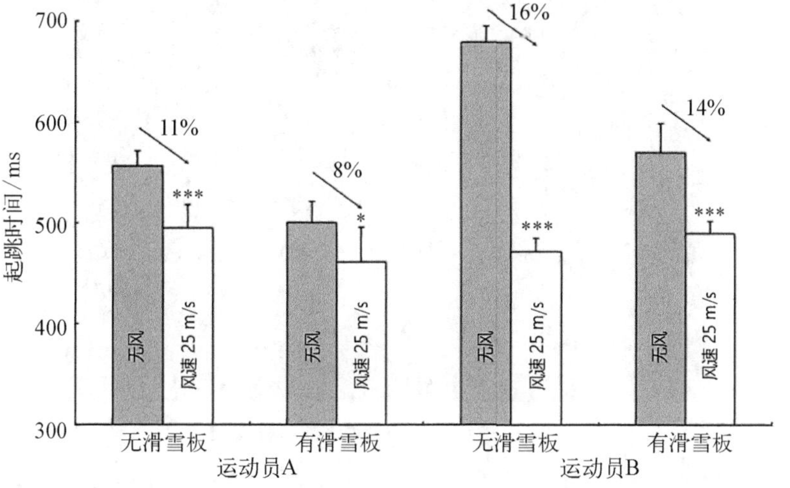

图 6.17 风洞中不同风况下两名运动员（有滑雪板和无滑雪板）的起跳时间对比

由于在起跳后半部分和早期飞行阶段空气阻力容易使运动员向后旋转，因此跳雪运动员必须在起跳过程中利用向前旋转角动量来平衡这种旋转。这种情况在施瓦迈德(Schwameder)[32]的研究中得到了很好的体现(见图 6.18)。

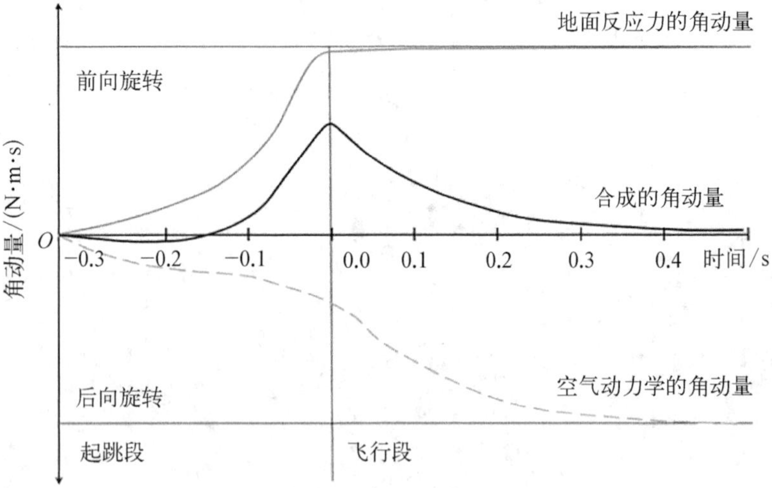

图 6.18 起跳和飞行期间跳雪运动员角动量示意图[32]

6.2.3 飞行阶段

跳雪运动员在起跳后应该尽快达到一个稳定的飞行状态(见图 6.19)，同时在飞行初始阶段受到较小阻力是实现长距离跳跃的关键。[40]

图 6.19 飞行稳定阶段运动员的跳雪姿态①

① 照片由帕特里克·福斯布洛姆(Patrick Forsblom)提供。

根据施瓦迈德[32]的研究，在飞行早期阶段实现向后和向前旋转角动量（见图 6.18）的完全平衡是可以做到的。跳雪运动员的稳定飞行姿态是在 0.5 s 内完成的（见图 6.20[41]），在如此短的时间内（距离在 15 m 以内）运动员很可能无法进行任何主动的调整，因此起跳阶段决定了随后的飞行姿态。这也意味着运动员起跳时的错误动作无法在飞行阶段得到纠正，但成功起跳的优势可能会因飞行过程中所犯的错误而丧失。一般来说，飞行阶段可以视为整个跳雪过程中最能体现“空气动力学”的部分。

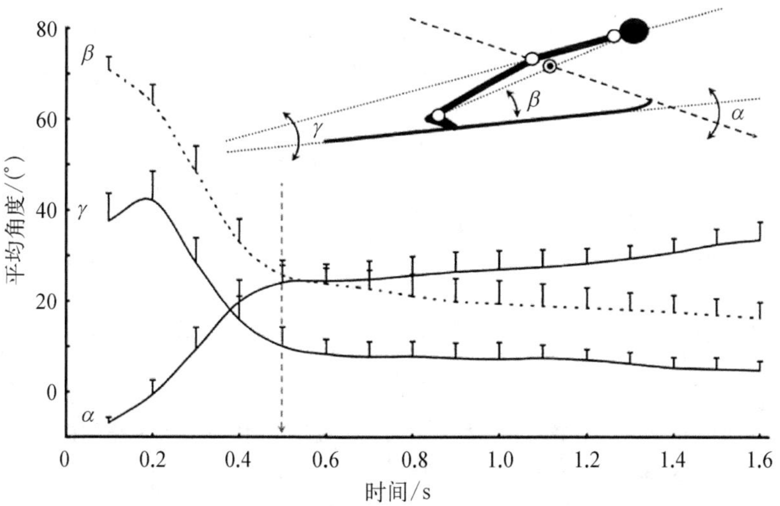

图 6.20 在 2002 年盐湖城冬奥会跳台比赛中跳雪运动员早期飞行阶段的平均角度参数

表 6.1 中所提出的在参考跳跃飞行阶段的空气动力学参数是基于“空气动力学坐标”（见图 6.21）而得的，此坐标图显示了在计算机模拟中所使用的升力系数（C_L）和阻力系数（C_D）之间的关系。图 6.21 中坐标曲线表示一个具有良好的空气动力学特性的跳跃过程，因为图中的数据处于从一系列风洞实验中所得到的实际极限数据的上半部分。在风洞中对一个模型的 C_D 和 C_L 进行扫描，该模型所覆盖的迎角 α 的扩展范围为 18°～46°，在完全忽略飞行阶段空气动力的情况下，我们可以估算出空气动力学对表 6.1 中参考跳跃的跳跃距离（134 m）的影响。结果表明，这种纯“弹道学”特性的跳跃距离只有 45.2 m。这说明空气动力学对跳雪飞行阶段有较大的影响。图 6.21 也显示了这个影响：在计算机模拟中如果飞行阶段 C_L 减少 10%，那么跳跃距离将缩短 20 m。图 6.22 显示了在整个飞行阶段（4.7 s）中参考跳跃（见表 6.1）的空气动力学升力和阻力情况，对比了其他关于空气动力的研究数据[42, 43]。不同研究的力的数据虽然是相同的数量级，但因为在不同的飞行阶段给定的 C_L 和 C_D 值不同，所以在飞行中这些数据也各不相同。乌拉尔（Uhlář）等[43]采用庞特里亚金最大化原理进行了研究，他们认为阻力在飞行的最初 0.5 s 内应是最小的，在随后的 2～3 s 内明显增加，直到飞行结束阶段再降到最低。他们还提到，最好的选择是在 0.5 s 内先将升力最小化，随后再将其最大化。根据这项研究和其他研究，我们可以很明显地发现，跳雪运动

员调整到最佳飞行姿势所需的时间是一个不同因素在最大化和最小化之间的折中过程，这在很大程度上取决于运动员本身。

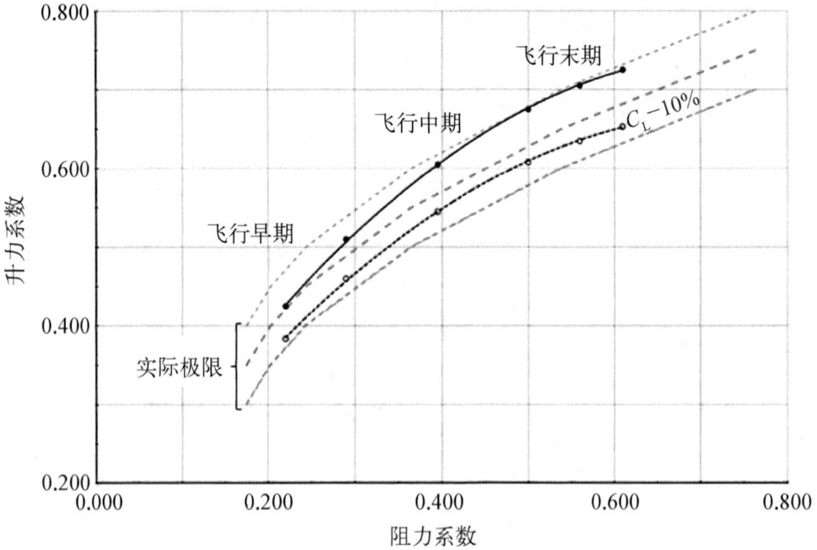

图 6.21　在表 6.1 计算机模拟中不同飞行阶段使用的空气动力学坐标(C_L/C_D)

注：参考跳跃距离为 134 m(助滑速度为 25.4 m/s，v_z 为 2.78 m/s)。

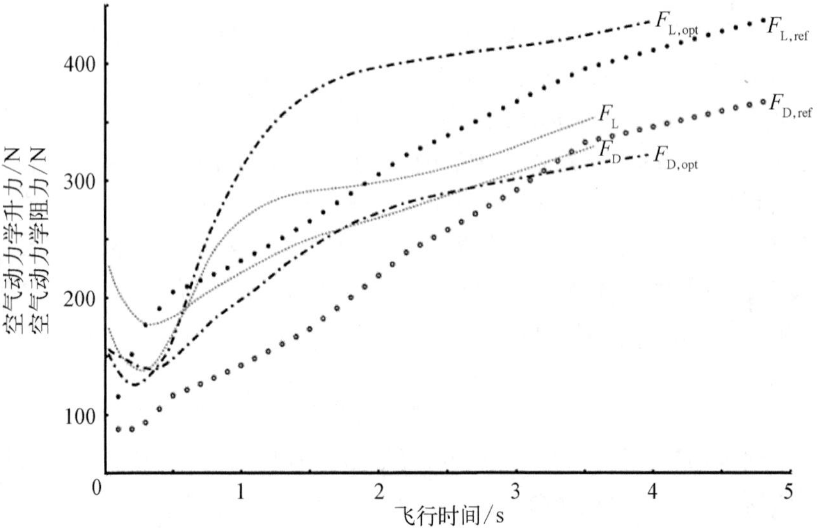

$F_{L,ref}$、$F_{D,ref}$ 为计算机模拟值；$F_{L,opt}$、$F_{D,opt}$ 为乌拉尔等[43]的最优化值；F_L、F_D 为施莫尔泽(Schmölzer)等[42]的研究数据。

图 6.22　整个飞行阶段空气动力学升力和阻力的对比

穆勒等[22, 26, 38, 42, 44, 45]在对跳台滑雪飞行阶段的研究方面做出了很多贡献。他们在实验中使用了风洞测试、计算机模拟和现场测试相结合的方法。关于他们现场测试的典型例子之一如图 6.23 所示，研究结果表明，世界级跳雪运动员在飞行初期的姿态角度变化不大。[22, 45]

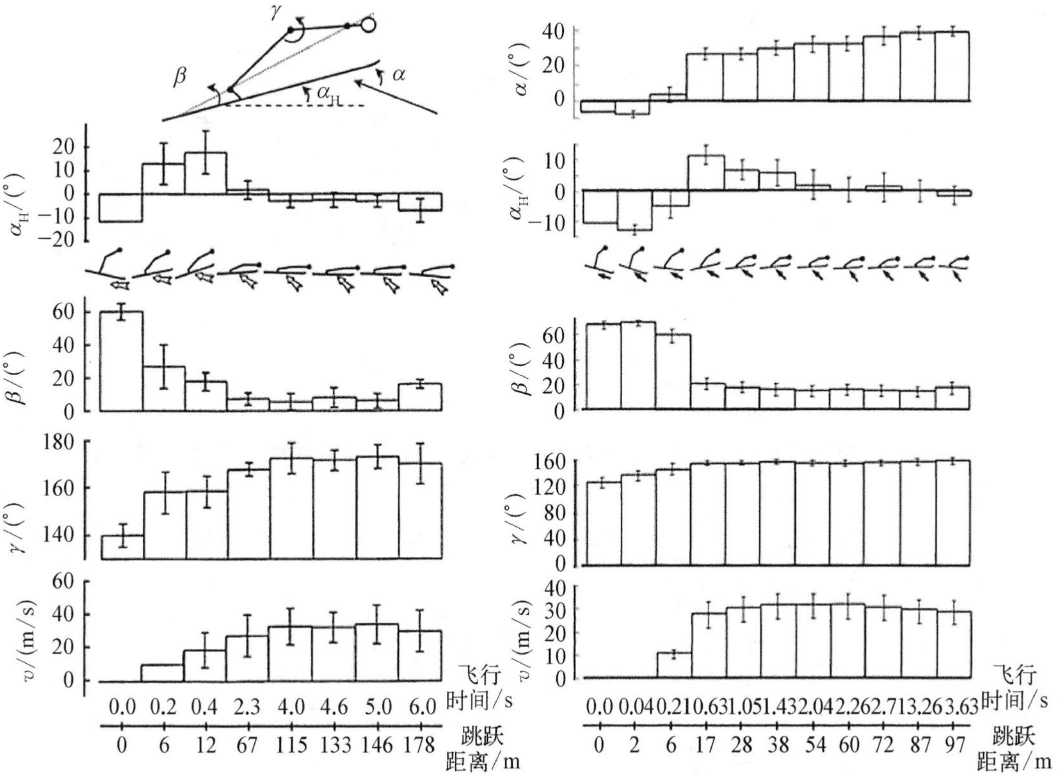

图 6.23　在两种不同现场测量中世界级跳雪运动员的姿态角度[22, 45]

沙尔多南(Chardonnens)等[46]采用了一种基于惯性传感器的新三维技术，以评估稳定飞行阶段的总空气动力学力。他们提出，除了重心平均力略低之外，该系统所提供的动力学参数均在以往静态测试系统所测得的研究范围内。图 6.20 很好地说明了跳雪运动员从早期飞行阶段到稳定飞行阶段的姿态的临界转变。图 6.24 中给出了 2002 年盐湖城冬奥会大跳台比赛中运动员在早期飞行阶段速度分量的平均值。通过对 2002 年盐湖城冬奥会大跳台比赛中的两名最优秀的跳雪运动员早期飞行阶段进行详细对比，我们可以看出在飞行阶段保持速度的重要性(见图 6.25)。由图 6.25 可知，在分析区域的终点(起跳后约 1.5 s)，运动员 M 的跳跃高度提升了约 80 cm，而运动员 A 的跳跃距离增加了 5 m。虽然我们在这一分析中没有看到运动员之间的速度差异，但很可能正是这种速度差异影响了最终结果。由于空气阻力很小，运动员 A 虽然在起跳后失去了一些升力，但通过保持随后的速度，他很可能在剩下的跳跃过程中获得一个必要的升力。在 x 轴上大约 38 m 处，这些运动员的速度差异反映出运动员 A 多获得了 3.9%的空气动力学力。

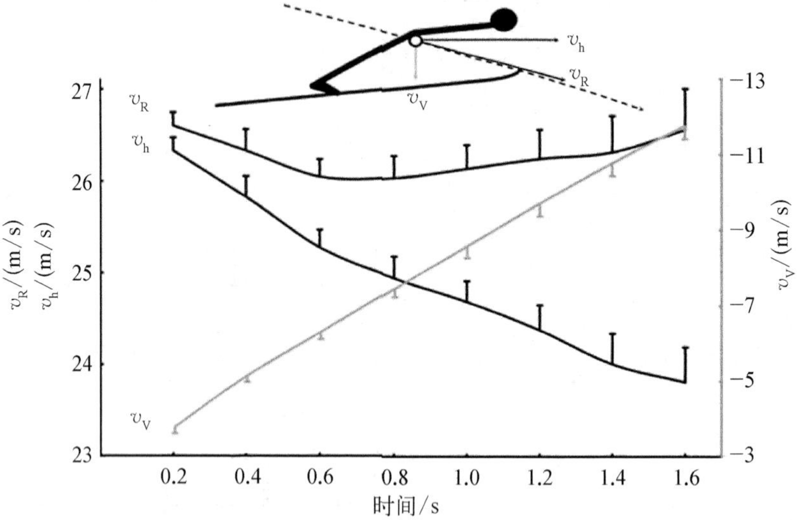

图 6.24　2002 年盐湖城冬奥会大跳台比赛中早期飞行阶段运动员的平均速度分量[41]

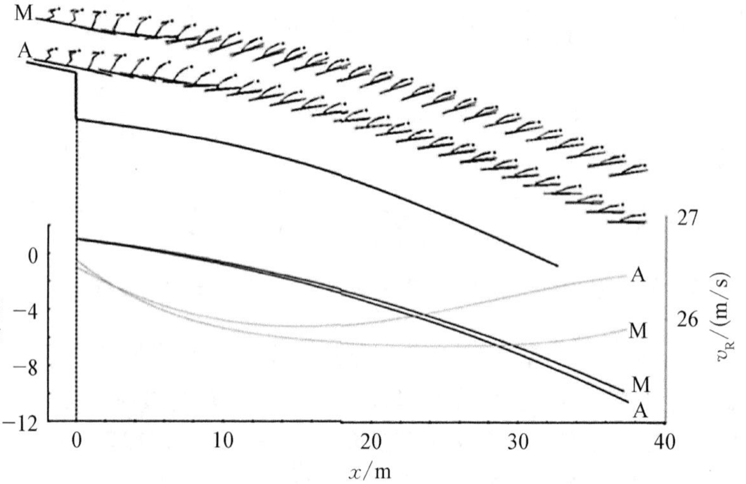

图 6.25　2002 年盐湖城冬奥会大跳台比赛中两名最佳运动员的早期飞行阶段比较[41]

在体育项目中减轻质量的重要性是众所周知的，因为重力因素限制了运动员的技术发挥。21 世纪初，跳雪项目出现了运动员纷纷减轻体质量的趋势，这导致一些运动员出现了体质量严重不足的问题。[42]因此，2004 年 FIS 决定，将最大滑雪板长度与运动员的体质量指数(BMI)联系起来以解决这个问题。这一时期滑雪板的最大长度限制在不超过运动员身高的 145%，并且前提条件是运动员 BMI 至少达到 21。对于 BMI 低于最小值(21)要求的运动员，将采用当 BMI 每少 0.125 时，滑雪板长度相应减少 0.5%的分级方法。此外，跳雪服的尺寸也变得不那么符合空气动力学了，因为相对于各自身体的尺寸而言，跳雪服周长的测量公差也是受到限制的。体质量对跳跃距离的影响如图 6.26 所示，其中以表 6.1 中跳跃距离为 134 m 的参考跳跃作为参考。从图 6.26 中我们可以看出，滑雪板长度的减少并不能完全抵消体质量小的优势。在 BMI 低于 21 时，仍然存在 BMI 每减少 0.5，跳跃距离会增加 1 m 左右的优势。BMI 的限制只抵消了 35%～38%的体质量小的优势。这是因为滑雪板只覆盖了运动员/滑雪板系统的部分空气动力区域。跳雪运动中运动员体质量小的问题也为其他体育项目找到解决策略提供了很好的启发。[47]

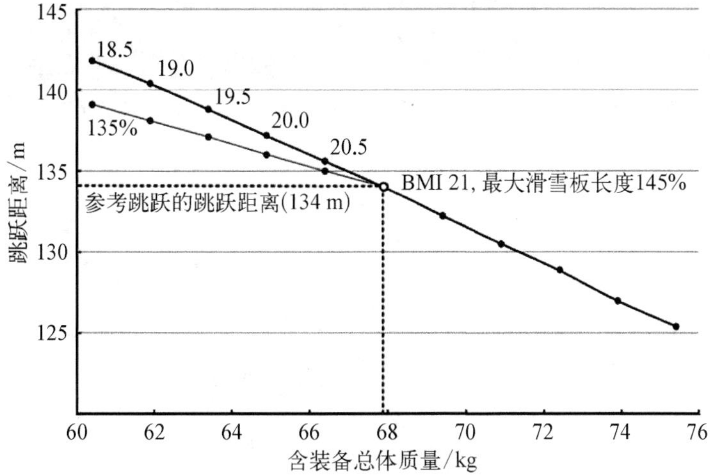

图 6.26 BMI 低于 21 时(18.5～20.5)减少滑雪板长度对跳跃距离的影响

运动员不断寻求更好的空气动力学装备，在过去的 20 年里，关于跳雪板和跳雪服的规定也经历了几次修改。近年来，为了使滑雪板在气流中更加平顺，运动员在飞行过程中对滑雪板姿态的调整越来越受到人们的关注。在 V 型方式中，滑雪板会绕着纵轴自然地转动其内侧边缘(见图 6.19)。为了避免这一转动，从而改善滑雪板姿态的空气动力特性，运动员逐渐开始使用弯曲杆将滑雪靴的后部和固定器连接起来。用于风洞中测试滑雪板姿态效果的装置如图 6.27 所示。根据这些测试结果可知，当 V 型角的角度(滑雪板开口)增加至 30°时，升力随之增大，而“边缘角”的不利影响似乎也会随着 V 型角的增加而增大。马奎斯-布鲁纳(Marqués-Bruna)等[48, 49]详细研究了飞行阶段俯仰(pitch)、侧倾(roll)和偏摆(yaw)的整体空气动力稳定性。濑尾(Seo)等[23]也研究了运动员/滑雪板系统的俯仰力矩。

如本章引言中所述，跳雪服的设计多次改进。过去关于跳雪服的所有变化都增加了空气动力学效应以及跳跃距离。但是后来，当跳雪服的尺寸和厚度的显著性影响效果被人们充分理解后(见图 6.28)，由于服装的优化会使得跳跃距离越来越长，因此研究者对跳雪服的规则进行了修订，以限制其空气动力特性。

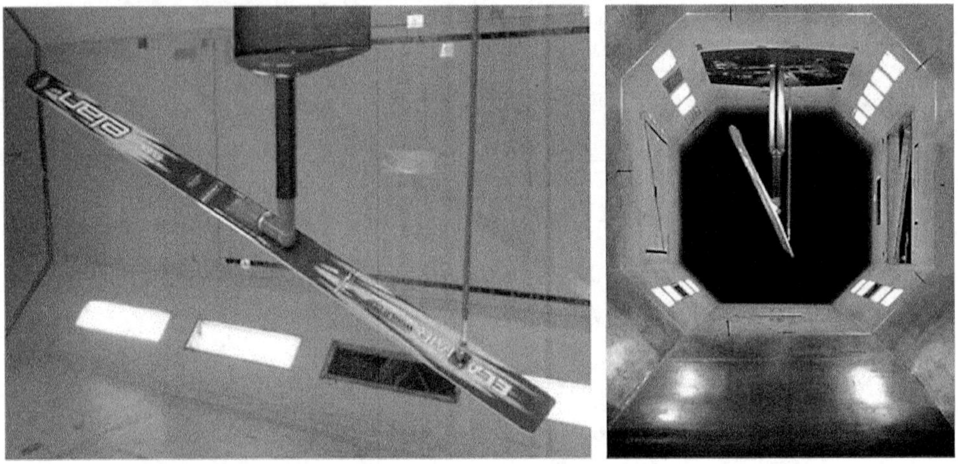

图 6.27 滑雪板姿态(边缘角和 V 型角)的空气动力学研究示意图

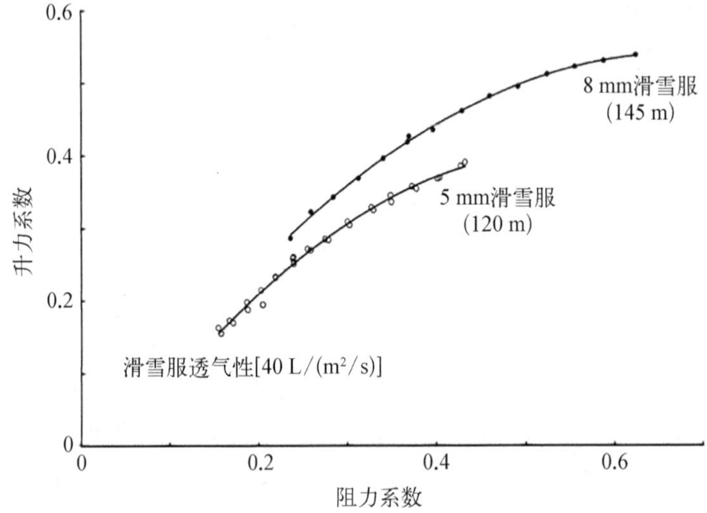

图 6.28 两种不同尺寸的跳雪服对不同跳跃距离产生影响的空气动力坐标对比[51]

由于在风洞中对运动员进行连续实验的姿态重现性较低，因此有研究者采用木偶模型对跳雪服进行研究，而对运动员的研究只能粗略估算空气流动中跳雪服的贴合性和气动情况(见图 6.29)。在规定范围内——有时甚至超出规定的范围——运动员总是试图调整他们的跳雪服，以改善空气动力学特性。如今，相对于各自身体尺寸的跳雪服周长的最大测量公差限制为 3 cm(男性)和 4 cm(女性)，同时最大厚度限制为 4～6 mm。通常经过改良的不同跳雪服之间变化很小，因而在风洞实验中，不同服装之间测试结果的预期差异会被完整穿戴的不同模型之间的差异所掩盖。这种跳雪服(领口)“无效”改良的一个例子如图 6.30 所示。空气动力效应的减少通常可通过增加助滑速度来补偿，这就难免会出现曾经遇到的一些问

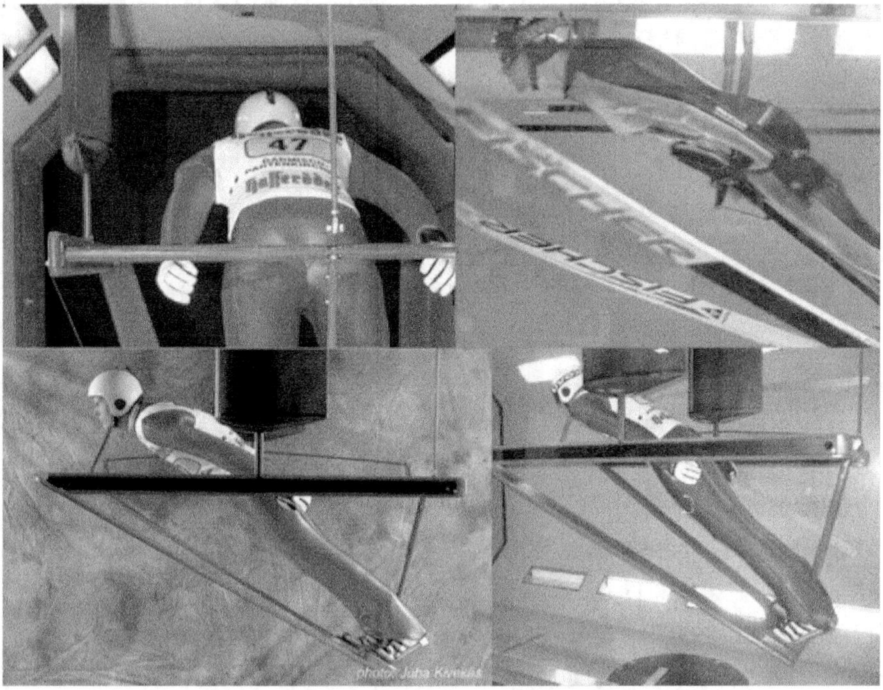

图 6.29 跳雪运动员和全尺寸模型的风洞测试示意图

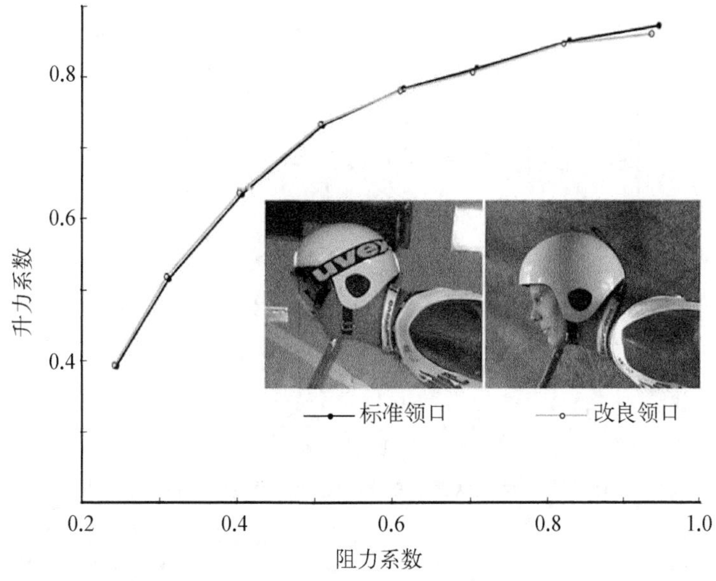

图 6.30 跳雪服后颈领口改良前后的空气动力坐标[51]

题——跳雪运动中技术最好的运动员意外地飞得太远。目前的情况是，我们需要很好地理解不同因素对跳跃距离的综合影响，这只有在风洞测试和适当的计算机模拟下才能实现。目前，有关跳雪服研究的文献很少[25, 50]。梅勒(Meile)等[25]重点研究了三种不同的跳雪服：紧身跳雪服、符合现行规定的跳雪服及中等尺寸(不太紧身)的跳雪服。他们得出的结论是，跳雪服的影响可能具有竞争关联性，因为他们观察到微小差异也可能会对飞行路线的距离有决定性的影响。

因为风况对跳雪的空气动力学有较大影响，所以 FIS 曾经采用了新的解决方案，使得赛事能够在不断变化的风况下顺利进行。穆勒等[22]的研究表明，恒定速度为 3 m/s 的风从有利的方向吹出时，可使原来为 185 m 的跳跃距离增加 16 m，而从不利的方向吹来时可使跳跃距离减少 23.7 m。濑尾等[24]也提到了风对于跳跃距离的影响，他们提出在风速为 1 m/s 情况下，飞行距离约为 130 m 的相对盈亏为 4 m。2010 年，FIS 在风洞数据和计算机模拟的基础上，开始在跳雪运动中使用风门(助滑距离)补偿系统。为了给每座跳台建立一个易于使用的工作台，加瑟(Gasser)[52]根据公式 $\Delta\omega = TWS(HS-36/20)$ 计算了风补偿系数，公式中 $\Delta\omega$ 为风对跳跃距离的影响(单位为 m)，TWS 为平均切向风速(单位为 m/s)，HS 为坡道距离(单位为 m)。值得注意的是，就风速(几个风速计的平均测量值)而言，上述方程是线性的。此补偿是为常规跳雪而计算的，因此它没有考虑到在坡上着陆的地点(见图 6.31)。当跳雪运动员在坡度最陡的区域着陆时，风的影响自然是最大的。维尔马维塔等[31]详细研究了风和补偿系统在跳雪运动中的作用。

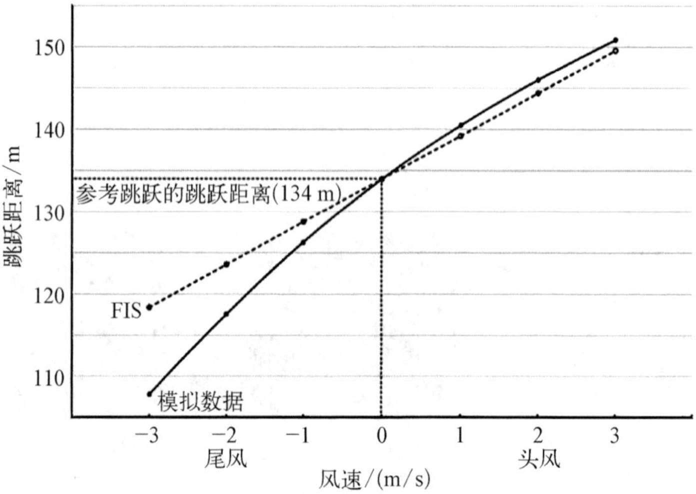

图 6.31 风速对跳跃距离的影响以及 FIS 所采用的线性补偿

6.2.4 着陆阶段

跳雪的着陆特点是“曲膝技术”(特里马技术，Telemark technique)，即双腿膝盖弯曲同时两腿前后交错的技术。这对于运动员来说很重要，因为不使用“曲膝技术”的运动员可能会损失几米跳跃距离所对应的分数。从空气动力学角度来看，当运动员在着陆过程中接近地面时，他会经历一个可能改变身边气流的地面效应(或边界效应)。这种地面效应对跑道上的飞机和水面上的水禽都很重要，因此沃德-史密斯(Ward-Smith)等[53]认为，此效应在跳雪着陆阶段可能也很重要。为了模拟地面效应对跳雪运动员的影响，他们在地面间隙高度可调的风洞中使用了可滚动地面和一个缩比模型。沃德-史密斯等[53, 54]认为，跳雪运动员无法感受到任何由于地面效应而增加的升力。根据濑尾等[24, 55]的说法，沃德-史密斯等使用的雷诺数小于实际雷诺数。濑尾等表示，他们自己经过实验所得到的 V 型方式的地面效应的空气动力学数据在实际雷诺数的范围内。在采用全尺寸模型的地面效应实验装置中，濑尾等在风洞中的整个实验段上方 0.66 m 处安装了一个地面效应板，滑雪板尾部与该地面效应板的间隙为几厘米，并且设置滑雪板的迎角 $\alpha=35°$。然而他们指出，为了模拟运动员在地面附近的实际飞行条件，应使用可滚动地面。濑尾等[23]发现有地面效应板的升力面积总是大于无地面效应板的升力面积。这些结果如图 6.32 所示，此图还描述了濑尾等[24]所得出的其他空气动力学数据。随着滑雪板角度的增加，有地面效应板和无地面效应板情况下的升力面积差异增大。在老式的滑雪板平行飞行方式中没有类似的地面效应。

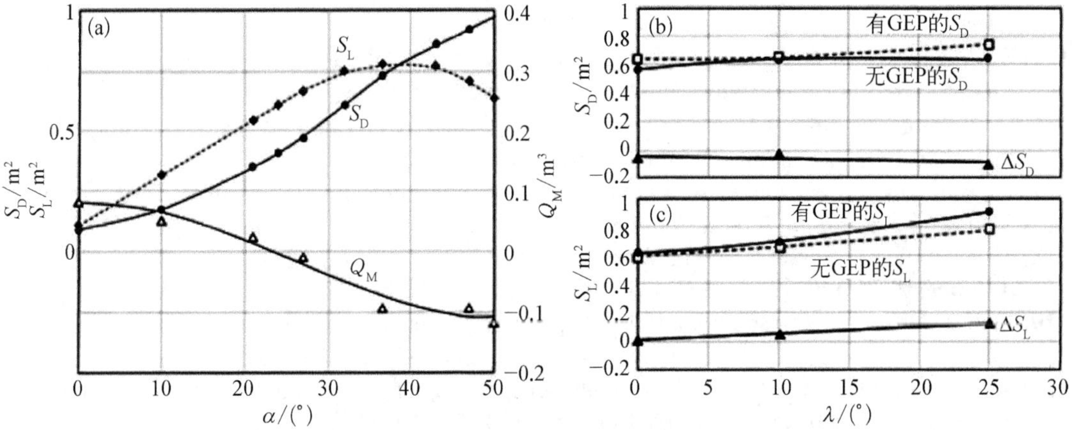

(a) 以迎角 α 为变量的升力面积(S_L)、阻力面积(S_D)和瞬时体积(Q_M)变化曲线；(b)(c) 以滑雪板开口角(V 型角 λ)为变量的有地面效应板(ground effect plate, GEP)和无地面效应板情况下的升力面积(S_L)、阻力面积(S_D)变化曲线($\alpha=37°$)。差值用 ΔS_D 和 ΔS_L 表示。[24]

图 6.32　地面效应对空气动力学数据的影响

参考文献

[1] R. Straumann, Vom Skiweitsprung und seiner Mechanik, in *Jahrbuch des Schweize-rischen Ski Verbandes* (Selbstverlag des SSV, Bern, 1927), pp. 34–64
[2] R. Straumann, Vom Skisprung zum Skiflieg. Sport, Zürich **63**, 7–8 (1955)

[3] H. König, Theorie des Skispringens angewandt auf die Flugschanze in Oberstdorf, in *Uhrentechnische Forschung* (Steinkopf Verlag, Stuttgart, 1952), pp. 235–253
[4] I. Tani, M. Iuchi, Flight mechanical investigation of ski jumping, in *Scientific Study of Skiing in Japan, Tokyo, Hitachi*, ed. by K. Kinoshita, Hitachi, Tokyo (1971), pp. 35–52
[5] E.A. Grozin, Ski-jumping (in Russian), (Phyzcultura i sport, Moscow, 1971)
[6] L.P. Remizov, Biomechanics of optimal flight in ski-jumping. J. Biomech. **17**(3), 167–171 (1984)
[7] L.S. Pontryagin et al., *Mathematical Theory of Optimal Process* (Wiley Inter-science, New York/London, 1962)
[8] A. Jung, M. Staat, W. Müller, Flight style optimization in ski jumping on normal, large, and ski flying hills. J. Biomech. **47**(3), 716–722 (2014)
[9] J. Denoth, S.M. Luethi, H. Gasser, Methodological problems in optimisation of the flight phase in ski jumping. Int. J. Sport Biomech. **3**, 404–418 (1987)
[10] J. Maryniak, B. Krasnowski, Balance and longitudinal stability of a ski jumper in flight [in Polish]. Mechanika Teoretyczna i Stosowana **2**(3), 351–373 (1974)
[11] M. Hubbard et al., A multisegment dynamic model of ski jumping. Int. J. Sport Biomech. **5**, 258–274 (1989)
[12] E. Pfaff, Interview mit Toni Innauer, Trainerforum. Leistunsport **6**, 34–38 (2008)
[13] R. Meier, *Skifliegen -Schanzenbau* (Diplomarbeit in Biomechanik, ETH, Zürich, 1977)
[14] J. Maryniak, E. Ladyzyńska-Kozdraś, S. Tomczak, Configurations of the Graf-Boklev (v-style) ski jumper model and aerodynamic parameters in a wind tunnel. Hum. Mov. **10**(2), 130–136 (2009)
[15] R. Mahnke, G. Hochmuth, Neue Erkenntnisse zur Luftkraftwirkung beim Ski-springen. Research Report for Forschungsinstitut für Körperkultur und Sport, Leipzig (1990)
[16] D.A. Cutter. *Nordic Ski Jumping Aerodynamics* (AIAA, Aeronautical Engineering, United States Air Force Academy, Colorado Springs, CO, 1993)
[17] K. Watanabe, I. Watanabe, Aerodynamics of ski-jumping: effect of "Vstyle" to distance, in *XIVth Congress of the International Society of Biomechanics* (1993), pp. 1452–1453
[18] M. Tavernier, P. Cosserat, Flight simulation of ski-jumping comparison of two styles of flight, in *Proceedings of the 14th Congress of ISB Congress* (Paris, 1993), pp. 1328–1329
[19] B. Jošt, Differences in some kinematic flight parameters between the classical and the new so called "V" technique in ski jumping. Kinesiology **26**(1–2), 18–21 (1994)
[20] H. Schwameder, E. Müller, Biomechanische Besreibung und Analyse der V-Technik im Skispringen. Spectrum der Sportwissenschaften **7**, 5–36 (1995)
[21] H. Jin et al., Desirable gliding styles and techniques in ski jumping. J. Appl. Biomech. **11**, 460–474 (1995)
[22] W. Müller, D. Platzer, B. Schmölzer, Dynamics of human flight on skis: improvements in safety and fairness in ski jumping. J. Biomech. **29**(8), 1061–1068 (1996)
[23] K. Seo, I. Watanabe, M. Murakami, Aerodynamic force data for a V-style ski jumping flight. Sports Eng. **7**, 31–39 (2004)
[24] K. Seo, M. Murakami, K. Yoshida, Optimal flight technique for V-style ski jumping. Sports Eng. **7**, 97–104 (2004)
[25] W. Meile et al., Aerodynamics of ski jumping: experiments and CFD simulations. Exp. Fluids **41**, 949–964 (2006)

[26] H. Nørstrud, I.J. Øye, On CFD simulation of ski jumping, in *Computational Fluid Dynamics for Sport Simulation*, ed. by M. Peters. Lecture Notes in Computational Science and Engineering, vol. 72 (Springer, Berlin/Heidelberg, 2009), pp. 63–82
[27] K.-D. Lee, M.-J. Park, K.-Y. Kim, Optimization of ski jumper's posture considering lift-to-drag ratio and stability. J. Biomech. **45**(12), 2125–2132 (2012)
[28] B. Venås, I. Øye, Integrated wind shielding for the new Holmenkollen ski jump, in *The Fifth International Symposium on Computational Wind Engineering (CWE2010)*, Chapel Hill, NC, 23–27 May 2010
[29] M. Hubbard, The flight of sports projectiles, in *Biomechanics in Sport*, ed. by V. Zatsiorsky (Blackwell Science Ltd, Oxford, UK, 2008), pp. 381–400
[30] P.G. Wright, The influence of aerodynamics on the design of formula one racing cars. Int. J. Veh. Des. **3**(4), 383–397 (1982)
[31] M. Virmavirta, J. Kivekäs, The effect of wind on jumping distance in ski jumping – fairness assessed. Sport Biomech. **11**(3), 358–369 (2012)
[32] H. Schwameder, Biomechanics research in ski jumping, 1991–2006. Sport Biomech. **7**(1), 114–136 (2008)
[33] M. Virmavirta, J. Kivekäs, P.V. Komi, Take-off aerodynamics in ski jumping. J. Biomech. **34**, 465–470 (2001)
[34] H. Nørstrud, Alpine downhill and speed-skiing. Sport Aerodyn. **506**, 131–138 (2008)
[35] B.E. Thompson, W.A. Friess, K.N. Knapp II, Aerodynamics of speed skiers. Sports Eng. **4**, 103–112 (2001)
[36] G.J.C. Ettema, S. Bräten, M.F. Bobbert, Dynamics of the in-run in ski jumping: a simulation study. J. Appl. Biomech. **21**, 247–259 (2005)
[37] M. Virmavirta, J. Kivekäs, P.V. Komi, Ski jumping take-off in a wind tunnel with skis. J. Appl. Biomech. **27**(4) 375–379 (2011)
[38] W. Müller, Performance factors in ski jumping, in *Sport Aerodynamics*, ed. by H. Nørstrud. CISM International Centre for Mechanical Sciences, vol. 506 (Springer, Vienna, 2008), pp. 139–160
[39] M. Virmavirta, P.V. Komi, Measurements of the take-off forces in ski-jumping. Part I and II. Scand. J. Med. Sci. Sports **3**, 229–243 (1993)
[40] M. Murakami et al., Ski jumping flight skill analysis based on high speed video image. Procedia Eng. **2**, 2381–2386 (2010)
[41] M. Virmavirta et al., Characteristics of the early flight phase in the Olympic ski jumping competition. J. Biomech. **38**, 2157–2163 (2005)
[42] B. Schmölzer, W. Müller, The importance of being light: aerodynamic forces and weight in ski jumping. J. Biomech. **35**, 1059–1069 (2002)
[43] R. Uhlář, M. Janura, Pontryagin's maximum principle and optimization of the flight phase in ski jumping. Acta Univ. Palacki. Olomuc. Gymnica **39**, 61–68 (2009)
[44] W. Müller, D. Platzer, B. Schmölzer, Scientific approach to ski safety. Nature **375**, 455 (1995)
[45] B. Schmölzer, W. Müller, Individual flight styles in ski jumping: results obtained during Olympic games competitions. J. Biomech. **38**, 1055–1065 (2005)
[46] J. Chardonnens et al., Measurement of the dynamics in ski jumping using a wearable inertial sensor-based system. J. Sports Sci. **32**(6), 591–600 (2014)
[47] W. Müller, Towards research-based approaches for solving body composition problems in sports: ski jumping as a heuristic example. Br. J. Sports Med. **43**, 1013–1019 (2009)

[48] P. Marqués-Bruna, P. Grimshaw, Mechanics of flight in ski jumping: aero-dynamic stability in pitch. Sports Technol. **2**(1–2), 24–31 (2009)
[49] P. Marqués-Bruna, P. Grimshaw, Mechanics of flight in ski jumping: aero-dynamic stability in roll and yaw. Sports Technol. **2**(3–4), 111–120 (2009)
[50] H. Chowdhury, F. Alama, D. Mainwaring, Aerodynamic study of ski jumping suits. Procedia Eng. **13**, 376–381 (2011)
[51] M. Virmavirta, J. Kivekäs, Effective use of a wind tunnel for ski jumping suit research, in *Proceedings of the XXIIth ISB Congress*, Cape Town, 2009
[52] FIS Fact sheet, Important new rules in ski jumping and nordic combined summer grand prix (2009), http: //www. fis-ski. com/mm/Document/document/General/04/23/02/July292009NewrulesatSkiJumpingandNordicCombinedSummerGrandPrix2009_Neutral.pdf. 28 July 2009
[53] A.J. Ward-Smith, D. Clements, Experimental determination of the aerodynamic characteristics of ski-jumpers. Aeronaut. J. **86**, 384–391 (1982)
[54] A.J. Ward-Smith, D. Clements, Numerical evaluation of the flight mechanics and trajectory of a ski-jumper. Acta Appl. Math. **1**(3), 301–314 (1983)
[55] K. Seo et al., Aerodynamic study for the ground effect of ski jumping, in *Proceedings of 19th ISBS Conference*, San Francisco, ed. by J.R. Blackwell, R.H. Sanders (2001), pp. 128–130

第7章

有舵雪橇和钢架雪车

爱德华多·萨比奥尼，斯蒂法诺·梅尔齐，
费德里科·切里，弗朗西斯科·布拉金

本章旨在对有舵雪橇[bobsleigh，或称雪车(bobsled)]和钢架雪车(skeleton)运动项目做一个全面的概述。尽管部分内容会涉及无舵雪橇(luge)，但这不是本章的重点。在分析这些运动项目的具体内容之前，我们先简要介绍一下这些运动项目的历史。

7.1 引　言[1, 2]

雪橇(sled)当作运输工具使用已经有几个世纪的历史了，但是直到19世纪晚期，瑞士人在平底雪橇①(toboggan)上安装了操控装置，这才使得有舵雪橇成为一项运动项目。起初有舵雪橇是很不起眼的，它的诞生要归功于瑞士圣莫里茨(St. Moritz)的一个旅馆老板卡斯帕·巴德吕特(Caspar Badrutt)。19世纪的圣莫里茨是一个小镇，在每年5—9月的这几个月中，富人们会去那里做矿泉疗养，因而那时候当地的旅馆在其余三分之二的时间里是没有客人的。这使得巴德吕特先生发明了一种"冬季度假"的方法——当冬季运动项目开赛时为他的客人(大部分来自英国)安排一些活动。第一辆雪橇是在19世纪70年代初发明的，为了在圣莫里茨狭窄弯曲的街道上大胆驰骋，一些英国人改装了一辆运送货物的雪橇，并操控它在城镇街道蜿蜒驰骋，之后这项活动变得越来越受欢迎。但是雪橇与行人发生碰撞甚至危及生命的频率也相应增加。因此，巴德吕特先生参与并创建了第一个半管状滑道。这条滑道至今仍在运营，并在两届冬奥会期间用作比赛道。

第一辆比赛用的雪橇是由木头制成的，但很快就被后来称为"有舵雪橇"的钢制雪橇所取代，之所以这样命名，是因为队员们可以在直线滑道上往复拖拽(bobbed back and forth)

① 平底雪橇是一种简单的雪橇，是加拿大北部印第安人和克里人的传统交通工具。相对于大部分雪橇来说，其最大的区别在于它的底部既没有舵板也没有滑块，人们可以直接用它在雪地上行驶。传统的平底雪橇是由捆绑在一起的平行木条制成的，所有的木条都向前弯曲，其侧面形成一个"J"形。

雪橇来提高自身的滑行速度。1897 年，世界上第一个有舵雪橇俱乐部在瑞士圣莫里茨成立，这促进了欧洲冬季度假胜地的滑雪运动的发展。到了 1914 年，人们在各种各样的天然冰道上开展了许多有舵雪橇的比赛。这些年来，有舵雪橇项目逐渐普及并传播开来，图 7.1 描述了该项目的演变历史。

(a) (b) (c)

(a) 1910 年瑞士有舵雪橇队；(b) 1951 年德意志民主共和国有舵雪橇队；(c) 2010 年温哥华冬奥会上的美国有舵雪橇队。

图 7.1 有舵雪橇的演变历史[2]

国际有舵雪橇和平底雪橇联合会(现为国际雪橇联合会，FIBT)成立于 1923 年，次年在法国夏蒙尼举行的首届冬奥会上举办了四人项目比赛；1932 年在美国普莱西德湖(Lake Placid)举行的冬奥会上增加了一项双人项目，这种形式一直保持至今。多年来，这项运动一直是富人和冒险者的活动。直到 20 世纪 50 年代，这项我们如今所熟知的运动才开始成形。20 世纪 80 年代中期，有舵雪橇项目才出现在世界杯比赛中，在此之前，这项运动仅出现在冬奥会、世界锦标赛和欧洲杯上。20 世纪 90 年代初，这项运动的发展迎来了另一个阶段，在欧洲和北美的赛事中首次出现了女子有舵雪橇运动员。

有舵雪橇运动除了在初期受到英国的影响以外，在 1928 年至 1956 年的美国也表现强势，在同时期的其他国家也有所发展，但多年来这项运动主要还是由欧洲中南部国家所主导。迄今为止，开展有舵雪橇运动最成功的国家是瑞士和德国。瑞士有舵雪橇运动员在冬奥会、世界锦标赛、欧洲锦标赛以及世界杯比赛中获得的奖牌最多。20 世纪 70 年代中期，德意志民主共和国凭借其对雪橇设计和制造的重视，成为这项运动的主要力量。自德国统一以来，德国有舵雪橇队始终是一支强大的队伍，从 1990 年至今曾多次获得冬奥会奖牌和世界锦标赛冠军。意大利在这项运动中也保持有长期而成功的赛道记录，特别是在从 20 世纪 50 年代中期到 20 世纪 60 年代末这段时期。此外，奥地利也有过辉煌的时刻。在世界杯比赛中，瑞士和德国获得此项运动的奖牌最多，紧随其后的是加拿大。

钢架雪车的起源也与英国人有关。1882 年，英国士兵在瑞士建造了一条从达沃斯(Davos)到克洛斯特(Kloster)的平底雪橇滑道。人们习惯于用平底雪橇在这条滑道上滑行，并且为了让它更具挑战性，人们还在达沃斯滑道上增加了弯道。1892 年，英国人柴尔德(Child)用一种主要由金属制成的新型雪橇给他的体育界朋友们带来了惊喜。一些人推测，由于雪橇看起来像一副钢架，所以称为“钢架雪车”。还有人声称“Skele”这个名字来源于挪威语“Kjaelke”不正确的英语化。1905年,人们第一次在瑞士以外的地方开展钢架雪车运动。根据1926年FIBT的巴黎会议记录,国际奥委会于当时宣布有舵雪橇和钢架雪车成为冬奥会项目。钢架雪车历史中另一个重要的时期是在1970年,那时人们根据传统钢架雪车特别设计了一种新式雪橇:它是专门为有舵雪橇运动设计的。1999年10月2日,FIBT实现了将钢架雪车再次纳入冬奥会正式项目的目标。①

7.2 规　　则

本节主要介绍了有舵雪橇运动的基本规则。因为这项运动的大部分工程创新都必须遵守规则,所以我们把介绍的重点放在关于雪橇制造和滑道建造的规则上。由于这项运动相关的风险较高(主要是由于速度快和保护措施较低),所以我们必须了解一些制造标准以保证运动员的安全。此外,这里必须提醒的是,开展这项运动意味着需要大量的经费,用于建造和维护滑道。因此,为了给运动员提供良好的比赛体验,也为了对滑道进行合理的维护以防止其损坏,制定规则是非常重要的。

尽管FIBT在2014年10月更新了各项规则[1],但本文中所提到的规则都引自我们开始写本文时FIBT所公开发布的最新规则[3]。因此,必须注意2014年10月更新后的规则与下文描述的规则可能会略有不同。

我们知道,有舵雪橇有男子项目和女子项目。男子项目有双人雪橇和四人雪橇两种比赛项目,女子只有双人比赛项目。钢架雪车比赛中有男子项目和女子项目,但是一辆钢架雪车只能由一个人操控。当然,也有一些特殊的“团队比赛”,最终成绩是根据有舵雪橇和钢架雪车的滑行时间总和来计算的。

滑道的赛前准备需要评审团、赛事总监和滑道负责人取得一致意见后才可进行。即使遇到下雪天气,也要确保已经计划好的比赛如期举行。比赛开始前要特别注意起跑段(50 m)的冰面,每回合雪橇比赛后都要清扫这个区域,整个滑道也应定期进行清扫。

雪橇各部分都严格受FIBT的规则和限定条款的限制。现在我们列出关于有舵雪橇和钢架雪车最重要的部分内容,如果读者对具体尺寸或参数感兴趣,也可以参考文献[3]。这些规则的共同目的是保障运动员的安全,并保证所有参与者公平公正地竞争。我们还对这些规则和限制作了一些说明,以强调它们是如何影响或限制最终成绩的。

7.2.1 有舵雪橇的质量(规则14.1.3.1)

有舵雪橇的所有尺寸都必须符合标准,并且必须遵守一些最小值和最大值的限制,如图

① 1948年圣莫里茨冬奥会之后,钢架雪车项目被取消了。——译者

7.2 所示。所有尺寸是在雪橇于平坦的表面上没有任何负载时所测量得到的,除非另有特别说明。

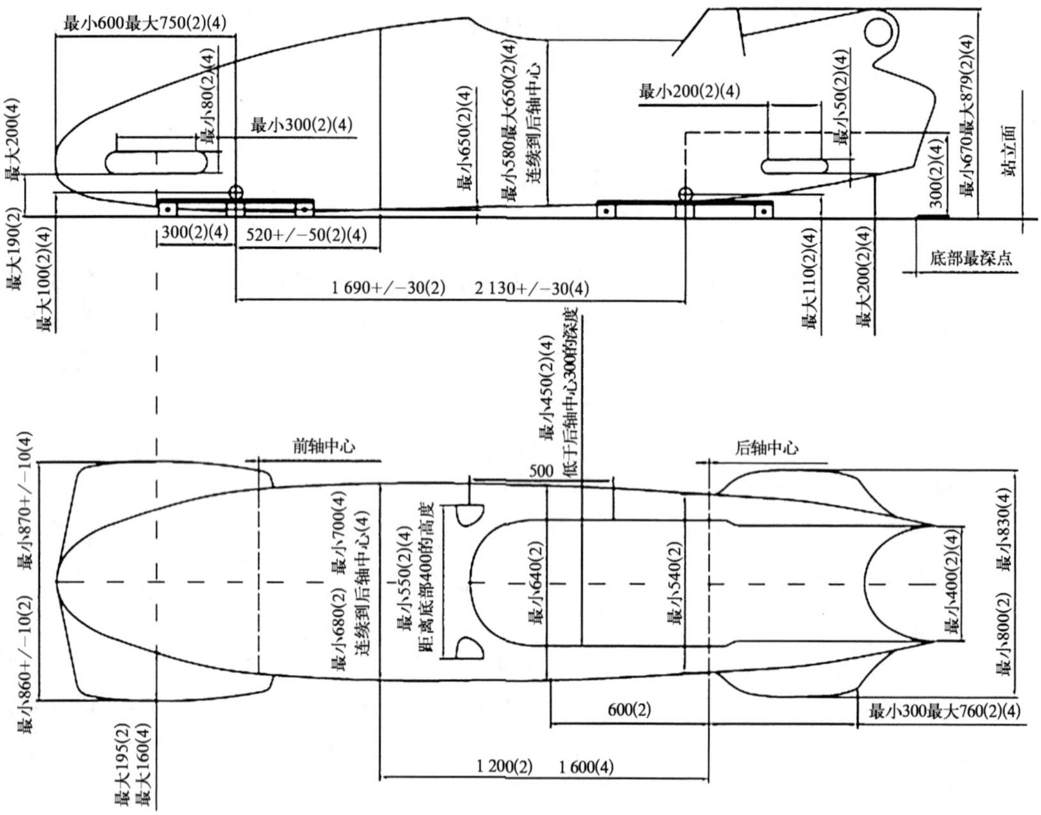

图 7.2 有舵雪橇尺寸示意图[3]

注:所有尺寸单位是 mm,(2)和(4)分别表示男子双人和男子四人项目。

有舵雪橇的质量还必须遵守如下限制。

1. 最小质量(包括冰刀的质量,不包括运动员的体质量):

① 男子双人和女子有舵雪橇项目:170 kg;

② 男子四人有舵雪橇项目:210 kg。

2. 最大质量(包括运动员和所需装备的质量):

① 男子双人项目:390 kg;

② 男子四人项目:630 kg;

③ 女子项目:340 kg。

有舵雪橇有四个冰刀(一对前舵冰刀和一对后舵冰刀)。由于雪橇的推进力来源于运动员在比赛开始时的推力和在比赛过程中的重力,因此设置雪橇质量的上下限对最终的成绩是至关重要的。很显然，最好的配置是雪橇自身的质量最小而包括运动员在内的总质量最大：因为雪橇越轻，意味着在起动推进时要克服的惯性越小；而雪橇和运动员组合后的总质量越大，意味着滑行过程中的势能越大。此外，通常情况下我们要求运动员的肌肉比较发达，这意味着其体质量更大，且在起跑时有更大的推力。

如果运动员的体质量不在质量上、下限的范围内，就可以使用配重物。但所配重物不能使用焊接、螺栓或夹紧的钢制紧固件，它必须放在空心钢制型材内，而且任何液体或类似液体的材料都不能用作配重材料。最合适的配重是基于起动惯性和前进势能之间的最佳平衡计算出来的。配重物前后部的质量分布也是非常重要的。考虑到负载受向心加速度的影响，其变化达5倍以上，因此在整个比赛过程中需要设置最优化的质量分布，以达到最合理的冰刀接触压力。不同体质量的运动员通常需要不同的质量分配以获得最佳的比赛成绩。这意味着在设计雪橇时，建议最低质量小于规则允许的最低质量，质量分布尽量平均一些(37%～38%在前轴上)，并且使用配重物调整质量分布，从而满足滑道条件和运动员选择的要求。

7.2.2 有舵雪橇功能尺寸(规则14.1.3.2)

7.2.2.1 规格尺寸(规则14.1.3.2.1)

雪橇前后冰刀的尺寸相同，宽度为(670±1) mm(见图7.3)。

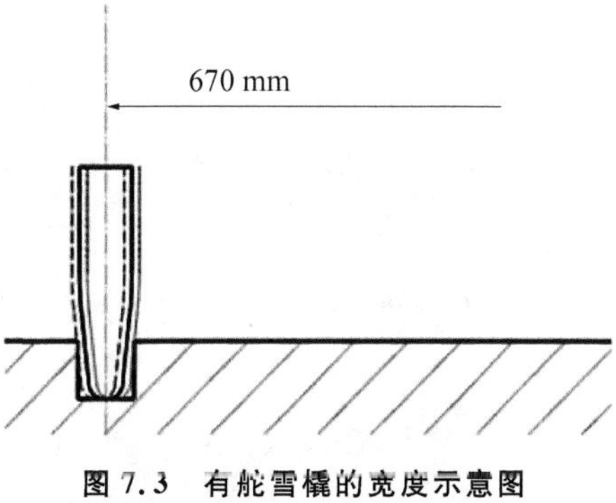

图7.3 有舵雪橇的宽度示意图

为了优化推进效果，有舵雪橇的宽度设计为670 mm。因为在滑道的起动段中含有由机器压制而成的标准凹槽，起动雪橇时所有运动员都在雪橇外侧(两侧)，凹槽起到导引雪橇前进的作用，因此雪橇冰刀应避免接触凹槽两侧，以免增加摩擦力。雪橇宽度是由插在冰刀和U型冰刀支架之间的金属垫片宽度来限定的。使用垫片不仅是为了获得最佳宽度，而且是为了使在同一轴和不同轴上的冰刀可以完美对齐——因为在比赛过程中冰刀之间的任何错位都会增加摩擦力。

7.2.2.2 轴距(规则14.1.3.2.2)

轴距为从前轴中心到后轴中心的距离(参照雪橇的对称平面图，见图7.4)：(1 690±

图7.4 有舵雪橇轴距示意图

30)mm(男子双人项目),(2 130±30)mm(男子四人项目)。

轴距越长意味着雪橇越稳定,但驱动性会越差,会导致转弯不灵活;轴距较短意味着雪橇的灵活性和可驱动性更好,但转向变化的不稳定性更大。在这种情况下,最佳轴距是滑道布局和舵手操控技术之间的折中方案。

7.2.3 有舵雪橇的结构和功能(规则 14.2)

运动员所使用的装备结构和功能必须符合规则要求,这是为了保证其在 FIBT 比赛中所使用的装备能够承受训练和比赛的压力,而且这些装备能够为运动员提供充分的保护。此外,这些规则旨在促进比赛的公平、公正并控制比赛的成本。

在直道和转弯之间的转换过程中,前后冰刀可能在不同的平面上,因而这种围绕纵轴的旋转基本上是在特定规则中定义和被限制的。

每个雪橇车架的前轴和后轴之间必须有一个横向分隔。雪橇的前部和后部由枢轴相连,纵向枢轴基本上与卧式机架平行。纵向枢轴和卧式机架之间的角度不得超过 5°(见图 7.5)。雪橇前后部分之间有一个角度(通常是向下),以便其在直道和弯道转换时可以自动地产生转向。角度越大,自动转向效果越强,因此该角度也是舵手操控技术的要求之一。

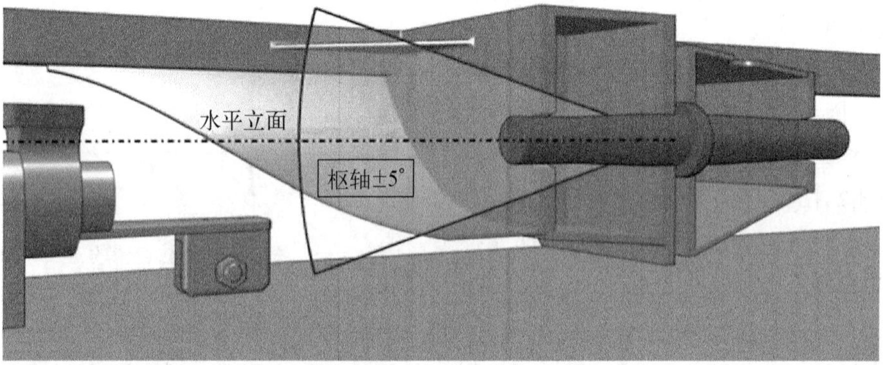

图 7.5 枢轴螺栓和枢轴线示意图

纵向枢轴由钢制纵向枢轴螺栓构成。该枢轴螺栓限定了最小尺寸,以控制其强度和刚度,可能还有控制雪橇转向的灵活性和稳定性作用。这些稳定结构不得对任何垂直位移产生影响,并且液压或气动减震系统也不允许使用。枢轴螺栓应具备弹性,这一点很重要,因为它可以缓解和补偿雪橇的垂直位移,但它也可能会使与前车架相连的前整流罩和与后车架相连的后整流罩发生碰撞。在这种情况下,在计算枢轴螺栓的刚度和强度时,运动员应考虑两者的折中方案。

7.2.4　车架和驱动装置(规则 14.2.3)

这些规则是出于安全考虑而制定的,以控制车架的坚固性和雪橇运动员的悬挂量。车架中的所有连接件都必须是刚性的,在受热或受热间隙,前后车架的刚度应保持不变。

7.2.4.1　车架的前端(规则 14.2.3.3)

雪橇的前端部分应由采用连续焊接的钢制支撑车架、横向分割线上的纵向螺栓和转向螺栓的轴承座等构件组成。该转向螺栓安装在车架上,并且可以通过转向装置进行旋转。转向螺栓在垂直方向上的旋转角度不得超过 5°(见图 7.6)。转向螺栓角度的变化会改变冰刀的力学轨迹(旋转轴与冰刀接触点之间的侧视距离),也会改变作用在转向系统上的自对准力(self-alignment force)。

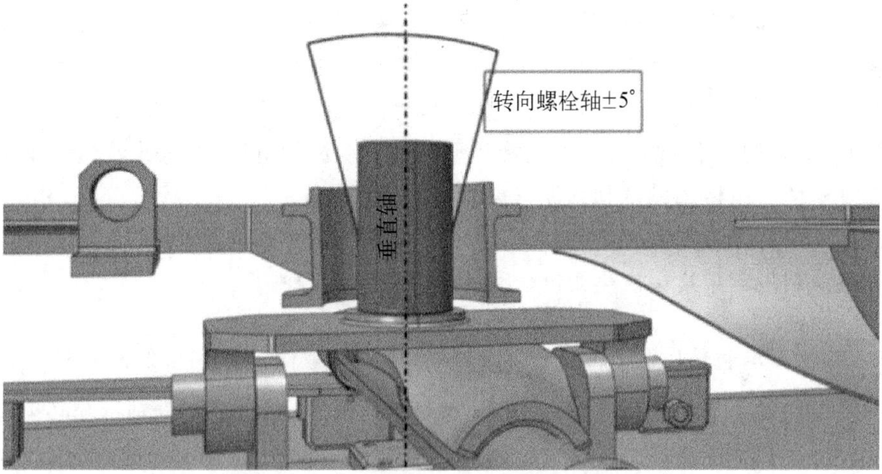

图 7.6　转向螺栓和转向螺栓轴示意图

转向螺栓的下端完全垂直焊接在钢制转向盘上。在该转向盘上,位于车轴前面的螺栓处和位于车轴后面的螺栓处的钢制法兰围绕枢轴线转动,枢轴线与前车轴和转向螺栓均保持垂直。在垂直面内前轴绕枢轴的旋转角的最大限度为±12°(见图 7.7)。将一个连续的整体式钢制底盘安装在车轴下方,该底盘被螺栓牢牢固定在两个钢制法兰上,且不能有任何移动。这些部件的长度、宽度和厚度是由规则规定的,它们的值决定了转向盘总成的抗弯刚度。定义这些尺寸意味着在整个总成的刚度、强度和基本频率之间确定了最佳的折中方案。

为了使冰刀处于中间位置,可在转向装置中使用橡胶或类橡胶的材料。通常情况下,用上述装置连接到转向螺栓的两个杠杆臂由两个或多个橡胶环固定在特定位置。这组橡胶环的力学性能决定了转向系统的刚度和减震特性,它们必须满足舵手的操控感和技术要求。

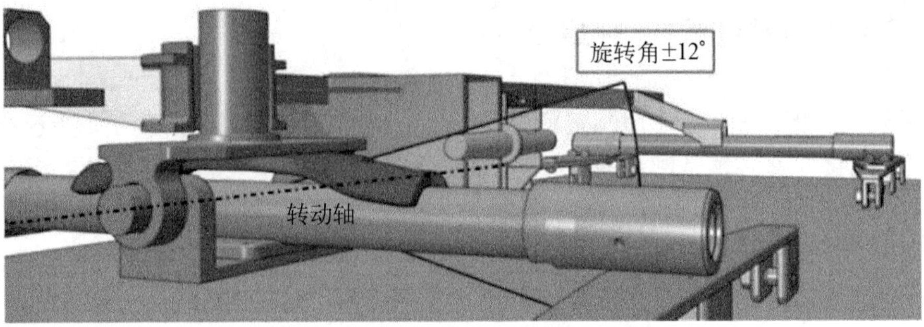

图 7.7 前钢板弹簧和转向轴示意图

在转向盘和前轴之间有一个连续叶片弹簧，它限定了前旋转角的刚度特性。

7.2.4.2 车架的后部（规则 14.2.3.4）

雪橇车架后部由采用连续焊接的钢制支撑车架、横向分割线上的纵向枢轴螺栓和后轴的紧固装置等构件组成。纵向螺栓的所有承载车架构件和轴承套都必须焊接到车架上。从分割线到后轴，纵向车架构件必须采用闭合钢型材。纵向车架构件被限制在其最小截面中。通常情况下，车架的后部和整流罩承受着几乎所有运动员的负载，这意味着纵向车架构件的限定范围对于整个雪橇的刚度和强度来说是至关重要的。

后轴可以用螺栓或夹具固定在后车架上。无论用哪种方式固定，规则都会限定一组尺寸以避免后轴和后车架之间产生柔度（compliance）变形①。

7.2.4.3 前冰刀承载件（规则 14.2.3.3.4）和后冰刀承载件（规则 14.2.3.4.4）

前冰刀承载件由直叶片弹簧组成，其厚度不小于 7.5 mm。前轴的轴承套必须焊接到叶片弹簧的上部。在叶片弹簧的下部应有一个焊接于中心位置的导向支架，而在两端应各有一个焊接在底部上的支撑支架。中间导向支架与支撑支架的尺寸相同，但 U 形支架由前后焊接的金属箍连接，以在 U 形支架底部固定一层橡胶或类似橡胶的材料。

这种设计也适用于后冰刀承载件，但后冰刀承载件是由上、下钢制直叶片弹簧组成的，其厚度不小于 7.5 mm。轴承套焊接到上叶片弹簧之上，支撑支架焊接到下叶片弹簧之上。上、下叶片弹簧应彼此平贴，用 6～8 个带螺母的六角螺栓连接在一起（见图 7.8）。

冰刀承载件必须有一个旋转弹性稳定装置。冰刀承载件和冰刀之间使用的橡胶或类似橡胶的材料层对其性能至关重要，因为它是唯一限定雪橇的悬挂部件。橡胶的性能会随着温度变化而变化，因此在不同的滑道条件下应合理地使用不同的结构配置。最合适的橡胶或类橡胶材料需优化在整个比赛过程中的冰刀接触压力，同时需要考虑特定滑道条件、冰刀

① 因受力而产生位移。——译者

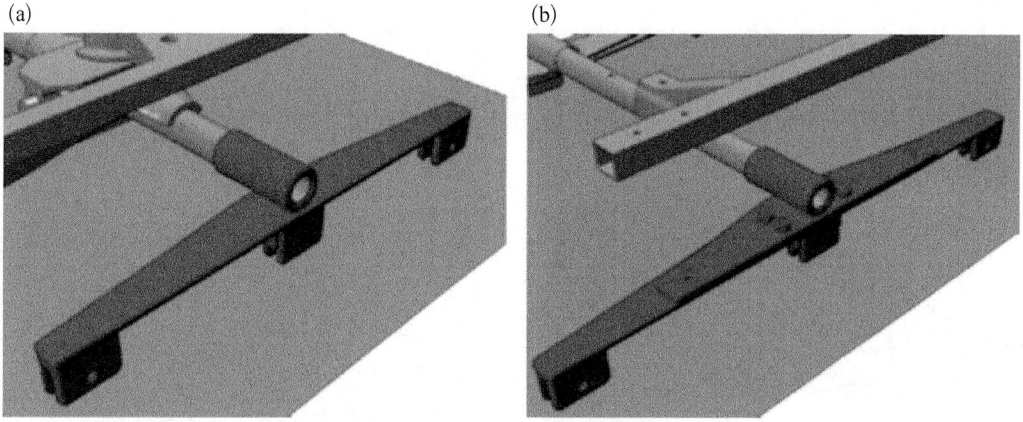

(a) 前冰刀承载件；(b) 后冰刀承载件。

图 7.8　前、后冰刀承载件示意图

选择和舵手操控技术。

7.2.5　整流罩(规则 14.2.4)

制定这些规则是为了提高参加 FIBT 比赛的运动员的安全性，其方法是确保在发生碰撞事故时雪橇的整流罩能够为运动员提供足够的保护。此外，这些规则也旨在避免比赛中不公平的空气动力学优势。

7.2.5.1　整流罩一般性规定(规则 14.2.4.2)

1. 不允许在整流罩开关处(cut-out)使用任何其他附加材料；
2. 必须打开刹车开关；
3. 不可使用任何材料来缩小开关区域；
4. 不允许有明显增加导流作用的外形；
5. 不允许有可能提高空气动力效果的附加孔；
6. 整流罩应为运动员提供足够的保护。

7.2.5.2　整流罩外形(规则 14.2.4.4)

整流罩外形必须是凸面的，以下部分除外。

1. 前后保险杠；
2. 刹车开关；
3. 舵手手推柄的凹痕；
4. 铰接接头；

5. 前后轴的孔；

6. 从侧推杆到整流罩主体过渡的连接；

7. 刹车手手推柄周围的区域。

在这些规则中，男子双人和四人雪橇整流罩的主要尺寸都有明确的限制。凸面规则对整流罩外形有很大限制。此外，设计雪橇整流罩的基本原则是在起动过程中考虑人体工程学姿势，因而在打开整流罩时，舵手手推柄的形状决定了整流罩关闭时的侧面形状，因为在这种情况下，舵手手推柄基本上应与整流罩表面齐平（见图 7.9）。因此，整流罩的外形也是由空气动力学最优化和起动时舵手人体工程学最优化之间的最佳折中方案所决定的。

图 7.9 整流罩示意图

7.2.6 车架与整流罩之间的连接（规则 14.2.5）

制定规则 14.2.5 的目的是控制整流罩和车架之间的连接件所能承受的悬挂量。整流罩通过机械结构连接到车架上的所有构件都视为整流罩和车架的连接件，且都必须加以限制。

整流罩必须通过至少 4 个固定支架连接到车架上，以限制整流罩相对于车架的垂直位移。整流罩相对于车架在向下的方向上所允许的移动量必须被限制在 5 mm 之内，这种限制是使用具有足够刚度的硬行程挡块来实现的，以确保有效限制整流罩的移动。

在连接固定整流罩和车架时，我们可以使用同种橡胶或类似橡胶的材料。车架的后部和整流罩之间的不同连接方式可以控制雪橇的刚度和强度特性，从而改变在转弯期间或垂直位移时冰刀的负载转移分布。

7.2.7 保险杠（规则 14.2.6）

制定该规则的目的在于试图确保与滑道壁接触的雪橇构件是合格的。此外，这些规则也旨在避免比赛中不公平的空气动力学优势。最后，该规则还用于保持滑道的完整性。

规则 14.2.6 为前后保险杠制定了一套限制尺寸。在这些尺寸范围内，通过对保险杠尺寸、润湿表面、迎角、前后保险杠之间过渡件的整流和校直加以改变，我们可以使空气动力学阻力最小化。此外，发生碰撞时，运动员尽量减少保险杠和滑道壁之间的摩擦也很重要。

7.2.8 冰刀（规则 14.2.7）

制定该规则的目的是通过禁止使用特殊材料和（表面）处理来促进公平竞争，同时控制 FIBT 在比赛中的参与和管理成本。按照 FIBT 的要求，所有的冰刀都必须用固体材料来进行生产（冰刀尺寸见图 7.10）。这些材料的规格必须由 FIBT 确定，以确保所有预先加工的钢件是相同的。不允许对材料进行任何类型的处理，包括那些仅仅引起物理特性以及组成或材料结构局部变化的处理。不允许对冰刀进行电镀和/或涂布。此外，规则 14.2.7 为比赛中运动员所使用的前后冰刀规定了一组限制尺寸，包括男子双人项目和男子四人项目。

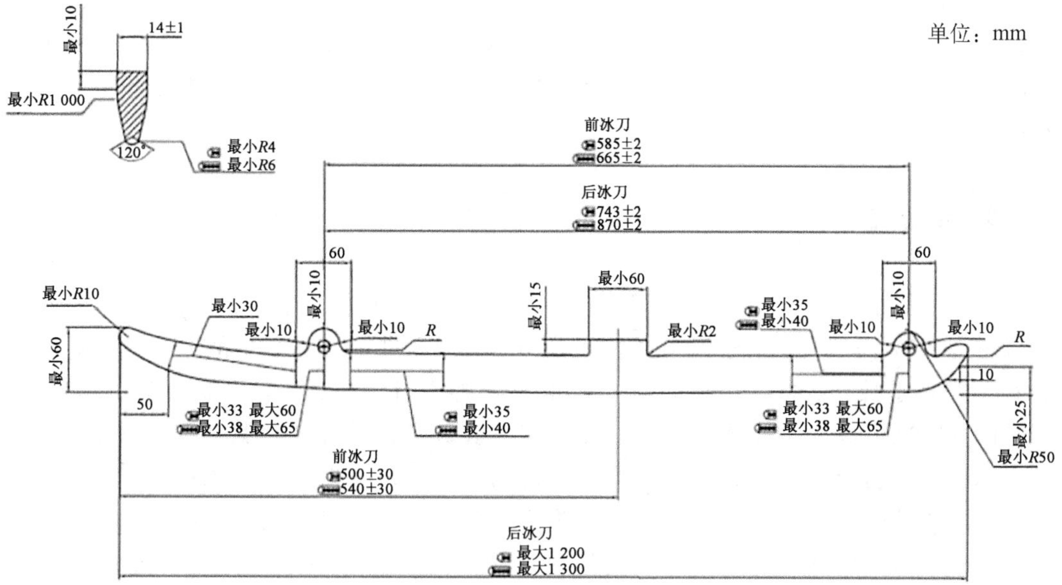

图 7.10　冰刀尺寸示意图[1]

这些没有进行任何处理的标准材料，只有在限定的尺寸下才能使用，以便在整个滑行过程中优化冰刀的摩擦特性，这意味着从重力负载到最大离心负载以及转换期间可以优化冰刀的接触区域。与此同时，寻找最佳的纵向接触曲线和沿着纵向曲线的剖面半径，与滑道和冰的特性以及雪橇的悬挂之间的关系也非常重要。

在比赛正式开始之前，每一组冰刀都要经过检查和验证。在检查过程中，我们应对硬度和材料成分（可以通过光谱分析）加以验证。

为了避免表面处理，FIBT 在任何比赛前都会用标准程序对所有冰刀进行清理。使用丙酮和标准砂纸（通常是 400 μm 规格的），用定制的机器在恒定压力下来回擦拭冰刀 5 次。如果砂纸上留下残余物不够，裁判委员会可以要求增加砂纸颗粒以去除更多的物质，或者有时会取消运动员的比赛资格，要求运动员对冰刀进行更专业的控制。清洗操作在比赛开始前 45 min 进行，从清洗到比赛结束运动员都不能再碰到雪橇。甚至在连续两场比赛之间，也只能用由 FIBT 正式提供的丙酮和砂纸清洁冰刀。即使冰刀最终的表面被 FIBT 砂纸工序破坏，团队也要花费大量的时间用非常精细的砂纸和金刚石研磨膏来打磨冰刀。

制定这些规则的目的是避免由于冰刀受热而带来的任何优势。运动员必须在比赛开始前一小时将参照冰刀悬挂在与雪橇比赛时相同的天气条件下的户外。将冰刀放在大气环境中时，其温度必须在 18 ℃至 22 ℃。在赛前和比赛期间，运动员必须每隔一段时间更新一次参照冰刀的温度，该温度在起跑区的一块显示屏上清晰可见。运动员必须在比赛开始前至少 45 min 将冰刀安装在雪橇上。过了这个时间点之后，所有的人员（运动员和后勤人员）必须离开比赛区，雪橇和冰刀都不能再被触碰，只有裁判委员会和 FIBT 材料委员会成员才能进入比赛区。在起跑之前，所有比赛者在比赛中使用的安装在雪橇上的冰刀温度最多可超过参照冰刀温度 4 ℃。如果参照冰刀的温度低于 −14 ℃，那么雪橇上的冰刀的最高温度不得超过 −10 ℃。冰刀温度超过该限制会被判为不合格。

7.2.9 钢架雪车

钢架雪车是一项个人运动，运动员的姿势与之前所描述的在有舵雪橇运动中的完全不同（见图 7.11）。同样地，对于钢架雪车，其所有构件的尺寸都受到标准和规定的限制（见图 7.12）。可能造成伤害的突出物均禁止使用，包括整流件、扰流件和空气动力元件。钢架雪车必须是“钢”制的，即铁和碳的合金——其中铁（Fe）含量超过 50%——或者是一种对 FIBT 规定的化学测试有正向反应的合金。结构性车架由纵向和横向的钢筋和冰刀支架组成，这些支架也必须由钢制成。上述每根纵向钢筋都必须是一块连续的钢。结构性车架上的任何附加构件都必须用螺栓连接或焊接。钢架雪车只有两个冰刀，必须用螺栓

(a) (b)

(a) 运动员在起跑点推动钢架雪车的姿势；(b) 运动员跳上钢架雪车时的姿势。

图 7.11 运动员在起跑点推动钢架雪车和跳上钢架雪车的姿势[1]

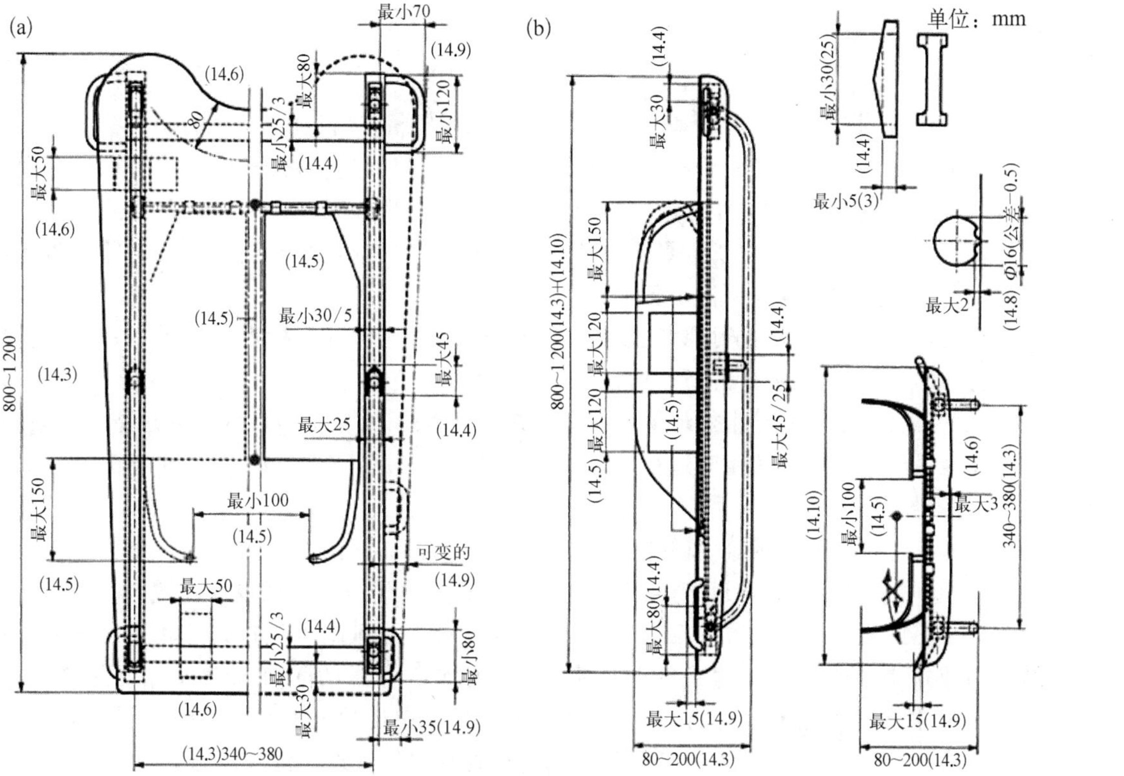

(a) 俯视图；(b) 侧视图。

图 7.12 钢架雪车尺寸图[4]

连接或焊接在结构性车架上。冰刀支架被限制为带有槽的构件，且不允许包括任何焊接物。

带有手柄的鞍座必须是钢制的，它固定在结构性车架上，并且最多可分为两部分。鞍座上不允许有额外的手柄——无论其构造如何，安全手柄必须牢牢地固定在鞍座两端，因此，运动员在每次滑行时必须将手臂放在鞍座的外侧。基板由一个凸出的整体构成，它通过焊接、黏合、螺栓或铆接固定在结构性车架上。车架上可固定一些配重物，以达到规则允许的最大质量。与此同时，规则也给出了关于冰刀的限制性标准。为达到要求，我们必须选择符合 FIBT 标准的材料——抛光的圆棒，圆棒直径为 16 mm(公差等级 H9)，长度为 1 000 mm(−0/+50 mm)。这些材料上必须有相应的标记，而且最终用于冰刀上时不能有任何改变。任何针对材料的处理都是被禁止的。冰刀上必须形成一定的凹槽和磨削区域，以避免对滑道的冰面造成过度损害。在滑道的冰表面上所测量的磨损和沟槽的深度不得超过 2 mm，在钢架雪车的前挡板(两侧)、鞍座和后挡板之间必须有安全保险杠。

7.2.10 滑 道

滑道的规则对于有舵雪橇和钢架雪车(以及无舵雪橇)来说都是一样的。

滑道建造者必须遵守一些基本原则——应以尽可能低的费用设计滑道,并保证冬奥会后滑道可以继续使用。当然,运动员的安全对于滑道的规划和建造来说都是至关重要的。[①]此外,我们还应重视环境保护问题。一个由 FIBT 提名的专业委员会专门负责监督每条滑道的准备、设计、建造以及调试等各个阶段。

首先,确定建造滑道的地形之前,技术委员会应对地形进行检查并提供咨询意见。然后,他们必须跟进滑道设计的所有阶段。一般来说,滑道需靠近城市或人口密集的地区,以保证在冬奥会结束后能够很好地继续使用。如果可能的话,应在山坡的北侧建造滑道,并且尽可能地沿着地形的自然走势进行建造。新建的人造滑道长度应为 1 200 m 至 1 650 m,最大坡度不得超过 12%。

滑道应包括不同技术难度的要素。在设计时可以预见,在出发后的 250 m 处滑行速度将达到 80～100 km/h。弯道、弯道组合和适当长度的直道段应穿插设计在滑道中。弯道的构造必须使雪橇不仅能沿着一条轨迹滑行,而且还能提供其他可供选择的轨迹线。在弯道的中心部分,轨迹应该沿着弯道的上半部分向前延伸。弯道的入口和出口必须是圆形的,这样雪橇才能平稳地经过它们,并且如果在滑行过程中运动员没有发生错误,就不会有倾覆的危险。建造护栏的目的是在雪橇发生偏离时必须使其返回滑道。运动员所承受的离心力也受到规则的限制,产生“4g[②]”的离心力的时间不得超过 3 s,规则允许的最大离心力为“5g”,其产生时间不得超过 2 s。对于冰冻结构而言,其最大宽度为 140 cm。直道部分的侧壁外缘不应超过 80～100 cm,且不允许有任何凸出物。在冰冻状态下,侧壁的内侧壁厚应至少为 50 cm。在侧壁和滑道之间的过渡段必须设有通道,在冰冻状态下,通道的半径为 10 cm。

减速段的建造要求是必须使雪橇在不踩刹车的情况下可以停止:减速段的倾斜度不能超过 20%。在最后的冰冻减速段,雪橇必须能够无障碍地继续保持滑行。当速度小于 30 km/h 时,如果有必要,可以安装特殊的缓冲装置,以避免对人造成任何伤害,同时可将雪橇的损坏控制在最低限度。

---

① 由于速度很快以及保护装置相对较少,滑道的安全性是非常关键的。比如,在 2010 年温哥华冬奥会期间,21 岁的格鲁吉亚无舵雪橇运动员诺达尔·库玛利塔什维利(Nodar Kumaritashvili)发生了致命事故:雪橇以大约 140 km/h 的速度高速滑行,在转弯时滑行轨迹发生错误,使得雪橇撞在滑道旁一根没有保护装置的杆上,导致运动员几小时后死亡。

② 此处为 4 倍重力加速度所对应的力。下同。——译者

7.3 实验测试

在涉及使用交通工具的运动项目（汽车比赛、自行车比赛和摩托车比赛等）中，常用的独特测试方式是使用装有测试仪器的交通工具在赛道上进行全尺寸实验，具体包括以下项目。

1. 评估运动员和装备对整体比赛成绩的影响；
2. 测试创新性的技术解决方案；
3. 评估交通工具的动力学和运动员的反应；
4. 鉴定影响总体比赛成绩的未知参数/现象。

与项目 1～项目 3 有关的测试实际上是向训练员、教练、工程师和技术人员提供客观信息。运动员对交通工具性能和滑道难度的反应本身就具有主观性，因此必须将其整合考虑，以独立于运动员的技术和喜好。

此外，测试允许建立或验证数值模型（项目 3 和项目 4），这些模型可在设计阶段有效运用于开发创新的技术解决方案或设备之中。然而，对有舵雪橇、无舵雪橇或钢架雪车进行实时交通工具测量，并在不同的阶段测试结果进行对比，这本身是一项非常复杂的任务，原因如下。

1. 在不妨碍运动员（尤其是在跳上雪橇时）的情况下，安装车载仪器存在困难。
2. 环境因素：
① 不同测试/比赛的气温及天气情况会有很大的差异。这些变化对比赛/测试结果的影响，可能比所研究的技术方案大得多，因为冰道的温度和天气是决定有舵雪橇比赛成绩的关键因素；
② 反复滑行后冰面被损坏。
3. 在同一次训练（尤其是在起动阶段）中运动员生物力学表现下降之前，可以进行测试的次数有限。

实验室测试通常不能重现比赛期间的工况。为了解决这些问题，有研究者提出了具有不同复杂性和目标的实验设置和方法，下面我们将在钢架雪车、有舵雪橇和无舵雪橇项目中对其进行描述。

7.3.1 无舵雪橇、有舵雪橇和钢架雪车比赛的统计分析

若想在无舵雪橇、有舵雪橇和钢架雪车比赛中评估运动员对总成绩的影响，最简单的实验设置是在跑道上放置光电管或计时眼（timing eyes）和测速仪，分别记录运动员在滑道上滑行时的分段/总时间和分段/总速度。这种装置可以与滑道冰温测量相结合以评估环境对成绩的影响，进而和视频记录相结合以评估运动员的运动以及运动员在雪橇内部（或雪车上

面)的位置对总成绩的影响。

这个实验设置的主要优点是在世界杯巡回赛上所有的滑道都可以配备这种测量设备,因此可以采集大量的数据以供分析。此外,因为这种设置不会在比赛过程中妨碍运动员,所以它可以在正式比赛甚至顶级比赛中使用以便采集数据。

统计分析可以用来研究测量数据(与运动员行为和环境因素有关)和总成绩之间的关系。

有研究者使用这种方法分析了在卡尔加里(Calgary)冬奥会男子四人有舵雪橇项目上采集的数据[5],还有研究者发表了挪威利勒哈默尔(Lillehammer)冬奥会有舵雪橇(男子双人、四人)和无舵雪橇数据分析结果[6],另有研究者对 2003—2004 赛季钢架雪车世界杯国际比赛的数据进行了研究[7]。

有研究者提出要想在有舵雪橇比赛中取得优异的成绩,先决条件是有良好的起动助跑。[5,6]

有研究表明,当在统计分析中包含所有运动员和所有温度的数据时,起动助跑时间和最终的滑行时间的相关性为 77%。[6]当起动时间、起动次数与冰温相结合时,这个结果与文献[5]的分析结果是一致的。这意味着在给定的外部条件下,在大约 10%的总滑行时间之后,有舵雪橇滑行的结果基本上就已经确定了。然而有研究者特别强调了在 1994 年利勒哈默尔冬奥会上前 15 名有舵雪橇运动员的最终名次不仅受起动助跑影响,而且主要由他们在滑道最困难的部分(尤其是在男子四人雪橇比赛中)的操控能力决定。[6]相反,另有一些研究者介绍了冰的温度和起动次数与总成绩关系显著(约可解释变异的 30%)。[5]由于温度会因每次的起动受热而并不恒定,所以在卡尔加里冬奥会上这两个变量相互影响。如果为了单独分析每一种温度而消除冰温的影响,就会降低起动次数和完赛时间的相关性。

无舵雪橇的起动助跑和下滑时间的统计相关性证实,在这种比赛中起动助跑对比赛的总成绩也是很关键的。[6]具体来说,起动助跑时间和最终滑行时间之间的相关性为 55%。与有舵雪橇一样,在顶级组(前 15 名)中起动助跑时间不仅仅是最终排名的参考标准之一,它还必须与操控技术和运动员在雪橇上的姿势相结合。

有研究者通过对世界杯钢架雪车比赛的统计分析发现,比赛中专业运动员在起动助跑时间和最终滑行时间之间的相关性较小:男性为 23%、女性为 40%。这凸显了钢架雪车比赛中操控失误这一非常严重的问题。无论如何,起动助跑阶段的重要性不应被低估。[7]

有研究者详细分析了钢架雪车的起动助跑表现,利用录像片段确定了 0～15 m 的加速度和 15、45 m 处的速度。[8]研究发现,15 m 处的速度对于评估起动助跑的总成绩更为重要,同时考虑到每条滑道各不相同,45 m 处的结果也可能有用。另有研究者考察了美国国家队的钢架雪车起动助跑成绩。[9]尽管只有 0～30 m 的分段时间看作影响成绩的积极指标,但 0～15 m 的分段时间的重要性也得到了确定。这可能是由于那些身高较高的人虽然从静止状态开始加速的能力受到影响,但通过 30 m 处时仍然能够产生高的加载速度,以弥补在早期阶段不可恢复的时间亏缺。

7.3.2 成绩分析

为了支持此前提出的统计分析，我们使用简单的数学模型进一步对影响有舵雪橇和钢架雪车成绩的参数进行了研究。下文将介绍一种简化的有舵雪橇数学模型(此模型也适用于钢架雪车)，其中包括四个最重要的参数：冰刀和冰之间的摩擦因数 μ、空气动力学阻力系数 C_D、有舵雪橇质量 $m_{有舵雪橇}$ 和初速度①$v_{初}$。

我们参考的简化模型是一个在倾斜角度 α 的斜面上滑行的固体(见图 7.13)，其中，m 为有舵雪橇总质量(单位为 kg)，g 为重力加速度(单位为 m/s^2)，F_Z 为总法向力(单位为 N)，F_R 为总阻力(单位为 N)，α 为倾斜角(单位为°)。

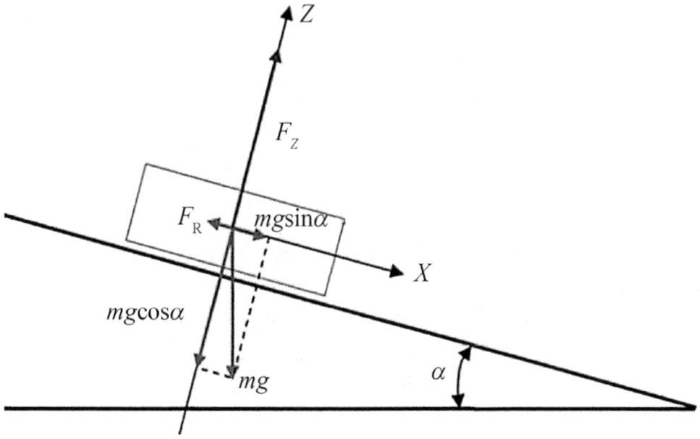

图 7.13　简化模型示意图

根据这个简化模型，我们可以写出沿着 x 轴方向的动力学方程，如下式所示。

$$m\frac{\mathrm{d}v}{\mathrm{d}t}=mg\sin\alpha-F_R \tag{7.1}$$

总阻力 $F_R=F_{拉}+F_{摩擦}$，式中：

$$F_{拉}=\frac{1}{2}\rho C_D A v^2,\ F_{摩擦}=\mu F_Z \tag{7.2}$$

沿 y 轴方向的总垂直力方程式如下：

$$F_Z=m\gamma_Z-F_L$$

$$F_L=\frac{1}{2}\rho C_L A v^2 \tag{7.3}$$

① 我们忽略了赛程的第一段，当运动员从出发点推动雪橇至 15 m 处时，此时的速度视为初速度(比赛用时的零点)。

式中，ρ 为空气密度(单位为 kg/m^3)，A 为有舵雪橇迎风面积(单位为 m^2)，C_L 为空气动力学升力系数，γ_Z 为平均垂直加速度，是重力和离心加速度的函数(单位为 m/s^2)。

让我们假设如下所示的平均输入参数(参考标准配置而得)以便分析模型行为。

1. $A = 0.4\ m^2$；
2. $C_D = 0.3$；
3. $C_L = -0.07$；
4. $\mu = 0.01$；
5. $\gamma_Z = 15.2\ m/s^2$；
6. $m_{有舵雪橇} = 390\ kg$ (雪橇质量为 170 kg，运动员质量为 220 kg，参阅第 7.2 节)；
7. $v_{初} = 5\ m/s$。

参照前面的式 7.1 和式 7.3，通过数学运算我们可以得到

$$m\frac{dv}{dt} = mg\sin\alpha - F_R = mg\sin\alpha - \left(\frac{1}{2}\rho C_D A v^2 + \mu F_Z\right)$$
$$= mg\sin\alpha - \left(\frac{1}{2}\rho C_D A\right)v^2 - \mu\left(m\gamma_Z - \frac{1}{2}\rho C_L A v^2\right) \tag{7.4}$$

如果定义系数 $K_1 = 1/2\rho AC_D$，$K_2 = 1/2\rho AC_L$，$K_3 = (K_1 - \mu K_2)/m$，以及 $K_4 = \mu\gamma_Z - g\sin\alpha$，那么式 7.4 可以简化为以下方程。

$$\frac{dv}{dt} + K_3 v^2 + K_4 = 0 \tag{7.5}$$

我们可以得到一个一阶微分方程，它可以用于计算数值积分，比如使用显式欧拉法(the explicit Euler method)，可得如下方程：

$$\frac{dv}{dt} \approx \frac{\Delta v}{\Delta t} \Rightarrow v(t + \Delta t) = -[K_3 v(t)^2 + K_4]\Delta t + v(t) \tag{7.6}$$

考虑到滑道是长度为 1 500 m 且带有 5°倾斜角的斜坡，我们可以使用上述的模型(每个参数浮动量为 10%)来评估滑道完赛时间，结果如表 7.1 所示。在图 7.14 中，我们还可以直观地看到模型中四个参数对成绩的贡献度情况。

表 7.1 参数变化对完赛时间的影响

参 数	参考值	修 正 值	参考时间/s	修正时间/s	时 间 差
C_D	0.3	0.33(+10%)	65.461	65.740	0.279 s(0.43%)
C_L	−0.07	−0.077(+10%)		65.462	0.001 s(0.00%)
A	0.4 m^2	0.44 m^2(+10%)		65.741	0.280 s(0.43%)
μ	0.01	0.011(+10%)		66.143	0.682 s(1.04%)

续表

参 数	参考值	修 正 值	参考时间/s	修正时间/s	时 间 差
$m = m_{有舵雪橇} + m_{运动员}$	390 kg	351 kg(−10%)	65.461	65.772	0.311 s(0.48%)
$v_{初}$	5 m/s	4.95 m/s(−1%)		65.621	0.160 s(0.24%)

让我们更具体地来分析一下这些参数。

1. 空气动力学阻力系数 C_D：阻力随速度的平方线性变化。在运动员滑行速度更快的滑道上，它的影响更大一些。在上述例子中，损失的时间是 0.279 s，即增加了 +0.43%。考虑到规则的限制，有舵雪橇的设计应尽量减小这一系数(见第 7.2 节)。

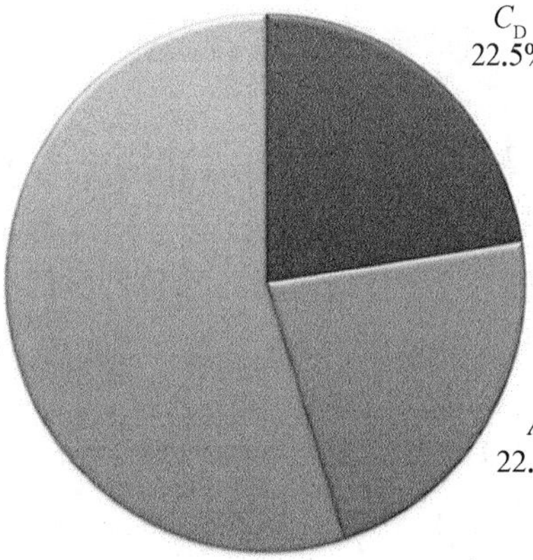

图 7.14 模型中四个参数的权重

2. 空气动力学升力系数 C_L：由于受冰摩擦因数 μ_I 的影响，因此增加摩擦力可以改变雪橇上的垂直力。这个参数的最终效果可以忽略不计(见图 7.14)。但无论如何，即使它的贡献度很小，摩擦因数的最小化也是有益的，事实上 C_D 系数通常也会受到其趋势的影响。

3. 有舵雪橇迎风面积 A：迎风面积 A 同时作用于阻力系数和升力系数。如果忽略升力系数，我们可以将其与 C_D 进行比较，迎风面积 A 对完赛时间的影响是线性的，如式 7.2 所示，完赛时间会增加 0.43%。迎风面积最小化的问题不仅要解决规则的限制，而且要保证运动员的人体工程学及运动员在雪橇内的舒适性。

4. 摩擦因数 μ：μ 与阻力成线性关系。除了上述升力的贡献度最小外，在这个简化模型中，它的效果不受速度的影响。在比赛过程中，运动员应该尽量优化冰刀与有舵雪橇悬挂的接触区域以实现最佳接触压力，并减少冰刀和冰之间的摩擦。

5. 有舵雪橇总质量 m：我们既考虑了雪橇的质量，也考虑了运动员的质量，它们在模型内部的影响不是线性的。举此例是为了证明在质量下降的情况下运动员的成绩会有所损失，因为重力是比赛下滑过程中唯一的正向力。减少总质量的唯一原因是，当运动员质量不是最大的时候，配重物可以用来增加雪橇质量。在这种情况下，一个质量较小的雪橇可以获得更大的起跑速度以补偿势能的损失，这意味着：

$$E_{K,初} - E_{P,初} \rightarrow 最大化$$

式中，$E_{K,初}$ 和 $E_{P,初}$ 分别是起跑姿势的动能和势能。

6. 起跑速度 $v_{初}$：其作用是在起跑时增加动能。由于所有比赛者的势能都是一样的，所以初速度可以对最终结果做出根本性的贡献。在我们的例子中，起跑速度降低 1% 会导致时间损失 0.160 s(+0.24%)。雪橇的设计应该考虑运动员在推雪橇时的人体工程学因素,并且能够使运动员在起动雪橇结束时可以简单快速地跳入雪橇。

本节中我们对影响有舵雪橇下滑的一些重要参数做了简要概述,这不是一个完整的参数列表,也不是对每个参数特性的详尽讨论。在接下来的章节中,我们将进行更完整的分析(如在第 7.4 节中讨论更复杂的雪橇下滑模型及其空气动力学优化)。

这里必须注意的是,虽然本节给出的只是一个简化模型,但所得到的结果与以前阐述的统计分析的结果(见第 7.3.1 节)是一致的。

7.3.3 钢架雪车全尺寸测试

在本节中,我们将对钢架雪车的全尺寸测试进行介绍,旨在研究钢架雪车的起动阶段和动力学。

7.3.3.1 钢架雪车起动阶段分析

如图 7.15 所示,钢架雪车的起动可以分为 4 个阶段[10]。在滑行的早期阶段,运动员应该遵循以下几个方面的内容。

1. 以尽可能大的力量蹬离固定于起跑点的起跑架;
2. 推动钢架雪车持续加速跑,直到达到最大速度;
3. 以俯冲方式跳上钢架雪车,以头在前、面朝下的姿势趴在钢架雪车上;
4. 进入比赛段,利用钢架雪车的细微移动和转弯来控制剩余的滑行。

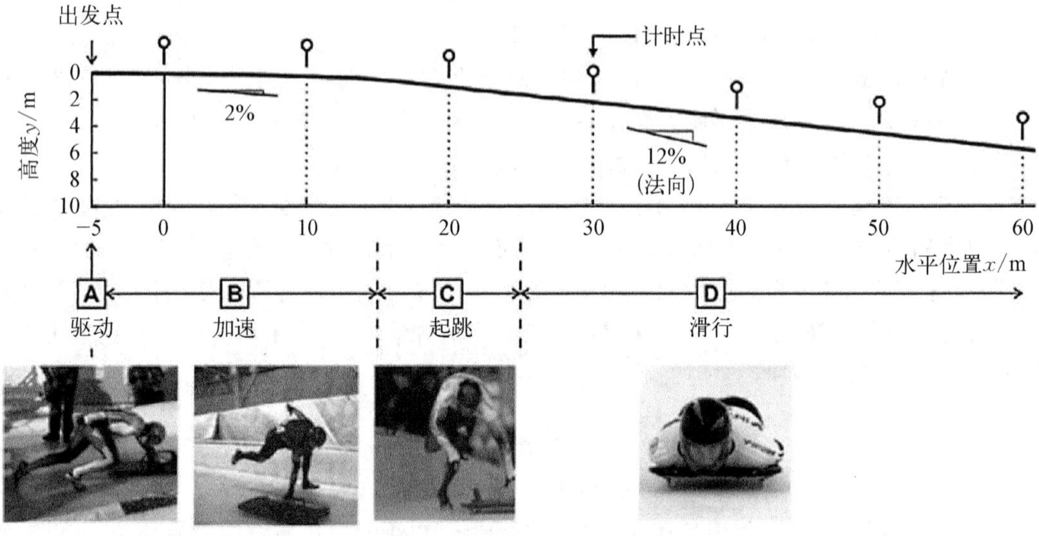

图 7.15 赛道的垂直剖面图(起动的 4 个阶段)[10]

虽然起动助跑只是整体比赛的一小部分，但运动员与钢架雪车在起跑过程中的相互作用对最终比赛时间有很大的影响。因此，钢架雪车运动员训练的重点是起动助跑。有研究者详细分析了起动阶段。[10]四名男子钢架雪车运动员参加了这项研究，其中三人是经验丰富的国际比赛运动员，而第四名是业余钢架雪车运动员，他经常参与这项运动，但没有受过严格的训练。测试是在卡尔加里冰屋滑道和都林奥林匹克公园滑道上进行的。如图 7.15 所示，两条滑道均配有 10 m 间隔的计时眼。运动员的滑行速度是由最后的计时眼测量的。研究者在测试中使用了一个装有三轴电容式加速度计的雪橇，该加速度计安装在车架的后部；使用瑞思科技公司(Race Technology Ltd.)的 DL1 数据记录器，以每通道 100 Hz 的频率记录数据。沿水平轴的加速度补偿了重力对滑道坡度的影响，研究者可以通过数值积分来计算整个起动过程的速度；此外，还可用记录的分段成绩校准加速度计和双积分过程。

图 7.16 呈现的是起动阶段雪橇的加速度、速度和位置的时间历程。我们将重点介绍起动开始的这 4 个阶段和视频录像所记录的蹬步动作。从图中我们可以看到，运动员将雪橇推离起点(A 阶段)，达到加速度峰值，然后在 B 阶段继续加速，同时沿着雪橇的一边跑。随后加速度逐渐减小，直到达到最大速度。接着，运动员跳到雪橇上(C 阶段)，如果一次便成功地跳上雪橇，就可以增加雪橇的速度。运动员一旦在雪橇上确定好姿势，就意味着 D 阶段开始了，该阶段的时间是由重力、空气阻力和冰面与冰刀之间的摩擦决定的。

在对整个测试过程中所收集的数据进行分析时，我们应考虑以下情况[10]。

1. 给起跑架一个强大的初始加速度是起动助跑的关键，这与总成绩关系密切。而且，运动员在带着雪橇奔跑的 B 阶段中，依然必须保持加速度。

2. 双手起动助跑(这种技术更为传统)比单手起动更稳定，运动员可以在离开起跑架时获得更高的加速度。然而，用双手抓住雪橇在其一侧跑会显得更加困难。

3. 第二计时眼所测的速度通常用来作为评价离开起跑架的质量指标，但与起动助跑的总成绩没有太大关系。

4. 运动员在平地跑道上进行 30 m 冲刺时的步幅频率与总成绩密切相关，但钢架雪车起动助跑并不如此。这是因为运动员在平地跑道冲刺时身体是直立的，而在钢架雪车起动助跑时身体是弯曲的。

5. 运动员在跳上钢架雪车之前跑得越快越好。同时，跳上车的时间和位置也随跑动速度的变化而变化，因为速度越快助跑距离越远。

6. 跳上钢架雪车是决定起动成绩的关键阶段。运动员在跳上车时应该最大限度地提高速度，然而这个参数很难得到连续性的评估。

7. 在跳上钢架雪车的过程中，最大(来自向前的动量)和最小(跳上车的一刹那)加速度与总成绩密切相关。但这些数据在标准化训练和比赛中是无法获得的，尽管数据对钢架雪车运动员可能有很大的帮助。

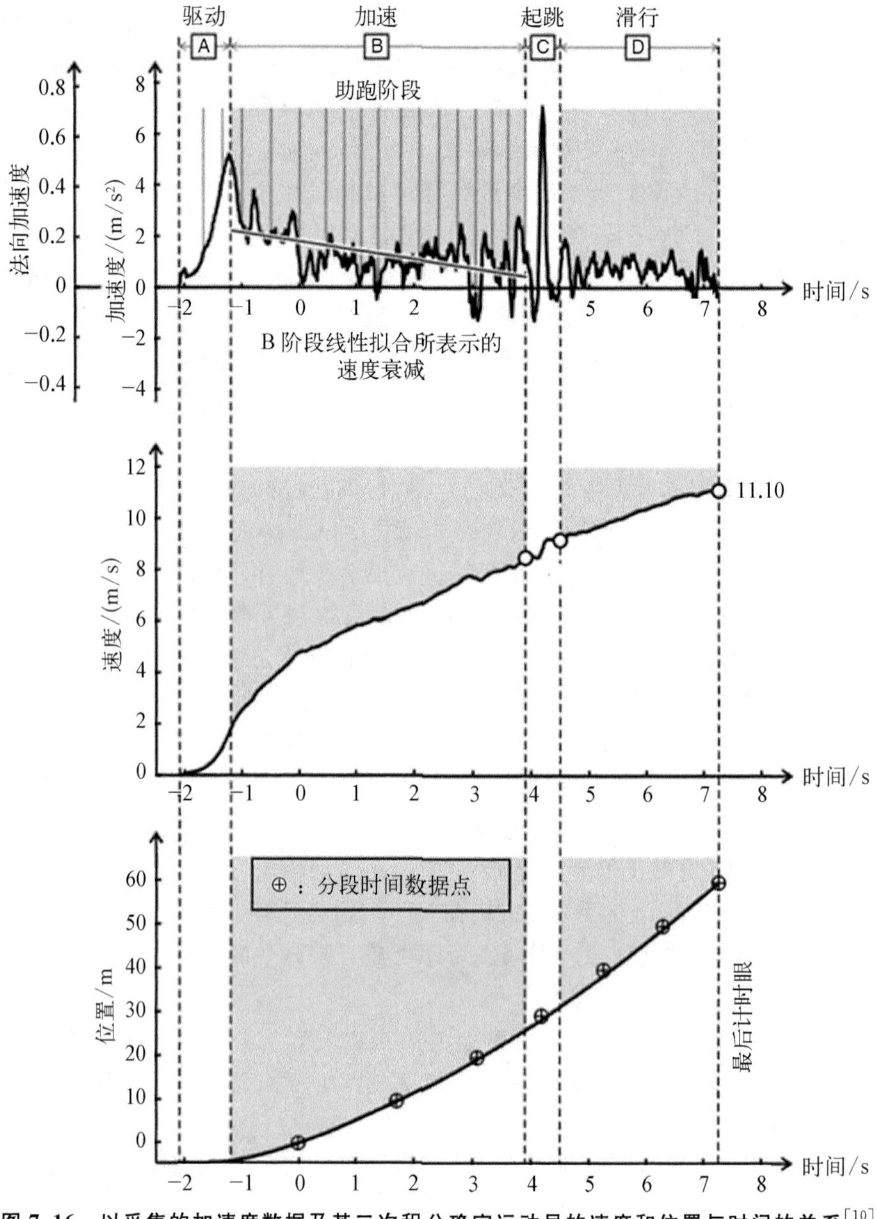

图 7.16　以采集的加速度数据及其二次积分确定运动员的速度和位置与时间的关系[10]

7.3.3.2　钢架雪车的动力学和变形分析

有研究者在滑道上对计时滑行时钢架雪车的动力学和变形进行了分析。[10]

为了评估钢架雪车的动力学，研究者在钢架雪车鞍座上安装了一个三轴加速计[见图7.17(a)]，并在国王湖(Koenigsee)国际赛道上进行了几次滑行测试，该赛道也是世界杯比赛中技术难度最大的滑道之一。图 7.17(b)显示了在国王湖整个滑道下滑过程中沿 x、y、z 轴测量加速度的情况。我们可以看到，当钢架雪车在倾斜的弯道上滑行时，重力对所测量的加速度的贡献度从一个轴向另一个轴移动。通过观察我们可以发现，在起动助跑阶段(之前分析过)的纵向加速度（x 轴)是十分明显的。之后，这个信号变得太嘈杂，因而我们无法获得额外的信息。垂直于雪橇的 z 轴加速度代表了运动员在比赛过程中的弯道内感受到的离心力(g-force)，我们从图中可以看到 $4g$ 的加速度峰值。沿 y 轴的加速度(横向加速度)与舵手的行为关系最大，因为只有当雪橇进弯出弯，即发生操控动作时，横向加速度才不是零。

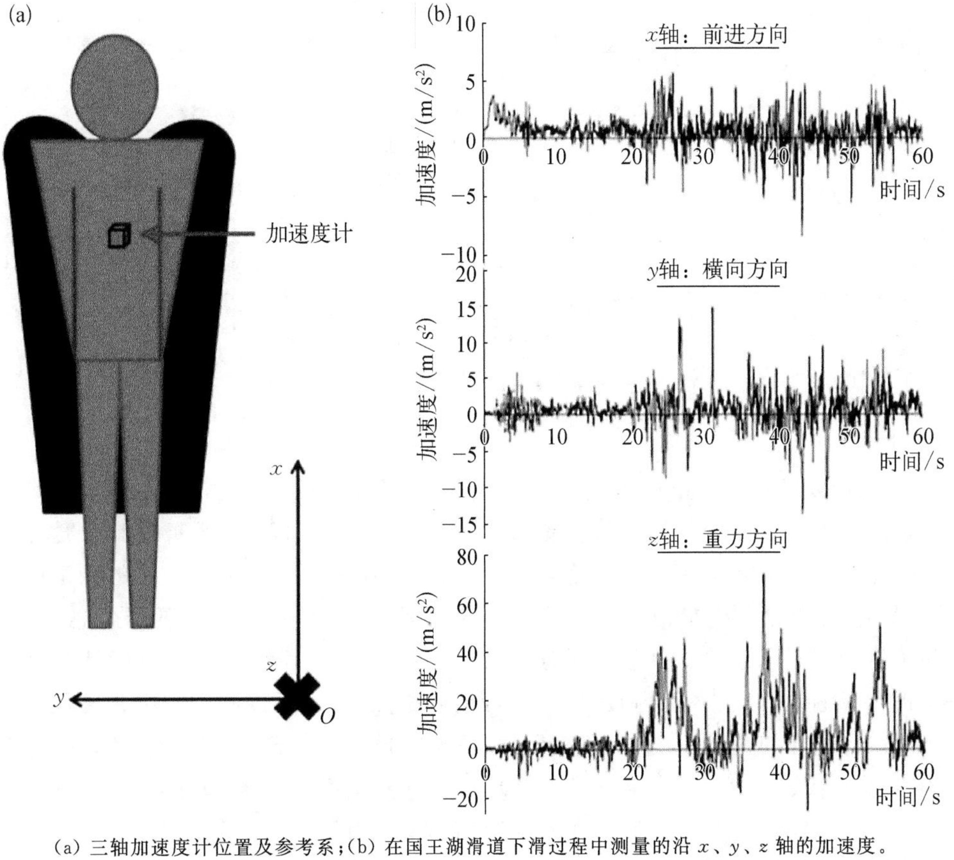

(a) 三轴加速度计位置及参考系；(b) 在国王湖滑道下滑过程中测量的沿 x、y、z 轴的加速度。

图 7.17　安装了三轴加速计的钢架雪车及其在国王湖滑道下滑过程的加速度[10]

通过对滑道最关键部分进行详细分析，为了寻找优化钢架雪车轨迹的标示，有研究者提出了以下几点考虑因素[10]。

1. 起动助跑时间最快的运动员不一定能实现最快的下滑时间。这证实了在文献[7]中进行的统计分析，并强调在钢架雪车比赛中操控失误对总成绩的损害比起动助跑较慢更大，特别是在像国王湖这样的高难度滑道上。

2. 为了对雪橇的动力学和运动轨迹(以及操控行为)进行分析,最有用的测量指标是沿 y 轴的加速度,因为它会在雪橇进弯、出弯时发生显著变化,此时运动员更有可能改变运动轨迹。

3. 在S弯道中测试 y 轴加速度,可以计算出钢架雪车上升时间(见图 7.18 中的 t_1)和下降时间(见图 7.18 中的 t_2)的比值。这个比值可以用来推断轨迹的最高点在弯道内的位置。当运动员以一个特定的角度并采用特定的操控姿势进入S弯道[见图 7.18(a)轨迹 2]时,他可以预测出最高点轨迹(不一定高于顶点),从而获得更长、更直的出弯角度,并且可以平滑地过渡到下一弯道,减少能量损失。由图 7.18(b)分析可知,t_1/t_2 比值越低,运动员经过S弯的时间越短。

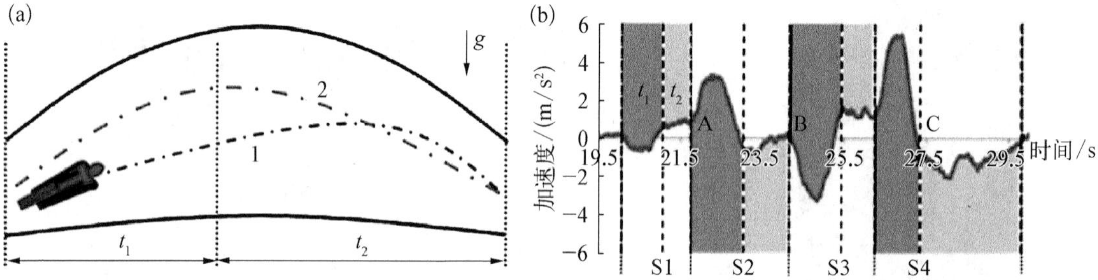

(a) 弯道俯视图,轨迹 1 为无控制入弯,轨迹 2 为控制入弯;(b) 在国王湖赛道的S弯道中沿 y 轴的滤波加速度。

图 7.18 弯道俯视图及运动员在S弯道中的加速度[10]

4. 每当需要通过撞击滑道壁(该技术动作称为“穿针”)来改变雪橇的方向时,比如在国王湖滑道的弯道(bendway)或连续弯道(kink)部分[见图 7.17(b)正横向加速度峰值 30 s 后],撞击点的位置对能量耗散和路径偏差的最小化至关重要。横向加速度的测量可以量化撞击面积的大小和所消耗的时间,这为运动员是否能成功“穿针”提供了重要信息。

为了将钢架雪车运动的动态分析与其变形联系起来,有研究者使用应变计对双刚度钢架雪车进行了测试。[10]这两个刚度设置(坚固的和松散的)是通过调节固定在鞍板后面的螺栓实现的。应变计的花形底座放在钢架雪车框架的横杆前后部[见图 7.19(b)中的 1 号、2 号、3 号位置]和纵杆中间[见图 7.19(b)中的 4 号、5 号位置]。在测试中,研究者使用了三个相互呈 45°的应变计,每个应变计都并入半惠斯通电桥电路上,在隔离钢板上使用一个补偿应变片来补偿所有热膨胀/收缩。

研究人员进行了实验室测试,将施加在雪橇上的力与应变计的变形关联起来。经过仪器校准后,利用装配有仪器的钢架雪车在普莱西德湖滑道上进行了几次计时滑行测试。实验所得到的最有价值的信息是横杆变形,因为它们与舵手操控雪橇轨迹的动作施加到框架上产生的扭曲角度有关。结合运动员的感知,实验采集到的数据表明,拥有坚固框架的雪橇比松散框架的雪橇对舵手的响应更少且更难驾驭。另外,拥有坚固框架的雪橇的下滑速度更快，表明滑行的平稳性和更准确地稳定雪橇的能力是过度牺牲加速度的结果。

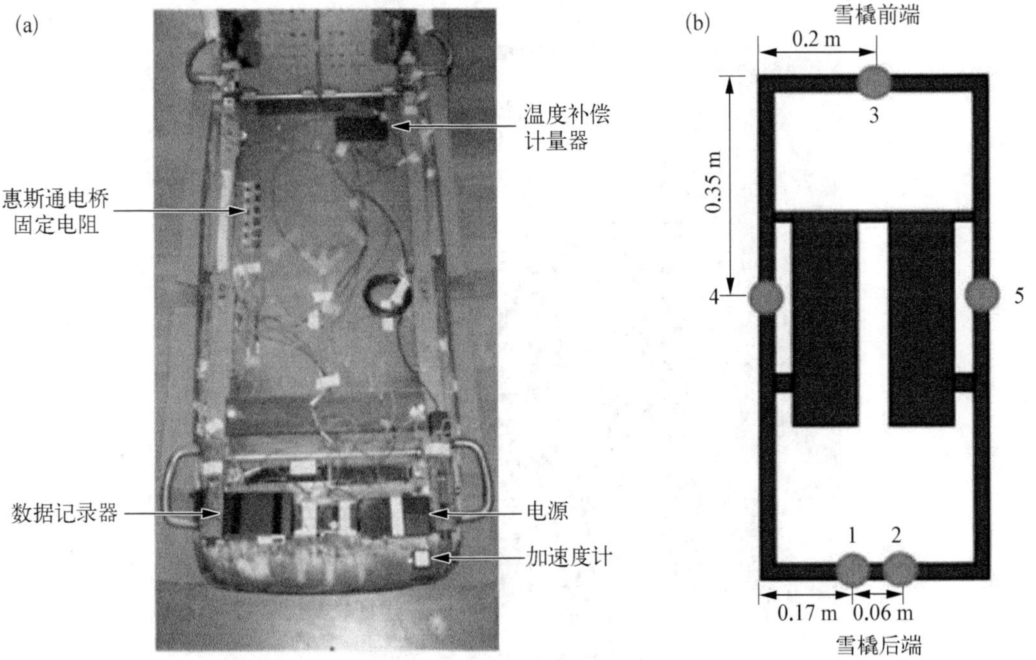

注：(a) 雪橇上的实验装置[10]；(b) 雪橇框架上安装应变计的位置(1～5)。

图 7.19　雪橇上的实验装置及雪橇框架上安装应变计的位置

7.3.4　有舵雪橇的全尺寸测试

本节主要描述了有舵雪橇的全尺寸测试过程，测试目的是考察雪橇动力学、舵手行为和冰与冰刀之间的接触力。

7.3.4.1　全尺寸测试评估冰与冰刀间的摩擦因数

在冰面摩擦实验（见第 3 章）中，实验样品承受的负载小于 100 N，滑行速度不超过 10 m/s [11-14]，而有舵雪橇比赛时在冰上的负载超过 4 000 N，滑行速度的峰值可达到 36～40 m/s。因此，进行全尺寸测试往往更能重现真实的工况。有研究者提出了一种近似于实际工况下的冰刀与冰面之间的摩擦因数估算的简单实验装置，在该实验中，雪橇在平坦或倾斜的冰面上以不同的初始速度起跑，此时摩擦因数是由雪橇的加/减速度决定的。[15, 16]

有研究者针对更大的滑行速度范围进行了研究，专业运动员先是起动雪橇（见图 7.20）至其初始速度为 1.5～6 m/s，然后使雪橇在平坦或固定倾斜度的冰面上自由滑行大约 30 m。[16]研究者在测试中反复给雪橇增加不同的质量。平坦的冰面测试是在卡尔加里奥林匹克椭圆形滑冰场上进行的，而固定倾斜度的冰面测试则是在加拿大奥林匹克公园的起动训练设施上进行的。

图 7.20 实验使用的雪橇正视图[16]

注：运动员在加拿大奥林匹克公园的冰屋中进行起动训练时使用的雪橇。

在测试过程中，雪橇速度的时间历程是由放置在雪橇后并与运动方向平行的雷达枪测量的。此外，对温度进行的测量，也验证了其变化是在一定的范围之内的(测试期间的温度范围是－2.2～－4.6 ℃)，并不会影响冰面硬度。

为了从实测数据中估算摩擦因数 μ，雪橇近似地看作一个单自由度粒子(见第 7.3.2 节)，作用在雪橇上的力包括重力、冰摩擦力和空气动力学阻力，计算公式如下。

$$ma = mg\sin\varphi - \mu mg\cos\varphi - \frac{1}{2}\rho AC_{\mathrm{D}}v^2 \tag{7.7}$$

式中，m 和 a 分别是雪橇的质量和加速度，φ 是冰面坡度(在加拿大奥林匹克公园为常数 6.8°，在卡尔加里奥林匹克椭圆形滑冰场是 0°)，ρ 是空气密度，A 是雪橇的截面积，C_{D} 是雪橇空气动力学阻力系数，g 是重力加速度。假设雪橇的加速度是恒定的，用平均速度 ($\bar{v}$) 和平均加速度 ($\bar{a}$) 可以估算冰面与冰刀之间的摩擦因数和雪橇空气动力学阻力。实际上，式 7.7 可以变为下式。

$$\bar{a}^* = \bar{a} - g\sin\varphi = -\mu g\cos\varphi - \zeta\frac{\bar{v}^2}{m} \tag{7.8}$$

该式引入了空气动力学系数 $\zeta = \rho AC_{\mathrm{D}}/2$，以及平均净雪橇加速度 $\bar{a}^*$ (雪橇加速度值减去重力的贡献值)。

我们可以通过限制数据采集时间来确保所假设的加速度恒定,图 7.21 展示了在平坦冰面上进行 6 次不同速度测量的实例。

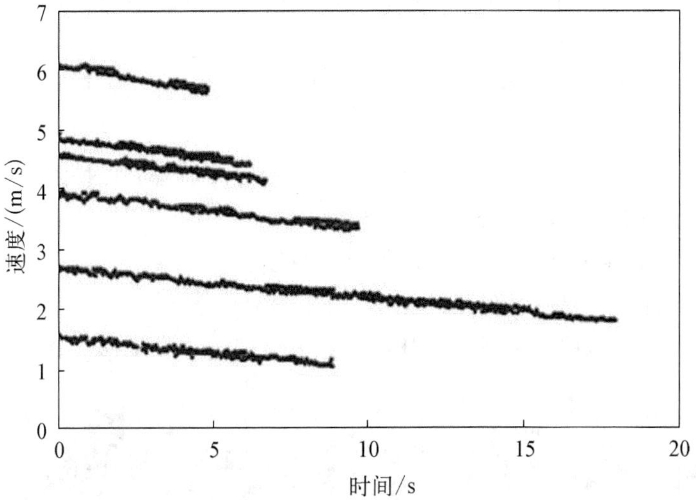

图 7.21 实验采集的雷达速度数据[16]

由式 7.8 可知,平均净雪橇加速度 $\bar{a}^*$ 与 $\bar{v}^2/m$ 之间存在线性关系。因此,我们可以用最小二乘线性回归拟合实验数据。结合实验数据,图 7.22 给出了最佳拟合线和 95%置信区间:白色空心圆为平坦冰面实验,灰色实心圆为恒定斜率冰面实验。最佳拟合曲线的斜率可以确定空气动力学系数 $\zeta=(0.2\pm0.02)$ kg/m,而 y 轴截距可以确定摩擦因数 $\mu=$

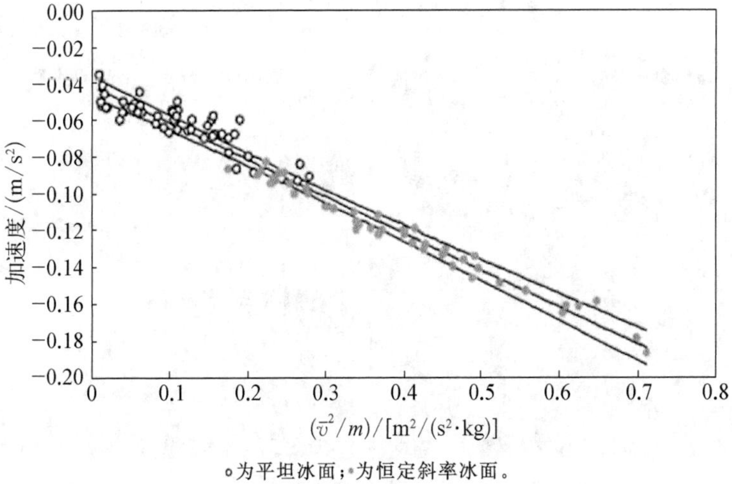

○为平坦冰面;●为恒定斜率冰面。

图 7.22 平均净加速度 $\bar{a}^*$ 与 $\bar{v}^2/m$ 的对比图[16]

注:95%置信区间曲线与实验数据线性回归。

0.004 2±0.000 9。由于实验条件不同，摩擦因数估算值明显低于实验测试值。

7.3.4.2 带仪器有舵雪橇的全尺寸测试

接下来，我们将描述一种测量职业运动员计时滑行时有舵雪橇动力学和冰面与冰刀之间的接触力的实验装置（见图 7.23）。[17]

为了评估双人有舵雪橇在整个滑道上计时滑行时的动力学，我们在有舵雪橇上安装了以下仪器。

1. 一个惯性陀螺仪平台，用于测量雪橇的纵向加速度、横向加速度和垂直加速度，以及其侧倾、俯仰和偏摆的角速度[见图 7.23(a)]；

2. 一个测量雪橇速度和侧滑角的光学装置[见图 7.23(b)]；

3. 一个测量转向角的旋转电位计[见图 7.23(c)]；

4. 四个线性电位计，用于测量冰刀托架和冰刀之间的相对位移[见图 7.23(d)]；

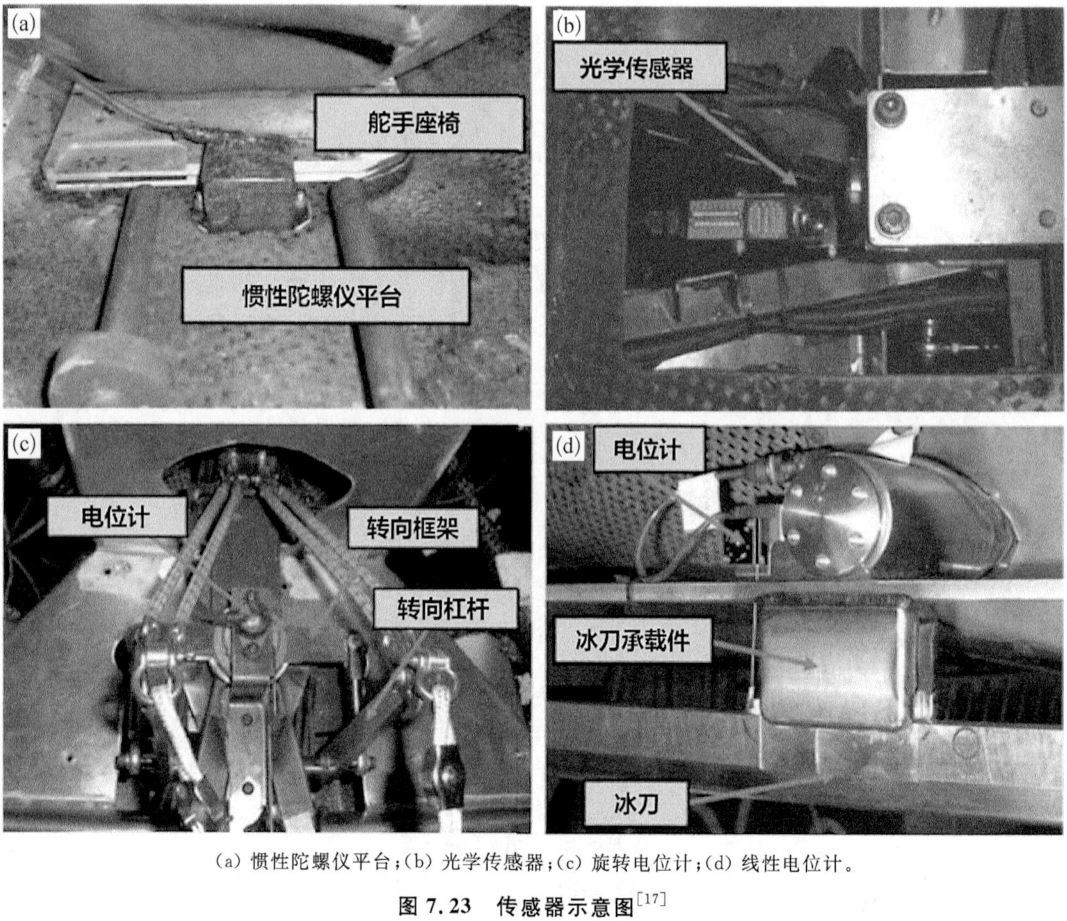

(a) 惯性陀螺仪平台；(b) 光学传感器；(c) 旋转电位计；(d) 线性电位计。

图 7.23 传感器示意图[17]

5. 两个测力轴，用于测量冰面与冰刀之间的接触力（后文介绍）。

图 7.24(a)为惯性陀螺仪平台(inertial gyroscopic platform，IGP)、光学传感器(optical sensor，OS)和有舵雪橇重心(G)的位置，图 7.24(b)为运动参考系。

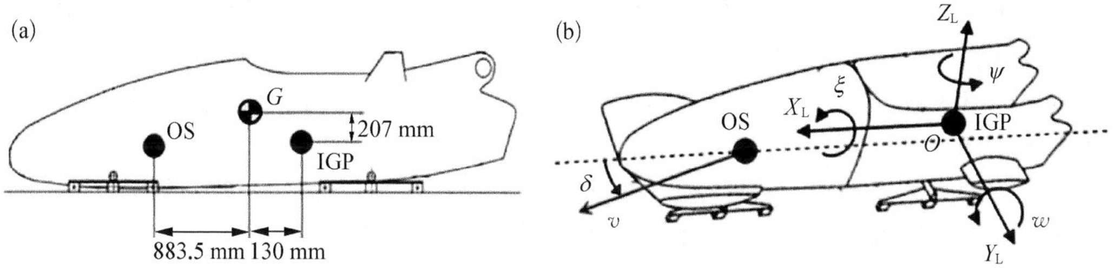

(a) 惯性陀螺仪平台、光学传感器和有舵雪橇重心的位置；(b) 运动参考系。

图 7.24 带仪器的有舵雪橇示意图

研究者在雪橇板上安装了供电和采集系统，使用 12 V 铅酸电池为所有仪器和采集系统供电，在一个 MTA 数码科技公司(MTA Digitek)的 Cobra 数据记录器（该数据记录器安装在雪橇板上）上记录下所测得的信号数据，并通过以太网链接将数据转移到一台 PC 电脑上进行后处理。所有的信号数据都是在 100 Hz 的频率下采集的，并在 10 Hz 的频率下进行低通过滤。

研究者还设计并开发了测力轴，用来评估冰面与冰刀之间的接触力。具体来说，接触力的重建是基于对接触力本身所引起的冰刀与承载架之间的形变来进行测量的。测力轴上冰面与冰刀之间的接触力和应变计位置如图 7.25 所示。应变计的数量和位置受到冰刀和有

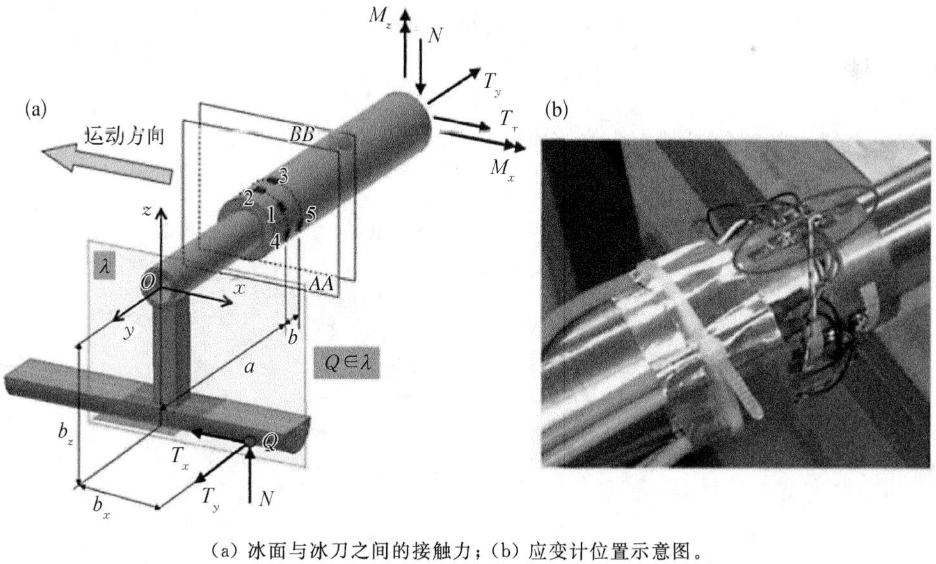

(a) 冰面与冰刀之间的接触力；(b) 应变计位置示意图。

图 7.25 测力轴上冰面与冰刀之间的接触力和应变计位置[17]

舵雪橇框架上测力轴之间连接的空间限制(约 100 mm)。图 7.25 中位置 1 所示的应变计有两个相互垂直的测量格栅,这两个格栅连接成一个全桥,并允许对轴向力 (T_y) 进行测量以及对热效应和弯曲进行补偿。

图 7.25 中位置 2 和位置 3 所示的一对应变计(通过两个电阻平衡的半桥结构连接)可以测量 AA 和 BB 截面的绕 x 轴的弯曲力矩 (M_{xAA} 和 M_{xBB})。这种结构可以补偿热效应和轴力扰动。在测量 AA 截面和 BB 截面的绕 z 轴的弯曲力矩 (M_{zAA} 和 M_{zBB}) 时,我们可以选用相同的应变计设置(位置 4 和位置 5)。

研究者通过开展几次实验确定了标定矩阵 $[C]$,该矩阵与应变计桥的输出信号 $\boldsymbol{v}$ 与测量矢量 $\boldsymbol{f}=[T_y \quad M_{xAA} \quad M_{xBB} \quad M_{zAA} \quad M_{zBB}]^T$ 有如下关系。

$$\boldsymbol{f}=[C]\boldsymbol{v} \tag{7.9}$$

冰面与冰刀之间的接触力的侧向分量已经包含在矢量 $\boldsymbol{f}$ 中,而分量 N 和 T_x 可以通过下式来确定。

$$N=-\frac{M_{xBB}-M_{xAA}}{b}, \quad T_x=-\frac{M_{zBB}-M_{zAA}}{b} \tag{7.10}$$

式中,b 为截面 AA 与截面 BB 之间的距离(见图 7.25)。事实上,我们还必须考虑如下几点。

1. 侧向力 T_y 为 x 轴和 z 轴提供恒定的弯矩;

2. 垂直力 N 来源于 x 轴的弯矩,该弯矩与冰刀间的距离成正比增加[呈三角形分布,见图 7.26(a)];

3. 纵向力 T_x 来源于 z 轴的弯矩,该弯矩与冰刀间的距离成正比增加[呈三角形分布,见图 7.26(b)]。

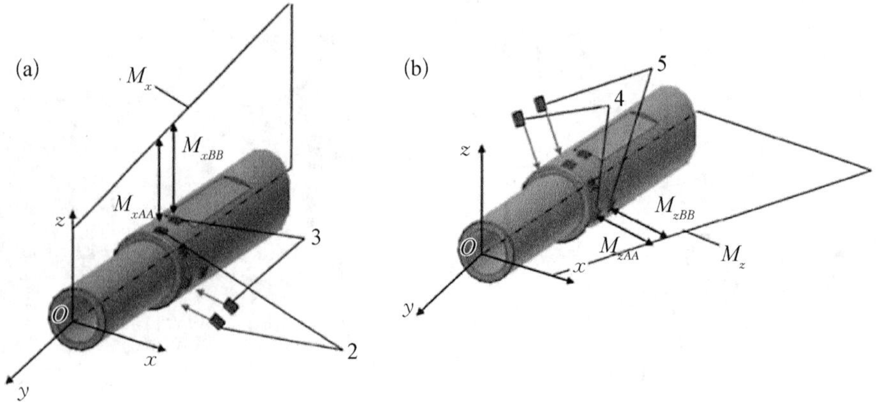

(a) x 轴;(b) z 轴。

图 7.26 弯矩示意图[17]

因此，测力轴可以对接触力分量 T_x、T_y、N 的测量进行解耦[17]，一旦知道接触力，理论上就可以估算冰面与冰刀之间的接触力作用点的位置。作用点 Q 的 z 点 (b_z) 和 x 点 (b_x) 的位置实际上可以根据下式来确定。

$$b_x = -\frac{M_{zBB} - T_x a}{T_y}, \quad b_z = -\frac{Na - M_{xAA}}{T_y} \tag{7.11}$$

需要指出的是，b_z 的位置也可以通过测量来确定，因为冰刀与承载架和雪橇之间的相对位移相同。

前后车轴都安装了测量装置，以便分别测量四个冰刀各自的接触力。

在塞萨纳帕里奥奥林匹克滑道上，职业运动员操控上述装配有检测仪器的雪橇进行了数次测试。该滑道长 1 411 m，有 19 条弯道，高度落差为 144 m，平均坡度为 8.08%(见图 7.27)。

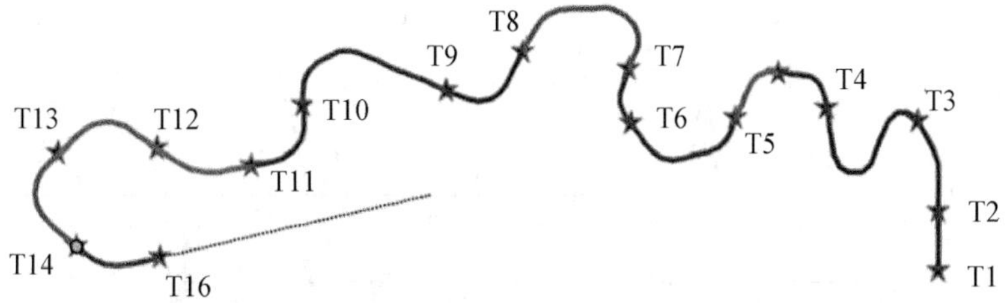

图 7.27　塞萨纳帕里奥奥林匹克滑道示意图[17]

转向角、有舵雪橇侧滑角、有舵雪橇侧倾角和有舵雪橇速度的测量值如图 7.28 所示，这些测量值与滑行测试过程中沿滑道的滑行距离有关。从图中可以看出，雪橇在滑道上的速度一直在增加，直到最大速度超过 130 km/h。有舵雪橇侧倾角的峰值(通过对测量的倾斜速率的时间进行合并获得)在几次转弯中超过 90°，在弯道 2 处达到最大值(94°)。对侧倾角和转向角进行对比后我们可以发现，尽管它们的峰值几乎同时出现，但它们之间的相关性并不明显。这表明峰值的同步只是由滑道的几何形状引起的：当开始转弯时，舵手突然增加了转向角，并且由于离心力的作用出现了一个侧倾角。相对于转向角的峰值(与有舵雪橇的动力学相关)，侧倾角的最大(绝对)值是在几乎固定的时间延迟下达到的，并且突然上升的转向角总是与一个缓慢增加的侧倾角相对应。侧滑角与转向角的数量级相同(在±5°之间变动)。在连接两条弯道的直道部分，侧滑角的峰值总是与转向角的峰值相对应。

四个冰刀在垂直、横向和纵向方向上的接触力与滑行距离的对应关系如图 7.29、图 7.30 和图 7.31 所示。我们在与有舵雪橇同步移动的参考系中对接触力分量进行了描述[见图 7.24(b)]。

图 7.32、图 7.33 和图 7.34 比较了冰刀接触力之和除以雪橇质量(虚线)和由惯性陀螺

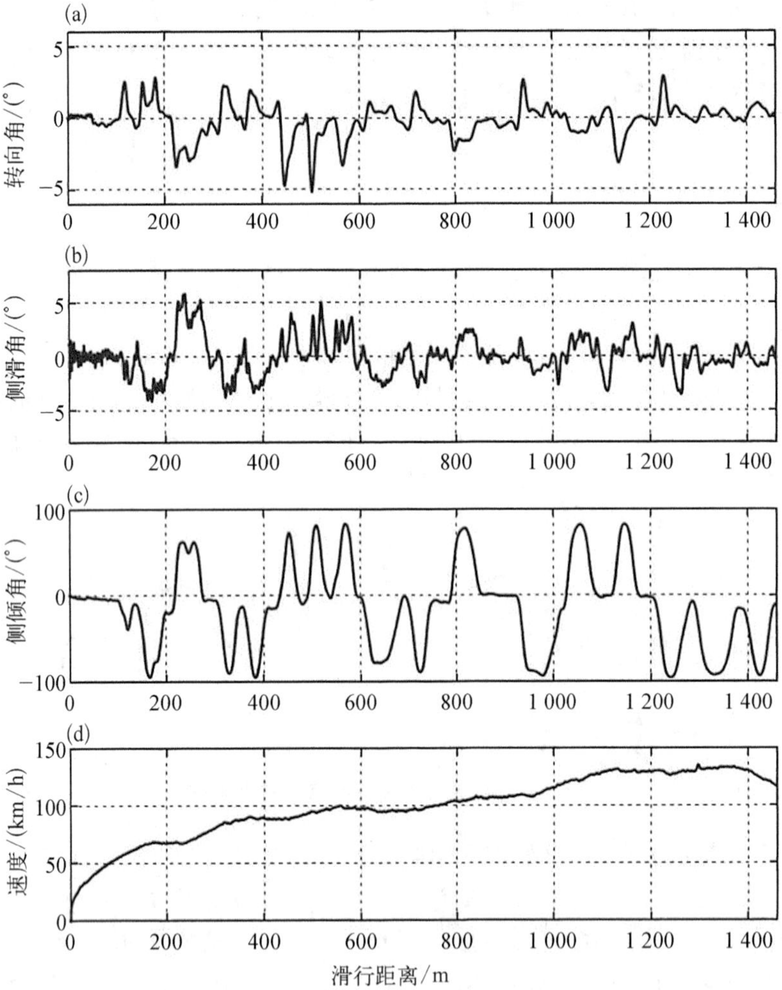

(a) 测量装置;(b)(c)(d) 有舵雪橇。

图 7.28 与有舵雪橇同步移动的参考系的接触分量的情况

仪平台测量的垂直、横向和净纵向(对重力贡献度和空气动力学阻力的纵向加速度补偿)加速度(实线),以证实冰面与冰刀之间的接触力测量值。一般来说,接触力和加速度的测量结果是一致的,尤其是垂直方向(见图 7.32)。垂直加速度和接触力清楚地确定了滑道弯道。在大多数弯道中,挤压力(compressions)可达到 3.5g 以上,这与文献[10]中提供的钢架雪车测量值一致。

侧向接触力(以及侧向加速度)的峰值出现在弯道的进/出口处(见图 7.33)。

通过观察雪橇的净纵向加速度(见图 7.34),我们可以清晰地得到起动阶段。当净加速度为正值时,即大约在 50 m 后,起动阶段结束。当运动员跳上雪橇的时候,在纵向加速度信号中有一个明显的尖峰。在此之后,净纵向加速度略微偏负值(其平均值为 0.015～

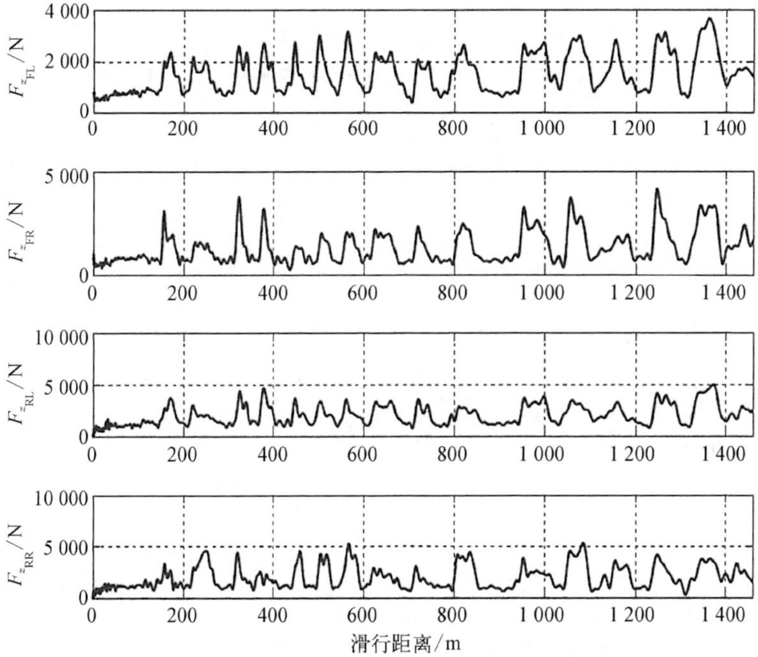

图 7.29　沿 z 轴测量的冰面与冰刀之间的接触力参数

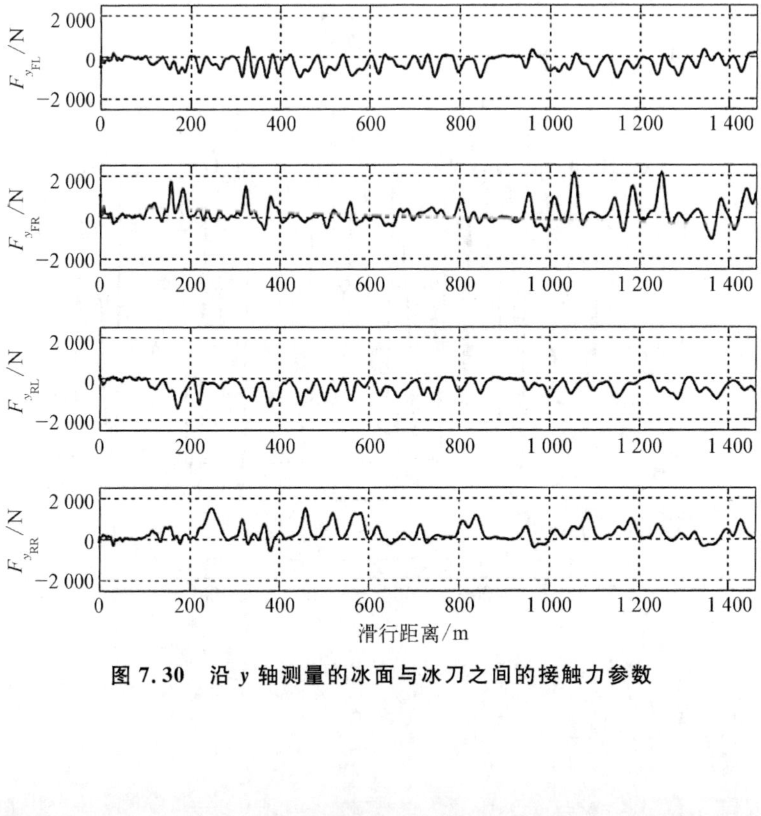

图 7.30　沿 y 轴测量的冰面与冰刀之间的接触力参数

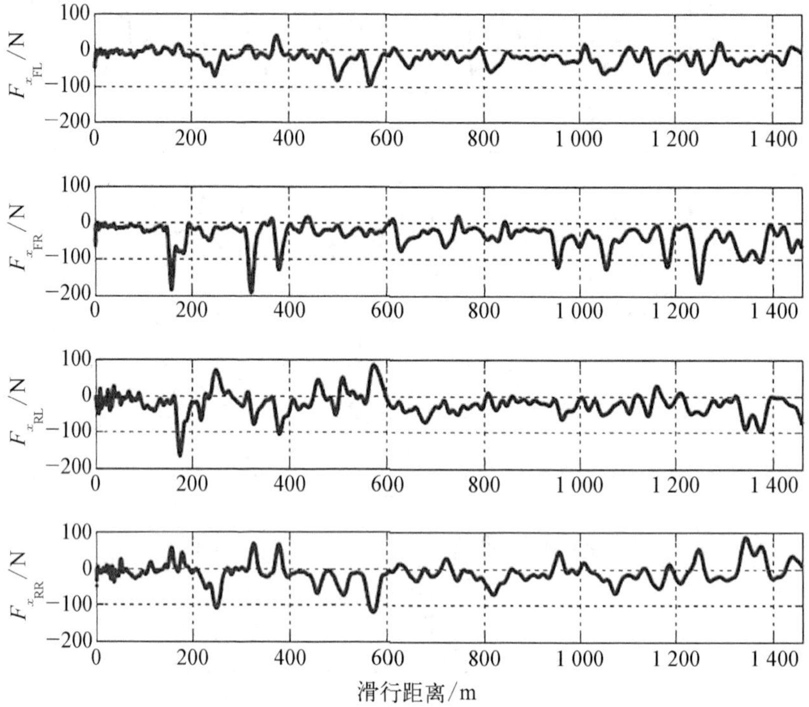

图 7.31 沿 x 轴测量的冰面与冰刀之间的接触力参数

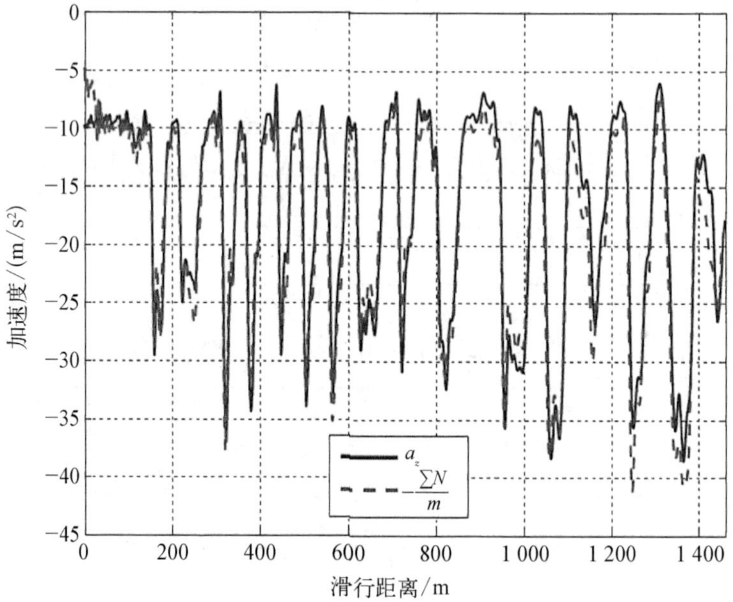

图 7.32 沿 z 轴的平衡性对比

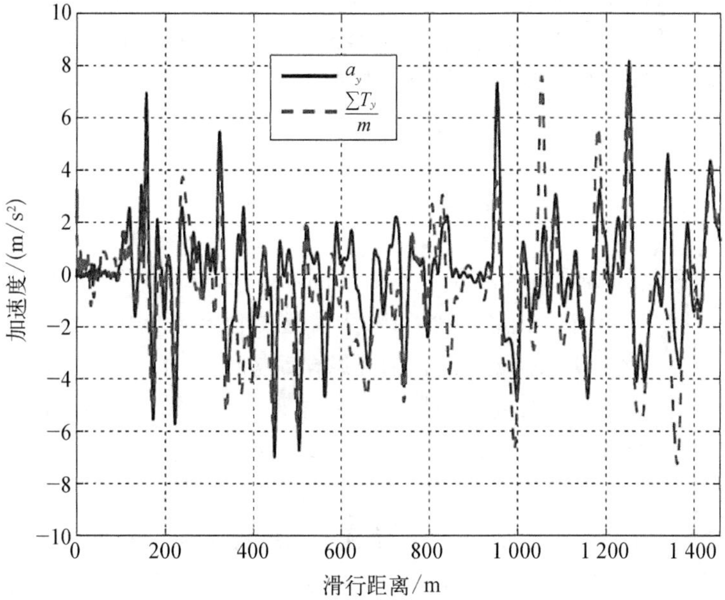

图 7.33　沿 y 轴的平衡性对比

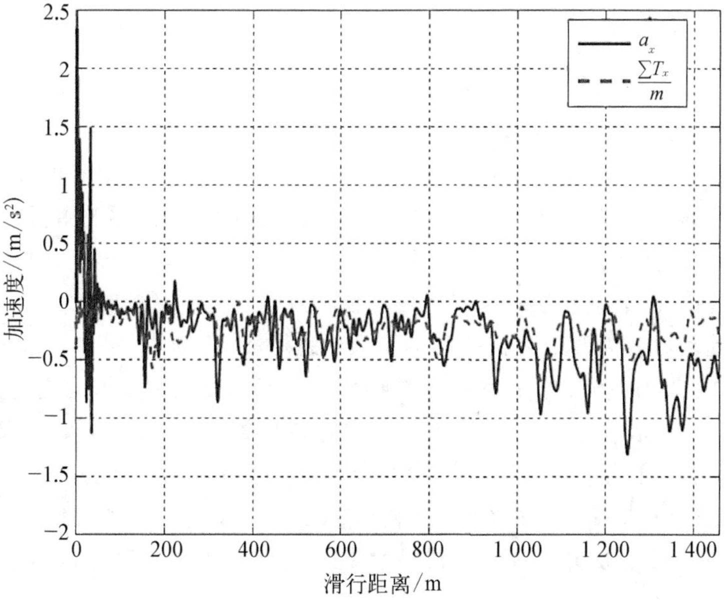

图 7.34　沿 x 轴的平衡性对比

0.02 m/s^2)，这和冰面与冰刀之间的纵向接触力相一致。在对应弯道的进/出口处会同时出现加速度和接触力的测量峰值。然而，净纵向加速度沿滑道有下降趋势(这可能表明冰面与冰刀之间的摩擦力随着速度的增加而增加)，这不是在纵向接触力的测量中获得的。

通过对实测的纵向和横向接触力与垂直接触力进行比较，我们可以粗略地估算出冰与冰刀的纵向摩擦因数（μ_x）和横向摩擦因数（μ_y），如下式所示。

$$\mu_x = \frac{T_x}{N}, \quad \mu_y = \frac{T_y}{N} \tag{7.12}$$

必须强调的是，力测量的实验离散性很明显(特别是在纵向方向，其平均力值在 25～30 N)，这使得摩擦因数的估算相当不确定。然而，对于滑道的直道部分来说，取 10 个连续样本采集数据的平均值，连同 4 个冰刀一起分析，估算纵向摩擦因数 $\mu_x = 0.018 \pm 0.008$。

由上式计算得出的摩擦因数与文献[13-15]结果一致。除了前面的解释之外，我们还必须注意到，在上述文献的实验过程中所达到的最大速度有很大的差异。在文献[16]中最大速度已达到 10 m/s，并且有研究人员[13,14]提出，摩擦因数预计会随着速度的增大而增大。

对于滑道的 15 条弯道来说，取 10 个连续样本采集数据的平均值，连同 4 个冰刀一起分析，估算侧向摩擦因数 $\mu_y = 0.2 \pm 0.08$。该值明显高于纵向摩擦因数，由于没有进行对照实验，因此我们在文献中找不到数据来证实这一估算值。但考虑到冰刀在纵向和横向滑动时的接触几何结构不同，那么估算得到的结果也就解释得通了。

7.3.5 无舵雪橇的全尺寸测试

如前所述，在无舵雪橇中，起动时间与总成绩之间存在显著的相关性。虽然和钢架雪车的滑道相同，但无舵雪橇运动是一项完全不同的运动——运动员以坐着的姿势开始起动，用手臂推动自己向前，沿着陡峭的塔台向下滑动。与钢架雪车相比，无舵雪橇需要运动员有更快的反应力，比赛时间安排得更加紧凑。随着终点越来越近，运动员才明白在起始阶段获得优势的重要性。因此，起动阶段一直是无舵雪橇项目的实验研究焦点。

无舵雪橇起动可分为四个紧密关联的阶段：助栏段、驱动段、手划段和固定滑行段(见图 7.35)。在助栏段，运动员抓住手柄不停地前后移动，以便在驱动段前把肩、躯干和背伸肌调动起来。在这个阶段结束时，运动员短暂地停止雪橇的向后运动[见图 7.35(a)]。进入驱动段后，雪橇向前运动[见图 7.35(b)]。在运动员重新仰卧到雪橇上之前，根据起跑坡道和运动员的体能，要进行三次甚至更多次的手臂划冰[见图 7.35(c)]。划冰动作包括击打冰、推冰，最后推离冰面。最后一次划冰后，达到最大起动速度，运动员随之确定比赛姿势[见图 7.35(d)]。

有研究者使用了能够测量水平和垂直力的测力手柄来分析前两个起动阶段(助栏段和驱动段)，同时利用力的数据来量化时间段，确定运动员施加的力和冲量的大小以及相对效

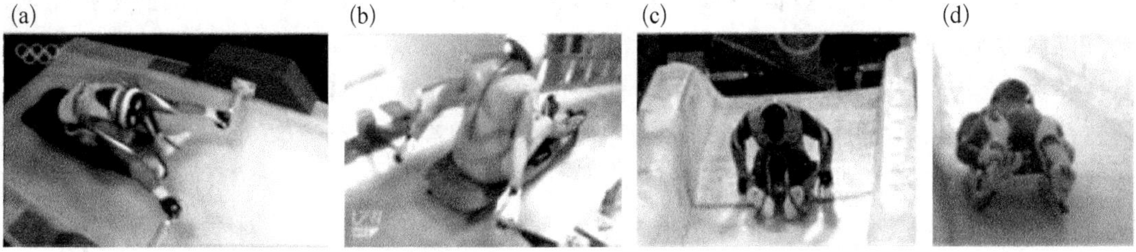

(a) 助栏段；(b) 驱动段；(c) 手划段；(d) 固定滑行段。

图 7.35　无舵雪橇起动阶段

果，并估算可能对初始滑行轨迹产生负面影响的两侧不对称（bilateral asymmetries）问题。[18]美国职业无舵雪橇队的 12 名资深队员参加了在普莱西德湖滑冰场进行的滑行测试。在整个无舵雪橇起始阶段，男运动员和女运动员在力量的运用上都高度对称，尤其是在驱动段。在整个起动过程中，两侧不对称的平均值为 8.89%。如果将手柄上的水平力和垂直力的比值定义为动力学效能，那么这一效能的测试结果表明，在驱动段只有 75%的力对无舵雪橇的向前推进做出了贡献。男运动员在起动过程中表现出明显较高的绝对冲量和力，从而提高了无舵雪橇的初始速度。男运动员和女运动员的平均初始雪橇速度分别为 3.15 m/s 和 2.87 m/s。在所有运动员中，驱动段动力学效能与无舵雪橇速度高度相关。线性回归分析表明，仅用驱动段水平冲量的大小就可以解释雪橇起动过程中 77%的变化。研究还发现，更大的动力输出出现在助栏段，该动力增强了无舵雪橇在驱动段的向前推进力。助栏段冲量与无舵雪橇的初始速度密切相关，占无舵雪橇速度变化的 45%。在用于计算无舵雪橇速度的理想冲量-动量方程中，速度与力（冲量）的比例关系很好地解释了无舵雪橇初始速度与驱动段动力学之间的关系。助栏段动力学的类似关联解释为在快速起动期间能更有效地利用储存的弹性。研究结果表明，无舵雪橇的快速起动效果与这两个因素相关：一个是在助栏段期间肩膀、躯干和髋部肌肉的爆发性的偏心负载（eccentric loading），另一个是驱动段期间雪橇的巨大向前推力。

有研究人员对运动员的矢状视频记录与力的测量进行了同步研究，目的是研究运动员的位移与施加在手柄上的力之间的相关性。[19]

部分研究者还使用了高速视频记录来分析无舵雪橇起动的各个阶段，这项实验的几次测试分别是在比赛滑道和起动训练坡道上进行的。[20]研究发现，一般情况下比赛滑道与起始训练坡道之间的起始段持续时间存在差异。具体来说，当运动员在雪橇滑道上起动时，手臂划冰的时间往往会缩短，这可能是由于他们需要及时确定仰卧姿势。只有最优秀的运动员才能将他们特有的计时模式从训练场切换到比赛场上。相反地，大多数运动员始终保持相同的起动急拉持续时间（从雪橇向前运动开始到运动员松开手柄的时间间隔）。

有研究人员研发了一种名为“速度划桨器”（Speedpaddler）的训练工具，用于评估和训练高水平无舵雪橇运动员的划臂技术。[21, 22]据估计，手划段在总起动贡献度中所占的比例为

23%。该训练工具由铝合金框架和常规的带式输送机系统组成，由两个同步伺服电机驱动。它可以保持 12 m/s 的恒定速度以便运动员进行训练。速度划桨器有助于改变传送带的倾斜度和速度，从而改变阻力和移动速度。如果运动员在手臂划冰时使传送带加速，那么电机的转矩就会减小。因此，研究人员可以通过扭矩测量和高速视频录像来评估划臂技术的训练效果。在 18 名无舵雪橇运动员(来自奥地利国家队和青年队)的实验中，他们分别在雪橇滑道和速度划桨器上进行了测试。用固定在运动员手套下的加速度计对手划循环时间进行评估，研究发现，在速度划桨器上的划臂周期与在冰上测量的周期一致。

7.4 雪　橇

7.4.1 动态模拟和优化

如第 7.2 节所述，FIBT 批准的有舵雪橇竞赛规则[3]允许在给定的范围内设计若干参数(尺寸、质量、悬架刚度等)。虽然范围有限，但这些参数可能会使有舵雪橇的结构布局因不同的设计选择而不同。

尽管在滑道上的测试才是对有舵雪橇进行最终调校的基本方法，但是实验似乎也是客观确定设计参数对整体性能的影响的最佳工具。事实上，诸如起动时间不同、操控失误、冰面特征在一天中的变化等因素很容易掩盖它们的影响。因此，为了获得统计证据，研究人员需要进行大量的测试，但由于滑道的可用性和实验成本的限制，这种方法很难进行。

运动员的反馈也是可供有舵雪橇设计参考的因素之一，但这通常只会带来微小变动，对总成绩的影响微乎其微。

正因为如此，人们才认为有舵雪橇的数学模型可能是一个为设计者提供指导的有效工具。数值模拟提供了两个重要的优点：价格便宜和可重复性。除了通常情况下影响滑道测试的外部变量外，数值模拟可以执行大量的"虚拟"测试，如果有舵雪橇的某一结构参数改变，那么将会明显影响完赛时间的量化。但更有趣的是，我们也可以同时改变几个设计参数来分析它们对整体性能的相互影响。考虑到以最短的完赛时间为目标，我们将对过程进行优化，以确定结构参数的最优化组合，从而获得最佳成绩。

这种方法的缺点与建模的近似性或不确定性有关。典型的关键因素可以在冰刀与冰面的相互作用模型和舵手响应模型中找到。这些关键因素对完赛时间有显著影响，建模不充分可能会导致对其他参数影响的评估发生错误。但是，一旦建模水平达到了高水准或者模型的限制性被很好地理解时，数值模拟无疑将成为设计有舵雪橇的一个有用的帮手。

许多文献都给出了各种不同复杂度的模型：从单自由度粒子模型到多体模型。我们在以下各节中将分别介绍复杂度逐渐增加的三种模型，并对这些方法的优点和局限性加以说明。

7.4.1.1　单自由度粒子模型

一个为了重现有舵雪橇动力学的数值模型必须包括一个雪橇本身的模型、一个滑道模型、一个描述两者相互作用的模型和一个舵手的模型。

质点代表最简化的模型，可以用来近似地模拟有舵雪橇的运动。质点也称为粒子模型，在空间中只有3个自由度。原则上，同样的模型也可以用于钢架雪车和无舵雪橇。如果假设质点只在滑道表面运动，接触界面不发生局部变形，那么其位置实际上可以用两个独立变量来描述，以确定二维表面上一个点的位置。在更简单的假设下，如果已知雪橇在给定滑道上的轨迹，那么凭借1个自由度（这个曲线的横坐标）就足以设置有舵雪橇的位置了。

该模型虽然非常简单，但仍在文献[23]中被用来分析不同参数对完赛时间的影响。基于这种方法的假设是，沿着滑道滑行的有舵雪橇的参考轨迹在某种程度上是最优的，不会受到分析中参数变化的影响。由于轨迹是固定的，因而研究人员对滑道轨迹几何形状建模时几乎不需要什么信息，也不需要舵手模型。我们可以用一种相当简单的方法来计算有舵雪橇和滑道之间的相互作用，如下式所示。

$$\boldsymbol{P}(s)=\begin{Bmatrix} x(s) \\ y(s) \\ z(s) \end{Bmatrix} \tag{7.13}$$

质点在三维空间中的轨迹可以用式7.13的参数形式来表示：矢量 $\boldsymbol{P}(s)$ 表示所选路径上点的位置作为曲线横坐标 s 的函数，$\boldsymbol{P}(s)$ 的分量分别为绝对参考轨迹点的坐标 $x(s)$、$y(s)$、$z(s)$。

曲线横坐标确定了质点在轨迹上的位置，表示模型的自由度。曲线横坐标是时间的函数，因为质点能以不同的速度沿轨迹运动；质点的速度 $\boldsymbol{v}$ 可以很容易地获得，如下式所示。

$$\boldsymbol{v}=\frac{\mathrm{d}\boldsymbol{P}(s)}{\mathrm{d}t}=\frac{\mathrm{d}\boldsymbol{P}(s)}{\mathrm{d}s}\cdot\frac{\mathrm{d}s}{\mathrm{d}t}=\boldsymbol{t}(s)\dot{s} \tag{7.14}$$

$\boldsymbol{P}(s)$ 对曲线横坐标的一阶导数可以定义为单位矢量 $\boldsymbol{t}(s)$ 对轨迹的切线。质点的加速度 $\boldsymbol{a}$ 的计算公式如下。

$$\boldsymbol{a}=\frac{\mathrm{d}\boldsymbol{v}}{\mathrm{d}t}=\boldsymbol{t}(s)\ddot{s}+\frac{\mathrm{d}\boldsymbol{t}(s)}{\mathrm{d}t}\dot{s}=\boldsymbol{t}(s)\ddot{s}+\frac{\mathrm{d}\boldsymbol{t}(s)}{\mathrm{d}s}\dot{s}^2=\boldsymbol{t}(s)\ddot{s}+\frac{\boldsymbol{n}(s)}{R}\dot{s}^2 \tag{7.15}$$

曲线横坐标的矢量 $\boldsymbol{t}(s)$ 的一阶导数表示的是指向曲率轨迹中心的单位矢量 $\boldsymbol{n}(s)$ 和局部曲率半径 R 之间的比值。矢量 $\boldsymbol{n}(s)$ 定义了当轨迹出现弯曲时质点所经历的向心加速度的方向。矢量 $\boldsymbol{t}(s)$ 和 $\boldsymbol{n}(s)$ 是互相垂直的，并确定了所谓的密切平面（在图7.36中以 Π 标示）。

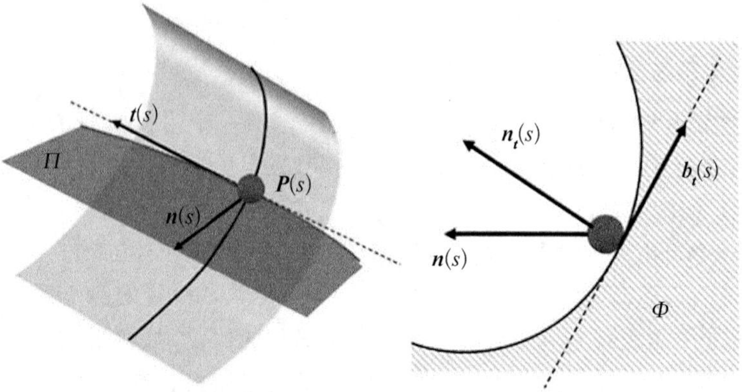

图 7.36 矢量 $t(s)$、$n(s)$、$n_t(s)$ 和 $b_t(s)$ 的方向示意图

如图 7.36 的右图所示，$\boldsymbol{n}(s)$ 的方向通常不同于与滑道表面垂直且方向向外的矢量的方向，该矢量以 $\boldsymbol{n}_t(s)$ 表示。假设在无限刚性的轨迹下，质点的运动发生在与轨迹局部相切的平面上。这意味着 $\boldsymbol{n}_t(s)$ 与 $\boldsymbol{t}(s)$ 是垂直的，因此 $\boldsymbol{n}(s)$ 和 $\boldsymbol{n}_t(s)$ 属于同一平面 Φ。这包含副法线矢量 $\boldsymbol{b}_t(s)$，它与滑道表面相切，定义为下式。

$$\boldsymbol{b}_t(s)=\boldsymbol{t}(s)\times\boldsymbol{n}_t(s) \tag{7.16}$$

将牛顿第二定律用于质点，即可得到如下所示的矢量方程。

$$m\left[\boldsymbol{t}(s)\ddot{s}+\frac{n(s)}{R}\dot{s}^2\right]=\boldsymbol{G}+\boldsymbol{F}_{\mathrm{a}}+\boldsymbol{F}_t \tag{7.17}$$

式中，m 为雪橇质量，$\boldsymbol{G}$、$\boldsymbol{F}_{\mathrm{a}}$、$\boldsymbol{F}_t$ 代表作用于雪橇本身的外力，其中 $\boldsymbol{G}$ 为重力，$\boldsymbol{F}_{\mathrm{a}}$ 为空气动力，$\boldsymbol{F}_t$ 为滑道在接触界面上所产生的力。重力 $\boldsymbol{G}$ 定义为下式。

$$\boldsymbol{G}=m\boldsymbol{g}=m\begin{Bmatrix}0\\0\\-g\end{Bmatrix} \tag{7.18}$$

与空气动力有关的矢量 $\boldsymbol{F}_{\mathrm{a}}$ 表示沿运动方向 $\boldsymbol{t}(s)$ 受阻力作用的一个分量和沿 $\boldsymbol{n}_t(s)$ 方向由升力产生的另一个分量。

$$\boldsymbol{F}_{\mathrm{a}}=-\frac{1}{2}\rho AC_{\mathrm{D}}\dot{s}^2\cdot\boldsymbol{t}(s)+\frac{1}{2}\rho AC_{\mathrm{L}}\dot{s}^2\cdot\boldsymbol{n}_t(s) \tag{7.19}$$

空气动力是对正表面 A、空气密度 ρ、升力系数 C_{L} 和阻力系数 C_{D} 进行计算而得来的。

如图 7.37 所示，在接触面上的力由 3 个分量组成，分量 $\boldsymbol{N}$ 与滑道表面垂直，因而沿着 $\boldsymbol{n}_t(s)$ 方向。切向接触力可分为两部分：第一分量 $\boldsymbol{T}_x$ 与摩擦产生的纵向阻力有关，沿 $\boldsymbol{t}(s)$

方向运动；根据库仑摩擦模型可知，$\boldsymbol{T}_x = -\mu|\boldsymbol{N}|\cdot\boldsymbol{t}(s)$。切向力的第二个分量 $\boldsymbol{T}_y$ 是沿副法线方向 $\boldsymbol{b}_t(s)$，表示侧向的抗滑性。

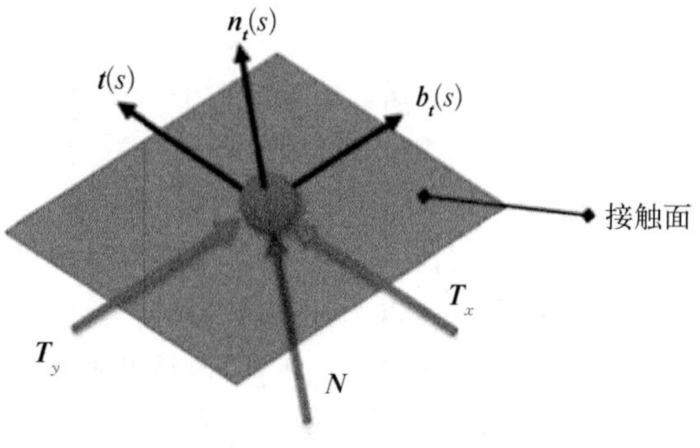

图 7.37 接触力 $\boldsymbol{F}_t$ 的分量 $\boldsymbol{T}_x$、$\boldsymbol{T}_y$ 示意图

总的来说，接触力 $\boldsymbol{F}_t$ 可以写成下式。

$$\boldsymbol{F}_t = \boldsymbol{N} - \mu|\boldsymbol{N}|\cdot\boldsymbol{t}(s) + \boldsymbol{T}_y \quad (7.20)$$

将式 7.18、式 7.19、式 7.20 相结合，则式 7.17 可表示为

$$m\left[\boldsymbol{t}(s)\ddot{s} + \frac{\boldsymbol{n}(s)}{R}\dot{s}^2\right] = m\boldsymbol{g} - \frac{1}{2}\rho AC_D\dot{s}^2\cdot\boldsymbol{t}(s) + \frac{1}{2}\rho AC_L\dot{s}^2\cdot\boldsymbol{n}_t(s) + \boldsymbol{N} - \mu|\boldsymbol{N}|\cdot\boldsymbol{t}(s) + \boldsymbol{T}_y \quad (7.21)$$

式 7.21 实际上是一个矢量方程，可以沿着三个方向投影。利用式 7.21 沿着与滑道表面法向方向的投影，可计算出法向反作用力 $\boldsymbol{N}$。

$$\boldsymbol{N} = m\frac{\dot{s}^2}{R}\boldsymbol{n}(s)\cdot\boldsymbol{n}_t(s) - m\boldsymbol{g}\cdot\boldsymbol{n}_t(s) - \frac{1}{2}\rho AC_L\dot{s}^2 \quad (7.22)$$

由于质点的运动是假设在给定的轨迹上进行的，因此我们应使用式 7.22 来确认 $\boldsymbol{N}$ 的符号；在这个简化数学模型中，$\boldsymbol{N}$ 可能为负数，但显然没有物理意义。除此之外，当式 7.21 沿着 $\boldsymbol{t}(s)$ 方向投影时，由式 7.22 可以得到如下所示的纯运动方程。

$$m\ddot{s} = m\boldsymbol{g}\cdot\boldsymbol{t}(s) - \mu|\boldsymbol{N}| - \frac{1}{2}\rho AC_D\dot{s}^2 \quad (7.23)$$

最后，当式 7.21 沿着副法线方向投影时，我们可以计算出沿给定轨迹运动所需的侧向接触力，如下式所示。

$$\boldsymbol{T}_y = -m\boldsymbol{g}\cdot\boldsymbol{b}_t(s) + m\frac{\dot{s}^2}{R}\boldsymbol{n}(s)\cdot\boldsymbol{b}_t(s) \quad (7.24)$$

求解式 7.23 不需要这些信息，但是我们可以对结果的可靠性进行额外的检查：特别是，应将所得到的 $\boldsymbol{T}_y$ 与有舵雪橇通过冰刀所产生的最大侧向力进行比较。假设 $\boldsymbol{N}$ 为正值，将式 7.22 与式 7.23 相结合，那么有舵雪橇的加速度可表示为下式。

$$\ddot{s} = \boldsymbol{g}\cdot\boldsymbol{t}(s) - \mu\left[\frac{\dot{s}^2}{R}\boldsymbol{n}(s)\cdot\boldsymbol{n}_t(s) - \boldsymbol{g}\cdot\boldsymbol{n}_t(s) - \frac{1}{2m}\rho AC_L\dot{s}^2\right] - \frac{1}{2m}\rho AC_D\dot{s}^2 \quad (7.25)$$

式 7.25 可以通过引入状态矢量 $\boldsymbol{z}$ 的状态形式表示，如下式所示。

$$\boldsymbol{z} = \begin{Bmatrix} s \\ \dot{s} \end{Bmatrix} \quad (7.26)$$

对与时间有关的矢量 $\boldsymbol{z}$ 求导可得到一组两个一阶微分方程，可以表示为下式。

$$\dot{z}=f(z,\ t) \tag{7.27}$$

式 7.27 可以通过数值求解，此时假设初始位置 $s(0)$ 和初始速度 $\dot{s}(0)$ 来自一个未建模的冲刺阶段。

式 7.25 代表的是模型最重要的结果：运动阻力的作用和空气动力的作用都很明显地被证实了。值得注意的是，增加总质量会降低空气动力学升力和阻力的效果。因此，采用接近上限的质量值可以部分补偿高阻力系数。

该模型的实现相当简单，对滑道几何形状相关的数据要求很少。参考轨迹可以根据滑行测试时 GPS 记录的数据加以确定，并且可以进行修改。实际上，矢量 $\boldsymbol{n}_t(s)$ 的测量是相当复杂的，但是它的方向可以用于判断滑道的局部斜率及其横向方向。[23]

该模型一旦建立，就可以用来评估一些参数(如有舵雪橇质量、空气动力学系数以及冲刺阶段的效率)对完赛时间的影响，这些参数可以通过改变初始条件来加以分析。例如，考虑到驾驶舱可接近性(cockpit accessibility)降低导致运动员在冲刺阶段的表现变得糟糕，因此可以用该模型量化具有较低阻力的新雪橇的优势。

该模型的局限性与它的简单性密切相关。由式 7.25 可知，正升力系数可以降低与摩擦相关的运动阻力，这表明使用高的正升力系数可以提高运动员的成绩。这意味着有舵雪橇以高速进入一个弯角时，它的方向性和稳定性可能会受到损害，因而横向接触力也会减少。模型中考虑的参数数量有限，因而我们无法对有舵雪橇的动力学进行全尺寸分析。此外，考虑到高阶效应(速度剖面的改变毫无疑问地会产生不同的轨迹)和加入舵手的影响，我们应该去掉固定轨迹的假设。

7.4.1.2 双自由度粒子模型

允许质点在整个滑道表面移动，而不是在一个固定的轨迹上移动，这给模型增加了一点复杂性，并且明显增加了它的功能。在这种方法下，问题不再是一维的，我们需要 2 个自由度来确定雪橇在二维滑道表面上的位置。此时，我们应当对整个滑道几何形状进行建模：按照第 7.5 节所述的方法，可以考虑使用基样条(B-splines)插值的一系列滑道截面来完成。滑道上的质点通过作用于其上的力产生的运动轨迹——特别是通过冰刀产生的侧向接触力——应被充分地模拟。此外，我们还需要一个舵手模型来确定控制有舵雪橇动力学和沿着预期轨迹所需的侧向力。下面的论述是基于文献[24]提出的方法。如图 7.38 所示，滑道表面上一个点的位置可以确定两个坐标：α 代表距起始线的距

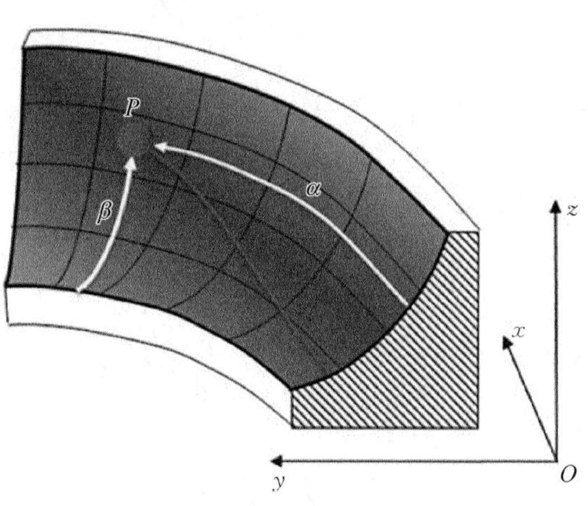

图 7.38 接触力 $\boldsymbol{F}_t$ 的分量示意图

离，β 代表距滑道左侧的距离。

因此，滑道表面上的一个点的位置（x，y，z）是两个坐标 α 和 β 的函数。

$$\boldsymbol{P}(\alpha, \beta)=\begin{Bmatrix} x(\alpha, \beta) \\ y(\alpha, \beta) \\ z(\alpha, \beta) \end{Bmatrix} \tag{7.28}$$

由式 7.28 可得雪橇速度的矢量，如下式所示。

$$\boldsymbol{v}=\frac{\mathrm{d}\boldsymbol{P}}{\mathrm{d}t}=\frac{\mathrm{d}\boldsymbol{P}}{\mathrm{d}\alpha}\dot{\alpha}+\frac{\mathrm{d}\boldsymbol{P}}{\mathrm{d}\beta}\dot{\beta}=\boldsymbol{P}_{\alpha}\dot{\alpha}+\boldsymbol{P}_{\beta}\dot{\beta} \tag{7.29}$$

矢量 $\boldsymbol{P}_{\alpha}$ 和 $\boldsymbol{P}_{\beta}$ 确定了 $\boldsymbol{P}$ 中与滑道表面相切的一个平面。矢量 $\boldsymbol{v}$ 位于这个平面，且其方向定义为单位矢量 $\boldsymbol{t}=\boldsymbol{v}/|\boldsymbol{v}|$。在 $\boldsymbol{P}$ 中垂直于滑道表面的单位矢量 $\boldsymbol{n}_t$ 可以定义为

$$\boldsymbol{n}_t=\frac{\boldsymbol{P}_{\alpha}\times\boldsymbol{P}_{\beta}}{|\boldsymbol{P}_{\alpha}\times\boldsymbol{P}_{\beta}|} \tag{7.30}$$

如第 7.4.1.1 节所述，确定横向方向的单位矢量称为副法线矢量，其定义如下式所示。

$$\boldsymbol{b}_t=\boldsymbol{t}\times\boldsymbol{n}_t \tag{7.31}$$

从式 7.27 开始，雪橇的加速度可以用下式计算得出。

$$\boldsymbol{a}=\frac{\mathrm{d}\boldsymbol{v}}{\mathrm{d}t}=\boldsymbol{P}_{\alpha}\ddot{\alpha}+\boldsymbol{P}_{\beta}\ddot{\beta}+\boldsymbol{P}_{\alpha\alpha}\dot{\alpha}^2+\boldsymbol{P}_{\beta\beta}\dot{\beta}^2+2\boldsymbol{P}_{\alpha\beta}\dot{\alpha}\dot{\beta} \tag{7.32}$$

式中，$\boldsymbol{P}_{\alpha\alpha}=\frac{\mathrm{d}^2\boldsymbol{P}}{\mathrm{d}\alpha^2}$；$\boldsymbol{P}_{\beta\beta}=\frac{\mathrm{d}^2\boldsymbol{P}}{\mathrm{d}\beta^2}$；$\boldsymbol{P}_{\alpha\beta}=\frac{\mathrm{d}^2\boldsymbol{P}}{\mathrm{d}\alpha\,\mathrm{d}\beta}$。考虑到式 7.29 和上文的论述，式（$\boldsymbol{P}_{\alpha}\ddot{\alpha}+\boldsymbol{P}_{\beta}\ddot{\beta}$）位于在 $\boldsymbol{P}$ 上与滑道平面相切的平面之中。应用牛顿第二定律可得下式。

$$m(\boldsymbol{P}_{\alpha}\ddot{\alpha}+\boldsymbol{P}_{\beta}\ddot{\beta}+\boldsymbol{P}_{\alpha\alpha}\dot{\alpha}^2+\boldsymbol{P}_{\beta\beta}\dot{\beta}^2+2\boldsymbol{P}_{\alpha\beta}\dot{\alpha}\dot{\beta})=\boldsymbol{G}+\boldsymbol{F}_{\mathrm{a}}+\boldsymbol{F}_t \tag{7.33}$$

式中，m 为雪橇质量，矢量 $\boldsymbol{G}$、$\boldsymbol{F}_{\mathrm{a}}$、$\boldsymbol{F}_t$ 分别表示重力、空气动力和接触力的作用。与第 7.4.1.1 节类似，矢量 $\boldsymbol{G}$ 可以定义为

$$\boldsymbol{G}=m\boldsymbol{g}=m\begin{Bmatrix} 0 \\ 0 \\ -g \end{Bmatrix} \tag{7.34}$$

矢量 $\boldsymbol{F}_{\mathrm{a}}$ 集合了空气动力学阻力和升力的作用，公式如下式所示。

$$\boldsymbol{F}_{\mathrm{a}}=-\frac{1}{2}\rho AC_{\mathrm{D}}|\boldsymbol{v}|^2\cdot\boldsymbol{t}+\frac{1}{2}\rho AC_{\mathrm{L}}|\boldsymbol{v}|^2\cdot\boldsymbol{n}_t \tag{7.35}$$

矢量 $\boldsymbol{F}_t$ 可分为 3 个分量：沿着 $\boldsymbol{n}_t$ 的反作用力 $\boldsymbol{N}$，沿着 $\boldsymbol{t}$ 的运动阻力 $\boldsymbol{T}_x$，沿着 $\boldsymbol{b}_t$ 的抗滑力

$\boldsymbol{T}_y$ 。其中，$\boldsymbol{T}_y$ 与库仑剪切力相关。实际上，$\boldsymbol{T}_x$ 和 $\boldsymbol{T}_y$ 是冰刀与冰面之间的摩擦因数以及冰刀和速度矢量 $\boldsymbol{v}$ 之间的角度的函数。

$$\boldsymbol{F}_t = \boldsymbol{N} + \boldsymbol{T}_x + \boldsymbol{T}_y \tag{7.36}$$

有研究者提出，只要转向角 θ 小于给定的临界值 θ_{m}，速度矢量 $\boldsymbol{v}$ 与冰刀的夹角就为零，即不发生侧滑。[24-27] 当产生垂直于冰刀刃侧面的侧剪切力时，摩擦力沿行进方向随之增加。图7.39(a)给出了该情况的示意图。切向接触力可表示为

$$\begin{cases} \boldsymbol{T}_x = -\mu_{\mathrm{f}} \left| \boldsymbol{N} \right| \cdot \boldsymbol{t} \\ \boldsymbol{T}_y = -\dfrac{\theta}{\theta_{\mathrm{m}}} \mu_{\mathrm{t}} \left| \boldsymbol{N} \right| \cdot \boldsymbol{b}_t \end{cases} \tag{7.37}$$

式中，μ_{f} 为冰面与冰刀之间的纵向摩擦因数，$\mu_{\mathrm{t}} \left| \boldsymbol{N} \right|$ 为最大剪切力。该模型假设横向剪切力随转向角的增加而呈线性增加。

当转向角超过临界值 θ_{m} 时，运动员容易发生侧滑[见图7.39(b)]。此时产生最大允许剪切力 $\mu_{\mathrm{t}} \left| \boldsymbol{N} \right|$，并且仍然垂直于冰刀刃的侧面。由于侧滑，剪切力运动方向有分量，这增加了运动阻力。此外，沿侧向运动的冰刀摩擦因数 μ_{s}，通常不同于且大于 μ_{f}。切向接触力变为下式。

$$\begin{cases} \boldsymbol{T}_x = -(\mu_{\mathrm{s}} + \mu_{\mathrm{t}} \sin\theta) \left| \boldsymbol{N} \right| \cdot \boldsymbol{t} \\ \boldsymbol{T}_y = -\mu_{\mathrm{t}} \cos\theta \left| \boldsymbol{N} \right| \cdot \boldsymbol{b}_t \end{cases} \tag{7.38}$$

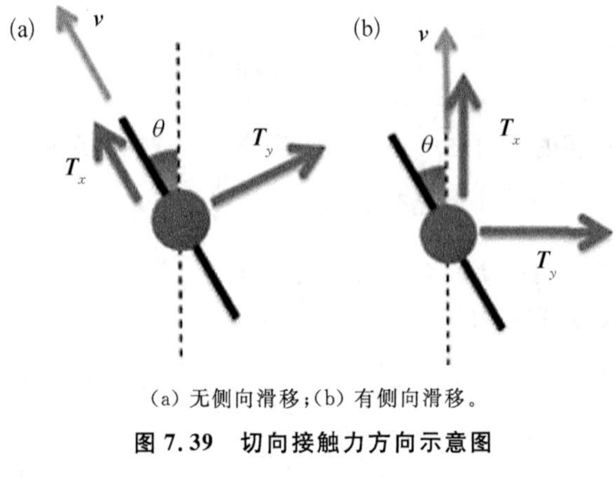

(a) 无侧向滑移；(b) 有侧向滑移。

图7.39 切向接触力方向示意图

一旦知道反作用力 $\boldsymbol{N}$ 和转向角 θ 后，我们就可以计算出这些力。转向角度可以视作模型的输入量，可以根据舵手模型来确定(见第7.6节)。垂直的反作用力 $\boldsymbol{N}$ 可以通过沿 $\boldsymbol{n}_t$ 方向的投影(式7.33)计算而得。

$$\boldsymbol{N} = m(\boldsymbol{P}_{\alpha\alpha}\dot{\alpha}^2 + \boldsymbol{P}_{\beta\beta}\dot{\beta}^2 + 2\boldsymbol{P}_{\alpha\beta}\dot{\alpha}\dot{\beta}) \cdot \boldsymbol{n}_t - \boldsymbol{G} \cdot \boldsymbol{n}_t - \frac{1}{2}\rho A C_{\mathrm{L}} \left| \boldsymbol{v} \right|^2 \tag{7.39}$$

另外的两个标量方程可以通过沿着垂直于 $\boldsymbol{n}_t$ 的两个方向投影(式 7.33)来计算。$\ddot{\alpha}$ 和 $\ddot{\beta}$ 可用下式来表示。

$$\begin{cases}\ddot{\alpha}=\dfrac{1}{m}\boldsymbol{Q}\cdot\dfrac{|\boldsymbol{P}_\beta|^2\boldsymbol{P}_\alpha-(\boldsymbol{P}_\beta\cdot\boldsymbol{P}_\alpha)\cdot\boldsymbol{P}_\beta}{|\boldsymbol{P}_\alpha|^2|\boldsymbol{P}_\beta|^2-(\boldsymbol{P}_\alpha\cdot\boldsymbol{P}_\beta)^2}\\ \ddot{\beta}=\dfrac{1}{m}\boldsymbol{Q}\cdot\dfrac{|\boldsymbol{P}_\alpha|^2\boldsymbol{P}_\beta-(\boldsymbol{P}_\beta\cdot\boldsymbol{P}_\alpha)\cdot\boldsymbol{P}_\alpha}{|\boldsymbol{P}_\alpha|^2|\boldsymbol{P}_\beta|^2-(\boldsymbol{P}_\alpha\cdot\boldsymbol{P}_\beta)^2}\end{cases}\tag{7.40}$$

式中，$\boldsymbol{Q}$ 表示为

$$\boldsymbol{Q}=-m(\boldsymbol{P}_{\alpha\alpha}\dot{\alpha}^2+\boldsymbol{P}_{\beta\beta}\dot{\beta}^2+2\boldsymbol{P}_{\alpha\beta}\dot{\alpha}\dot{\beta})+\boldsymbol{G}-\frac{1}{2}\rho AC_{\mathrm{D}}|\boldsymbol{v}|^2\cdot\boldsymbol{t}+\boldsymbol{T}_x+\boldsymbol{T}_y\tag{7.41}$$

式 7.40 可通过引入状态矢量 $\boldsymbol{z}$ 的状态形式 $\dot{\boldsymbol{z}}=f(\boldsymbol{z},t)$ 来计算。

$$\boldsymbol{z}=\begin{Bmatrix}\alpha\\ \beta\\ \dot{\alpha}\\ \dot{\beta}\end{Bmatrix}\tag{7.42}$$

在这个相对简单的双自由度粒子模型中，沿着不同轨迹行进的机会取决于有舵雪橇参数、冰与冰刀之间的接触力和舵手的响应，这也是该模型最有意思之处。这些因素相互作用，产生了不同的有舵雪橇响应和完赛时间。同时，研究者们所提出的模型包括侧向接触力模型和舵手响应模型允许对有舵雪橇参数进行更全面的优化，并考虑它们对横向动力学的影响。

我们还可以研究不同轨迹对完赛时间的影响(最佳轨迹识别)，在研究过程中始终需要考虑雪橇动力学的实际物理极限。最佳的结构参数组合，将使舵手能够以最快的速度引导雪橇沿着可能的最佳路径前进.

除了这些考虑因素外，式 7.40 的数值积分只需要很少的计算工作量，这使得实时模拟成为可能。这个模型也可以在有舵雪橇模拟器(见第 7.7 节)中实现，以训练专业舵手。

7.4.1.3　多体模型

上文所述的粒子模型是一种有用的工具，可用于确定滑道上的最佳轨迹以及确定若干结构参数的最佳组合，从而获得最佳成绩。但由于优化过程不包括轴距、重心纵向位置、重心高度、悬架刚度、主枢轴倾斜等参数，所以粒子模型存在一定的局限性。若要规避其局限性，就应该去除粒子模型的假设，雪橇至少应该当作一个刚体来进行模拟。因此，模拟会有不同程度的复杂性。下面我们将介绍文献[28 - 30]所提出的多体模型。

模型是通过商业多体代码软件 Matlab/SimMechanics© 开发的，由一个雪橇模型、一个滑道模型、一个接触模型和一个舵手模型组成，我们将在第 7.6 节中介绍舵手模型。图 7.40

为雪橇多体模型示意图，该模型由 7 个刚体组成，它的运动由以下 15 个自由度来描述。

1. 后车架三维运动的 6 个自由度；
2. 前车架相对于后车架的运动（相对滚动加上垂直和侧向位移）的 3 个自由度；
3. 1 个对于前车架转向系统的相对旋转（转向角度）自由度；
4. 1 个对于前轴转向系统的相对滚动运动自由度；
5. 冰刀对于前后轴的 4 个相对垂直位移的 4 个自由度。

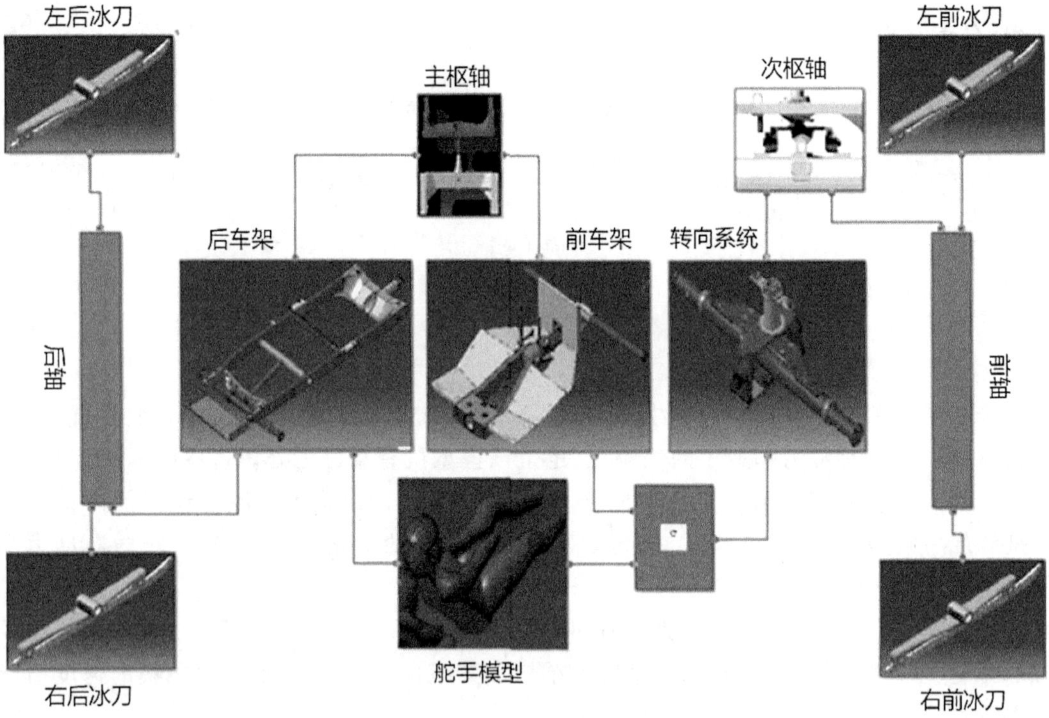

图 7.40 雪橇多体模型示意图[28]

如图 7.40 所示，前后车架通过主枢轴连接，主枢轴允许相对侧倾运动，也允许由于关节柔度而产生的横向和纵向相对位移。研究者可引入非线性侧倾刚度来描述关节内扭转杆的作用，并重现缓冲器限制相对侧倾的作用；可采用理想的圆柱形关节来描述前车架和转向系统之间的相对运动（转向旋转）；基于后车架的动力学响应（以及雪橇沿滑道的位置），用舵手模型来驱动转向轴。次枢轴允许前轴对转向系统有相对侧倾运动。此外，研究者还可引入非线性侧倾刚度来描述扭力杆和缓冲器的影响。

冰刀作为一个刚体引入，并通过棱柱型关节连接到各个轴上，关节允许冰刀和轴之间有相对垂直位移。雪橇多体模型引入线性弹簧减震元件，重现了冰刀承载件的弹性行为和冰刀与承载件之间橡胶的减震特性。该模型还具有前、后保险杠。

研究者在对滑道进行建模时，将沿滑道一系列等分的横向截面考虑在内。与滑道几何形状相关的数据来源于真实滑道上的技术图形和测量数据。两个相邻截面之间的距离为 0.5 m,每个截面用 60 个点进行描述。双线性插值方法用于重现滑道的三维几何形状。

就接触模型而言,假设冰刀为一个单接触点(垂直于相应轴的下方)。因此,由于法向负载较高,冰刀上可能会出现的多个接触点以及沿冰刀法向和切向的应力分布被忽略。与粒子模型描述的接触模型相反,无限刚性滑道的假设在这里被舍弃了:假设冰刀实际上已穿透冰面,且沿着垂直于第 i 个接触点的接触面所产生的法向力 $\boldsymbol{F}_{z_i}$ 是穿透度 Δz_i 的函数,如下式所示。

$$\begin{cases}\boldsymbol{F}_{z_i}=(k_1\Delta z_i^2+k_2\Delta\dot{z}_i)\boldsymbol{n}_{t_i} & (\Delta z_i>0)\\ \boldsymbol{F}_{z_i}=0 & (\Delta z_i\leqslant 0)\end{cases} \tag{7.43}$$

因此,这里所提出的接触模型是单边性的,它允许冰刀脱离接触表面。在式 7.43 中,通过有限元分析得到的 k_1 的合适值为 $4\times10^8\ \mathrm{N/m^2}$,而为了避免数值不稳定而引入的参数 k_2 应尽可能小($k_2\approx100\ \mathrm{N\cdot s/m}$)。

一旦法向接触力已知,我们就可以计算出切向接触力。图 7.41 为第 i 个接触点中与滑道表面相切的平面;矢量 $\boldsymbol{v}_i$ 代表冰刀中心的速度,$\boldsymbol{v}_i$ 的方向与冰刀的纵向方向 $\boldsymbol{t}_i$ 形成一个滑移角 α_i。沿冰刀方向的纵向接触力 $\boldsymbol{T}_{x_i}$ 的计算公式如下。

$$\boldsymbol{T}_{x_i}=-\mu_x|\boldsymbol{N}_i|\boldsymbol{t}_i \tag{7.44}$$

式中,μ_x 表示沿冰刀方向的摩擦因数。μ_x 通常是垂直于负载和滑行速度的函数。根据对塞萨纳帕里奥奥林匹克滑道的测试,我们可估算出该参数的值接近 0.02。

假设与冰刀侧面垂直的切向接触力 T_{y_i} 如下(见图 7.41 中的 $\boldsymbol{b}_i$)。

$$\boldsymbol{T}_{y_i}=\mu_y|\boldsymbol{N}_i|\frac{2}{\pi}\arctan(k_3\alpha_i)\boldsymbol{b}_i \tag{7.45}$$

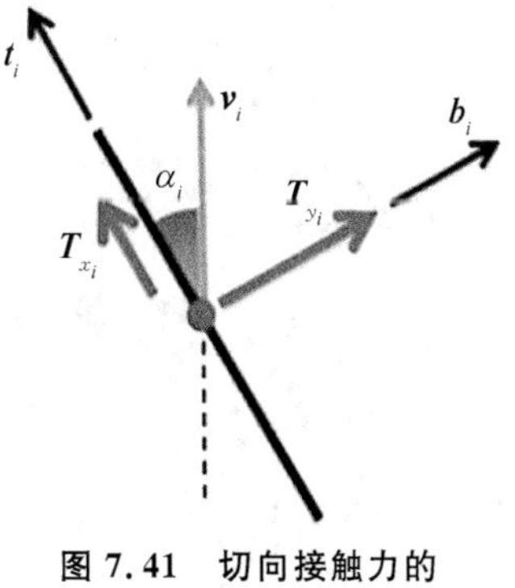

图 7.41　切向接触力的方向示意图

式中,α_i 表示冰刀的偏离角;k_3 是一个尺度参数,其值为 50 $\mathrm{rad^{-1}}$;μ_y 是横向摩擦因数;$\boldsymbol{b}_i$ 是法向负载和滑行速度的函数,由于侧滑会产生额外的滑动阻力,因此它远远高于 μ_x。由于缺乏具体的实验数据和有限的文献资料,基于在塞萨纳帕里奥奥林匹克滑道所进行的全尺寸实验测试数据确定了 μ_y,其值为 0.2。[17]关于保险杠与冰之间的接触问题,我们可采用式 7.43 和式 7.44 中描述的模型,对纵向方向上的法向接触力和切向接触力进行计算。

通过与实验数据进行比较,我们验证了该模型的有效性。特别是像第 7.3 节所描述的那样,我们采用装配测量仪器的有舵雪橇在塞萨纳帕里奥奥林匹克滑道上进行了滑行测试,并对雪橇的加速度、侧倾速率和侧滑角、转向角和接触力等参数进行了记录。图 7.42 给出了右前冰刀法向接触力的模拟值与实验值的对比，模拟结果与左转弯道的测量结果很好地吻合了，然而它比右转弯道的测量结果要大。图 7.43 为后车架侧滑角的对比，这个参数是通过光学器件测量的，表示速度矢量（通常是指重心）与车架纵向方向的相对角度。侧滑角是衡量雪橇整体侧滑的指标。对比结果是好的，同时我们发现侧滑角的值比较小。

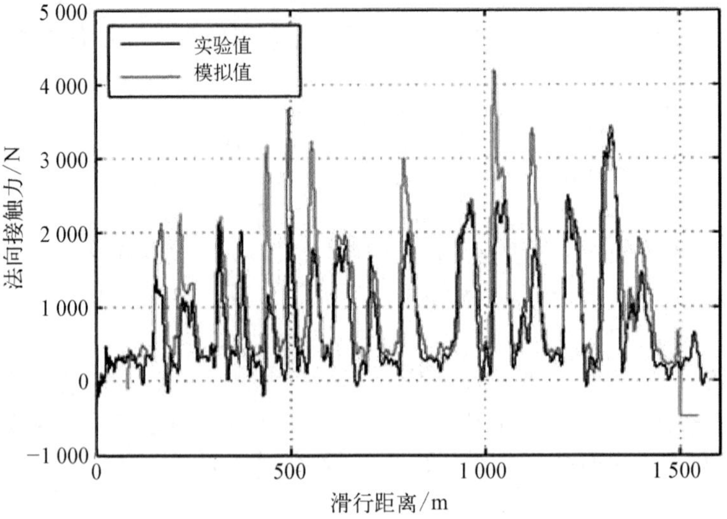

图 7.42 在塞萨纳帕里奥奥林匹克滑道上滑行时，右前冰刀法向接触力的模拟值与实验值的对比

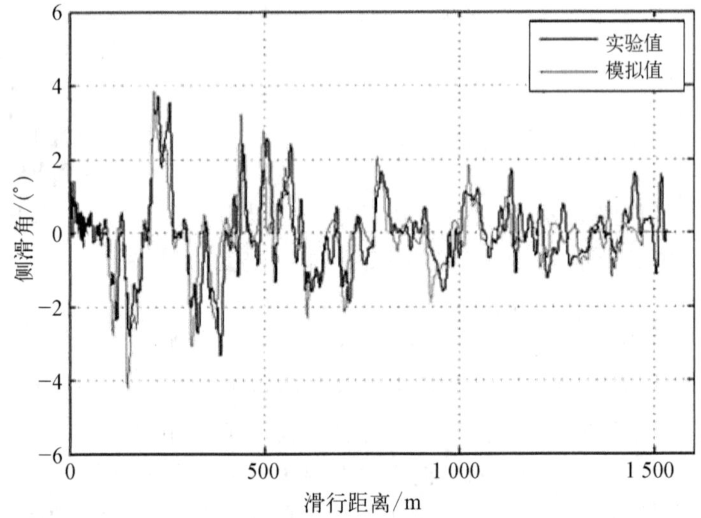

图 7.43 在塞萨纳帕里奥奥林匹克滑道上滑行时，后车架侧滑角的模拟值与实验值的对比

该模型的复杂度明显高于单粒子模型，在性能分析中可以包含许多参数的影响。该模型最有意思的结果之一是关于重心高度对完赛时间的影响。图 7.44 表明，作为与参考值有关的重心高度变量的函数，它在塞萨纳帕里奥奥林匹克滑道上的完赛时间存在差异，并且随着重心高度升高而呈现明显的下降趋势。

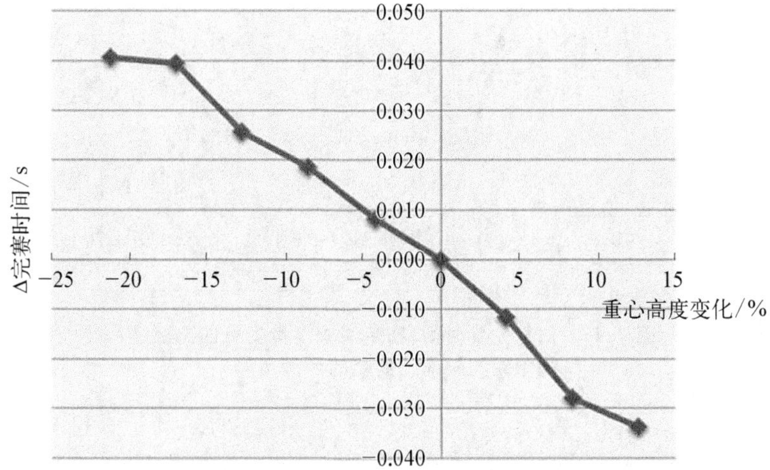

图 7.44　估算完赛时间(塞萨纳帕里奥奥林匹克滑道)随重心高度在法向上变化的示意图

我们在其他滑道上也发现了同样的结果，通过观察图 7.45 中有舵雪橇在进入弯道过渡时的正视图，可以直观地理解这一点。在这个阶段，有舵雪橇会改变它的侧倾角度而围绕 K 点旋转。雪橇的位置取决于滑道的横截面形状。增加重心高度实际上会减少重心与 K 点之间的距离，从而降低雪橇绕旋转轴的转动惯量。因此，只需要较低的切向力(和耗散)便可以改变在进弯点(或出弯点)的过渡期间的雪橇侧倾角。除了受到在雪橇上部质量分布的物理可能性的限制以外，重心高度的增加可能也会引发滚翻的风险，我们可通过对模型中冰刀法向负载值的分析来证明这一点。

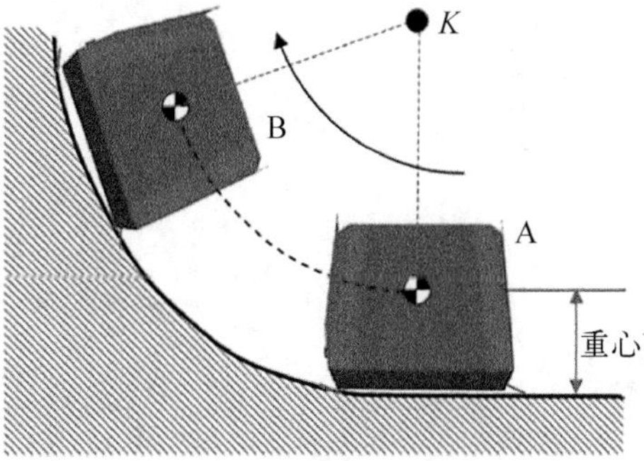

图 7.45　滑道上直道(A)与弯道(B)的侧倾角变化图

多体模型得出的其他重要结果表明，雪橇的稳定性受轴距(见图 7.46)和重心纵向位置(见图 7.47)的影响。增加轴距可以减少雪橇在进弯、出弯时的侧滑和动力耗散，从而提高其稳定性。重心纵向位置的改变影响了前/后轴法向负载的分布，优化了转向不足或转向过度响应，该参数的最优值取决于滑道的平均倾斜度。

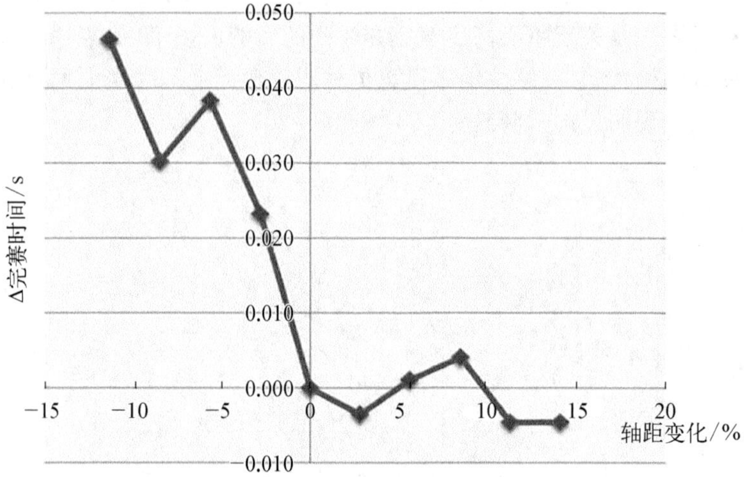

图 7.46 估算完赛时间(塞萨纳帕里奥奥林匹克滑道)随轴距在法向上变化的示意图

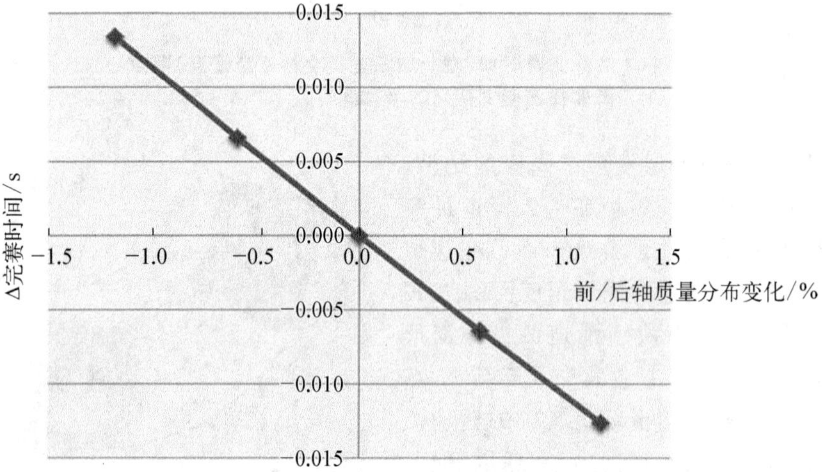

图 7.47 估算完赛时间(塞萨纳帕里奥奥林匹克滑道)随前/后轴质量分布在法向上变化的示意图

7.4.2 有舵雪橇空气动力学

本节将分析雪橇的空气动力学。我们要重点关注雪橇空气动力学阻力和阻力的相关系数 C_D 以及减小阻力的技术。图 7.48 显示了雪橇的主要受力。由于雪橇的阻力与运动员的滑行速度有关(通常在滑行时速度总是在增加的),因此我们可以看到雪橇在滑行过程中受到很大的阻力。如果 v 是雪橇在滑道上的速度，A 是参考面积，假设空气密度恒定，那么可以得出如下所示的关系式[31]：

$$F_D = \frac{1}{2}\rho C_D A v^2 \tag{7.46}$$

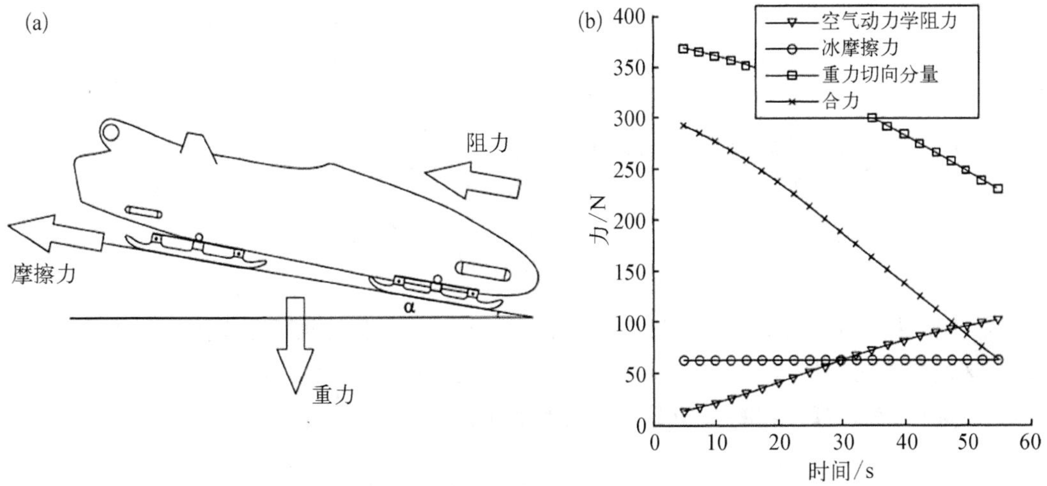

（a）雪橇及其主要受力示意图；（b）雪橇滑行时的受力（及受力总和）数据。

图 7.48　雪橇的主要受力[31]

降低阻力的目标是减少阻力系数 C_D。为提供关于阻力系数估算的实例，我们单独分析了雪橇的各个部件，并对其影响进行汇总。与最终阻力系数 C_D 有关的因素主要有四个：主整流罩、保险杠（见图 7.49）、冰刀和冰刀承载件。[31]我们假设滑行速度为 35 km/h 并进行了

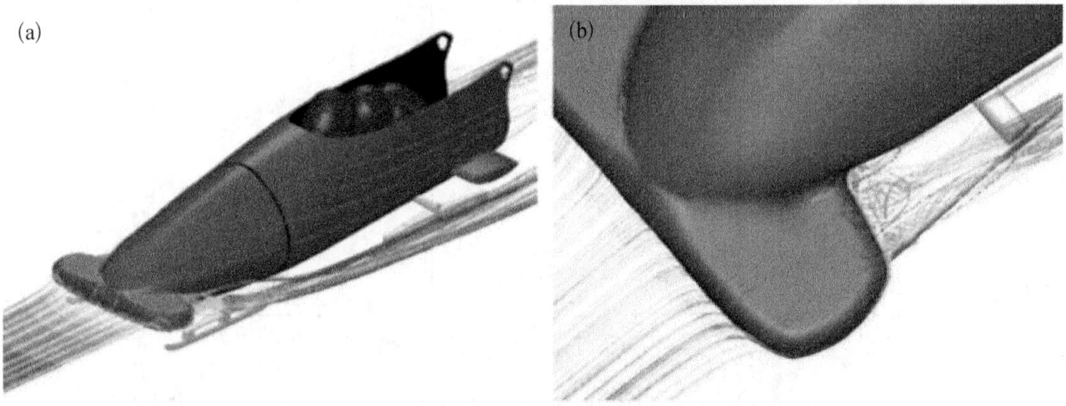

（a）作用在前保险杠上的流场；（b）离开前保险杠的流场。

图 7.49　作用在前保险杠和离开前保险杠的流场

如下估算。

1. 先分析主整流罩，我们可以确定三个主要分量：表面摩擦阻力（与空气黏度相关）、前体压力阻力（与形状相关）和基座压力阻力（与排气和尾迹相关）。表面摩擦阻力，即前体承受的所有剪切（黏性）力的下游合力假定是在一块平板上产生的。[31]表面摩擦因数取决于流动特性，假设 s 为沿着物体方向的坐标，对于层流边界层来说，摩擦因数可表示为下式[32]。

$$C_f = \frac{0.664}{\sqrt{Re(s)}} \tag{7.47}$$

对于湍流边界层来说，摩擦因数可表示为下式。

$$C_f = \frac{0.027}{Re(s)^{\frac{1}{7}}} \tag{7.48}$$

沿着罩体轮廓我们可以找到一个过渡点，在该点上湍流边界层的厚度应该与层流边界层相匹配，这为湍流边界层提供了一个起点（s_{v_0}）。阻力系数可以用物体面积上的表面摩擦因数除以参考面积来计算，因此 s_{v_0} 点处的阻力系数可以用下式来表示[31]。

$$C_D = \frac{2\pi}{A}\left(\int_0^{s_{过渡}} C_{f,层流}\ r\mathrm{d}s + \int_{s_{过渡}-s_{v_0}}^{s_{终}-s_{v_0}} C_{f,湍流}\ r\mathrm{d}s\right) \tag{7.49}$$

式中，r 为参考区域的半径，s_{v_0} 为湍流边界层的虚拟起点。过渡发生的位置可显示出其临界雷诺数大约为 5×10^5。[31]图 7.50 显示了过渡点位置与 C_D 的关系及速度与过渡点位置的关系。沿着过渡点向后移动可以减少表面摩擦阻力。有研究者介绍了基座阻力对表面摩擦

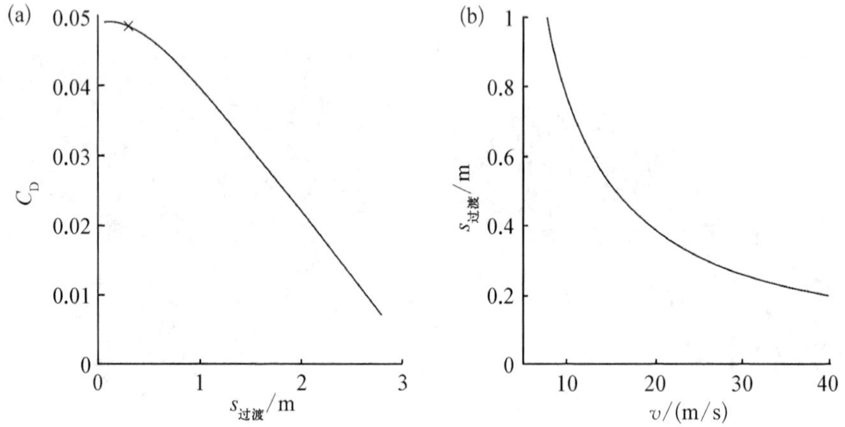

(a) 过渡点位置与 C_D 的关系，“×”代表在 $s_{过渡}=0.22$ m 处的过渡点，其速度为 35 m/s，所产生的阻力系数为 0.047；(b) 速度与过渡点位置的关系。

图 7.50 过渡点位置与 C_D 的关系及速度与过渡点位置的关系[31]

阻力的贡献度(由尾流或罩体后的“死空气”区域引起)和前体阻力对表面摩擦阻力的贡献度(前体上所有压力的合力)的估算方法,该值等于0.10。[31]

2. 可以使用简单的2D形状来估算保险杠的影响。有研究者假设保险杠形状为圆角边缘和流线型背部的矩形[31],利用文献[33]中的估算数据,可得四个保险杠(前后保险杠各有两个)的总阻力系数为0.016。

3. 对所有队员来说,大部分的阻力系数是由舵手的头盔造成的,因为舵手的身体在整流罩内,其他运动员在舵手后面(我们将在本节的后文中讨论刹车手的位置和姿态对阻力系数的影响)。我们可以用一个球体($A=\pi r^2$)来近似估算头盔的迎风面积,这样就可以得到所有队员的C_D为0.015。[31]

4. 通过文献[33]中计算出的参考形状,我们可以对轴、冰刀和承载件上的阻力系数进行近似计算。在文献[31]中,该阻力系数计算值为0.147。

在评估结束时,总阻力系数(在35 km/h时)为0.322。其中,整流罩的压力阻力、冰刀和车轴对总阻力系数的贡献度最大。

有研究者将一些对总阻力影响最大的部分进行了处理。[34]众多文献分析研究得最多的两个主要贡献参数是有舵雪橇驾驶舱内的尾迹形态和刹车手的姿势。莫塔莱比(Motallebi)等[34]认为,雪橇的鼻头形状是阻力的来源,因为它对雪橇其余部分的气流有影响。同时,他们还使用一个缩尺模型对两种改进方法进行了测试,雪橇的鼻头形状改为喇叭形侧壁和鲨鱼式鼻头。第一个改进目标是避免气流被分流并吸入舱内,但在有人的情况下以及雷诺数较高(与真实情况相当)时,其效果会消失。第二个改进目标是减少压力阻力,减少分离流的面积。这种技术在低雷诺数下对载人和无人的情况都很有效,但在高雷诺数的情况下又失去了效果。

需要强调的是,所有的空气动力学改进都必须尊重FIBT制定的规则(读者可参考第7.2节和文献[3])。例如,规则不允许人们使用后缘切口或分流板来打破大涡流,尽管这些方法非常实用且有效。[31]

目前,利用文献中提供的主要建议来分析、改进和优化雪橇的空气动力学的研究方式备受关注。首先,这类研究的两种主要方法是CAD-CFD模拟和实验测试,通常实验测试是在风洞中进行的。由于研究目标不同,这两种方法的处理方式和参数选择也各不相同。

CAD模型从非常简单的配置转向更复杂的配置。有研究者使用了一个完整的模型进行了仿真,模型包括前、后保险杠、车轴、冰刀、整流罩和舵手头盔等各部分,只是忽略了一些形状细节,如螺丝、螺母、破孔、雪橇前后之间的橡胶接头等。第一步是控制形状参数的识别,因为有了这些参数,才有可能实现线框模型(使用CATIA V5软件),从而创建表面模型。[35]该研究者分析了形状变化对减阻效果的影响,认为部件的形状是非常重要的。还有研究者利用了一种更简单的雪橇模型,该模型只描述了舱的内部且没有细节,并且在雪橇后部进行了人为的延伸,以避免由于流出条件造成的数值影响。该模型也没有考虑雪橇的外部,所以舱的边缘是直接连接到一个固体平面上的。[36]该研究者分析了运动员的相互位置及其与舱体的关系，最主要的是为舵手和刹车手确定一个最佳的位置，虽然刹车手在比赛中没有积极的作用，但必须为其确定一个位置以使空气动力学阻力和干扰最小化。[36]下面，我们在图 7.51 中对两种模型进行了比较。

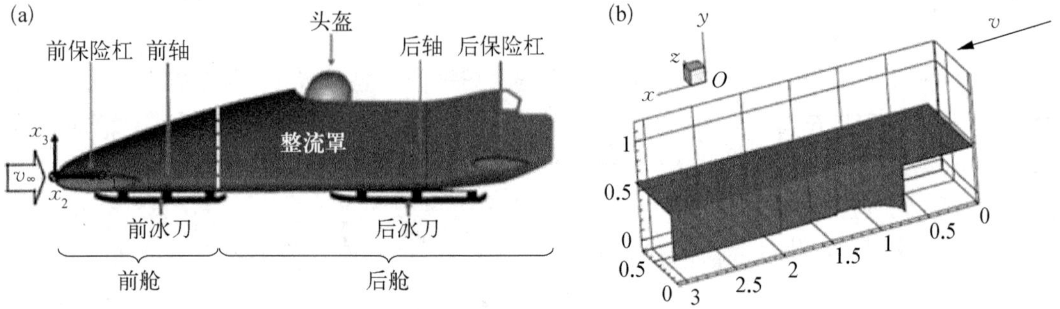

(a) CAD 复杂模型[35]；(b) 简化模型的等距视图[36]。

图 7.51 雪橇的 CAD 复杂模型及简化模型

关于流体动力学的计算，我们一般假设流动是不可压缩的、黏性的和湍流的。由于雷诺数较高，因而我们采用雷诺平均法(RANS)进行计算，并采用 $k-\omega$ 方法模拟湍流(更多信息参见文献[32, 37])。

在四人项目中，我们再次采用了不同的测试方法(通常我们认为双人项目测试结果对四人项目也是有效的)。图 7.52 展示了在风洞实验中两名不同的人员测试的例子。这两个例子都是风洞实验，但也为了 CFD 计算使用了模型。

有研究人员使用了一个运动员身体模型(见图 7.53)，该模型基于脊柱和手臂的生物力学特性，通过样条曲线模拟腰椎关节、胸椎关节、颈椎关节和脊柱与颅骨的连接。[38]为了便于调整姿态，关节角度 ϕ_L、ϕ_T、ϕ_C 可以改变[见图 7.53(b)]，另外，参数 ϕ_E 和 ϕ_S 用于定义手臂的弯曲度。另一个参数是刹车手与雪橇前部之间的距离 X_{BM}，其目的是通过优化参数值，以使空气动力学阻力面积 C_DA 最小化。很明显保持身体弯曲时的阻力面积比伸展胳膊时的要小很多，这也是运动员习惯采用的姿势。因而，刹车手应该去除手臂关节的角变量，以使得函数 $C_DA=f(\phi_L,\ \phi_T,\ \phi_C,\ X_{BM})$ 保持最小化，同时还要考虑到压力系数，如下式所示。

$$C_p=\frac{p-p_\infty}{q_\infty} \tag{7.50}$$

式中，p 是局部压强(local pressure)，p_∞ 是环境压强(ambient pressure)，q_∞ 是滞止压强(stagnation pressure)。整流罩边缘的气流导致边缘产生三角翼涡流。涡流呈现出较高的旋转速度，并导致随后的压强下降，这是压力阻力的来源之一。(压力系数 C_p 的变化可参见文献[38])结果表明，刹车手的存在降低了舵手尾部的吸力，即刹车手改变了涡流的强度，导致涡流中心向外移动，从而降低了压降(pressure drop)。综上所述，刹车手保持最大

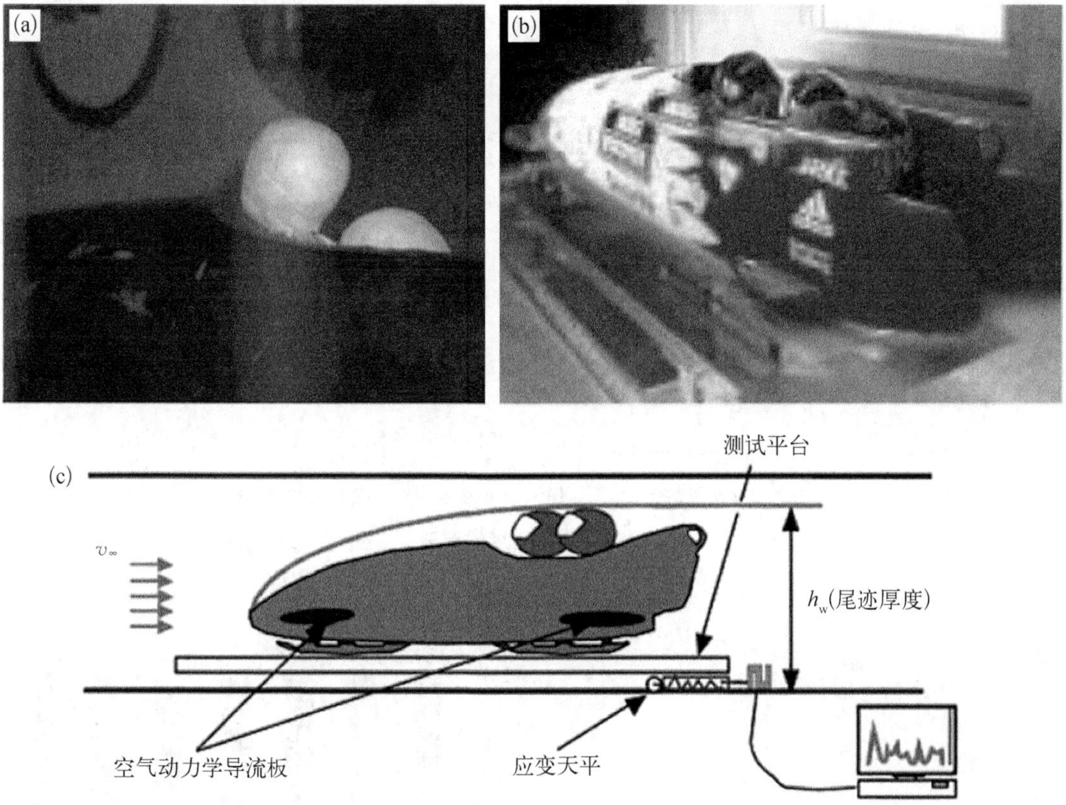

(a) 模拟运动员[36]；(b) 法国冬奥会四人雪橇项目的风洞实验[39]；(c) 相应的实验测试示意图[39]。

图 7.52 两个不同人员的风洞实验测试结果

的前屈姿势并不会导致空气阻力最小化，相反，其保持一个适当的姿态和位置才会大大降低阻力。

现在，我们可以列出一些文献中关于雪橇空气动力学的其他考虑因素和提示。

1. 在文献[35]中，研究者在雪橇后部检测到减少阻力潜在的原因如下：此时，雪橇与地面一起形成了一个扩散器，导致该区域的流动减速。图 7.54 展示的是一个关于角度 γ 影响阻力系数的风洞测试结果。粗和细是指扩散器有两种不同的外形。当 $\gamma=6.7°$ 且扩散器外形较粗时，C_D 是最小的。

在改变保险杠入射角的情况下，研究人员并没有得到明显的结果，其入射角等于 0°。

最后，文献还研究了偏离角 (ψ) 对空气动力学阻力的影响。在一次完美的滑行过程中，雪橇的中轴必须指向运动方向，使得 $\psi=0°$。如果雪橇因为舵手的失误而发生偏离，冰面阻力就会变大。如果 $\psi=10°$，那么 C_D 将增大 16%左右。

2. 有研究者结合 CFD 和实验测试对运动员姿势的影响进行了研究(见图 7.55)。[36] 结果显示，刹车手(女运动员)身体前屈有利于减小压力阻力。特别是运动员之间的二次气流

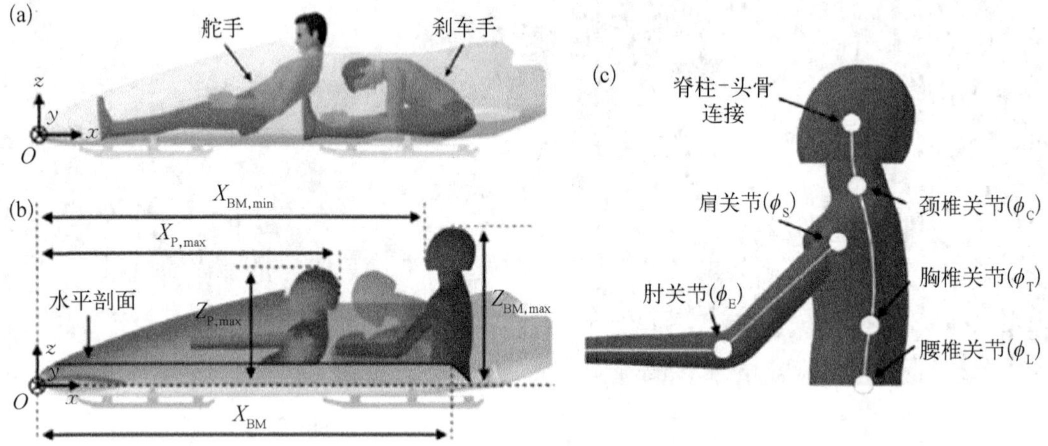

(a) 男子双人项目的典型位置和姿态；(b) 不同刹车手姿态模型；(c) 生物力学身体模型的主要参数。

图 7.53 关节角度的改变[38]

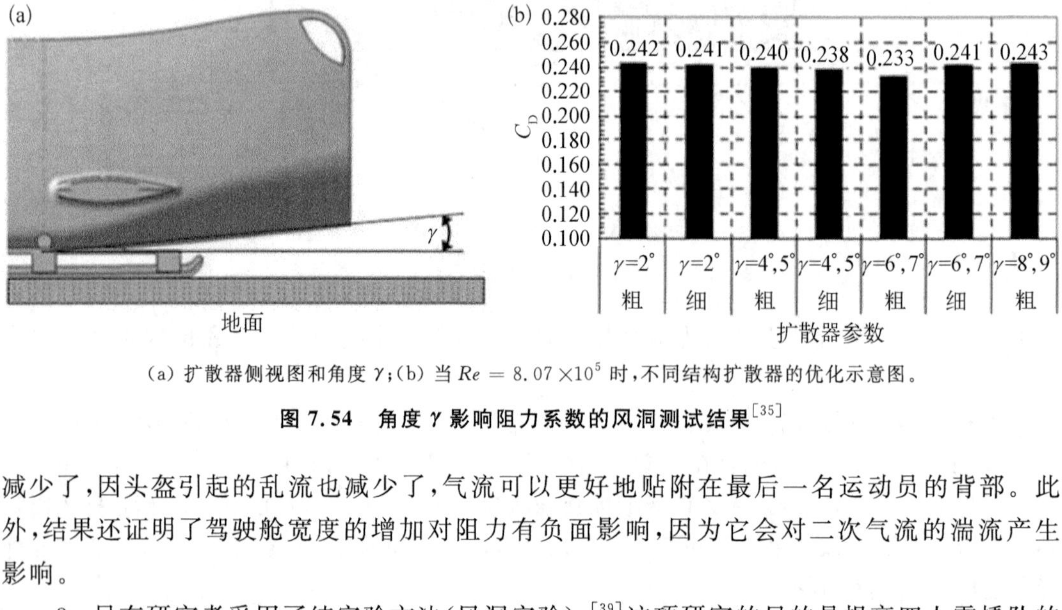

(a) 扩散器侧视图和角度 γ；(b) 当 $Re = 8.07 \times 10^5$ 时，不同结构扩散器的优化示意图。

图 7.54 角度 γ 影响阻力系数的风洞测试结果[35]

减少了，因头盔引起的乱流也减少了，气流可以更好地贴附在最后一名运动员的背部。此外，结果还证明了驾驶舱宽度的增加对阻力有负面影响，因为它会对二次气流的湍流产生影响。

3. 另有研究者采用了纯实验方法(风洞实验)。[39]这项研究的目的是提高四人雪橇队的成绩，并将成绩与雪橇形状和雪橇内运动员的相对姿势相关联。经过反复测试和逐步改进，测试得出了结果，找到了三个具体参数。第一个参数是确定雪橇内运动员的位置，在所有测试中保持舵手的位置，其他队员的相对位置依次改变，以找到最优配置(较低的 C_DA)；第二个参数是导向板的使用(这必须遵守规则，见第 7.2 节)，以一种与前述研究非常相似的方法进行了研究；第三个参数是刹车手的位置和姿态，研究得到了与前述研究相近的结

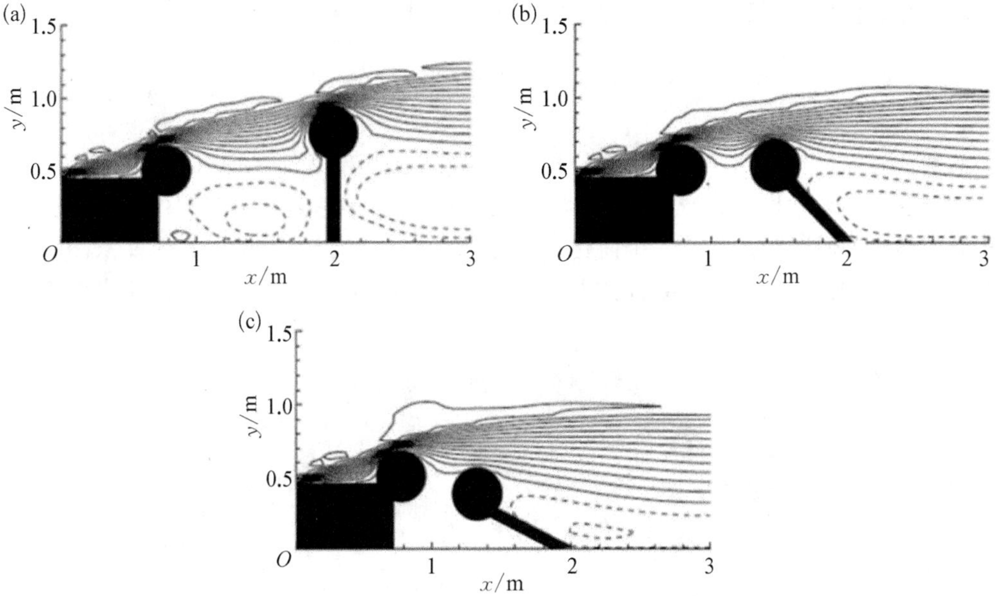

共15个等值面，实线为正，虚线为负；(a) 刹车手坐直；(b) 刹车手前屈45°；(c) 刹车手前屈60°。

图7.55 舱体中平面(mid-plane)内的轴向速度的等值线图[36]

果，同时也证明了降低刹车手位置，雪橇后面的尾迹会更加贴近并变薄，从而导致阻力系数明显降低。

7.4.3 钢架雪车空气动力学

钢架雪车的形状与有舵雪橇完全不同(如第7.2节)：从空气动力学的观点来看，这也意味着两者存在显著的差别。可以说，在这种情况下，对阻力系数的主要贡献参数是运动员及其姿势。研究人员使用CFD模拟的结果表明，在所有可能对阻力系数产生影响的变量中，钢架雪车轮廓仅占总阻力的9%，这意味着优化的重点在于运动员。[40]

如果忽略起动冲刺阶段，那么钢架雪车的运动可以用一个非常简单的方程来描述，如下式[23]所示。

$$\frac{\mathrm{d}^2 x}{\mathrm{d}t^2}=g(\sin\theta-\mu\cos\theta\cos\beta)-\left(\frac{\mu}{r}\sin\beta+\frac{\rho C_{\mathrm{D}}A}{2m}\right)\left(\frac{\mathrm{d}x}{\mathrm{d}t}\right)^2 \tag{7.51}$$

式中，μ是冰面摩擦因数，ρ是空气密度，m是雪橇和运动员的质量总和，C_{D}是阻力系数，A是一个无量纲的面积，θ是局部滑道倾斜度，β是滑道的横定向(transverse orientation)，r是弯道的局部曲率半径。该式同样适用于滑道的直道、倾斜坡道和弯道部分的相关计算。在文献[23]中，阻力系数设为两个贡献值——法向表面压力和切向剪应力(表面摩擦力)的总和。该文还提出了表面摩擦因数的经验关系式①,如下式所示。

$$C_{\mathrm{f}}=\frac{0.075}{(\log_{10}Re-2)^{2}} \tag{7.52}$$

根据文献[23, 33, 41, 42]提供的数据,我们可以估算出阻力系数的总和等于 0.38。

对于空气动力学模拟和研究来说,运动员身体的简化表达是非常有用的,它是基于标准的几何图形(如圆柱体)来重建一个简化的人体(见图 7.56)。读者可以参考文献[43],其中关于总体质量的比例和密度的统计数据,是根据总身高对每个部位进行加权而获得的。

图 7.56 运动员和钢架雪车的简单几何描述[23]

对于一个质量恒定的钢架雪车来说,由于可以增加总质量并减少迎风面积来降低空气动力学阻力,因此又重又高的运动员是最有优势的。[23]如果钢架雪车的质量已经达到 FIBT 的规则规定(参见第 7.2 节),那么体质量更小(但身高更高)的运动员是有优势的,因为这可以使得质量均衡以抵消总质量的增加,而身高的贡献度有助于减少迎风面积,从而降低空气动力学阻力。

如今,人们越来越关注运动服的材料,因为它可以优化运动员周围的流体流动,这与皮肤和流体之间相互作用产生的涡流和湍流有关。读者可以通过参考文献[44 - 47]以获得更多信息。

最后,对于钢架雪车的空气动力学来说,起动速度和冰面的动摩擦比空气阻力更关键,动摩擦的影响是空气阻力的 6 倍。[10, 40]

7.5 滑　　道

正如第 7.2.10 节所描述的,有舵雪橇比赛(也适用于无舵雪橇比赛)的滑道建造不是一

① 为了确定雷诺数值,可以使用文献[10,40]中的建议值,其中根据 $Re=\rho vL/\mu$,假设空气密度 $\rho=1.22\ \mathrm{kg/m^3}$,空气动力学黏度 $\mu=1.79\times10^{-5}\ \mathrm{Pa\cdot s}$,速度 $v=35\ \mathrm{m/s}$,运动员身高 $L=1.75\ \mathrm{m}$,则 $Re=4\times10^{6}$。该雷诺数确定了运动员周围的空气呈湍流状态。

项容易的任务。

滑道的建造是高度工程化的(除了少数在山坳这样的“自然滑道”上进行的比赛①之外),世界上只有很少的公司有能力建造滑道。

滑道的首要要求之一就是保证运动员和观众的安全。此外,尽管前期有准确无误的滑道设计,但在施工阶段方案总是需要进行调整,以适应地形和地质方面的限制。最后,对于制冷和常规性(或临时性)结构维护的成本来说,这类设施显然非常昂贵,典型的成本为1 500万~3 000万美元。[48]

最短的滑道在德国奥伯霍夫(Oberhof),长度约为1 070 m。最长的滑道在俄罗斯索契(Sochi),是2014年冬奥会使用的滑道,长度为1 814 m。各滑道之间的高度落差的范围为96~152 m,弯道数量也有所不同,这些参数都取决于项目类别(有舵雪橇、钢架雪车或无舵雪橇)和运动员性别等因素。[49]

7.5.1 设计与验证

关于雪橇(以及运动员)所能承受的最大离心力的规定(见第7.2.10节)是滑道建造的重要限制之一:最大的离心加速度峰值是$5g$,持续时间不超过2 s;离心加速度是$4g$,持续时间也不能超过3 s。该规则并不能完全清楚地限定相关的加速度和力②,假如我们不考虑该规则而创建一个非常简化的设计原则[50]来确定弯道半径,即在滑道的某个特定位置设一个有舵雪橇的大概平均速度v,且保持最大向心加速度的限制a_y,则可按如下公式进行计算。

$$R=\frac{v^2}{a_y} \tag{7.53}$$

文献[50]中所提到的这种方法是纯粹静止的(因此它无法考虑滑道直线和弯道之间的过渡阶段),速度是有舵雪橇动力学的函数,因此只能进行近似计算。这一事实表明,有舵雪橇模型连同滑道和舵手的数值模型对滑道的正确设计或验证是有用的。关于雪橇模型及其完整的动力学行为,读者可以在文献[50]中找到有关信息,在这里我们重点关注滑道的建模和验证。

建模过程的根本出发点之一是确定一个有效的滑道三维CAD模型,但用精确的测量来重建一个长度超过1~1.5 km的滑道并非易事。如果已经完成建模,就可以直接测量滑行时的法向加速度,这很容易但并不总是可行,重要的是这些数据是特定雪橇的函数,某个运动队、某些冰面或环境条件都能很严重地影响其最终结果。

一般来说,用数学方法描述滑道是可行的。有研究者建议采用笛卡儿地固参考系(Cartesian earth fixed reference system),以典型的x、y、z三个坐标分别代表东、北和局部

① 只有法国、奥地利、瑞士和德国等国家的运动员参加这些比赛。

② 事实上,雪橇在接近转弯时的侧倾运动会使运动员感受到一种与地面垂直的压力。

垂直方向。[27] 如果这三个坐标可以对滑道表面上的每个点进行计算，则我们可对滑道表面有准确的认识。为了在滑道表面进行定位，我们需要一张地图，上面的每个点对应于滑道表面上的点，则滑道表面参数可简化为下式。

$$x = x(\alpha, \beta),\ y = y(\alpha, \beta),\ z = z(\alpha, \beta) \tag{7.54}$$

以更简化的方式可表示为

$$\boldsymbol{r} = \boldsymbol{r}(\alpha, \beta) \tag{7.55}$$

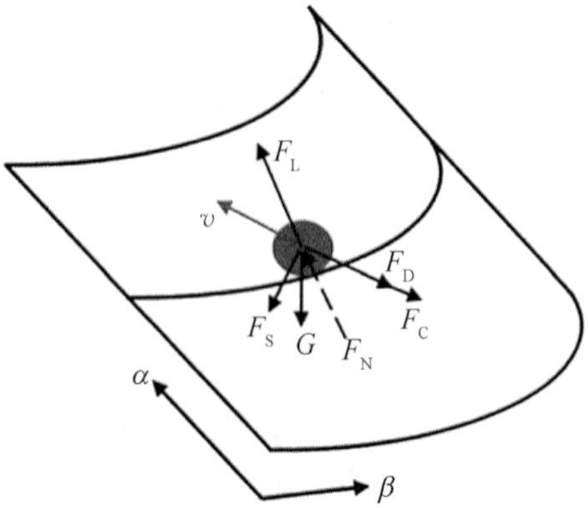

图 7.57 影响雪橇运动的主要的力示意图[27]

注：速度 v 位于切平面上的点 (α, β) 处，在两个方向上都有分量。G 为重力，F_N 为法向力，F_L 为升力，F_D 为空气动力学阻力，F_C 为冰的库仑摩擦力，F_S 为转向力。

定义 $\boldsymbol{r} = (x, y, z)^T$，$\alpha$、$\beta$ 是无量纲参数，分别沿着滑道纵向和横向方向逐渐增加（见图 7.57），我们可以用一组微分方程 $\alpha(t)$、$\beta(t)$ 来描述雪橇的运动。实际上，$\boldsymbol{r}(\alpha, \beta)$ 是无法精确地获得的，因此，我们使用的数学模型是冰面的优选近似值，并且是用标准的建模技术生成的。

有研究者采用了一种基于一系列点 P_{ij} 的插值方案，其坐标 (x, y, z) 对应为地图上每个网格点 $[\alpha(t)_i, \beta(t)_j]$，均为已知的。[27] 一般来说，网格越粗，实际表面与近似表面之间的误差越大。

对于 x、y、z 函数来说，它的简便形式之一是一个关于 α 和 β 的多项式，通过使用双三次曲面拟合为形状提供 C^2 的连续性（这也符合一阶和二阶偏导数的连续性）。这个条件可以放宽，事实上一些后续的截面在斜率上是连续的，但是在曲率上没有一个平滑的过渡（如卡尔加里滑道[27]）。

有研究者描述了一种稍微不同的方式来直接重建滑道的 3D 几何形状。[50] 它基于以下三个步骤。

1. 图片数字化；

2. 重复采样；

3. 重组数码照片。

第一步，对几个滑道段（见图 7.58）进行一系列的图像处理，并通过相应的曲线坐标来正确地重建表面。当滑道发生相关变化时，截面应更加密集，以一条或多条垂直参考线来显示雪橇在各截面上的合理位置。

接着，把图片转换成一个二进制矩阵，再转换成极坐标矩阵，把原点放在图像中间，把 x 坐标和 y 坐标转换成极坐标。在每个截面之间，必须保证执行模拟的平滑性。虽然滑道描述相当粗糙（比如截面之间的距离为 50 m），但是使用三次样条插值的重新采样就足以实现平滑性（如果拟合更密集，还可以使用线性近似）。[50] 在这个过程之后，这些截面在笛卡儿坐

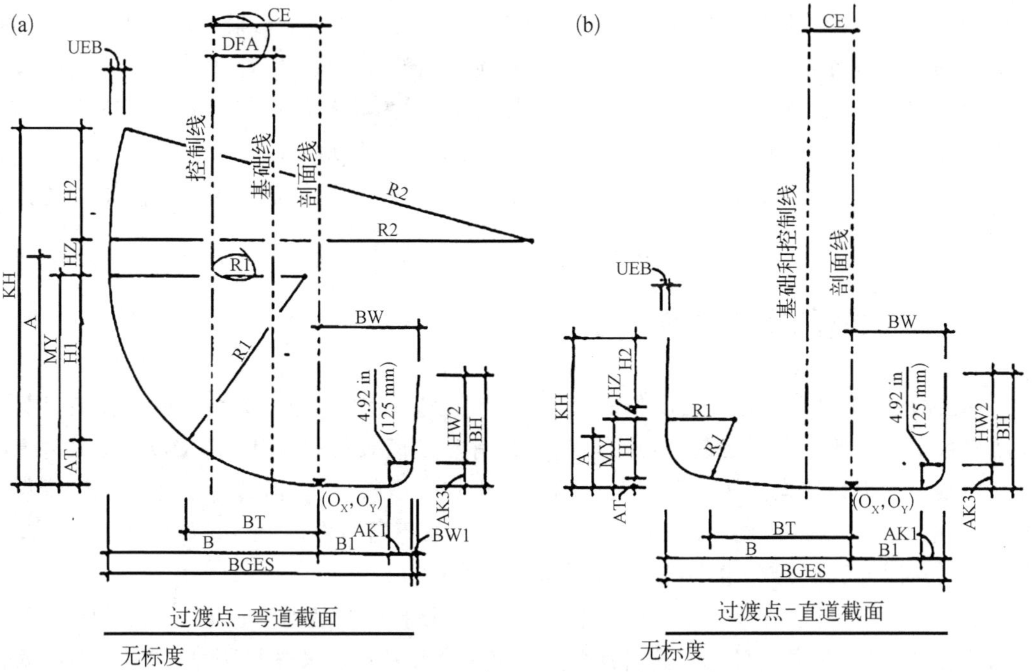

(a) 转弯点中部;(b) 截面几乎变成矩形的弯道出口。[51]

图 7.58 卡尔加里滑道的两个截面示意图

标系中再次转换,并放置在一个绝对参考系中。通常情况下,从曲线坐标到笛卡儿坐标的转换也是必要的,具体如下所示。[50]

$$ds = R\,d\theta \Rightarrow \theta(s) = \theta_0 + \int_{s_0}^{s} \frac{du}{R(u)} \tag{7.56}$$

$$\begin{aligned} dx &= ds\cos\theta \\ dy &= ds\sin\theta \end{aligned} \tag{7.57}$$

$$\begin{aligned} x(s) &= x_0 + \int_{s_0}^{s} \cos[\theta(u)]\,du \\ y(s) &= y_0 + \int_{s_0}^{s} \sin[\theta(u)]\,du \end{aligned} \tag{7.58}$$

式中,R 极坐标和 θ 极坐标描述了上述截面的几何形状。

此外,如果已知曲率是曲线横坐标 s 的函数[$C(s)=1/R(s)$],那么我们就有可能在绝对参考系中得到平均滑道线的详图。

这种方法已使用过[50]，目的是在两种不同的滑道——塞萨纳帕里奥奥林匹克公园和惠斯勒(Whistler)滑冰中心的滑道上进行一些研究。这项研究中雪橇的轨迹是最优化的，即轨迹的转向动作最小化，以及冰刀与冰的界面上损耗最小化，尽管其截面不一定是最好的或者最快的。① 这对于惠斯勒滑道来说更加苛刻，因为该赛道不仅具有更高的平均倾斜度，而且滑行速度高达 150 km/h。如果考虑“离心力”作用，则可以验证转弯时加速度约为 $5.5g$(超过规则限制)，然而采用简化方法(见式 7.53)估算的加速度为 $4.4g$，比上述值低了 20%。

7.5.2 优化和安全注意事项

如上所述，滑道建造过程是漫长的、昂贵的且非常复杂的。第一条滑道是在没有计算机和严格数学方法的帮助下建造的，这导致错误(有时是惊人的和非常危险的)频出且滑道本身发生改变。现在的模拟和数学模型有助于减少这一漫长过程，但这不能完全规避错误的出现(在第 7.5.1 节的末尾，我们展示了计算方法以及不同的物理参数是如何严重地影响最终结果的)，因而我们会在建造完成后对滑道进行修改。

以 2010 年惠斯勒滑行中心滑道的报告[52]为例，该报告清楚地描述了在建造和认证阶段出现的许多困难(在这种情况下我们有必要确定一个参考轨迹来进行研究)：“……需要对冰的表面、滑道组成部分的相关结构(包括顶部、墙和冰层下面的混凝土表面)进行详细的地形勘察。一套由三维激光扫描仪、三维机器人全站仪和精密数字水准仪组成的系统用于扫描带有冰面的滑道以及冰融化后的混凝土表面。”

如上所述，这一过程背后的技术是非常复杂的，测量是在不同的季节里进行的，以检查冰冻情况和结构本身的完整性。此外，我们还需要进行更多的测量，以获得某种冗余来克服一些误差，比如扫描系统抽取目标时的差异，被测目标与已扫描目标之间的位置差异，或者由于结冰、解冻、沉降带来的时间上的潜在变化，以及从环境和公差中累积的误差等。我们通过这个过程加上滑行测试来确定滑道的纠错点，然后纠正它们，以符合规则要求并保证运动员的安全。

安全是非常关键的一点，这些项目(尤其是缺少外部保护的钢架雪车和无舵雪橇)的高速度和低保护的特性增加了相关风险。我们都记得 2010 年温哥华冬奥会发生的事故：在第 6 次也是最后一次训练中，一场惨烈的事故夺去了格鲁吉亚无舵雪橇运动员诺达尔·库玛利塔什维利(Nodar Kumaritashvili)的生命。在几个小时后，国际无舵雪橇联合会(FIL)宣布：“没有迹象表明事故是由赛道的缺陷造成的。”但无论如何，FIL 立即对赛道进行了一些修改以提高其安全性。事故的具体情况并不清楚，第一份官方报告[53]将事故的情形归类

① 文献[24]使用了一种更复杂的数学方法来定义一个类似的最优轨迹概念。该文证明了这种最优化并不一定对应于最好成绩。事实上，每个舵手都有完全不同的操控方式，在转向动作方面，他们的动作或弱或强，优秀运动员能够在比赛过程中改变他们的运动方式，以适应赛道和雪橇的速度。

为“未知和不可预测”。几个月后的验尸报告称:“与内墙的碰撞导致雪橇的右冰刀骑到墙上,导致……雪橇被抛向空中。”[54]随后又有其他几份报告发表,其中有报告[51]对事故进行了精确的数学重现:“右冰刀与内墙底部圆角的相互作用产生了垂直速度,这是诺达尔·库玛利塔什维利被抛出赛道的原因。”这个冰圆角是一种连接内部垂直墙转向平坦滑道底部的常见方式(规则规定:侧壁和滑道底部之间必须以凹槽过渡,在冰冻状态下,其半径必须是10 cm)。该圆角在规则中并不是必需的,也没有精确的标注,文献[51]的结论是在未来的赛道设计中不得使用该圆角(并且在之前建造的赛道上该圆角已经被移除)。

这一悲剧告诫我们,不仅在建造和认证过程中,而且在最初的规则编写阶段,安全要素必须发挥主导作用。规范不能缺少,否则会引起误解和潜在风险。这并不简单,我们必须根据新的比赛和研究所获取的数据不断地更新这些规则。

7.6 运动员

有舵雪橇比赛的目的是使比赛时间最小化。对于一个给定的雪橇和一个给定的滑道,最短的比赛时间是由起动阶段、跳入雪橇和控制雪橇几个阶段决定的。起动阶段和运动员跳入雪橇决定了有舵雪橇沿滑道运动的初始条件。当这些初始条件确定时(运动员跳入雪橇后),运动员要取得高水平的比赛成绩,唯一的方法就是在滑道上最困难的分段比其他团队更好地控制雪橇。有舵雪橇的控制是通过改变转向角度来实现的。因此,这取决于舵手确定最佳路线的能力,以及尽可能沿着该路线滑行的技术。所以,我们必须理解模型是如何识别最优路径和转向控制策略的,这对于提高运动员训练水平和开发新设备至关重要。这些模型实际上可以实现以下几个方面。

1. 用于确定给定条件下在给定滑道上给定雪橇的最短比赛时间,这能够指明参赛队所要达到的目标,并潜在地显示出成绩;

2. 对最优控制路径与实际滑行路径进行比较,来提高训练效果;

3. 针对雪橇结构特点进行优化;

4. 为实时模拟器训练提供在线帮助和建议。

接下来,我们将重点介绍实现舵手模型的两种不同方法:最优路径的计算和舵手控制。第一种方法应用最优控制理论来确定转向动作,使单一弯道或整个滑道上的滑行时间最小化(第7.6.1节)。第二种方法将舵手模型的设计划分为两项任务:识别最优轨迹,并使控制器尽可能沿着最优轨迹滑行(第7.6.2节)。其中,前处理理阶段基于有舵雪橇的单粒子模型来确定最优轨迹,以最小纵向力耗散能量为指标,使整个轨迹的滑行时间最短。设计该控制器的目的是重现真实的舵手转向行为,并使用有舵雪橇的多体模型对其进行开发和测试。下面介绍这两种方法。

7.6.1 最优转向控制方法

最优控制是用来确定转向动作的，无论是在转弯时还是在整个滑道上，运动员都应控制最短的滑行时间。[24]最优转向控制策略是基于第 7.4.1.2 节所述的双自由度粒子模型而设计的。为此，模型的运动方程可以用状态-空间的形式重写为下式。

$$\begin{cases} \boldsymbol{z}(t)=f[\boldsymbol{z}(t)]+g_1[\boldsymbol{z}(t)]h_1[u(t)]+g_2[\boldsymbol{z}(t)]h_2[u(t)] \\ \boldsymbol{z}(t_0)=\boldsymbol{z}_0 \end{cases} \tag{7.59}$$

式中，状态矢量 $\boldsymbol{z}$（见式 7.42）包含坐标 α（代表由粒子沿滑道行驶的距离）和坐标 β（代表粒子离左侧滑道的距离）及它们的时间导数，如下式所示。

$$\boldsymbol{z}=\begin{Bmatrix} \alpha \\ \beta \\ \dot{\alpha} \\ \dot{\beta} \end{Bmatrix} \tag{7.60}$$

$\boldsymbol{z}_0$ 是收集初始条件的矢量（当全部队员登上雪橇进入滑行阶段时，雪橇的速度和位置）。$u(t)$ 为阈值 θ_{m} 归一化的转向角，如下式所示。

$$u(t)=\frac{\theta}{\theta_{\mathrm{m}}} \tag{7.61}$$

考虑到式 7.37～式 7.41，函数 $f[\boldsymbol{z}(t)]$、$g_1[\boldsymbol{z}(t)]$、$g_2[\boldsymbol{z}(t)]$、$h_1[\boldsymbol{z}(t)]$ 和 $h_2[\boldsymbol{z}(t)]$ 可定义为下列公式。

$$f(\boldsymbol{z})=\begin{Bmatrix} \dot{\alpha} \\ \dot{\beta} \\ \dfrac{1}{m}\boldsymbol{e}\cdot\dfrac{|\boldsymbol{P}_\beta|^2\boldsymbol{P}_\alpha-(\boldsymbol{P}_\beta\cdot\boldsymbol{P}_\alpha)\cdot\boldsymbol{P}_\beta}{|\boldsymbol{P}_\alpha|^2|\boldsymbol{P}_\beta|^2-(\boldsymbol{P}_\alpha\cdot\boldsymbol{P}_\beta)^2} \\ \dfrac{1}{m}\boldsymbol{e}\cdot\dfrac{|\boldsymbol{P}_\alpha|^2\boldsymbol{P}_\beta-(\boldsymbol{P}_\beta\cdot\boldsymbol{P}_\alpha)\cdot\boldsymbol{P}_\alpha}{|\boldsymbol{P}_\alpha|^2|\boldsymbol{P}_\beta|^2-(\boldsymbol{P}_\alpha\cdot\boldsymbol{P}_\beta)^2} \end{Bmatrix} \tag{7.62}$$

$$g_1(\boldsymbol{z})=\begin{Bmatrix} 0 \\ 0 \\ \dfrac{1}{m}\boldsymbol{b}_t\cdot\dfrac{|\boldsymbol{P}_\beta|^2\boldsymbol{P}_\alpha-(\boldsymbol{P}_\beta\cdot\boldsymbol{P}_\alpha)\cdot\boldsymbol{P}_\beta}{|\boldsymbol{P}_\alpha|^2|\boldsymbol{P}_\beta|^2-(\boldsymbol{P}_\alpha\cdot\boldsymbol{P}_\beta)^2}\cdot\boldsymbol{N} \\ \dfrac{1}{m}\boldsymbol{b}_t\cdot\dfrac{|\boldsymbol{P}_\alpha|^2\boldsymbol{P}_\beta-(\boldsymbol{P}_\beta\cdot\boldsymbol{P}_\alpha)\cdot\boldsymbol{P}_\alpha}{|\boldsymbol{P}_\alpha|^2|\boldsymbol{P}_\beta|^2-(\boldsymbol{P}_\alpha\cdot\boldsymbol{P}_\beta)^2}\cdot\boldsymbol{N} \end{Bmatrix} \tag{7.63}$$

$$g_2(\boldsymbol{z})=\begin{Bmatrix} 0 \\ 0 \\ \dfrac{1}{m}\boldsymbol{t}\cdot\dfrac{|\boldsymbol{P}_\beta|^2\boldsymbol{P}_\alpha-(\boldsymbol{P}_\beta\cdot\boldsymbol{P}_\alpha)\cdot\boldsymbol{P}_\beta}{|\boldsymbol{P}_\alpha|^2|\boldsymbol{P}_\beta|^2-(\boldsymbol{P}_\alpha\cdot\boldsymbol{P}_\beta)^2}\cdot\boldsymbol{N} \\ \dfrac{1}{m}\boldsymbol{t}\cdot\dfrac{|\boldsymbol{P}_\alpha|^2\boldsymbol{P}_\beta-(\boldsymbol{P}_\beta\cdot\boldsymbol{P}_\alpha)\cdot\boldsymbol{P}_\alpha}{|\boldsymbol{P}_\alpha|^2|\boldsymbol{P}_\beta|^2-(\boldsymbol{P}_\alpha\cdot\boldsymbol{P}_\beta)^2}\cdot\boldsymbol{N} \end{Bmatrix} \tag{7.64}$$

$$h_1(u)=\mu_t\cos(u\theta_m) \tag{7.65}$$

$$h_2(u)=-[\mu_s+\mu_t\sin(u\theta_m)] \tag{7.66}$$

因而可得

$$\boldsymbol{e}=-m(\boldsymbol{P}_{\alpha\alpha}\dot{\alpha}^2+\boldsymbol{P}_{\beta\beta}\dot{\beta}^2+2\boldsymbol{P}_{\alpha\beta}\dot{\alpha}\dot{\beta})+\boldsymbol{G}-\frac{1}{2}\rho AC_D|\boldsymbol{v}|^2\cdot\boldsymbol{t} \tag{7.67}$$

最优控制的目标是确定转向角 $u(t)$ 的值,能够使完赛时间 t_f 在 t_0 时刻、给定初始条件 $\boldsymbol{z}_0$ 和指定的终点条件下最小化。这可以通过将适当的成绩指标最小化来加以实现,如下式所示。

$$J=S[\alpha_f-\alpha(t_f)]+\frac{L}{\dot{\alpha}(t_f)}+\frac{Tt_f^\sigma}{\sigma}+\frac{1}{2}\int_{t_0}^{t_f}Ru^2(t)\mathrm{d}t \tag{7.68}$$

式中,$S>0$、$L>0$、$T>0$、$R>0$ 且 $\sigma\geqslant 1$。

成绩指标的第一项是使雪橇到达弯道或滑道的终点 α_f,第二项是提高雪橇的最终沿滑道速度。该贡献参数对于单弯道优化问题特别重要。最终,沿滑道速度的增加实际上会提高雪橇在滑道剩余部分的速度。参数 L 的常规值为剩余的滑行距离。

第三项成绩指标是减少完赛时间,这是最优化的目标。如果要增加对完赛时间的惩罚,就可以选择 $\sigma>1$。

第四项成绩指标是惩罚过度的控制动作并使其平稳滑行。这里必须指出的是,任何大于 θ_m 的转向角都不会增加有舵雪橇的控制权,反而会增加运动方向上的阻力。接着,在如下限制条件下解决最优控制问题。

$$|u(t)|\leqslant 1 \tag{7.69}$$

但是,当式 7.68 的最后一项缺失时,这会产生一个典型的最小时间控制问题,该问题的解决方案是由继电控制策略(bang-bang control strategy)给出的。然而,实际上对转向角进行继电控制是不现实的。由于舵手的带宽有限,转向角实际上只能由舵手不断地操作而改变,因此在控制变量的限制条件和性能之间进行权衡是合理的,这可以通过增加式 7.68 的最后一项来实现。

我们采用上述最优控制策略,对利勒哈默尔奥林匹克滑道上各弯道的转向角进行辨识[24],得到的主要成果有如下几个方面。

1. 增加摩擦因数可增强控制的效果，这意味着气温越低，更好的操控技术显得越重要；

2. 增加速度会降低雪橇的可操控性；

3. 在比赛早期的低速阶段（此时雪橇的可操控性更高），雪橇的最优控制是极其重要的。

有研究者开发了一种分段最小时间的最优控制算法，来计算整个滑道的最优解，并应用于利勒哈默尔雪橇滑道。[24]该研究者根据开发的算法，将利勒哈默尔雪橇滑道划分为16个弯道，并分别对每条弯道求最优解，得到分段最优算法。我们可以将之前一条弯道的最优终点条件作为初始条件对每条弯道进行最优计算。此外，以终点时刻的沿滑道距离作为边界条件[$\alpha(t_f)=\alpha_f$]。弯道1的初始条件 $\boldsymbol{z}_0$ 由运动员在比赛开始时推动雪橇的速度决定。我们可以通过从弯道1到弯道16的顺序计算，得到整个滑道的分段最优解。

图7.59(a)显示的是分段最优路径与自由滑行路径（在没有舵手模型的情况下有舵雪橇行驶的路径）之间的时间差，图7.59(b)显示的是速度差。虽然整条赛道的分段最优解只是次优解，但它缩短了1 s以上的滑行时间，使雪橇的最终速度提高了近2 m/s。因此，单弯道最优解与全滑道最优解是一致的，尽管单弯道最优解不一定是该弯道中全滑道的最优解。这意味着如果运动员在每个单独的弯道中的成绩得到提高，那么他在整个滑道上的成绩便可以得到提高。

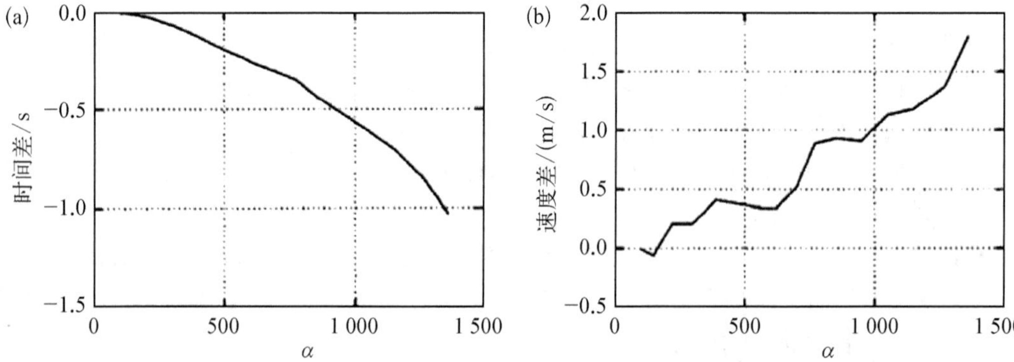

(a) 时间差；(b) 速度差。

图7.59 利勒哈默尔奥林匹克滑道全道分段最小时间控制的时间差和速度差[24]

7.6.2 轨迹规划和转向控制方法

根据文献[55]中描述的方法，舵手模型的设计可以分为以下两项任务。

1. 确定可以实现最短滑行时间的轨迹；

2. 通过操控转向轴尽可能贴近上述轨迹。

因此，舵手模型的开发包括两个阶段：轨迹规划和控制器设计。注意，轨迹规划阶段考虑的是整个滑道，而不是单一的弯道，以保证轨迹的连续性和平滑性。

控制器设计的目的是重现专业舵手的真实动作，虽然这也许不会产生最优解决方案，但该方案是用可能的最短滑行时间来衡量的。

7.6.2.1　轨迹规划

正如前文所述，运动员可以使用给定的雪橇、给定的滑道和给定的初始条件来提高成绩，以便减少滑行时间。因此，运动员为了实现该目的，必须进行轨迹规划。有研究者比较了不同的策略（距离最短路径和能量耗散最小路径）来实现这一目标，结果发现如果纵向力的能量耗散最小，就可以提高成绩（完赛时间减短）。[55, 56]

根据文献[55]可知，为确定轨迹以使纵向力的能量耗散最少，我们可以将有舵雪橇模型简化为一个 3 自由度的粒子，并在整个时间范围内对其运动进行积分。粒子在空间的位置是由矢量 $\boldsymbol{x}_G$ 确定的，该矢量的分量表示在整体参考系 $x-y-z$ 之中。在一般积分步骤下，$\boldsymbol{x}_G$ 周围的滑道表面可通过一组离散点来描述，其切线近似接触平面（见图 7.60）。

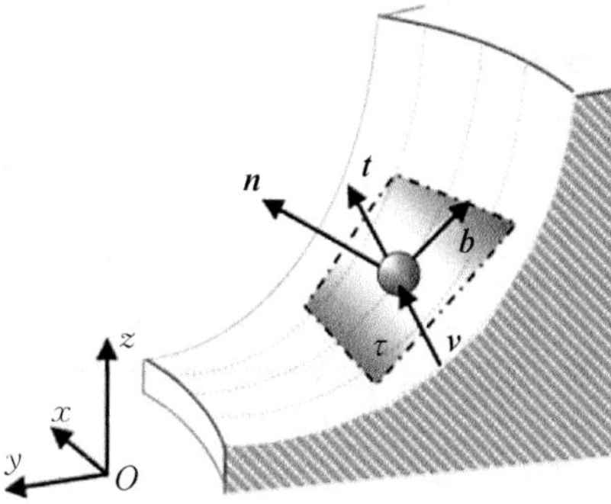

图 7.60　整体 $(x-y-z)$ 和局部 $(t-n-b)$ 参考系示意图[55]

因此，确定与接触面垂直的单位矢量 $\boldsymbol{n}$ 。假定粒子的运动发生在平面上，则可以定义第二个单位矢量 $\boldsymbol{t}$，其方向垂直于 $\boldsymbol{n}$，与轨迹相切，即平行于速度矢量 $\boldsymbol{v}$ 。双法向矢量 $\boldsymbol{b}$ 等于 $\boldsymbol{t}$ 与 $\boldsymbol{n}$ 的矢量积。根据 $\boldsymbol{t}-\boldsymbol{n}-\boldsymbol{b}$ 所标识的参考系，矩阵 $[\Lambda]$ 可以表示一个矢量，如下式所示。

$$[\Lambda]=\begin{bmatrix} t_x & t_y & t_z \\ n_x & n_y & n_z \\ b_x & b_y & b_z \end{bmatrix} \tag{7.70}$$

$[\Lambda]$ 的行分别是单位矢量 $\boldsymbol{t}$、$\boldsymbol{n}$ 和 $\boldsymbol{b}$ 在整体参考系中的三个分量。因此，粒子在整体参考系中的运动方程可以用矩阵形式表示为下式。

$$m\boldsymbol{g}=m\begin{Bmatrix} \ddot{x}_G \\ \ddot{y}_G \\ \ddot{z}_G \end{Bmatrix}=\begin{Bmatrix} 0 \\ 0 \\ mg \end{Bmatrix}+[\Lambda]^T\begin{Bmatrix} -\mu_x F_z-\dfrac{1}{2}\rho C_D A v^2 \\ N \\ \eta\mu_y F_z \end{Bmatrix} \tag{7.71}$$

由于作用于质点上的力包括重力 mg（沿着整体垂直轴 z 的方向）、接触力（沿切向、法向和双法向）和空气动力学阻力（在局部参考系中定义），为了将局部参考系中定义的力投射到整体参考系上，有研究者使用了投影矩阵 $[\Lambda]^T$。我们也使用了有舵雪橇多体模型中相同的方法来计算法向接触力，这在第 7.4.1.3 节中有过描述。一旦接触表面近似于切线接触平面，则可确定质点沿着矢量 $\boldsymbol{n}$ 的方向穿透冰面，因此法向接触力可以根据式 7.43 来确定。就双法向(侧向)接触力而言，我们可采用比例因子 η 来表达用于改变轨迹的侧向力 ($\mu_y F_z$) 的大小 (η 为施加转向角的线性函数，其取值范围被限制在 $[-1, 1]$，$\eta=1$ 相当于逆时针方向允许的最大转向角，$\eta=-1$ 相当于逆时针方向允许的最大转向角)。η 随着滑道的变化而变化，并通过优化算法以最小化滑行时间为目标来进行确定。为了限制要优化的变量(沿着滑道上的每个截面的 η)，我们可将在直道段的 η 设为 0，并通过每个弯道内的分析函数来进行描述。因此，这些分析函数的参数成为优化变量。如图 7.61 所示，沿滑道中心线(track center line, TCL)每个弯道都标识出 5 个节点—— $S_0 \sim S_4$，包括进弯起点和出弯终点。因此，整个弯道分成四段。S_0 和 S_4 分别位于弯道的起点和终点，S_2 位于弯道的中心，而 S_1 和 S_3 则分别是位于弯道上半段和弯道下半段，它们的位置是在优化过程中确定的(前两个优化变量)。

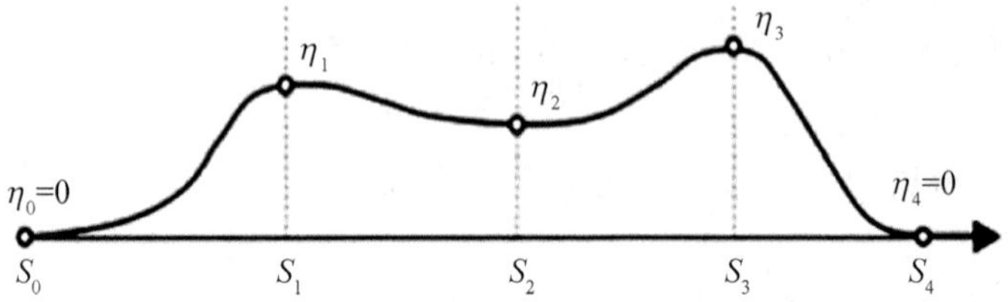

图 7.61　弯道内 $\boldsymbol{\eta}$ 的变化示意图[54]

因为连续性，假设在 S_0 和 S_4 中的 η 为 0，则在优化过程中可以确定 η_1、η_2 和 η_3(另外三个优化变量)。沿弯道所分割的每一段的 η(用于确定每个滑道截面的横向接触力，从而求解运动方程式 7.71 以便估算滑行时间)是由内插五个上述节点的分段三次多项式(三次样条)来确定的。每个弯道对应五个优化变量 S_1、S_3、η_1、η_2 和 η_3，从而得到整个滑道上共有 $5\times n_c$ 个优化变量(n_c 为滑道上弯道的个数)。对滑道上的所有弯道同时进行变量识别，假定横向接触力随着沿每个弯道的分段三次多项式的变化而变化，分段多项式从弯道起点的零开始发生变化，一直到弯道终点再变回零。弯道的进弯起点和出弯终点也假设等同于对应的几何点。图 7.61 所示函数的形状给出了通过优化程序确定的操控方式的相关信息：在进弯时 η 从 0 增加到 η_1，表示舵手必须引导雪橇进入弯道；然后在整个弯道上 η 几乎保持不变，这意味着舵手应该让雪橇保持冰刀迎角不变的姿势继续滑行；最后在出弯时松开转向轴。进弯段的长度(η 增加)通常比出弯段的长度(η 减少)更长。

7.6.2.2　控制器设计

一旦轨迹确定，我们便可以开发一个作用于转向轴的控制器[55]，用来模仿专业雪橇舵手沿着预期路径的滑行动作。虽然轨迹是通过一个简化的动力学分析决定的(参照一个粒子沿着滑道运动)，但控制器还是基于第 7.4.1.3 节中描述的雪橇多体模型来开发的，它可以精确解释转向动作对雪橇轨迹的影响。

为了评估一名真实的专业舵手的动作，我们分析了第 7.3.4.2 节中描述的实验测试[55-57]，该测试是在塞萨纳帕里奥奥林匹克滑道上使用装配仪器的有舵雪橇进行的。现将对舵手的操控动作进行的实验分析结果(见图 7.28)总结为如下几个方面。

1. 操控方式主要是基于前馈贡献度，即舵手对转向轴的动作是基于舵手以往的经验而预先确定的。

2. 舵手基于雪橇动力学响应反馈对转向轴进行修正：

① 将侧倾角 ξ 当作"触发器"，以警告舵手在进弯时开始转向；

② 舵手对侧倾角的反应延迟了大约 0.25 s(视其反应的快慢而定)；

③ 在直道滑行、发生横向漂移或出弯时，舵手应对有舵雪橇的侧滑角 δ 做出反应；

④ 舵手对侧滑角度的反应延迟了大约 0.1 s(视其反应的快慢而定)。

基于这些实验结果，控制动作 θ 设计为两个贡献值的总和，一个与轨迹跟踪相关 (θ_t，重现舵手的前馈动作)，另一个与侧滑角相关 (θ_s，重现舵手的反馈动作)。图 7.62 给出了文献[55]中提出的舵手模型(控制器)方案。通过一系列模拟，我们以重现专业舵手的实际操控方式("学习阶段")为目标，对控制器增益进行了优化。

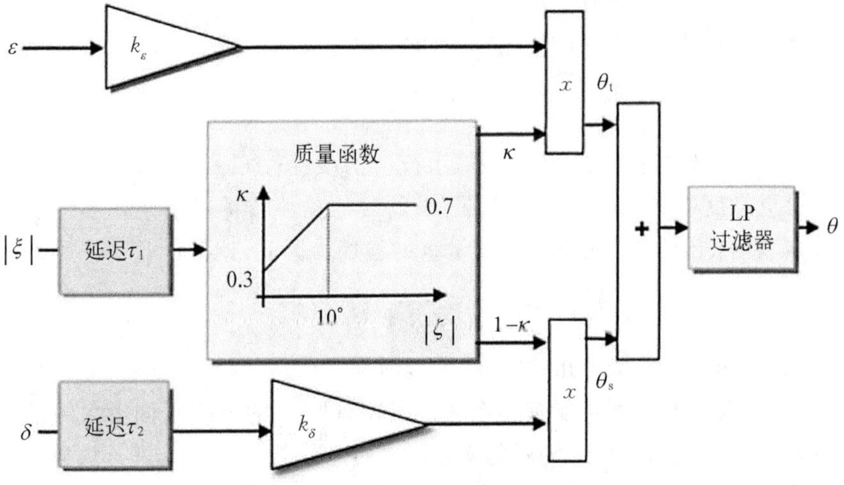

图 7.62　舵手模型(控制器)示意图[55]

轨迹跟踪贡献度(见图 7.62 上半部分)是基于预期路径与实际路径的差异而确定的。如图 7.63 所示，这一差异取决于两个点：预期轨迹上的 P_r 点和雪橇纵轴(称为 X_L)上的 P 点，即雪橇重心(用 G 标记)前 l^* (单位为 m)处的点。

预期位置与雪橇指向的位置之间的角偏差ϵ用来量化轨迹误差。注意，这个误差是以重心前面的 l^* 进行计算的，以便预测滑道的变化(就像真正舵手那样)。距离 l^* 称为"视觉距离"，假设其为雪橇速度 v 的函数[58]，如下式所示。

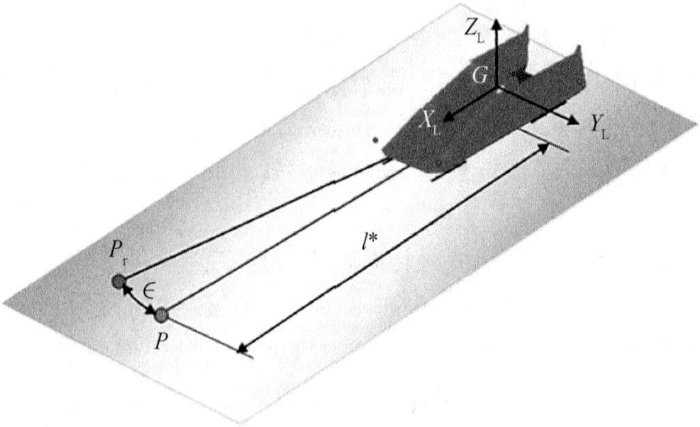

图 7.63 相对于参照轨迹的角偏差∈示意图[55]

$$l^* = vt^* \tag{7.72}$$

式中,t^* 是在控制器学习阶段所确定的固定时间间隔。根据式 7.72,视觉距离随着雪橇速度的增加而增加。这与如下事实一致:在高速度的情况下,为了使有舵雪橇能够一直在滑道上,较长的视觉距离是必要的。

该轨迹跟踪对转向角(控制动作)的贡献度最终定义为下式。

$$\theta_t = k_\epsilon \epsilon \tag{7.73}$$

式中,k_ϵ 为所采用比例控制器的增益,与舵手反应的敏捷性相关。t^* 和 k_ϵ 都是在学习阶段确定的。侧滑贡献度(见图 7.62 的下半部分)的目的是使雪橇侧滑角归零。通过对操控方式的分析可知,转向角与侧滑角有相同数量级的幅度。因此,比例增益 k_δ 可以设为 1。

$$\theta_s = -k_\delta \delta(t - \tau_2) = -\delta(t - \tau_2) \tag{7.74}$$

式中,δ 是有舵雪橇重心的侧滑角,在实际模拟时间之前由 $\tau_2 = 0.1$ s 计算而得。实验数据表明,l^* 中引入的延时与舵手的敏捷性有关。其中,0.1 s 的值表示侧滑角峰值与转向角之间的平均测量延时。我们可根据侧倾角 ξ 对两个贡献参数 θ_t 和 θ_s 进行加权。当侧倾角小于 10° 时,加权参数 κ 从 0.3 线性增加到 0.7;当侧倾角大于或等于 10°时,κ 保持不变。在直道段,当侧倾角接近于零时,侧滑贡献度比轨迹跟踪贡献度权重更高。运动员在出弯道时应尽量避免操控失误或撞击侧壁,这样便可以对雪橇的横向漂移加以控制。相反,在进弯道时,轨迹跟踪贡献度会随着侧倾角的增大而增大。通过对操控方式的分析可知,当 $\tau_1 = 0.25$ s 时侧倾角的值会产生延迟,即该延迟的平均测量值在侧倾角的上升值与随后转向角的上升值之间。因此,即使我们计算出了期望轨迹上的轨迹误差,并且存在贡献参数 θ_t,也只有当侧倾角的某个值发生交叉时("触发效应"),该贡献参数的值才会生效。注意,作为 0.3~0.7 范围内的加权因子,这两项贡献参数都存在于所有的滑道截面内。加权函数还消

除了视觉距离 l^* 所产生的弯道内的横切倾向。

一旦控制动作 θ 确定后，在传递到有舵雪橇多体模型前，我们可采用截止频率为 3 Hz 的四阶巴特沃斯滤波器(4th order Butterworth filter)进行低通滤波，以达到与实验测量带宽相等的带宽。

7.6.2.3　结　果

已有研究者阐述了上述舵手模型在塞萨纳帕里奥奥林匹克滑道上显示出的结果[55]，描述了耦合舵手模型与有舵雪橇多体模型所获得的结果[28-30]，我们在第 7.4.1.3 节中对其进行了介绍。

我们将舵手模型要求的转向角和多体模型响应实验数据进行了比较，这些数据是使用装配仪器的男子双人有舵雪橇在塞萨纳帕里奥奥林匹克滑道上测试时收集的(见第 7.3.4.2 节)。图 7.64 对舵手模型转向角的模拟值(绿色虚线)和整个滑道上的实验数据(黑色实线)进行了对比。从图 7.64 中我们可以看出，模拟转向角和实验转向角在大小和形状上非常相似。转向幅度在 9 号弯道和 15 号弯道出现了高估现象(模拟值大于实验值)。转向角总是指向每个弯道的内侧，以重现真实舵手的响应。

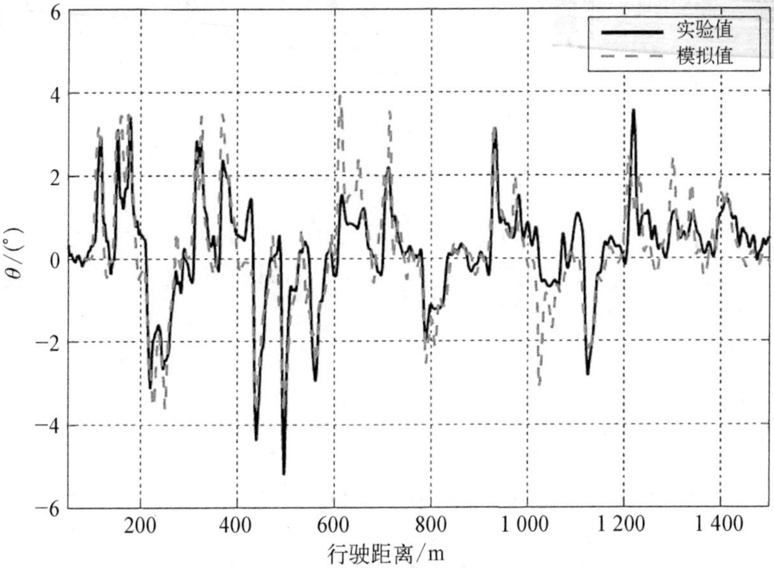

图 7.64　转向角相对于行驶距离的实验值与模拟值的对比[55]

通过对滑行过程中有舵雪橇的侧倾角实验数据与模拟值进行比较，我们验证了舵手模型对真实舵手行为的模拟能力(见图 7.65)。实际上，这种比较可以量化有舵雪橇所遵循的轨迹与数值模型所预测的轨迹之间的差异。可以看出，虽然在某些弯道中侧倾角度被低估(模拟值比实验值低)，但模拟数据与实验所得的侧倾角的幅度值和形状非常相似。弯道进/

出口的侧倾率模拟值也与实验值非常接近。

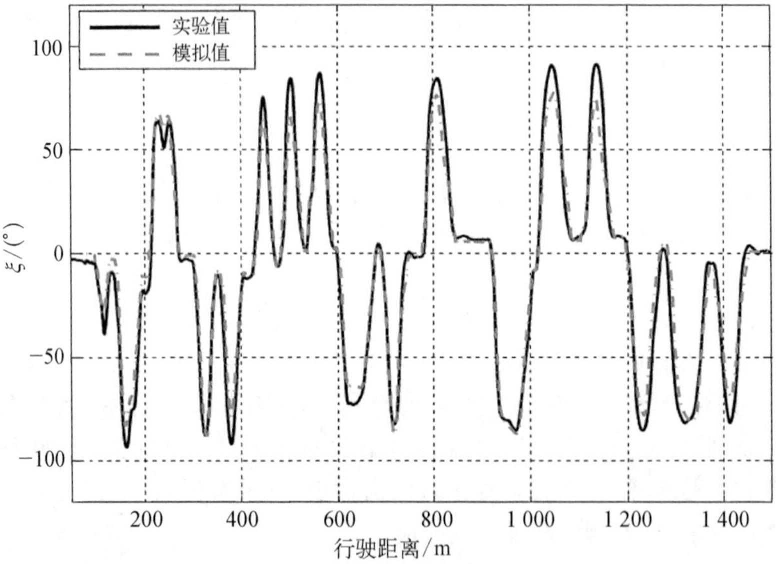

图 7.65 侧倾角相对于行驶距离的实验值与模拟值的对比[55]

7.7 模拟器

在有舵雪橇比赛中，滑行过程的模拟对提高运动员的成绩来说至关重要。本节的目的是对选择采用模拟方法的主要理由进行概述，并介绍不同的模拟器案例，最后对模拟器的发展提出一些建议。

7.7.1 引言

和其他运动一样，有舵雪橇训练非常关键，它可以帮助运动员把滑行时间缩短到赢得比赛所需的时间。不幸的是，有舵雪橇训练既不便宜，也不容易。国际认可的滑道主要设置在欧洲，除此以外几乎没有，因此有舵雪橇训练所需的国际旅行相关成本很高。此外，一般来说，滑道在一年中只有几个月可用，使得不同的有舵雪橇队可能需要在同一天训练或与钢架雪车和无舵雪橇的运动员共用场地。运动员一天的训练滑行次数通常远少于 10 次，这个数字在很大程度上不足以形成足够的肌肉和视觉记忆。

除了后勤组织方面以外，重复性也是滑道测试的另一个关键因素。不同的开始时间、滑道条件的全天变化（如冰面温度、滑道表面的平滑度等）、每次起动时全力推动和每次滑行时因高加速度(大于 $5g$)所产生的疲劳等因素都会对总成绩产生影响。由于只有很少的几次滑行会出现相似的完赛时间,并且受到许多变量的影响,所以对于一个有舵雪橇舵手来说,很难确定最佳的轨迹和最合适的转向控制,从而使比赛时间最少化。

一方面,增加测试次数,同时消除外部因素的影响,可以让舵手理解如何选择不同的轨迹和转向指令来控制比赛时间——这样就可以确定最佳的轨迹;另一方面,同样的原因可以让舵手熟悉不同弯道的先后次序并执行相关的转向动作。特别是考虑到在滑道的最后部分有舵雪橇的速度大多会超过 100 km/h(在塞萨纳帕里奥奥林匹克滑道上超过 130 km/h,在惠斯勒滑道上接近 140 km/h),舵手必须在看到下一个弯道之前就开始控制转向。换句话说,由于冰面与冰刀的界面产生的接触力相对于系统惯性比较小,因此只有当舵手预判到有舵雪橇的动力学特性时,他的操控才有效。一旦舵手确定了最佳轨迹,他就必须以一系列几乎完全相同的滑行路线进行重复训练,以记住转向操控的顺序。

由于户外测试很少能为运动员提供这样的机会,因此有舵雪橇模拟器可以作为运动员训练的有效替代物。在受控的环境下,重现有舵雪橇比赛的滑行过程,可以克服真实滑道测试的几个限制,具体有如下几个方面。

1. 如果模拟器设计成在虚拟环境中重现遍布世界各地的各种几何形状的滑道,那么就可以显著降低与旅行费用和滑道使用相关的成本;

2. 尽管会有不同的运动员使用模拟器,但它的可用性肯定会比奥运会滑道的可用性大,因此可以根据需要进行重复测试;

3. 由于外部因素的影响可以降到最低,每一个动作对完赛时间的影响也可以量化,因此训练效果将会提高。

除了这些优点,有舵雪橇模拟器也可以为运动员训练提供一个安全的环境,不会由于舵手的失误或机械故障而导致队员受伤或有舵雪橇本身受到损坏。

7.7.2 有舵雪橇模拟器的特征

有舵雪橇模拟器应该尽可能地重现运动员在比赛中沿着扭曲、倾斜、结冰的滑道上滑行的真实体验。模拟器的真实感越高,越能够将运动员在其中所获得的经验直接转移到真实滑道上。

有舵雪橇在滑道上运动的数学模型显然是模拟器的核心,本文第 7.4 节对这些模型进行了详细分析。在模拟器上使用模型时,基本要求是实时计算,这意味着模拟器需要足够多的硬件支持,并且要避免过度的复杂性。

从科技文献中可知,人们大部分的运动感知(近 70%)与视觉系统有关。因此,有舵雪橇模拟器首先应该配备一个适当的图形引擎,以便能够实时生成赛道的详细 3D 描绘。更新频率也很重要,应该高于 30 Hz。有研究者提出,可通过利用在舵手周围的几个显示器来帮助舵手获取视觉感知的进一步细化,滑道不仅投射在单一的平面屏幕上,还投射在侧面的监视器上，这可以增强舵手对3D环境的感知，并对其周边视觉能力加以刺激。重要的是，应避免出现不同于图形引擎所生成的视觉输入。为此，监视器和舵手应该处于一个封闭和黑暗的环境中，可以使用头戴式显示器作为替代。

其次，运动感知与前庭系统有关，前庭系统能够记录加速度和偏摆率。模拟有舵雪橇动力学所需的设备极其复杂。侧倾、偏摆和俯仰动力学应与角速度的连续性和突然性的变化同时控制。此外，所有的控制都应与图形引擎完美同步，以避免视觉和前庭系统输入之间出现延迟。该系统的设计将是一项挑战，实现该系统意味着远远超出合理的成本。

有一种替代方案，即添加电动或液压驱动器(actuator)来重现有舵雪橇动力学的运动特征，或者至少重现那些最重要的特征。作为前庭系统最相关的输入之一，进弯出弯时的侧倾率可超过60 rad/s^2。文献[25]所介绍的模拟器使用了一个电机来控制有舵雪橇舱体的侧倾运动(特别是侧倾率)。另外，转弯时的加速度可能超过5g，这无疑也会激活前庭系统。我们可通过线性驱动器获得大于1g的加速度，该驱动器的控制应能够方便地与侧倾运动的驱动保持同步。实际上，在完成一个转弯所需的时间内保持高加速度需要使用高功率的驱动器，这将会显著增加设备的尺寸。总的来说，这个解决方案似乎并不切实可行。高加速度值也可通过离心机获得，但用该装置很难实现有舵雪橇从左拐到右拐的突然过渡。总之，对于建立模拟器的目的来说，没有一种切实可行的方法可以重现有舵雪橇滑行时的加速度特性，这也意味着该前庭系统的重要输入参数将会丢失。

一些研究人员指出，只是控制模拟器的侧倾角而不重现相应的重力加速度，会导致反馈不一致。根据这一观点，可得出一个结论，即最好完全不刺激前庭系统。[59]另一些研究人员则认为，对有舵雪橇的一些动作进行部分重现可以增强模拟器的真实感。[25]

另一个重要的因素是转向系统的反馈。在文献[25]所描述的模拟器中，转向系统由一个电机控制，以便沿着由冰面与冰刀的接触力而产生的转向轴对力矩进行重现。

最后，运动员周围的环境也起到了一定的作用。除了上文所描述的去除外部因素的视觉输入以外，有舵雪橇这一典型因素的存在可以增强运动员对真实体验的感知。用真实的转向系统重建真实的驾驶舱将有助于舵手记住正确的动作顺序。此外，播放在滑行时听到的声音也会提高模拟器的真实感，还可以起到限制外部听觉干扰的效果。

接下来，我们将介绍技术文献中所描述的各种模拟器。

第一种模拟器从硬件角度来看是相当复杂的，它是由一个真正的驾驶舱构成的，该舱体会根据有舵雪橇在虚拟滑道上的位置而产生侧倾。

第二种模拟器则遵循不同的理念，它排除了刺激前庭系统所需的复杂硬件，而是专注于视觉和听觉因素。特别是，该模拟器被设想为可以在不同的平台(包括简单的个人电脑)上滑行，并具有广泛的可选外围设备。虽然这个模拟器在重现真实体验方面有一定的限制，但运动员却几乎可以在任何地方利用它进行训练。

最后一节则提出了一种完全不同的模拟器，旨在提高运动员在起动时的成绩。由于最佳的起动时间往往是赢得比赛的关键因素，因此基于滑雪机和有舵雪橇测力手柄的模拟器用来优化运动员的姿势，以最大限度地增加推进力，并确定他们应该在何时跳上雪橇。

7.7.3 美国有舵雪橇队模拟器

关于这个模拟器的信息，我们直接节选自 2000 年发表的一篇论文[25]，该论文描述的是为美国雪橇队开发的模拟器的第三个版本，在文献中没有更新的版本。这个模拟器使用了一套复杂的硬件，通过激活视觉、前庭、触觉和听觉系统来模拟有舵雪橇滑行的真实体验。

如图 7.66 所示，雪橇模拟器是一个安装在基座框架上的玻璃纤维外壳，上面的整流罩是可以打开的以便于运动员进入舱体，模拟器的舱体是由一个真正的有舵雪橇模具制作而成的，以供运动员坐在其中。由蹦极绳控制的转向系统与真实的转向系统相似，位于舵手前方。玻璃纤维外壳内装有监视器用于演示滑道的图像，还装有音频扬声器，用于播放在滑行期间有舵雪橇内正常听到的声音。

图 7.66　美国队雪橇模拟器[59]

玻璃纤维外壳安装在一个内部的铝合金底盘上，该底盘用于承受舵手和其他设备（转向系统、显示器等）的重力。驾驶舱还配有可调节的脚钉和座椅。一旦整流罩关闭，运动员就可以在一个真实的环境中开始训练，这个环境几乎隔绝了外界的视觉和听觉干扰。驾驶舱通过两个轴承连接到基座框架，框架用于支撑结构的重力，并允许模拟器沿纵轴旋转。利用这个自由度，驾驶舱的运动可以控制，以重现有舵雪橇滑行时的侧倾运动。

模拟器的核心是有舵雪橇的数学模型，由于模拟需要实时进行，因此我们选择了一个简单的粒子模型。雪橇受重力、滑道法向力、滑道切向力、冰摩擦力、侧向转向力、空气动力学升力和阻力的影响。所有有舵雪橇和接触力建模所需的数据（惯性参数、空气动力学系数）均直接来自测量或文献。

我们采用三次多项式插值方法将滑道建模为一系列截面。假定有舵雪橇始终与滑道表面保持接触，它沿着滑道的位置由坐标 α 和坐标 β 来确定，坐标 α 和坐标 β 分别代表距起始点的距离和距滑道右边缘的距离。坐标 α 和坐标 β 的等值线用于获取滑道的图形描述。

我们利用 IBM 工作站对有舵雪橇动力学进行了数值模拟。

这个模拟器最引人注目的部分是硬件，在描述雪橇比赛中滑行的特征方面，它包含一些重要元素。除了使用来自真实驾驶舱的部件以外，模拟器还对侧倾运动和转向轴进行控制，采用一个电动马达沿着纵轴旋转驾驶舱，用另一个马达对转向系统提供力的反馈。控制装置由所谓的运动控制器(motion controller)执行，该控制器直接接收来自工作站的信号，并产生适当的电压输出给放大器，进而把信号转化成电流，以驱动马达产生扭矩。

控制侧倾运动是一项挑战，这不仅因为系统具有很大的惯性，而且还与需要旋转有舵雪橇与图形引擎密切保持同步有关。尽管在该模拟器中，驾驶舱的侧倾角只有模型计算侧倾角的 20%，但我们仍需要大功率电机(4.5 kW)来驱动其侧倾运动，并以 30 Hz 的频率更新驾驶舱的位置。我们采用比例微分(PD)模式对侧倾运动进行控制，并对有舵雪橇模型输出的参考侧倾角与驾驶舱通过电机编码器测量的侧倾角进行了比较。虽然在滑行期间从法向上记录的侧倾加速度没有达到 60 rad/s^2，但进出弯道时所获得的侧倾率却大大有助于提高运动员的真实体验。

驾驶舱在转弯时的侧倾运动也受到控制。特别是在进弯处发生倾斜之后，驾驶舱的侧倾角逐渐归零，其侧倾率是前庭系统无法检测到的。这种被称为"冲刷"(washout)的技术，是用于产生一种指向驾驶舱底部的外力。事实上，在真实滑行期间，需将高加速度力和接近 90°的侧倾角相结合，使得舵手所感知到的力的方向与滑道垂直。由于模拟器无法重现高加速度力，因而在转弯时我们可以用重力加速度将侧倾角调零，这在一定程度上可以模拟真实情况。

在这个模拟器中实现的另一个有意思的控制行为是在转向系统上产生的反馈。由于模拟器的主要目的是训练舵手，因此运动员应该牢牢记住正确的转向输入顺序，并在正确的时间内执行操作产生相应的力。如上所述，模拟器驾驶舱配备了一个由蹦极绳控制的转向系统，大体与用于比赛的雪橇的转向系统类似。在滑行过程中，接触界面处产生的力以及从动臂、轴、冰刀支架和冰刀的惯性可以沿转向轴产生一个力矩，为舵手提供重要的反馈。我们在模拟器上使用一个简单的数学模型来估算接触力所产生的力矩，而连接到转向系统的电机重现了这种效应。一个具有适当质量分布的圆盘也连接到转向系统之上，用来引入与惯性效应有关的力矩。

考虑开发的模拟器也可以用于娱乐设施，因此我们需要高度重视其安全性。壳体可通过安全销锁紧，以防发生侧倾运动。只有当模拟程序、运动控制器和放大器都正常工作时，侧倾运动才能发生。为此，模拟器使用了很多安全开关，包括光学限幅开关。

7.7.4 虚拟现实模拟器

如前所述，有两种方法可用于模拟有舵雪橇或钢架雪车。一种方法是平台固定，而周围环境围绕着运动员的运动状态而发生相应变化;另一种方法是周围环境固定,运动员相对于水平位置通过移动的平台而发生改变。[59]第二种方法在前一节中已经描述过。在本节中,我们只分析第一种方法,因而平台不会移动,模拟是完全虚拟的。

文献[59]介绍了卡尔加里大学开发的有舵雪橇和无舵雪橇虚拟现实模拟器。这个模拟器的原型是由四个屏幕(由 PC 集群驱动)组成的,采用的是舵手视角,该视角是用固定于雪橇上的摄像头所拍摄的(该视角很有用,实际上人们常常使用一个附在雪橇上的小型摄像机对运动员的动作进行拍摄并加以研究)。此时,雪橇似乎与周边环境固定在一起,围绕着实验对象旋转。

该模拟是基于盐湖城滑道①建立的。在 CAD 环境下,研究人员重现了赛道的 3D 几何形状,以及有舵雪橇和无舵雪橇的滑行体(可以像替身一样使用,由运动员决定)。接着,研究人员将这些模型导入 Virtool 软件来实现仿真:它实施了精确的实时渲染,为对象分配物理属性,并使用了 Havoc 物理引擎[60](为了实现精确的实时仿真,必须在至少 30 帧/s 的帧率条件下评估各种力对雪橇的影响[59])。

研究者与教练员和运动员讨论了使用这个模拟器所得的结果[59]。首先,选择采用固定视角是值得赞赏的,因为模拟器在运动平台上重心不会发生改变,但在有舵雪橇实际滑行中,模拟器的重心总是垂直于滑道上的冰刀的。这可能会给运动员提供错误的反馈。另有几个优势与训练环境有关。这种模拟方法是安全的(而且有很大的便携性,事实上,运动员也可以在普通的 PC 或笔记本电脑上使用这种模拟方法,见图 7.67),并有助于了解滑道的

图 7.67 无舵雪橇仿真过程中的 PC 显示图实例[59]

① 该赛道位于犹他州奥林匹克公园,于 1996 年 12 月建成,滑道长度约为 1 680 m,高度落差为 120 m,有 15 个弯道。

形状。事实上，运动员在高速(如 130 km/h)情况下必须提前预测何时应转弯——通常是在能看到实际弯道之前。这个模拟器还有助于运动员适应沿着滑道高速下滑过程中的视觉模糊。其他功能还包括可以沿着滑道用一条线表示最佳滑行路径，以及利用"回放模式"对运动员的运动路径与最佳路径进行对比。为了提高仿真水平，研究者还对模拟器的音量进行了控制(这与雪橇速度有关)。

7.7.5 有舵雪橇起动模拟器

在双人或多人(通常为四人)有舵雪橇比赛中，运动员在赛道上滑行的持续时间约为一分钟，而胜败之间的差距通常小于千分之一秒。[23]滑行的起动阶段对比赛完赛时间非常重要，该阶段包括运动员全速跑和跳入雪橇等动作。正如文献[61]所提出的那样，有舵雪橇和推进器的加速度模型与沃恩(Vaughan)所描述的短跑运动员的加速度模型相似，根据沃恩的模型，我们可以把运动方程写成下式：

$$\frac{\mathrm{d}v}{\mathrm{d}t}=A-Bv^{\alpha}-Cv^{2} \tag{7.75}$$

式中，v 是短跑者的瞬时速度，A、B、C 和 α 是常数。[62]沃恩提出 α 的最优值为 0.7，并且其他参数也可选择合适的值(文献[62]提供了一系列参考值)。

文献[63]描述了一种"有舵雪橇起动模拟器"，它给有舵雪橇运动员提供了一个优化起动变量的工具。经过测试证明，该装置不仅提高了 6 名美国奥运队员的起动推进力，而且对他们的比赛计时也有帮助。

图 7.68 所示为系统基本原理图。构成模拟器的子系统主要有两个：跑步机和有舵雪橇手柄。"跑步机"的速度大约可达 45 km/h，其坡度范围为 $+40°\sim-10°$(尽管该参数不是这种模拟的关键)，并且有一个计算速度控制系统，即通过已有的电机控制器将 4 个 I/O 信号和一个模拟电压信号发送到跑步机的电源箱，来运行跑步机的基本功能。电机控制器旁路由计算控制，且用于模拟这五个信号输入跑步机电源箱的情况。[63]"有舵雪橇把手"连接到一个六自由度的测力元件上，以测量力的输出。这些信号经过调节并传递到计算机的 A/D 板上，再以最高 1 000 个样本/s 的频率进行采样。测力元件在不同的通道上输出 (6 ± 10)V 的模拟信号，可以测量超过 450 kg 的压缩负载和 55 N·m 的扭矩。前向力——使雪橇加速的力——是运动员想要最大限度发挥的力。下压力也特别重要，因为它用于将手柄调整到适合运动员的正确高度，从而优化运动员对有舵雪橇的向前力输入。它还可以用来表明：运动员使用了不正确的方式才导致他们的能量向下引导，而没有引导有舵雪橇向前加速。[63]

为了总结结果，我们报告了与冲量(推进力)相关的数据。图 7.69 为运动员使用模拟器进行了 5 个月的训练，在三种不同的跑步机速度下测量的每秒冲量的结果。推进力的急剧

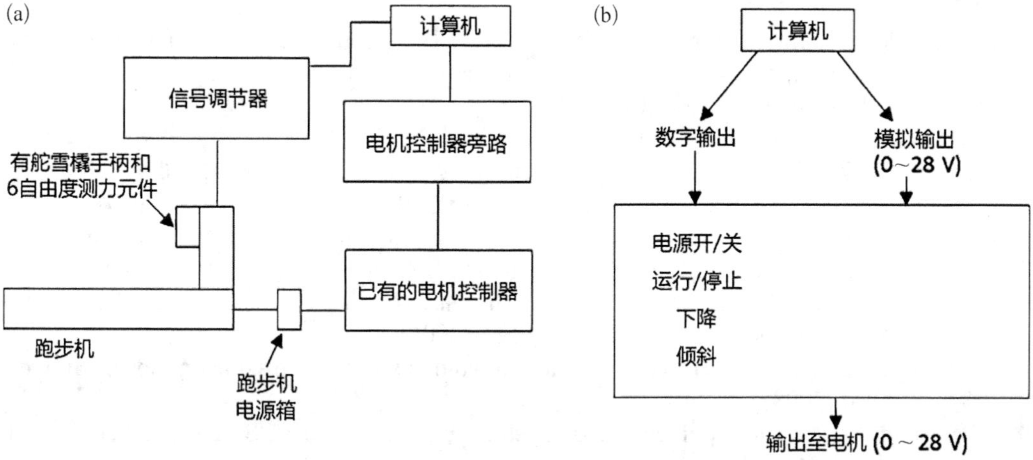

(a) 模拟器;(b)电机控制器。

图 7.68 模拟器系统基本原理图[63]

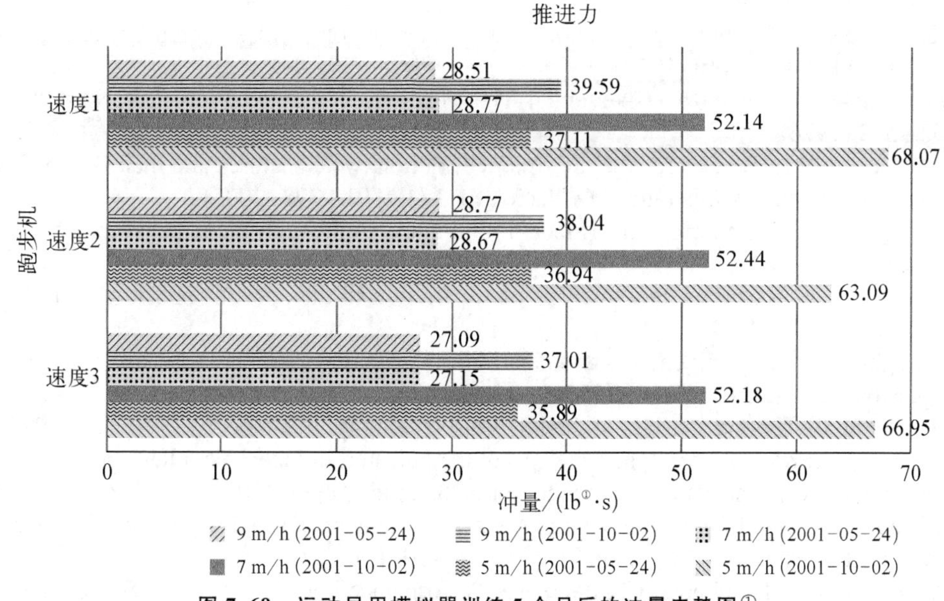

图 7.69 运动员用模拟器训练 5 个月后的冲量走势图①

增加是显而易见的(在某些情况下,数值几乎翻了一番)。此外,该模拟器用来优化把手的高度,并为运动员确定跳进雪橇的最佳时刻。

这些结果是 1 号运动员在三种不同的跑步机速度下获得的。[63]

① 1 lb(磅)=453.59 g(克)。

参考文献

[1] FIBT, Federation Internationale de Bobsleigh et de Tobogganing (2013). http://www.fibt.com/
[2] Wikipedia, Bobsleigh – Wikipedia, the free encyclopedia (2015)
[3] International Bobsleigh Rules (2012)
[4] International Skeleton Rules (2012)
[5] M.M. Morlock, V.M. Zatsiorsky, Factors influencing performance in bobsledding: I: influences of the bobsled crew and the environment. Int. J. Sport Biomech. **5**, 208–211 (1989)
[6] G. Bruggemann, M. Morlock, V.M. Zatsiorsky, Analysis of the bobsled and men's luge events at the XVII olympic winter games in Lillehammer. J. Appl. Biomech. **13**(1), 98–108 (1997)
[7] C. Zanoletti et al., Relationship between push phase and final race time in skeleton performance. J. Strength Condit. Res. **20**(3), 570–583 (2006)
[8] N. Bullock et al., Characteristics of the start in women's world cup skeleton. Sports Biomech. **7**(3), 351–360 (2008)
[9] W.A. Sands et al., Anthropometric and physical abilities profiles: US national skeleton team. Sports Biomech. **4**(2), 197–214 (2005)
[10] I. Roberts, Skeleton bobsleigh mechanics: athlete-sled interaction. Ph.D. thesis, The University of Edinburgh, 2013
[11] F.P. Bowden, T.P. Hughes, The mechanism of sliding on ice and snow. Proc. R. Soc. Lond. A **172**, 280–298 (1939)
[12] F.P. Bowden, D. Tabor, The friction and lubrication of solids. Technical report, Oxford University Press, Oxford (1950)
[13] D.C.B. Evans, J.F. Nye, K.J. Cheeseman, The kinetic friction of ice. Proc. R. Soc. Lond. A **347**, 493–512 (1976)
[14] B.A. Marmo, J.R. Blackford, C.E. Jeffree, Ice friction, wear features and their dependence on sliding velocity and temperature. J. Glaciol. **51**(174), 391–398 (2005)
[15] K. Itagaki, G.E. Lemieux, N.P. Huber, Preliminary study of friction between ice and sled runners. J. Phys. (Paris) Colloq. **48**(C3), 297–301 (1987)
[16] L. Poirier et al., Experimental analysis of ice friction in the sport of bobsleigh. Sports Eng. **14**(2–4), 67–72 (2011)
[17] F. Braghin et al., Experimental assessment of Bobsleigh dynamics and ice-skate contact forces. Top. Modal Anal. II **6**, 487–498 (2012)
[18] P.F. Vint et al., Kinetic analysis of the luge start technique. J. Biomech. **27**(5), 620 (1994)
[19] P. Stergiou, L. Katz, Performance analysis of the pull start in luge: Integrated and real-time use of video and force measurement technologies, Technical report (2010)
[20] V. Fedotova, V. Pilipiv, Comparison of lugers' start elements on a sliding track and an iced start ramp. Port. J. Sport Sci. **11**(Suppl. 2), 223–226 (2011)
[21] H.P. Platzera, C. Raschnera, C. Pattersona, Performance-determining physiological factors in the luge start. J. Sports Sci. **27**, 221–226 (2009)
[22] S. Lembert, O. Schanchner, C. Raschner, Development of a measurement and feedback training tool for the arm strokes of high-performance luge athletes. J. Sports Sci. **29**, 1593–1601 (2011)
[23] J. Roche, S. Turnock, S. Wright, An analysis of the interaction between slider physique and descent time for the bob skeleton. Eng. Sports **7**(2), 101–109 (2008)
[24] Y.L. Zhang, M. Hubbard, R.K. Huffman, Optimum control of bobsled steering. J. Optim. Theory Appl **85**(1), 1–19 (1995)

[25] A. Kelly, M. Hubbard, Design and construction of a bobsled driver training simulator. Sports Eng. 3.1 (2000), pp. 13–24.
[26] M. Hubbard et al., Simulation of vehicle and track performance in the bobsled. Am. Soc. Mech. Eng. Appl. Mech. Div. **98**, 373–376 (1989)
[27] M. Hubbard, M. Kallay, P. Rowhani, Three-dimensional bobsled turning dynamics. Int. J. Sport Biomech. **5**, 222–237 (1989)
[28] F. Braghin et al., Bobsleigh performance optimization through a multi-body model, in *Multibody Dynamics 2009 ECCOMAS Thematic Conference, Warsav, Poland, 29 June–2 July*, Institute of Aeronautics and applied Mechanics – Warsaw University of Technology (2009), pp. 1–12
[29] F. Braghin et al., Multi-body model of a bobsleigh, in *Proceedings of the Mini Conference on Vehicle System Dynamics, Identification and Anoma lies*, 2008, pp. 661–672
[30] F. Braghin, Cheli, M. Donzelli, S. Melzi, E. Sabbioni, Multi-body model of a bobsleigh: comparison with experimental data. J Multibody Syst. Dyn. 25(2), 185–201 (2011)
[31] O. Lewis, Aerodynamic analysis of a 2-man bobsleigh. MA thesis, TU Delft, 2006
[32] F.M. White, *Viscous Fluid Flow* (McGraw-Hill, New York, 1991)
[33] S.F. Hoerner, *Fluid-Dynamic Drag*, Hoerner Fluid Dynamics (Backersfield, 1965)
[34] F. Motallebi, P. Dabnichki, D. Luck, Advanced bobsleigh design. Part 2: Aerodynamic modifications to a two-man bobsleigh. Proc. Inst. Mech. Eng. B J. Mater. Des. Appl. **218**(2), 139–144 (2004)
[35] A. Winkler, A. Pernpeintner, Improving the performance of a bobsleigh by aerodynamic optimization. Eng. Sport **7**(2), 329–338 (2008)
[36] P. Dabnichki, E. Avital, Influence of the postion of crew members on aerodynamics performance of two-man bobsleigh. J. Biomech. **39**, 2733–2742 (2006)
[37] F.R. Menter, Improved two-equation k-omega turbulence models for aerodynamic flows, NASA Technical Memorandum 103975, 1992
[38] A. Winkler, A. Pernpeintner, Automated aerodynamic optimization of the position and posture of a bobsleigh crew. Proc. Eng. **2**(2), 2399–2405 (2010)
[39] E. Berton et al., Aerodynamic optimization of a bobsleigh configuration. Int. J. Appl. Sports Sci. **16**, 1–13 (2004)
[40] R. Hastings, The use of computational fluid dynamics to investigate and improve the aerodynamics of bob skeleton racing, University of Edinburgh, 2008
[41] C.R. Walpert, R.A. Kyle, Aerodynamics of the human body in sports. J. Biomech, **22**(1), 1096 (1989)
[42] K. Bromley, Factors affecting performance of skeleton bobsled. Ph.D. thesis, Mechanical Engineering, University of Nottingham, 1999
[43] G.R.L. Dempster, W.T. Gaughran, Properties of body segments based on size and weight. Amer. J. Anatomy **120**, 33–54 (1969)
[44] L.W. Brownlie, Aerodynamic characteristics of sports apparel. Ph.D. thesis, Simon Fraser University, 1992
[45] Aerodynamic testing methodology for sports garments (2008)
[46] H. Chowdhury et al., Design and methodology for evaluating aerodynamic characteristics of sports textiles. Sports Technol. **2**(3–4), 81–86 (2009)
[47] H. Chowdhury, F. Alam, A. Subic, Aerodynamic performance evaluation of sports textile.

Procedia Eng. **2**(2), 2517–2522 (2010)
[48] M. Hubbard, Recreating the cresta run. Phys. World, Feb 21–22. International Olympics Committee "Salt Lake City 2002 Olympic Winter Games Global Television Report" (2002)
[49] Wikipedia, List of bobsleigh, luge, and skeleton tracks -Wikipedia, The Free Encyclopedia (2013)
[50] F. Braghin et al., Design and verification of bobsleigh track, in *ASME 2010 10th Biennial Conference on Engineering Systems Design and Analysis, ESDA2010*, vol. 4 (2010), pp. 505–512
[51] M. Hubbard, Luge track safety. Sports Eng. **16**(2), 123–135 (2013)
[52] Sait Polytechnic, Whistler Sliding Center - Sled Trajectory and Track Construction Study, Technical report (2010)
[53] International Luge Federation, Official report to the International Olympic Committee on the accident of Georgian athlete, Nodar Kumaritashvili, at the Whistler Sliding Center, Canada, on February 12, 2010, during official luge training for the XXI Olympic Winter Games. Technical report (2010)
[54] T. Pawlowski, Coroner's report into the death of Kumaritashvili, Nodar. British Columbia Ministry of Public Safety and Solicitor General. Case No: 2010-0269-0002. Technical report (2010)
[55] F. Braghin et al., A driver model of a two-man bobsleigh. Sports Eng. **13**(4), 181–193 (2011)
[56] F. Braghin, F. Cheli, S. Melzi, E. Sabbioni, Development of a numerical model of a bobsled driver: trajectory planning, in *Proceedings of 12th Mini Conference on Vehicle System Dynamics, Identification and Anomalies*, 2010, pp. 501–510
[57] F. Braghin et al., Bobsleigh driver model, in *Proceedings of the Mini Conference on Vehicle System Dynamics, Identification and Anomalies*, 2008, pp. 673–679
[58] F. Braghin et al., Race driver model. Comput. Struct. **89**, 1503–1516 (2008)
[59] R.M. Levy, L. Katz, Virtual reality simulation: bobsled and luge, in *IACSS International Symposium Computer Science in Sport*, 2007
[60] Virtools (2014). www.virtools.com
[61] M. Hubbard, Simulating sensitive dynamic control of a bobsled. Simulation **65**(2), 147–151 (1995)
[62] U. Holmlund, von H. Raimo, Model of sprinting based on the Newton's second law of motion and their comparison. Rakenteiden Mekaniikka **30**, 7–16 (1997)
[63] M. Wacker et al., Design build and test of a bobsled simulator for olympic athletes. Trans. ASME **1**, 96–102 (2007)

第 8 章

滑　　冰

爱德华多·贝洛尼，爱德华多·萨比奥尼，斯蒂法诺·梅尔齐

本章主要是针对滑冰项目进行概述，内容不涉及花样滑冰，只涉及速度滑冰。本章重点关注室内比赛，在户外滑冰方面只为运动员提供了一些建议。本章首先对这项运动的历史进行了回顾，之后主要针对两个部分进行介绍，分别是速度滑冰运动员的动力学模型和空气动力学分析（包括数值分析和实验性分析）。此外，本章还对一些赛道的注意事项进行了讨论。

8.1 引　　言

8.1.1 历史介绍

与许多其他运动（如雪橇）相似，滑冰这项运动的起源主要是与娱乐方面的实际需求和具体需求相关。回溯历史，最初的滑冰运动起源于人们在结冰的河流、运河和湖泊上的行进，尤其是在北欧、斯堪的纳维亚半岛和荷兰，这里的人们在鞋子上加了一些骨头，以便于在打滑的地面上行走。[1]虽然有一些更早期的证据①，但直到 16 世纪，人们才真正开始意识到滑冰很有趣，并且这项活动在上述地区之外也有所发展。1592 年，苏格兰人发明了含有铁制刀刃的冰鞋。爱丁堡滑冰俱乐部是第一家官方的滑冰俱乐部，据称其创办于 1642 年，主要致力于花样滑冰。这个日期仅在 1865 年俱乐部理事会出版的一本小册子[4]中提到过一次，可能与实际成立日期（大部分人认为是 1742 年或 1744 年[3]）存在差异。

早在 1763 年，人们在英格兰东部的沼泽地区举行了第一次速度滑冰比赛。在同一时期，荷兰人沿着连接弗里斯兰省（Friesland）的 11 个城市的水道举行了滑冰比赛。后来，大

① 有一个用拉丁语写成的文本可以追溯到大约 1190 年，威廉·费茨特芬[William Fitzstephen，他是大主教托马斯·贝克特(Thomas-a-Becket)的副执事]在文中提到[2]："在北方，当用来浇灌城市（伦敦）墙壁的沼泽或湿地冻结时，许多年轻人在冰上玩耍……有些人将骨头绑在脚上……并且手持小杖推动自己前行，像鸟儿飞翔那样迅速地滑行。"

约在19世纪中叶，北美洲的人们也开始重视这项活动，并且成功地制造出了全钢制冰刀，这种冰刀相对于其他冰刀来说更轻、更锋利。[1]1889年，荷兰人获得了第一次世界冠军。[1]1892年，国际滑冰联盟(ISU)成立。[5,6]在19世纪，人们举办了许多滑冰比赛，也出现了很多来自北欧、英国、荷兰、北美和俄罗斯的运动员。此外，比赛还设立了不同的标准距离：500 m、1 500 m、5 000 m和10 000 m。

当1908年伦敦奥运会引入花样滑冰之后，奥委会委员们决定将速度滑冰纳入1916年的柏林奥运会的比赛项目中。但柏林奥运会因1914年爆发的第一次世界大战而被迫暂停，因此速度滑冰首次正式亮相是在1924年的夏蒙尼冬奥会上。另外在1936年，ISU组织了首次官方女子滑冰比赛。[1]

8.1.2 规 则

我们现在所提到的速度滑冰官方规则[7]，目前最新的版本①在2012年获得批准，可以在ISU网站上免费查阅[6]。

滑冰比赛的标准距离分为100 m、500 m、1 000 m、1 500 m(称为短距离)，3 000 m、5 000 m、10 000 m(称为长距离)。有的比赛也采用其他不同的距离。每个比赛(如欧洲杯、世界杯、世界锦标赛等)都有具体的规则来规定一组不同距离的比赛项目。

在装备方面，滑冰比赛服不得改变运动员身体的自然形状，不允许使用任何添加物或附着物(除了一些尺寸上有严格规定的永久性附加条纹以外)，这是为了避免针对空气动力学的不公平的改装。如今随着服装面料的改进，运动中参赛者的成绩也有了真正的提高，我们将在第8.3节中进行讨论。

同时还出现了一个明显的问题——如何确保运动员的安全。事实上，由于缺乏认证装备，运动员的安全无法得到有效保证，尤其是在速度超过50 km/h的情况下。为了保护身体最脆弱的部位——头部，运动员通常允许佩戴头盔，但必须具有特定的形状(头部形状)，并遵守规则。具体内容读者可参考官方规则[7]中的第291条第1a款。运动员允许佩戴眼镜，以减少由于赛道上的光引起的眩目，从而改善可视性并保护运动员的眼睛免受冰屑的伤害。另外，运动员还允许使用其他装备，如手套、护腿、护颈和护膝。

滑冰鞋是最重要的装备之一，它们是腿部被动的力学延伸部分，可使得运动员与冰面接触，以便施展滑行技术。如文献[7]中所述的那样，滑冰鞋由一个冰刀和一个鞋子组成，其材料的尺寸在比赛期间不得发生明显变化，并且应具有将鞋子连接到冰刀上的结构。这种结构应允许鞋子协同冰刀做任何平移和旋转动作，以便滑冰运动员能够最有效地利用自己的身体能力，还应确保它不会危及滑冰运动员的安全。这里有一个重要的规定，即完全禁止通过任何手段加热冰刀。与冰面接触的冰刀部分应为直线形，冰刀的末端必须磨圆，该圆的最

① 此处为原版书作者撰写本章时的最新版本，目前ISU的官方规则最新版本是2018年发布的。——译者

小半径为 10 mm。通常,男性运动员使用的冰刀长度为 42～46 mm。冰刀越长,滑冰速度越快,但冰刀达到一定的长度后反而会成为障碍。冰刀的下侧刀刃厚度仅为 1 mm。[8]

普通滑冰鞋在冰刀和鞋子之间有两个刚性连接点,但是对于速度滑冰(只允许适用于长距离项目),运动员可以使用一种不同类型的滑冰鞋——克莱普冰鞋。这种滑冰鞋的冰刀只通过前部的铰链连接到鞋子上[8, 9],使得冰刀可以短暂地与鞋子后跟断开,从而可以在冰面上停留更长时间,并增加滑冰运动员的推进力。当冰刀处于最大延伸时,弹簧机构(通常安装在鞋子的前部)会将冰刀向后扣合,并产生特有的声音,这种冰鞋的命名就来自该声音。这项技术的发明最初是在 19 世纪末——卡尔·汉内斯(Karl Hannes)于 1894 年获得了第一项该技术的专利。20 世纪 80 年代,格瑞特·让·范因根·谢诺(Gerrit Jan van Ingen Schenau)等[10]将该模型进行了彻底的重新改造,并且近年来经历了更多的变化(如更现代的专利[11])。这种冰鞋经历了几个阶段,但是现在它非常普及,并且证实可以有效提高运动员的最终成绩。2001 年完成的研究表明,在使用克莱普冰鞋时运动员若要提高速度,则不能像设计克莱普冰鞋所假设的那样,利用小腿肌肉来伸展脚踝,而是应使旋转点从滑冰鞋的尖端转到铰链上,这有助于将力传递到冰上。[9]

8.1.3 赛 道

建造滑冰场并不是一件容易的事,建造技术在经历了很长的历史过程后才达到现行的标准和规范。[12]相关的参考文献涉及相当广泛,建筑的方方面面也都研究了:建立滑冰场的案例[13-17],更具体的是针对外部结构的案例[18-21],以及一些侧重于制冷系统的研究[22-26]。

标准[7]的速度滑冰赛道可以是在开放的、有顶的或封闭的冰场,并具有双条赛道。环形赛道的长度必须至少为 333 $\frac{1}{3}$(这是世界杯和冬奥会的官方长度),有两条 180°的弯道,其曲率半径为 25～26 m。赛道的长度由具有资质的鉴定员严格测量,并要详细标明所有起点和终点线的位置。起点和终点必须用彩色线表示。预备起跑线位于起点线前 2 m,终点线前 5 m 的位置也必须标记清楚。

官方规则对安全措施有着严格的规定。[7]在每次比赛之前,赛事组织者必须提供所有计划中的或者现有的安全设施技术报告,包括从测试中获得的相关数据。

防护垫(衬垫)必须具有矩形或梯形形状,并且由不同密度的片层叠加而成,以确保运动员的高度安全性,此外还必须通过科学测试方法加以验证。防护垫的最小厚度为 60 cm,最小高度为 100 cm(最大长度为 120 cm,以便为观众提供足够的视角),并且必须沿着赛道放置。

冰的状况也需要进行严格分析和持续监测。规则规定:“冰场的制冰技术专家必须向 ISU 冰面委员会(Ice Commission)提交制冰计划时间表的所有相关信息,并在比赛期间的所有阶段监测冰面和比赛条件。……在室内赛道上，制冰技术专家必须在比赛期间实时地提供有关风或气流状况的信息，并且负责控制赛道的通风系统，以避免因在比赛道上空气流动的差异而导致出现不公平条件。”[7]

8.2 动力学模型

8.2.1 初步观察

在冰面上获得推进力并非易事，我们可以参照在光滑地面上走路的经验来认识其中存在的风险。因此，滑冰运动员通过什么方式才能够在冰面上实现强有力且“可控”的运动，这个问题极具吸引力，我们对此至少应该进行一些研究。

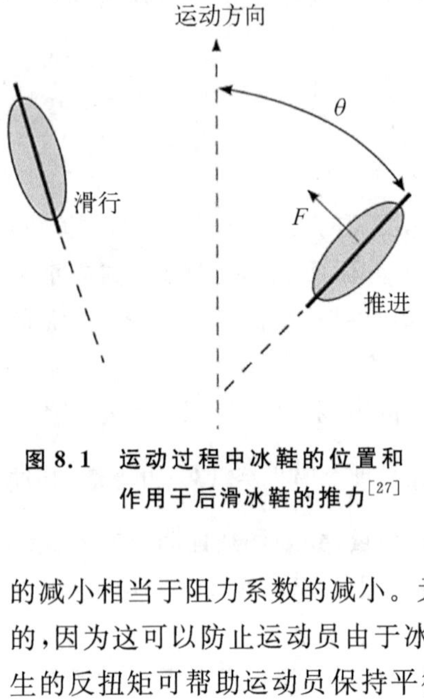

图 8.1 运动过程中冰鞋的位置和作用于后滑冰鞋的推力[27]

滑冰运动员的运动基本上可分为两部分：在冰上滑行以及利用冰刀推离冰面来提高速度。[27]为了获得推进力，滑冰运动员不可能直接依赖冰刀和冰面之间的摩擦力(其值本身几乎为零)，因此在冰面上将自己向前推进的唯一方法是相对于向前运动方向倾斜一点，从而产生垂直于冰刀边缘的力(见图 8.1)。

当推进后脚的滑冰鞋时，另一个滑冰鞋在冰上保持滑行(或是抬起)。力 F 中唯一能够有效推动滑冰运动员的分量是投射在运动方向上的，这取决于滑冰运动员的倾斜角 θ。增大倾斜角，可以增加运动员的有效力分量，从而提高加速度。[27]在运动过程中，运动员不用保持身体直立，而是应该向运动方向弯曲或蹲伏。从空气动力学的角度来看，运动员这样做明显是获益的，迎风面积的减小相当于阻力系数的减小。无论如何，这样的身体姿态对于保持身体平衡是至关重要的，因为这可以防止运动员由于冰鞋上前向的力的分量产生扭矩而向后倾倒。移动重心产生的反扭矩可帮助运动员保持平衡。[27]对一名运动员进行观察可以发现，这种特殊的推进方式会使运动员的上半身在冰上呈一种正弦运动[28](见图 8.2)。

另一种提高成绩的方法是使用克莱普冰鞋(参阅第 8.1.2 节)，它可以在蹬冰滑步过程中延长滑冰运动员的推进阶段，从而帮助运动员加速。

我们注意到，相对于转弯来说，滑冰运动员在直道上的步幅更宽，因为如果每次滑步之间的横向距离越小，越容易转弯。[27]在弯道(特别是曲率半径较小的短道)上，滑冰运动员会非常明显地发生倾斜，由于他们在弯道上不能做太多动作，因而只能依赖于直道期间所获得的动量。

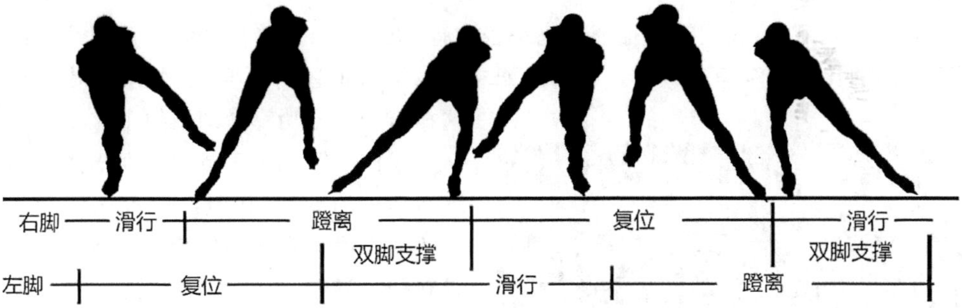

图 8.2　滑冰运动员的运动过程[28]

为了粗略估算弯道上滑冰运动员的倾斜度，我们可以使用简单的力平衡模型进行描述。[27]

图 8.3 为转弯时滑冰运动员的作用力示意图。我们用 P 表示冰刀与冰面的接触点，F_x 和 F_y 分别为水平和垂直接触分力，在 P 点处，G 为运动员重心（假设运动员为刚性体），L 为 P 点和 G 点之间的距离。在图 8.3 中，R 为转弯半径（从转弯中心到 G 的距离），a_c 为向心加速度（指向转弯中心），θ 为倾角（地面和 P 点、G 点连接线之间的夹角），v 为 G 点的速度（指向图外）。

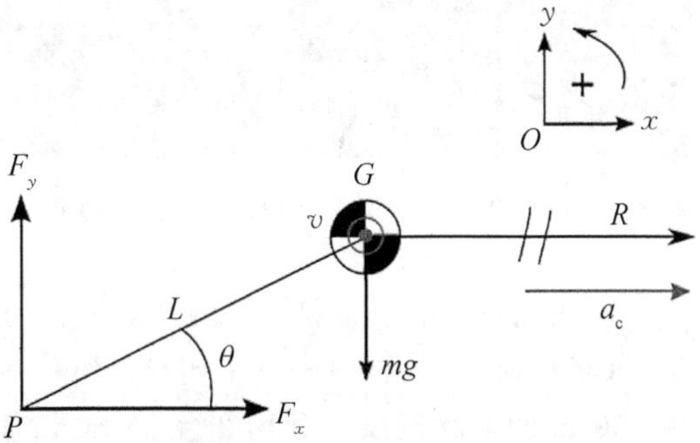

图 8.3　转弯时滑冰运动员的作用力示意图[27]

现在我们可以计算身体的动态平衡。在垂直方向上，方程如下式所示。

$$F_y mg = 0 \tag{8.1}$$

在水平方向上（向心加速度等于 $a_c = \frac{v^2}{R}$），方程如下式所示。

$$F_x = ma_c = m\frac{v^2}{R} \tag{8.2}$$

将 θ 视为常数，则我们处于旋转平衡状态，可表示为下式。

$$F_x L\sin\theta - F_y L\cos\theta = 0 \tag{8.3}$$

根据式 8.1～式 8.3，我们可得

$$\tan\theta = \frac{Rg}{v^2} \tag{8.4}$$

当半径 $R=8.5$ m、速度 $v=10$ m/s 时，倾斜角 $\theta=39.8°$。当曲率半径逐渐减小时，倾斜角明显会变得越来越小。

在第 8.1.2 节中，我们简要描述了克莱普冰鞋（见图 8.4），并且介绍了使用这种冰鞋以来运动员们的比赛成绩有所提升。特别是如文献[29]所描述的那样，最大速度提高了 4%，这相当于输出功率增加了约 10%。

图 8.4　1998 年长野冬奥会上使用的克莱普冰鞋[36]

我们在第 8.2.1 节中已经描述了速度滑冰运动员的动作，在蹬离阶段速度滑冰运动员的动作确实受到了一定的限制[29]（尽管可以获得高速度[30]），此时其躯干应处于水平位置（以减小空气阻力的影响），并且还要限制足底弯曲（以便蹬离滑行，同时避免冰刀尖部对冰面的划擦）。最受影响的是踝关节对足底弯曲的贡献度，它不能提供最大的力，并且在蹬冰结束时（冰刀后部脱离冰面而冰刀尖部仍在冰面上的瞬间）会使速度滑冰运动员的膝关节无法完全伸展。[31]

胡迪克（Houdijk）等[29]对两种滑冰鞋的性能进行了比较，对一组 10 名专业速度滑冰运动员（来自荷兰国家队）进行了实验。每位运动员交替使用传统冰鞋和克莱普冰鞋，进行了 8 次 400 m 的滑冰测试。利用 2 台 16 mm 高速摄像机以及在滑冰服和冰鞋上的特定标记组成的视觉系统来重建身体的运动学，使用点对点方法（ad-hoc methods）计算运动员身体的 3D 姿势。[32, 33]德科宁等[34]也发表了类似的研究，平面内前/后方向（y 轴方向）的力从未超过 10 N，几乎只是垂直（z 轴方向）力的 1%，因此研究者可以选择忽略对该力（同时也是 x 轴的侧向分量）的测量。为了测量 z 轴方向的力，研究人员使用了装配有测试仪器[35]的传统冰鞋，而对于克莱普冰鞋，则是用固定于铰链处的电位器来记录冰鞋和冰刀之间的角位移。[29]

结果发现，10 名专业速度滑冰运动员的平均滑行速度明显提升，相对于传统冰鞋，使用克莱普冰鞋时运动员的滑行速度净增加接近 0.056%，从 11.23 m/s 增加到 11.86 m/s，并且单圈用时分别为 33.7 s（克莱普冰鞋）和 35.6 s（传统冰鞋）。蹬冰频率分别为 1.36 次/s（克莱普冰鞋）和 1.30 次/s（传统冰鞋）。为了更深入地进行分析，有研究者对运动员及其运动进行了全面的表征[29]，我们现在可以简要总结为如下几个方面。

1. 对于两种冰鞋（传统冰鞋和克莱普冰鞋），关节的伸展和蹬离阶段的持续时间似乎都是相同的；

2. 使用传统冰鞋时，运动员的膝关节的伸展更彻底；

3. 使用传统冰鞋时，运动员的膝关节和髋关节的峰值角速度更高；

4. 平均输出功率在从传统冰鞋（209 W）切换为克莱普冰鞋（234 W）后，增长了 12%；

5. 通过肌电图发现，两种结构之间肌肉激活的时间和幅度没有显著差异。

因此，滑行速度的提高与机械功率输出的增加直接相关。若要获得 25 W 的增益，则大约有 15 W 来自每次蹬冰增加的功(work)，另外 10 W 则来自蹬冰频率的增加。①[29, 36]

8.2.2 二维模型

在第 8.2.1 节中，我们运用了一阶自由度简化模型来讨论滑冰运动员的动力学。另外，文献[39 - 41]介绍了其他一些模型。每个模型都有不同的特点和不足，如文献[28]所概括的如下几点。

1. 德科宁和范因根·谢诺模型是最早提出的模型之一。它采用基于功率平衡的灵敏度方法分析了人和环境参数对运动行为的影响。该模型的限制之一是难以验证，并且对于协同模式的差异(这也是每个运动员的典型特征)来说并不稳定。[40]

2. 欧登(Otten)[41]创建了一个融合前向和反向运动学的模型，使用多达 19 个刚体和 160 块肌肉。由于其手动地调整动力学以及缺少测量实验的验证而备受批评，但该模型可以潜在地模拟滑行并提供关节处的力或力矩。

3. 阿林格(Allinger)等[39]提出了一个基于反向动力学的模型，由单次蹬冰驱动。即使该模型对于协同模式的优化是准确实用的，但它最终也很大程度上依赖于假设的腿部函数，并且同样缺少实际测量的验证。

现在我们介绍一个由芬特尔曼(Fintelman)等[28]开发的二维逆向动力学模型，它使用 3 个集中质量(lumped mass)并测量冰鞋及运动员的上半身在二维平面内的位置(x, y)。

如图 8.5 所示，考虑到摩擦力和限制方程，我们可以写出在 x 和 y 方向上的一般形式的运动方程，如下式所示。

$$\begin{aligned} m\ddot{x}_i &= -F_{\text{摩擦},x_i} + F_{\text{限制},x_i} \\ m\ddot{y}_i &= -F_{\text{摩擦},y_i} + F_{\text{限制},y_i} \end{aligned} \tag{8.5}$$

式中，下标 i 可分别表示为 b(滑冰运动员身体)、LS(左冰鞋)、RS(右冰鞋)。滑冰运动员的构造为上半身的运动加上腿部伸展的组合，可以用如下的通用坐标表示(见图 8.5b)：$q = (x_b, y_b, u_{LS}, v_{LS}, \theta_{LS}, u_{RS}, v_{RS}, \theta_{RS})^T$。

如本说明开头所述，质量沿运动员的身体分布在三个位置：一个位于上半身的重心上，另外两个位于冰鞋上。引入系数 α 来表示沿这三个点的质量分布。如果 m 为滑冰运动员的总质量，那么可以定义 $m_b = (1-\alpha)m$、$m_{LS} = (\alpha/2)m$ 以及 $m_{RS} = (\alpha/2)m$ [28]。

限制方程则包括腿部的伸展(这也是上部身体与冰鞋之间的连接)以及冰面上的冰鞋。

---

① 这项分析仅考虑了通过踝关节、膝关节和髋关节水平面的滑行力学行为。髋关节的外旋或外展可以在该平面以外提供一些额外的功。[29, 38]

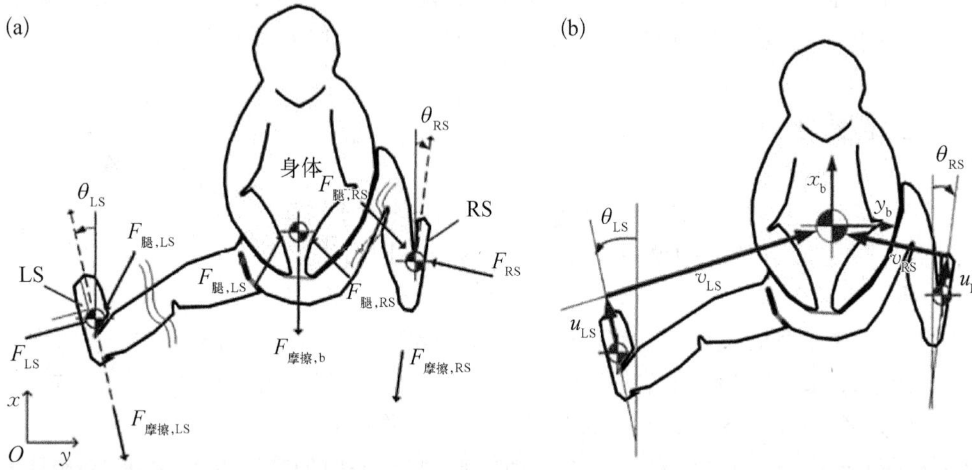

(a) 强调最重要的参数(如身体和冰鞋的重心、作用力和冰鞋倾斜角),惯性参考系放置在冰场上;(b) 速度矢量示意图。

图 8.5 滑冰运动员的示意图[28]

关于腿部伸展的限制方程,我们可以用如下关系式来表示。

$$
\begin{aligned}
c_1 &= x_{LS} - x_b + \cos\theta_{LS} u_{LS} + \sin\theta_{LS} v_{LS} = 0 \\
c_2 &= y_{LS} - y_b - \sin\theta_{LS} u_{LS} + \cos\theta_{LS} v_{LS} = 0
\end{aligned} \tag{8.6}
$$

这两个方程是指腿部左侧和右侧是完全对称的(可得 c_3 和 c_4)。

冰鞋的限制方程必须能够表示冰鞋横向速度为零的条件,这可以用非完整限制方程①来表示,如下式所示。

$$
\begin{aligned}
c_5 &= -\sin\theta_{LS} \dot{x}_{LS} - \cos\theta_{LS} \dot{y}_{LS} = 0 \\
c_6 &= -\sin\theta_{RS} \dot{x}_{RS} - \cos\theta_{RS} \dot{y}_{RS} = 0
\end{aligned} \tag{8.7}
$$

这两个方程分别表示冰鞋左右两侧。如果不考虑垂直位移,那么可通过式 8.7 的开关转换简单地表达接触条件。

另外,还要针对作用在滑冰运动员身上的摩擦力给出定义,特别是冰鞋和冰面之间的摩擦力(大约只占总量的 20%[32])和空气摩擦力。

关于冰鞋和冰面之间的摩擦力,我们可以使用库仑摩擦定律[34]表达为下式。

$$F_{ice} = \mu F_N = \mu m g \tag{8.8}$$

式中,F_N 是冰鞋在冰面上的法向力(这里认定滑冰运动员的高度为恒定值[43],并且没有出

① 非完整限制方程以微分、不可积的形式表示代数关系,通常用 q 的时间导数的形式来表示:$\Psi(q, \dot{q}, t) = 0$。一般写成 $A(q, t)\dot{q} = b(q, t)$ [42]。

现双脚支撑的站姿阶段，请与图 8.2 进行对比)。

空气摩擦力则可使用经典的阻力方程式来计算，如下式所示。

$$F_{\text{air}}=\frac{1}{2}AC_{\text{D}}\rho v^{2}=k_{1}v^{2} \tag{8.9}$$

其可以沿着三个质量方向分布，即质量分布系数乘以总空气阻力。

如果将上述关系式合并，我们就可以写出动力学模型。[28] 接着，我们通过 4 个不同滑冰运动员的实验测试数据对该模型进行验证。整体位置由射频系统测定，并将应答器大致放置于质点的位置。利用装配专业仪器的冰鞋来测量法向力和侧向力，并可测得倾斜角(这是与模型输出力进行比较的基础)。

结果发现，模型与测量值匹配度较好。相对于侧向速度 $\dot{y}_{\text{b}}$，该模型的前向速度 $\dot{x}_{\text{b}}$ 的精度较低。对于力相对较小的前向方向来说，量化误差对其影响更大。倾斜角传感器的精度带入了介于±20 N之间的局部法向力误差。左侧向力或右侧向力测量中还有其他不准确性，这是因为我们在模型中忽略了运动员双脚支撑的站姿阶段(但这些力的总和与模拟值吻合度较高)。

8.2.3 功率平衡模型

为了预测平均滑冰成绩，研究者可以使用功率平衡模型。[44-47] 德科宁等[48] 在这方面研究了数年，并在文献中描述了一个很好的模型。通常，我们可以列出一个考虑到产生和耗散的功率平衡模型，如下式所示。

$$P_{\text{o}}=P_{\text{f}}+\frac{\text{d}E_{\text{mcb}}}{\text{d}t} \tag{8.10}$$

式中，P_{o} 为滑冰运动员总输出功率，P_{f} 为由空气和冰面摩擦力引起的平均功率损失，而 $\text{d}E_{\text{mcb}}/\text{d}t$ 则代表身体的动能、旋转能以及势能的变化。[48] 这种机械能的变化取决于质点的动能变化率，如下式所示。

$$\frac{\text{d}E_{\text{mcb}}}{\text{d}t}=\frac{\text{d}\left(\frac{1}{2}mv^{2}\right)}{\text{d}t}=mv\frac{\text{d}v}{\text{d}t} \tag{8.11}$$

式中，m 为体质量，v 为平均速度。

为了寻求模型的良好精度，我们必须引入 P_{o} 和 P_{f} 的表达式，从而可以间接地得到它们的估算值。有氧功率 (P_{aer}) 与呼吸期间摄氧量 ($\dot{V}_{\text{O}_2}$) 的测量有关[44, 46, 49]，建模为下式。

$$\dot{V}_{\text{O}_2}=\dot{V}_{\text{O}_2,\max}\left[1-\text{e}^{-\lambda(t-t_{\text{d}})}\right] \tag{8.12}$$

式中，λ 为速率常数，t_d 为时间延迟，以描述效能的测量(the measurements of efficiency)。

在文献[44]中，无氧功率建模成一阶系统，如下式所示。

$$P_{an}=P_{an-con}+P_{an-max}e^{-\Gamma t} \tag{8.13}$$

式中，P_{an-con} 为完赛时的力学无氧功率 P_{an}，P_{an-max} 为 $t=0$ 时的力学无氧 P_{an} 最大值减去 P_{an-con} 的值，Γ 为一个速率常数。[44]通常这个参数非常重要，为了获得该方程，运动员在实验室测试中要求采用"全力以赴"的方法，而其他研究[50]则允许运动员采用自由选择的能量分配模式。此外还需要提醒的是，与 P_{aer} 的值一样，P_{an} 的值在文献中是通过循环测试而进行估算的，所以其对滑冰的实际意义并不直观。

最后，输出功率可以按下式计算。

$$P_{an}=P_0-P_{aer} \tag{8.14}$$

功率消耗基本上归因于冰面和空气摩擦的影响总和，并且与空气摩擦更相关(参见第 8.2.2 节)。我们可以用式 8.9 估算阻力，但风洞研究结果显示身体姿势对此会有很大影响[46,51]，因此，可采用不同的空气摩擦形式进行评估[48,52]，如下式所示。

$$F_{air}=0.020\,5\ lm^{\frac{1}{3}}\rho_0 e^{-0.000\,125\,h}F(\theta_1)G(\theta_0)H(v)v^2=kv^2 \tag{8.15}$$

式中，l 为身高(单位为 m)，m 为体质量(单位为 kg)，ρ_0 为零海拔时的空气密度(单位为 kg/m^3)，h 为海拔高度(单位为 m)，$F(\theta_1)$ 和 $G(\theta_0)$ 分别为躯干位置 (θ_1) 和膝盖曲角 (θ_0)，$H(v)$ 为速度对阻力系数的影响，k 为空气摩擦因数(单位为 kg/m)。[48]

可以说，功率平衡方法可以很好地预测速度滑冰比赛的完赛时间[44,45,47]，但对于瞬时速度分布评估并不是那么有效①。因此，至少在模型开发这一阶段，该方法可进行群体行为预测，而与个体运动员无关。

8.3 速度滑冰运动员的空气动力学

速度滑冰动力学的重要方面之一是滑冰运动员与空气之间的空气动力学相互作用。第 8.2 节解释了空气动力学贡献度是如何体现在运动方程式中的，本节的目的则是以更具体的方式解释运动员产生阻力的最相关的贡献因素。

① 该方法的一个局限性是假设运动员的身体姿势恒定，但滑行期间运动员的躯干和膝盖角度的组合与 k(空气摩擦因数)的增加有关。此外，不考虑运动员的疲劳及其所带来的后果。

8.3.1 风洞测试

在空气动力学研究领域，获得场地实验数据的经典方法之一是利用风洞进行测试，这种测试方法也是对于滑冰项目而言的主要策略之一。使测试结果尽可能接近实际运动中所观测的结果是很重要的，因此测试所用的模型也必须尽可能地接近现实。这意味着环境条件和模型的形状、尺寸都应该具有高度的现实相似性，但使用特定的织物等其他减阻方法除外（这将在后文中讨论）。

德奥特伊尔(D'Auteuil)等[53-55]研发了一种比例为 1∶1 的滑冰运动员模型——主要参照了专业运动员的身体和横截面尺寸(见图 8.6)。

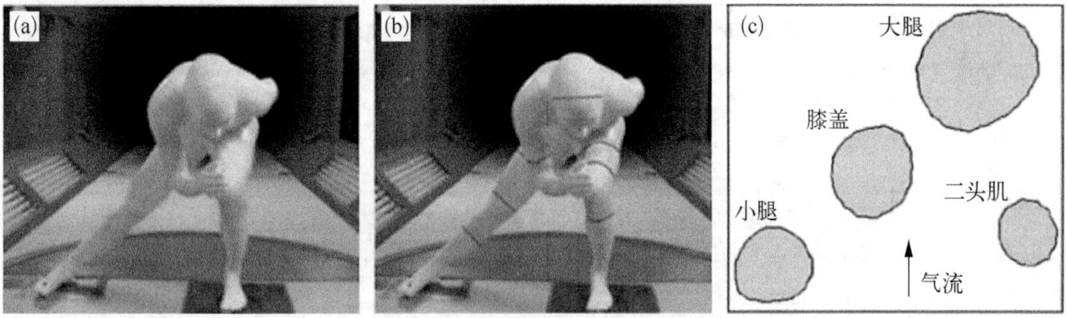

(a) 人体模型在风洞内的侧蹬姿势；(b) 具有测压条定位的相同模型（人体模型上可见的细圆环“线”）；(c) 人体模型右侧的横截面。

图 8.6 风洞中的人体模型示意图[53]

在文献[53]中，人体模型装配有 124 条表面测压条（以便测量作用于身体相关位置的局部压力以及通过积分计算的作用力，见图 8.6），并且安装在用于模拟侧倾的转台上，转台的侧倾角范围为±20°，然后测量随之产生的阻力系数的变化（见图 8.7）。

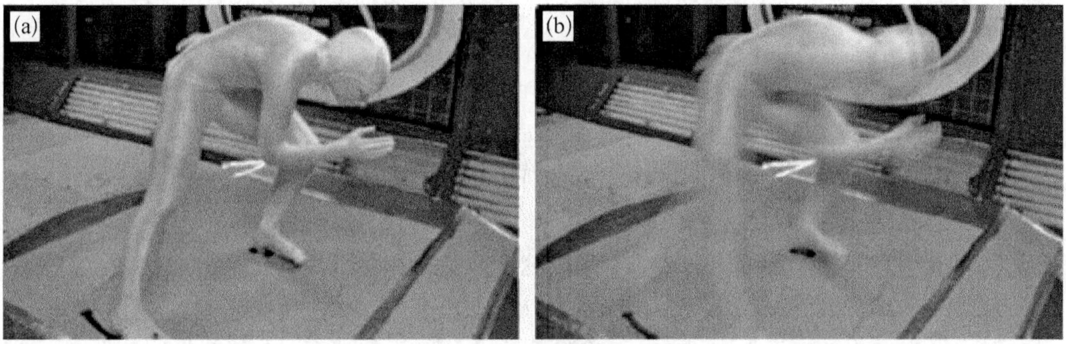

(a) 处于 0°偏摆角的静态姿势；(b) 转台产生±20°侧倾角时的动态姿势。

图 8.7 人体模型姿势示意图

我们在风洞中进行了一系列不同的测试：在静态形态中，将人体模型相对于气流方向以不同的偏摆角放置，并模拟了7种不同风速（30～60 km/h）条件。收集了相同风速变化范围内在不同偏摆角之间摇摆的模型数据。图8.8显示了整体阻力面积系数的测试结果。[53]

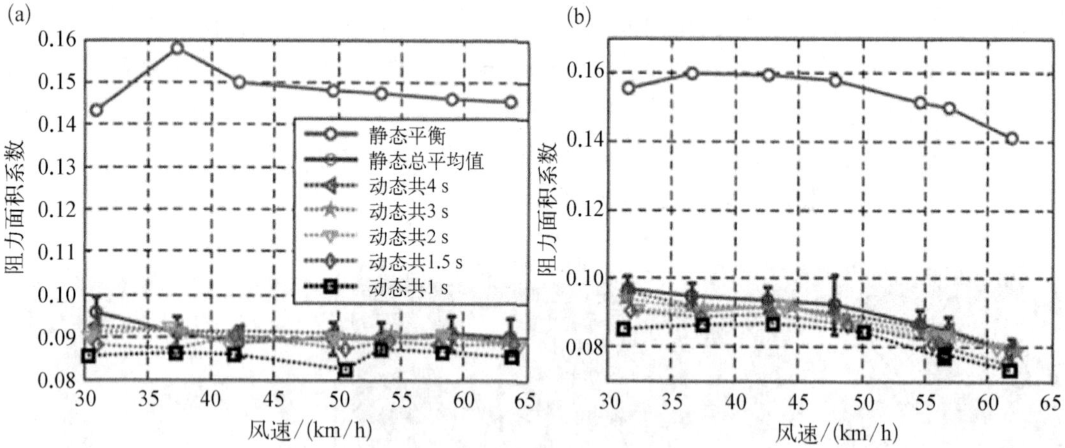

(a) 裸露的人体模型数据；(b) 穿有光滑织物运动服的模型数据。

图8.8 在不同风速下静态和6种不同侧倾周期的阻力面积系数变化

由图8.8可知，随着风速增加，阻力面积系数逐渐降低，静态测试和动态测试的数据可进行对比。在层流中使用裸露的人体模型效果不太明显，这可能是因为雷诺数在模型身体的大部分区域内处于亚临界范围，呈现出较小的系数变化。

综合文献[53]中的其他测试结果可知，我们可以利用人体模型的静态形态来研究阻力面积系数的减小。此外，我们还可以对速度滑冰的准稳态空气动力学假设进行研究。就侧蹬姿势而言，该假设的极限值由模型的侧倾周期决定，该侧倾周期小于1.5 s（或者其频率高于0.67 Hz），阻力面积系数的变化趋势在静态和动态情况下是不一致的。[53]

由于静态人体模型非常适用于风洞实验，人们可以用它来做实验以确定最重要的减阻参数。

人体模型整个身体的尺寸和比例是最根本的基础之一，可以影响整个分析过程。这种贡献度在文献[54]中得到了很好的解释，在使用上述的人体模型（见图8.6）之前，研究者们先研究了圆柱形的简化近似模型[56]。对于任何研究案例来说，这项研究的结果都与3D流体及其与身体四肢的相互作用并不匹配。此外，肢体之间的相对姿势也会使身体暴露于完全不同的气流条件下。

我们将用专门的段落（第8.3.2节）来讨论专业织物的使用及其对阻力面积系数改变的影响。图8.9显示出织物粗糙度对身体压力分布的影响是如何明显变化的。

对于阻力面积系数来说，另一个重要的参数是自由流的湍流[54]，其效果很大程度上取决于面料和气流状态。对于光滑织物而言，其阻力面积系数最小值出现在风速为60 km/h

时发生的自由流的湍流，该湍流发生在右腿和二头肌上的 2 层泡沫形态①(TrBL2)的末段。这些观察结果对于层流和相同的织物来说是无效的，因为在此情况下同样的部位处于 TrBL1 的初始阶段，刚刚达到其在更高速度时的最小值。使用粗糙织物可以进行类似的讨论[54]，图 8.10 汇总了德奥特伊尔所做的测试。

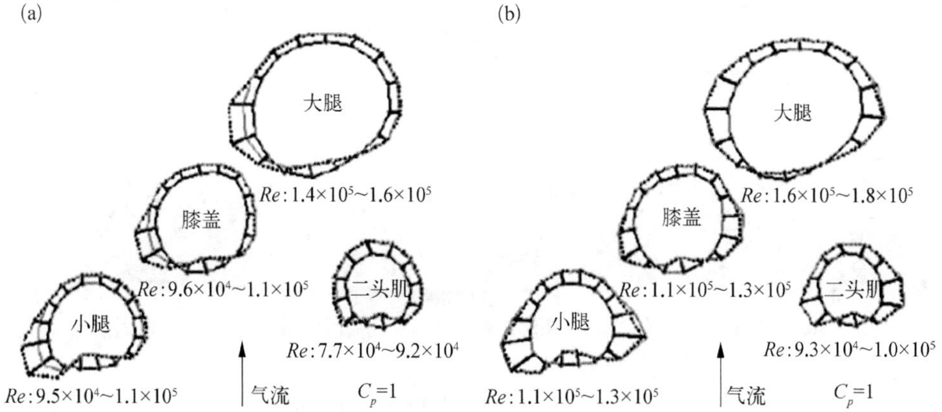

(a) 速度分别在 48.8 km/h(灰实线)和 58.6 km/h(黑虚线)时平滑气流中的粗糙织物外套；(b) 速度分别在 59.1 km/h(灰实线)和 64.5 km/h(黑虚线)时平滑气流中光滑/粗糙织物混纺外套。

图 8.9 四个不同部位横截面的表面压力系数分布[54]

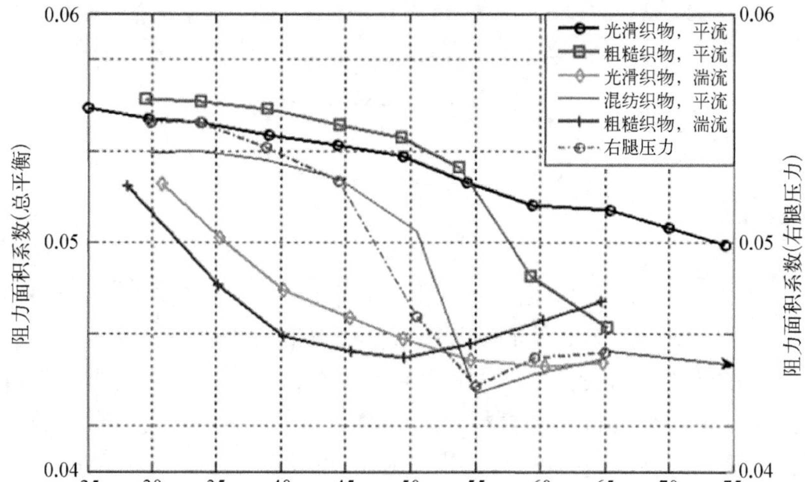

图 8.10 五种不同外部平衡条件下测量的阻力面积系数以及平流时混纺织物右腿表面压力的积分[54]

① 这是边界层的一种过渡形态。TrBL 形态的雷诺数较低(100 000～200 000)，其上限为 300 万～500 万。[57]在斯特兰科维奇(Zdravkovich)[56]的研究中，这种流动状态进一步细分，TrBL2 呈现出两个层流状泡沫的状态，TrBL1 则是在圆柱体的一侧具有层流状泡沫，TrBL3 呈现出泡沫沿翼展方向的状态是混乱的。

风的湍流表现为由于力学和对流源引起的风速波动。风的流动主要来源于运动员的运动，而其他来源则是环境条件、障碍物、场地周围的人，以及由冰面上的温度梯度所引起的对流湍流。在风洞中模拟出类似上述条件很难，而且模拟还必须进一步覆盖尽可能宽的频率范围，因为我们无法直观地识别哪个部分频谱对空气动力学影响最大。德奥特伊尔[58]为了评估风洞模拟实验装置的效果，进行了一些测量(见图 8.11)。其对人体模型上的局部压力进行了更加全面的分析，考虑了运动员在滑行期间的三种不同(和最相关)的姿态，深入阐述了上文所解释的考虑因素。

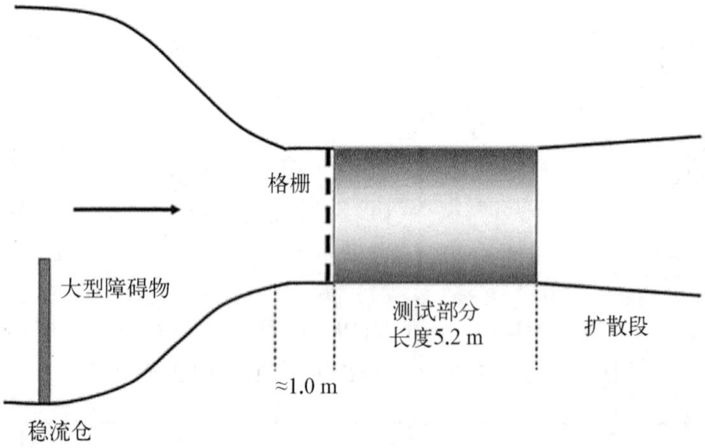

图 8.11 风洞的侧视示意图[58]

注：其中的障碍物用于产生所需的湍流。

8.3.2 服装和织物

通常来说，比赛中顶级运动员之间的成绩差异很小，这可能会受到运动员所使用的装备和服装的影响。[59]众多服装开发商和赞助商都在努力提高比赛服装的品质，尤其是在冬奥会期间会展推出的最新的相关技术。[60]织物的质量对运动成绩的直接影响很难评估，因为实验很难对所有环境条件进行完全模拟，因此我们仅针对运动服装的影响进行实际测试。我们可以间接地看到这种技术的影响，更笼统地说，可以看到这种技术引进前后运动员比赛成绩的变化。[61]

2002 年盐湖城冬奥会举办时，耐克(Nike)、迪桑特(Descente)和亨特(Hunter)公司发布了他们在空气动力学方面优化的比赛服，分别为 SWIFTSkin、Vortex C2 和 Delta-Flash。随后直到 2005 年，所有服装制造商都开始借鉴 SWIFTSkin 的特性(手臂、腿部使用粗糙纹理织物，躯干和大腿处使用光滑的聚氨酯，腹股沟区域和手套使用低摩擦阻力的聚氨酯涂层弹性织物裁片)。读者可以参考图 8.12，以了解不同材料和工艺的织

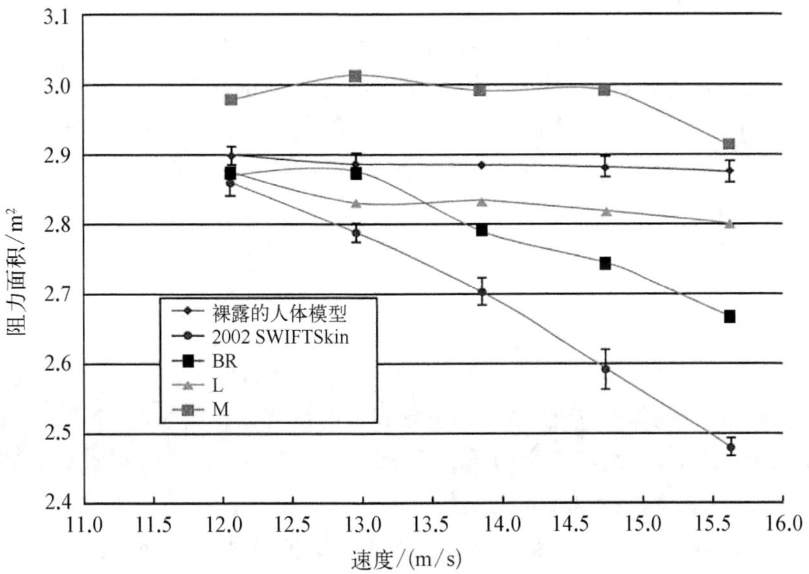

图 8.12 在不同风速范围内各种服装织物产生的阻力面积的变化[61]

注：BR、L 和 M 指的是其他服装。

物性能。

数学模型表明，原版的 SWIFTSkin 可以减少大约 1%的比赛时间，而其他品牌的织物无法达到这样的效果。[61]

8.4 冰上滑行

地上的积水或者大暴雨会对行人和汽车造成危险——刚性表面上的可移动液体层会使得表面光滑。冰的滑度与之类似，大致上相当于这样的问题——在冰面上怎么会出现液体或液态层呢？[62]在滑冰时，由润滑的融水层将冰面和滑块表面分隔开。特别是在速度滑冰时，使冰面产生沟槽的犁削作用，以及在润滑的类库埃特流体(Couette-like flow)中产生的剪切应力，都会产生摩擦力。[63]针对冰的摩擦和滑度的机理研究已经有很多年了，至少是从 19 世纪中期开始的。本文不再进行详细的历史介绍，感兴趣的读者可以参见文献[34，62－64]。

8.4.1 基本问题

关于冰滑度的机理，有两种主流理论[62]，即冰的压力融化(melting under pressure)和摩擦生热(frictional heating)。

冰的压力融化归因于滑冰运动员的质量,水的密度大于冰(大约超过10%),因此根据勒夏特列原理(Le Châtelier's principle),压力增加对应于冰的融化和样品的体积减小。1866年,乔利(Joly)可能是首位提出将高压力与冰刀刃边缘的小面积相关联的学者,他计算得出466个大气压①下冰的熔点为−3.5 ℃,该温度下可产生一层水膜以便滑冰者在其上滑动。有研究者采用克劳修斯-克拉贝龙方程(Clausius-Clapeyron equation)来说明给定压降(pressure drop, $\mathrm{d}p$)下冰熔点的降低($\mathrm{d}t$),具体如下式[65]所示。

$$\frac{\mathrm{d}t}{\mathrm{d}p}=-\frac{\Delta V}{\Delta S}=-0.0074\ ℃/(10^5\ \mathrm{N/m^2}) \tag{8.16}$$

式中,ΔV 是由冰到水的体积变化,ΔS 是由冰到水的熵变化。比如,一个75 kg的滑冰运动员的接触面积为0.5 $\mathrm{cm^2}$,则其产生的压力为$150\times10^5\ \mathrm{N/m^2}$。根据式8.16,这意味着温度必须不低于−1.1 ℃才能使冰融化成水。[34]

上述两种结果都没有解释在较低的温度下为什么能滑冰。另外,花样滑冰的理想温度为−5.5 ℃("软"冰,便于着陆),冰球的理想温度为−9 ℃(更硬、更快速滑动的冰),然而在像−30 ℃这么低的气温下人们也可以进行滑冰。[62] 1939年,鲍登等[66]首次提出了摩擦生热对冰融化的作用。他们分别用木制和金属表面测量了静态摩擦力和动态摩擦力,金属滑雪板的摩擦力更高,并且摩擦生热受滑雪板导热性的影响。压力融化仿佛只在接近熔点时才起作用。[62] 1953年,鲍登[67]提出,摩擦可以产生足够多的热量使冰融化,而且冰的压力融化只在非常接近0 ℃时对缓慢移动的表面(如冰川)才起作用。我们可用如下公式来表征提供给摩擦表面的热速率。

$$P=\mu N v \tag{8.17}$$

式中,μ 为摩擦因数,N 为法向力(即滑冰运动员的质量),v 为滑行速度。[34]当冰摩擦因数为0.005、法向力为750 N、速度为10 m/s时,能量流(energy flow)等于37.5 W,该参数表示从平面源传导至两个摩擦体(冰刀和冰面)中的热量。[67]我们可以利用弗利(Furey)[68]于1971年发表的式8.17(它是由在一个平面上以速度 v 运动的圆形接触面推导而得出的,所有的热量 P 都视为流入冰里),以热量来计算温度的增加 $\mathrm{d}t$,如下式所示。

$$\mathrm{d}t=\frac{0.31P}{kr}\sqrt{\frac{k}{c\rho v r}} \tag{8.18}$$

式中,圆形表面的半径 $r=4$ mm(该数值指的是当年使用的冰刀的典型接触面积[34]),冰的导热系数 $k=2.1\ \mathrm{W/(m\cdot ℃)}$,比热容 $c=2\ 200\ \mathrm{J/(kg\cdot ℃)}$,密度 $\rho=917\ \mathrm{kg/m^3}$,$v=10$ m/s。由这些值可得 $\mathrm{d}t=7$ ℃(如果假设不是所有热量都传导至冰上,还包括传导至冰

① 1个大气压(atm)=101 325帕(Pa)。

刀上，则其值更低[34]）。

另一个能够影响冰滑度的理论为冰的液状表面特性，即使一个人站在原地不动也能对该理论进行论证。1859 年，法拉第(Faraday)提出在冰表面上存在一层液状层，甚至没有任何外界物体接触时该层也存在，因而不需要摩擦生热。[64] 有研究者综合介绍了关于液状冰表面的不同实验。[69] 图 8.13 对不同的技术进行了比较，技术的属性和灵敏度是解释差异的主要因素。这种结果的巨大离散现象带来了不同的解释——无论是对于该层的一般性质还是其形成的起始温度。文献中的综述内容由彼得连科(Petrenko)等[69] 以及霍布斯(Hobbs)[70] 提供。

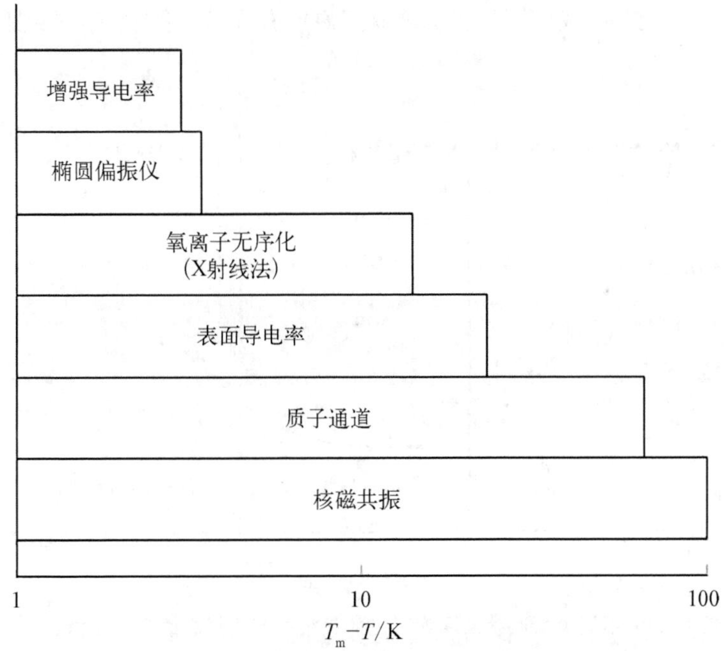

图 8.13　在熔点 T_m 以下研究不同热力学温度范围内冰面特性所采用的不同技术[64]

正如基齐格(Kietzig)等[64] 简要概括的那样，弗莱彻(Fletcher)[71, 72] 将液状层的形成归因于静电相互作用，而拉克曼(Lacmann)等[73] 将其解释为表面能量的最小化，并由达什(Dash)[74] 进行了延续性研究。基于固-气界面的表面自由能 (γ_{sv}) 大于固-液表面能 (γ_{sl}) 和液-气表面能 (γ_{lv}) 的观点，系统会“通过将一层固体转化为液体来降低其自由能”[64]，如下式所示。

$$\gamma_{sv} > \gamma_{sl} + \gamma_{lv} \tag{8.19}$$

事实证明[75]，这对“干”冰并不绝对有效[64]。福田(Fukuta)[76] 证明表面压力融化而成的冰面液状层是由于表面分子处于临界条件，这种压力足以使熔点降低约 13 K。一些研究人员利用低能电子衍射(low-energy electron diffraction，LEED)实验①和分子动力学模拟，更好地研究了这种表面层的特性。克罗斯(Kroes)[77]发现，由于运动作用表面分子存在原子电荷(partial charge)，同时德夫林(Devlin)等[78]也证实了固体结构破坏的能量最小化理论，古川(Furukawa)等[79]将其解释为表面分子的无序结构。马特尔(Materer)等[80]发现当热力学温度低至 90 K 时，由于原子的高频振动，LEED 无法探测到原子[64]。

8.4.2 冰摩擦

冰摩擦不太容易表征，我们可以根据液状层厚度来分辨几种摩擦形态(见图 8.14)。

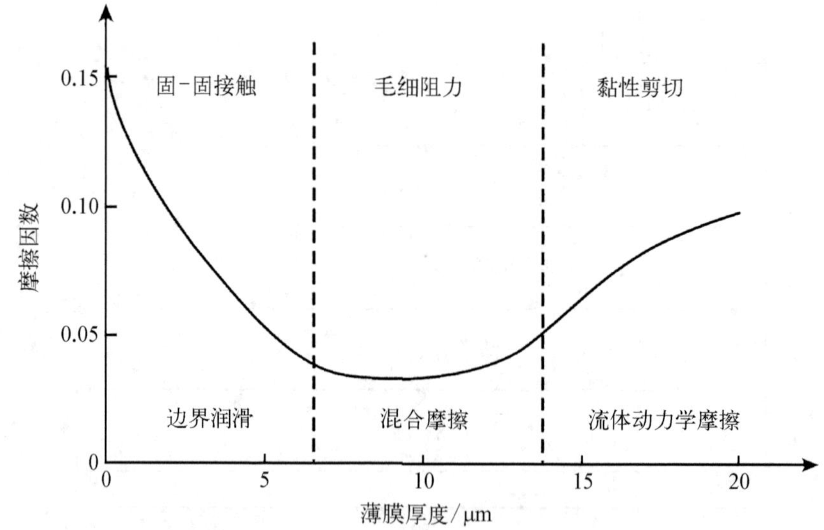

图 8.14 不同表面液状层厚度对应的最相关摩擦形态的定性示意图[64]

注：干摩擦形态除外，因为这在大气条件下是不可能的。

8.4.2.1 干摩擦

当两个表面之间在滑动时完全没有润滑，才会发生干摩擦。因此，表面的粗糙度与物理因素和化学键相关。这意味着两个表面的相对运动必须打破这些键的连接，所产生的切向摩擦力 F_T 可用下式来表示。

$$F_T = \tau_c A_c \tag{8.20}$$

① 这种技术基于一种低能电子(20～200 eV)的矢量束，用其轰击结晶材料的表面。这对于确定表面结构的对称性和表面上分子的原子位置很有效。

式中，τ_c 为能够使粗糙接触面产生剪切作用的剪切强度，A_c 为接触面积。[64]考虑到此刻施加的负载 F_N 和更软质的材料硬度 H，鲍登[81]提出了如下关系式。

$$A_c = \frac{F_N}{H} \tag{8.21}$$

因此，可得摩擦因数为

$$\mu = \frac{\tau_c}{H} \tag{8.22}$$

即摩擦因数取决于施加的负载和表面硬度，而不是滑行速度。[82-84]对于大气环境下的冰来说，即使温度很低，干摩擦形态也是不可能存在的(总是会存在些许分子层[85])。

8.4.2.2 边界摩擦

该摩擦形态的特点是具有很薄的液状层，相当于只有少量分子层的厚度。接触区的温度(T)必须低于熔点(T_m)，润滑层厚度(h)也必须小于粗糙度(R)。这些条件必须在接触区的任何地方都有效。通常，该形态下的摩擦因数相对于干摩擦条件要低。[64]

8.4.2.3 混合摩擦

在这里我们已知，在接触区的某些点上，这些条件必须成立：$T < T_m$，$h < R$。滑块此刻分别由表面凹凸处和润滑层部分支撑，可得下式。

$$F_T = A_c\left[\alpha\tau_c + (1-\alpha)\eta\frac{v}{h}\right] \tag{8.23}$$

式中，α 为表面非润滑部分的面积，v 为滑块相对速度，η 为黏度。[83]在该摩擦形态下，滑块表面凹凸处和滑行表面之间会形成毛细管桥而产生阻力，但此效应很难建模。[64, 86]对冬季体育运动来说，这种形态很重要，主要由于其在固-固接触和毛细管阻力之间的“此消彼长”。[87]

8.4.2.4 流体动力学摩擦

流体形态下，整个接触区域的温度总是高于 T_m，并且润滑层厚度总是大于凹凸处。不存在固-固黏附现象，实际接触区域等于滑块的表面积(A)。由此，我们可得下式。

$$F_T = \tau_1 A \text{ 且 } \tau_1 = \eta\frac{v}{h} \tag{8.24}$$

式中，τ_1 为液状层产生剪切时的剪切应力。在该形态下，毛细管阻力也会对最终的摩擦因数产生影响。[64]

8.4.3 速度冰刀刃的冰摩擦：FAST 2.0i 模型

到目前为止，我们已经讨论了冰摩擦的常规理论。本节中，我们将探讨关于速度冰刀刃冰摩擦模型的研究。洛佐夫斯基（Lozowski）等研发了一套完善的数值模型，称为 FAST 2.0i（由文献[63，88，89]可以看到模型的演变过程）。该模型按流体动力学摩擦形态运行，重点研究润滑水的摩擦融化、热传导和侧向挤压流动。

对于洛佐夫斯基等提出的模型，现在我们讨论在厚度为 H 的冰上滑行的冰刀刃的垂直方向[89]和斜角方向[63]的情况，如图 8.15 所示，$h(x)$ 表示冰刀刃下融水的厚度（图 8.15 中冰刀刃的尺寸和相关比例被夸大）。

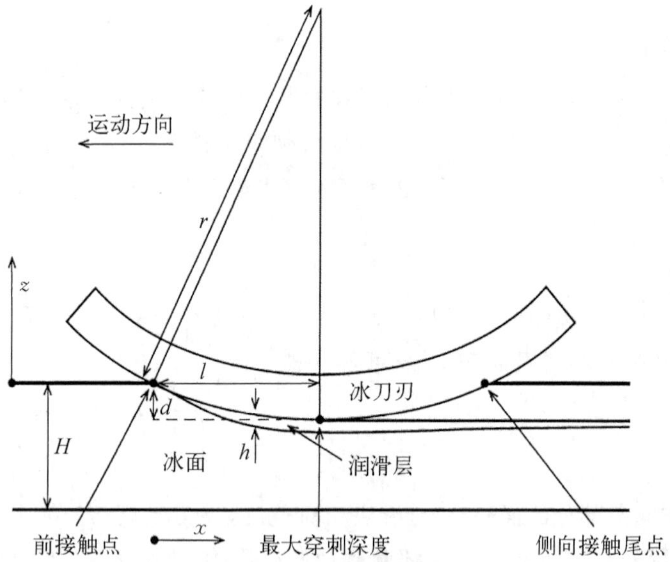

图 8.15 冰刀刃与冰接触的侧视示意图①

8.4.3.1 接触几何学

如果我们认为冰刀刃的方向是垂直的，就很容易定义接触表面，接触面底部为长方形，该长方形的宽度为 w（典型的长距离速滑冰刀的宽度约为 1.1 mm），长度为 l，沿接触面两边的侧向接触相同。

一般来说，我们可以将侧向接触面看作圆盘的一部分，该圆盘具有恒定的纵向曲率半径 r。根据该假设，我们可以认为从前接触点到后接触点的距离为 $2l$，在最大穿透处冰刀刃插入冰面的深度为 d。

① 为了更方便地显示参数，本图并未严格遵守相应的尺寸和比例。

图 8.16(a)中所示的剖视图为速滑冰刀刃在不同斜角 θ 时的变化情况，θ_c 为临界角，在该处冰刀刃和冰面之间的微界面消失。a_1 为较大接触侧面的最大剖面尺寸，a_2 为较小接触侧面的最大剖面尺寸，b 为接触底面尺寸。当 θ 小于临界值时，可得下式[见图 8.16(b)]。

$$l_1^2 = 2a_1 r$$
$$l_2^2 = 2a_2 r \quad (8.25)$$
$$a_1 = a_2 + w\tan\theta$$

当 θ 大于临界角时，a_2 等于 0，w 须用 b 代替。我们可以使用基本几何学定义接触面积[63]，由此可得下式。

$$A = \frac{l_1^3 - l_2^3}{3r\tan\theta} \quad (8.26)$$

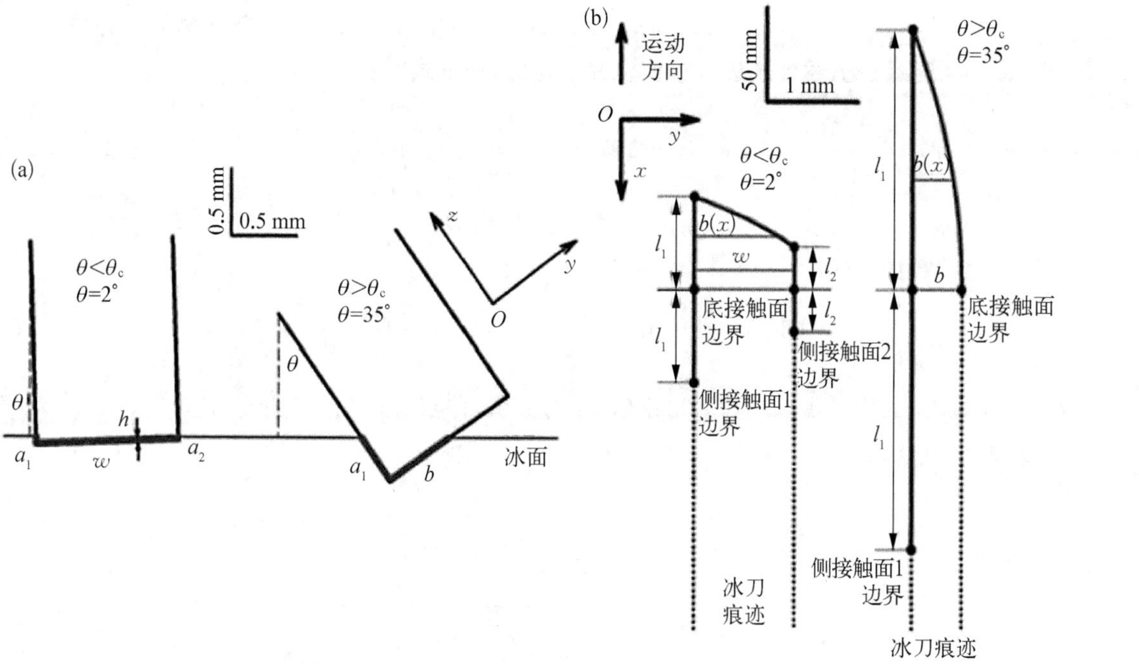

(a) 冰刀刃剖视图①;(b) 冰刀刃底部与冰之间接触面的俯视图。

图 8.16 速滑冰刀刃在不同斜角 θ 时的变化情况[63]

① 本图位于最大穿透冰面处，粗线表示融水润滑层。

8.4.3.2 法向力

考虑到力的传递只发生在冰刀刃底部，我们可以这样进行定义（见图 8.17）：滑冰运动员的离心力为 F_C、滑冰运动员重力为 mg、滑冰运动员施加的蹬冰力为 F_O。我们也假设 F_C 和 mg 的矢量和与 F_O 方向一致，反平行于 z 方向。为了说明关系式 $F_c = mg\tan\theta$，我们列出如下标量力平衡方程式。

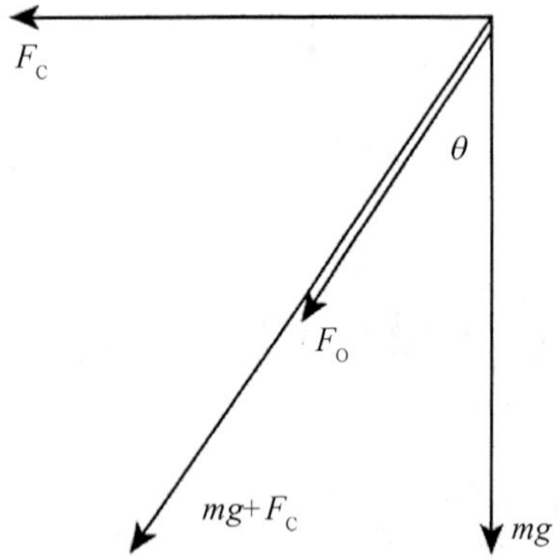

图 8.17 滑冰运动员通过冰刀传递的力示意图[63]

$$pA = \frac{mg}{\cos\theta} + F_O \tag{8.27}$$

式中，p 为冰的硬度（由波里尔等[90]测量），其值可以通过式 $p = 14.8 - 0.6t$（p 的单位为 MPa，t 为冰面温度，单位为℃）计算得出[89]。该式在 −1 至 −15 ℃绝对有效，但也可以用于更广的温度范围。[63]

此时，考虑到蹬冰力的贡献度为零①（$F_O = 0$），则我们可计算不同倾斜角时的几何学参数。例如，临界角是基于 $a_2 = 0$ 时通过上述公式进行求值合并而得的，如下式所示。

$$\theta_c = 0.5\sin^{-1}\left[\frac{9}{4rw^3}\left(\frac{mg}{p}\right)^2\right] \tag{8.28}$$

当滑冰运动员以小于临界角的倾斜角运动时，我们可以对方程进行适当的变形来获得几何学参数，如下式所示。

$$(2a_2r + 2wr\tan\theta)^{\frac{3}{2}} - (2a_2r)^{\frac{3}{2}} - \frac{3rmg\tan\theta}{p\cos\theta} = 0 \tag{8.29}$$

紧接着，我们可由该式计算出系数 a_2 的数值，并求解式 8.25，得出 l_1、l_2、a_1。对于超过临界值的角度（$a_2 = 0$ [63]），我们必须以下式求解。

$$\begin{gathered} b = \left[\frac{9}{4r\sin(2\theta)}\right]^{\frac{1}{3}}\left(\frac{mg}{p}\right)^{\frac{2}{3}} \\ l_1 = \frac{3mg}{2pb\cos\theta} \\ a_1 = \frac{9}{8r}\left(\frac{mg}{pb\cos\theta}\right)^2 \end{gathered} \tag{8.30}$$

读者可参考文献[63, 89, 91]对模型进行更完整的分析。

① 该假设是为了简化模型，以避免引入滑冰运动员的生物力学模型。

8.4.3.3 犁削力

众所周知，当滑冰运动员划过冰面后会留下“冰刀痕迹”，这主要是由于冰刀刃在冰面上的犁削而产生沟槽，即需要用力来“打破”冰的阻碍。我们可以用硬度 p 来简化模型，但由此得到的模型会由于冰阻力的各向异性而欠缺精度（部分数据参见文献[89]）。当冰刀垂直时，力可表示为 $F_p = pwd$（式中，d 为冰刀最大穿透深度，可由 $d = l^2/2r$ 推导而得）；当冰刀倾斜时，则力可以表示为 $F_p = pb(a_1 + a_2)/2$。这还不足以准确计算摩擦因数，该系数实际上要低于预计值[34, 63]，也就是说要考虑存在其他阻力。

8.4.3.4 剪切应力

该模型的重要部分之一是要考虑作用在接触面上的润滑效应。为简单起见，我们假设接触区完全润滑，则表面凹凸处与冰刀之间没有直接接触。此外，也不考虑更大程度的表面凹凸和波纹。[63]假设此时发生库埃特流动，在冰-液界面处速度为零，而在冰刀-液界面处为滑冰速度，则润滑流体内的剪切应力可表示为

$$F_S = \mu v w \int_0^1 \frac{1}{h} \mathrm{d}x \tag{8.31}$$

式中，μ 为动态黏度，v 为滑冰速度，$h = h(x)$ 为润滑层的局部厚度（x 为纵向坐标，沿冰刀方向由前向后增加）。

有几个因素会影响剪切应力，我们现在对它们进行概述。

8.4.3.5 挤压流动

由于冰刀刃底部对液体施加作用力，因而产生了侧向的挤压流动。当冰刀垂直时，模型很简单，我们只需考虑对称性问题的假设。假设雷诺数很低（没有流体惯性力），运动方程为下式（y 为横坐标，z 为纵坐标）。

$$\frac{\partial p}{\partial y} = \mu \frac{\partial^2 v}{\partial z^2} \tag{8.32}$$

设 $v(0) = v(h) = 0$ 和 $(\partial v/\partial z)_{h/2}$，可得

$$v(y,\ z) = \frac{1}{2\mu} \cdot \frac{\partial p}{\partial y}(z^2 - zh) \tag{8.33}$$

接着，引入不可压缩流体的连续方程（v_z 是流体速度的 z 轴分量），可得

$$\frac{\partial v}{\partial y} + \frac{\partial v_z}{\partial z} = 0 \tag{8.34}$$

将式 8.33 代入式 8.34,在 0 到 h 之间积分,可得

$$\frac{\partial^2 p}{\partial y^2}=\frac{12\mu\Delta v_z}{h^3} \tag{8.35}$$

式中,$\Delta v_z = \mathrm{d}h/\mathrm{d}t$ 表示因挤压流动导致润滑层变厚的速率。[63] 当两个边界条件 $(\partial p/\partial y)_0=0$ 以及 $p(w/2)=0$ 时,可积分两次得到压力公式,如下式所示。

$$p=\frac{6\mu\Delta v_z}{h^3}\left(\frac{w^2}{4}-y^2\right) \tag{8.36}$$

通过力平衡,可得

$$2\int_0^{\frac{w}{2}} pl\,\mathrm{d}y=mg \tag{8.37}$$

最终,设定 $\Delta v_z=v(\mathrm{d}h/\mathrm{d}x)$,则可得

$$\frac{\mathrm{d}h}{\mathrm{d}x}=-\frac{ph^3}{\mu w^2 v} \tag{8.38}$$

当冰刀倾斜时,公式会更复杂,具体可表示为下式。

$$\frac{\mathrm{d}h(x)}{\mathrm{d}x}=-\left[\frac{2}{3\beta(x)}\right]\left[\frac{ph^3(x)}{\mu w_t^2(x)v}\right] \tag{8.39}$$

式中,$w_t(x)=a_1(x)+a_2(x)+b(x)$,为润滑层的总宽度,$\beta(x)$ 为几何学参数的函数。[63]

8.4.3.6 热传导和摩擦融化

热通量取决于润滑层和冰面之间的温度差异,因而该温差也决定了热交换的方向。由于热渗透仅涉及几十微米,因此我们可认为冰刀的倾斜不会影响热交换。[63, 89] 热交换对 h 变化的影响可以描述为下式。

$$\frac{\mathrm{d}h}{\mathrm{d}x}=-\frac{k_i\Delta t_i}{\rho_w l_f\sqrt{\pi\kappa_i x v}} \tag{8.40}$$

式中,Δt_i 为压融点温度与冰温度的差,κ_i 为冰的热扩散率,k_i 为冰的热导率,ρ_w 为压融点处液态水的密度,l_f 为特定的冷冻潜热。

8.4.3.7 摩擦融化

冰与冰刀接触区附近的能量源可使一些冰融化,从而形成一部分润滑层。根据洛佐夫斯基等[89]的结论可知,这种效应可以按下式建模(沿纵向)[63]。

$$\frac{\mathrm{d}h}{\mathrm{d}x}=\frac{\mu v}{h\rho_{\mathrm{w}}l_{\mathrm{f}}} \tag{8.41}$$

8.4.3.8　润滑总方程式

在不失一般性的情况下，我们可以使用上述方程式来构成润滑现象的总方程（忽略 y 和 z 方向），如下式所示。

$$\frac{\mathrm{d}h}{\mathrm{d}x}=\frac{\mu v}{h\rho_{\mathrm{w}}l_{\mathrm{f}}}-\frac{k_i\Delta t_i}{\rho_{\mathrm{w}}l_{\mathrm{f}}\sqrt{\pi\kappa_i x v}}-\frac{2ph^3}{3\beta\mu v w_{\mathrm{t}}^2} \tag{8.42}$$

该式必须从 $x=0$ 到 $x=l_1$ 积分。

8.4.3.9　结　果

有关结果的完整讨论请参阅文献[63]。这里我们只列出从该模型获得的如下几个最重要的结果。

1. 除了倾斜角接近零时会出现小峰值外，摩擦因数随倾斜角的增加而增大[见图 8.18(a)]，即使这种相关性与冰温度相关。

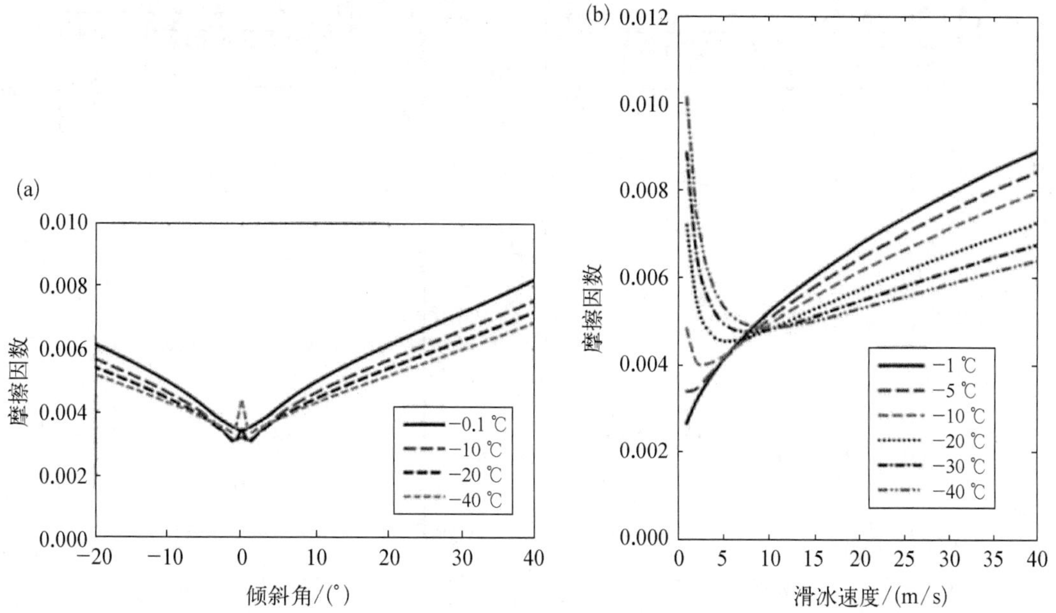

(a) 冰刀倾斜角与摩擦因数的关系（正角度表示内侧边缘）；(b) 不同冰温度下，在一次蹬冰期间滑冰速度 v 与平均摩擦因数的函数关系（正角度表示内侧边缘）。

图 8.18　摩擦因数与倾斜角和滑冰速度的关系

注：两图均参考标准条件[63]：$t_i=-5$ ℃，滑冰速度 $v=12$ m/s，滑冰运动员的质量 $m=75$ kg，冰刀刃弧度半径 $r=25$ m，冰刀刃的宽度 $w=1.1$ mm。

2. 图 8.18(b)为摩擦因数与滑冰速度之间的关系(结果是一系列的冰刀倾斜角度为 −20°～40°变化的平均值,该角度范围为滑冰时典型的蹬冰角度)。总体上我们可以发现,冰摩擦因数对温度的相关性在低速和高速时存在差别。根据该模型可知,高速时冰温度越高,产生的摩擦因数越大,而低速时冰温度越高,速度“越快”(摩擦因数越小)。因此,根据该模型可知,速度快的滑冰运动员(高水平比赛时速度可达到大约 16 m/s)在冰温度更低时会感受到更小的冰摩擦力,而速度慢的滑雪运动员在冰温度更高时会感受到更小的冰摩擦力。[63] 滑行速度大约在 6～10 m/s 时,滑冰运动员可以得到平均摩擦因数的最优值,这些结果与德科宁等[34]的研究结果相当。

3. 将模型的测试结果与德科宁等[34]的测量结果进行比较,用体质量为 72 kg 的运动员(这里考虑接近于 75 kg 的实际标准体质量)做参考,滑行速度为 8 m/s。如图 8.19(a)中所示,当所有冰面温度取平均值时,摩擦因数的模型值和实验值非常相似。该模型不能模拟实验中看到的 −7 ℃时摩擦因数最低的系统行为。同样在图 8.19(b)中,即使模型低估(模型值小于实验值)了冰摩擦力随着滑行速度的增加而增加这一点,其结果仍具有定性的可比性。有研究者认为差异取决于忽略蹬冰力的假设。[63]

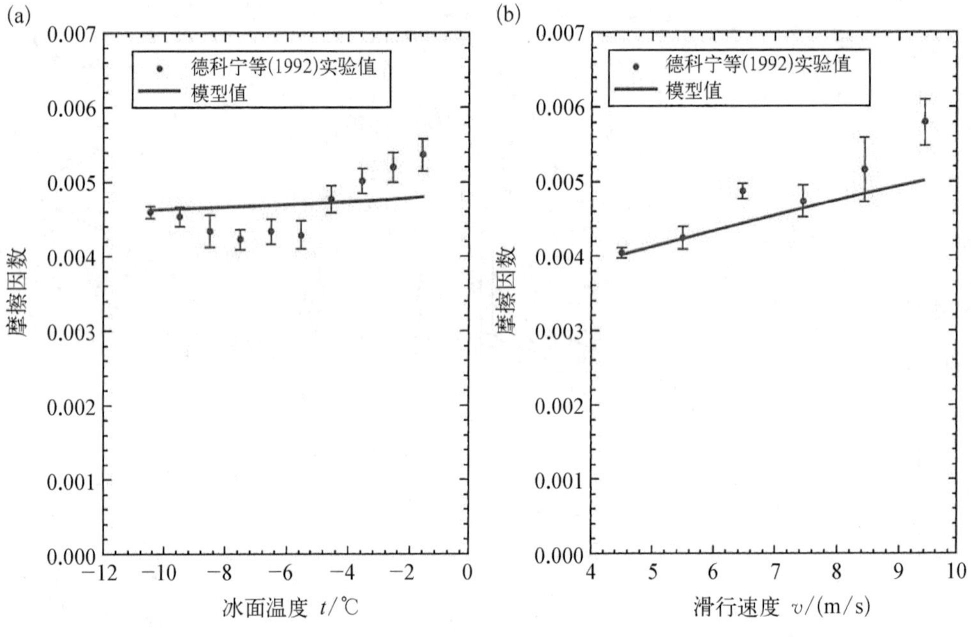

(a) 一次蹬冰期间冰面温度与平均冰摩擦因数的函数关系,滑行速度为 8 m/s; (b) 一次蹬冰期间的滑行速度与平均冰摩擦因数的函数关系,冰面温度为 −4.6 ℃。

图 8.19 摩擦因数与冰面温度和滑行速度的关系

注:参考标准条件(同图 8.18)。

8.4.3.10 结论

FAST2.0i 是最新、最完整的速滑运动员冰摩擦的模型之一。感兴趣的读者可将文献[63]中的数值模拟和实验结果进行对比来查验该方法的良好效果。该模型仍有一些缺点，也要遵循很多假设。特别是未来的进一步开发，将会扩大该模型的有效性。比如，蹬冰力被忽略，尽管我们可以引入滑冰运动员的生物力学模型来解决这一问题。同样地，这种模型也有利于我们考察滑冰运动员施加在冰刀上的势能矩。此外，研究人员还可以基于该模型扩展挤压流动和热流动模型(如包括 y 和 z 方向的冰刀与冰之间的热传导[89])。

参考文献

[1] Wikipedia -speed skating (May 2014). http://en.wikipedia.org/wiki/Speed_skating
[2] D.L. Bird, Skating a brief history of ice and the national ice skating association of great Britain (May 2014). http://www.iceskating.org.uk/about/history
[3] Wikipedia -Edinburgh skating club (May 2014). http://en.wikipedia.org/wiki/Edinburgh_Skating_Club
[4] The edinburgh skating-club, with diagrams of figures and a list of the members. Edinburgh skating club (1865). http://books.google.it/books?id=8CQ7MwEACAAJ
[5] Wikipedia -international skating union (May 2014). http://en.wikipedia.org/wiki/International_Skating_Union
[6] The international skating union (ISU) (May 2014). http://www.isu.org/en/home
[7] Special regulations and technical rules -speed skating and short track speed skating. As accepted by the 54th Ordinary Congress June 2012. International Skating Union (ISU) (2012)
[8] Olympic -speed skating equipment and history (May 2014). http://www.olympic.org/speed-skating-equipment-andhistory?tab=equipment
[9] Wikipedia -clap skate, May 2014. http://it.wikipedia.org/wiki/Clap_skate
[10] G.J. Van Ingen Schenau et al., Skate, more particularly ice-skate for speed skating. EP Patent App. EP19,860,200,279, 1986. https://www.google.com/patents/EP0192312A2?cl=en
[11] A. Shum, Clap skate with spring and cable biasing system. US Patent 6,007,075, 1999. http://www.google.com/patents/US6007075
[12] T. Martin, Evolution of ice rinks. ASHRAE J. **46**(11), S24–S30 (2004)
[13] G. McCourt, S.L. Goodrich, Calgary's olympic oval (Canada). Industria Italiana del Cemento **59**(9), 524–543 (1989)
[14] S.S. Jensen, Ice skating rink at the brisbane bicentenary sports and entertainment complex: Boondall Queensland. Aust. Refrig. Air Cond. Heat. **40**(8), 23–24, 28 (1986)
[15] K. Tusima et al., Development of a high speed skating rink by the control of the crystallographic plane of ice. Jpn. J. Tribol. **45**, 17–26 (2000)
[16] C. Câmpian, M. Cristujiu, I. Benke, The supporting steel structure of the ice rink—city of Târgu Mureş, Romania Zs. Nagy, in *Structures & Architecture*, ed. by P.J.S. Cruz. ICSA 2010 – 1st International Conference on Structures & Architecture, 21–23 July 2010, Guimaraes (CRC Press, 2010), pp. 167–168
[17] M. Schulitz, J. Güsgen, J. Kaußen, Ice skating and swimming stadium Lentpark in Cologne [Eis-und Schwimmstadion Lentpark in Köln] Stahlbau **83**(1), 57–60 (2014)

[18] Anon, roofing of an artificial ice skating rink. [Couverture D'UNE Patinoire Artificielle Ueberdachung Der Kunsteisbahn Arosa (CH).] Acier English ed. **44**(4), 153–155 (1979)
[19] www.scopus.com, Stadiums and arenas: a grandstand construction for German ice rink. Concr. Eng. Int. **11**(1), 42–43 (2007)
[20] Z. Nagy, I. Mircea Cristutiu, Advanced nonlinear investigations of a 50 m span frame case study: the steel structure of the ice rink, city of Targu-Mures, Romania, vol. 2, cited by (since 1996)1. 2010, pp. 649–656
[21] A. Zak, O. Sikula, M. Trcala, Analysis of local moisture increase of timber constructions on ice arena roof. Adv. Mater. Res. **649**, 291–294 (2013)
[22] T. Davis, S. Kneisel, Building control systems at three new arenas. Can. Consult. Eng. (1995). www.scopus.com
[23] H. Guo, S.C. Lee, L.Y. Chan, Indoor air quality in ice skating rinks in Hong Kong. Environ. Res. **94**(3), 327–335 (2004)
[24] J. Matsuo, T. Nagai, A. Sagae, M. Nakamura, S. Shimizu, T. Fujimoto, F. Maeda, Thermal characteristics and energy conservation measures in an indoor speed-skating arena. Paper presented at the Proceedings of Building Simulation 2011: 12th Conference of International Building Performance Simulation Association (2011), pp. 2072–2079
[25] G. Teyssedou, R. Zmeureanu, D. Giguère, Thermal response of the concrete slab of an indoor ice rink (rp-1289). HVAC R Res. **15**(3), 509–523 (2009)
[26] G. Teyssedou, R. Zmeureanu, D. Giguère, Benchmarking model for the ongoing commissioning of the refrigeration system of an indoor ice rink. Autom. Constr. **35**, 229–237 (2013)
[27] Real world physics problems: physics of ice skating (June 2014). http://www.real-world-physics-problems.com/physics-of-ice-skating.html
[28] D.M. Fintelman, O. den Braver, A.L. Schwab, A simple 2-dimensional model of speed skating which mimics observed forces and motions, in *Multibody Dynamics 2011, ECCOMAS Thematic Conference*, 2011
[29] H. Houdijk et al., Push-off mechanics in speed skating with conventional skates and klapskates. Med. Sci. Sports Exerc. **32**(3), 635–641 (2000)
[30] G.J. Van Ingen Schenau, R.W. De Boer, G. De Groot, On the technique of speed skating. Int. J. Sport Biomech. **3**, 419–431 (1987)
[31] G.J. Van Ingen Schenau, R.W. de Boer, G. de Groot, The control of speed in elite female speed skaters. J. Biomech. **18**, 91–96 (1985)
[32] J.J. De Koning, Biomechanical aspects of speed skating. Ph.D. thesis, Vrije Universiteit, Faculty of Human Movement Sciences, Amsterdam, 1991
[33] M.R. Yeadon, A method for obtaining three-dimensional data on ski jumping using pan and tilt cameras. Int. J. Sport Biomech. **5**, 238–247 (1989)
[34] J.J. De Koning, G. De Groot, G.J. van Ingen Schenau, Ice friction during speed skating. J. Biomech. **25**, 565–571 (1992)
[35] H. Jobse et al., Measurement of the push-off force and ice friction during speed skating. Int. J. Sport Biomech. **6**, 92–100 (1990)
[36] J.J. De Koning et al., From biomechanical theory to application in top sports: the Klapskate story. J. Biomech. **33**, 1225–1229 (2000)
[37] G.J. Van Ingen Schenau et al., A new skate allowing powerful plantar flexions improves performance. Med. Sci. Sports Exerc. **28**, 531–535 (1996)
[38] J.J. De Koning, G. De Groot, G.J. van Ingen Schenau, Coordination of leg muscles during

speed skating. J. Biomech. **24**(2), 137–146 (1991)
[39] T.L. Allinger, A.J. Bogert, Skating technique for the straights, based on the optimization of a simulation model. Med. Sci. Sports Exerc. **29**(2), 279–286 (1997)
[40] J.J. De Koning, G.J. van Ingen Schenau, Performance-determining factors in speed skating, in *Biomechanics in Sport: Performance Enhancement and Injury Prevention: Olympic Encyclopaedia of Sports Medicine*, ed. by V. Zatsiorsky, vol. IX (Blackwell Science Ltd, Oxford, 2000), pp. 232–246. doi:http://dx.doi.org/10.1002/9780470693797.ch11
[41] E. Otten, Inverse and forward dynamics: models of multi-body systems. Philos. Trans. R. Soc. Lond. **358**, 1493–1500 (2003)
[42] P. Mantegazza, P. Masarati, *Analysis of Systems of Differential-Algebraic Equations (DAE)*. Lecture Notes of Graduate Course on "Multibody System Dynamics" (22 November 2012)
[43] R.W. de Boer, K.L. Nislen, The gliding and push-off technique of male and female olympic speed skaters. J. Appl. Biomech. **5**(2), 119–134 (1989)
[44] J.J. De Koning, G. de Groot, G.J. van Ingen Schenau, A power equation for the sprint in speed skating. J. Biomech **25**, 573–580 (1992)
[45] J.J. De Koning, G.J. van Ingen Schenau, On the estimation of mechanical power in endurance sports. Sport Sci. Rev. **3**, 34–54 (1994)
[46] J.J. De Koning, G.J. van Ingen Schenau, Performance-determining factors in speed skating, in *Biomechanics in Sport*, ed. by V.M. Zatsiorsky (Blackwell Science Ltd., Oxford, 2008)
[47] G.J. Van Ingen Schenau, J.J. De Koning, G. De Groot, A simulation of speed skating performances based on a power equation. Med. Sci. Sports. Exerc. **22**, 718–728 (1990)
[48] J.J. De Koning et al., Experimental evaluation of the power balance model of speed skating. J. Appl. Physiol. **98**(1), 227–233 (2004)
[49] T.J. Barstow, P.A. Mole, Linear and nonlinear characteristics of oxygen uptake kinetics during heavy exercise. J. Appl. Physiol. **71**, 2099–2106 (1991)
[50] C. Foster et al., Pattern of energy expenditure during simulated competition. Med. Sci. Sports Exerc. **35**, 826–831 (2003)
[51] G.J. van Ingen Schenau, G. De Groot, A.P. Hollander, Some technical, physiological and anthropometrical aspects of speed skating. Eur. J. Appl. Physiol. Occup. Physiol. **50**(3), 343–354 (1983)
[52] G.J. van Ingen Schenau, The influence of air friction in speed skating. J. Biomech. **15**(6), 449–58 (1982)
[53] A. D'Auteuil, G. Larose, S. Zan, The effect of motion on wind tunnel drag measurement for athletes. Procedia Eng. **34**, 62–67 (2012)
[54] A. D'Auteuil, G.L. Larose, S.J. Zan, Relevance of similitude parameters for drag reduction in sport aerodynamics. Procedia Eng. **2**, 2393–2398 (2010)
[55] A. D'Auteuil et al., Detection of the boundary layer transition for non-circular cross-sections using surface pressure measurements, in *Proceedings of the 13th International Conference on Wind Engineering*, Amsterdam, 2011
[56] M.M. Zdravkovich, *Flow Around Circular Cylinders Volume 1: Fundamentals* (Oxford Science Publications, New York, 1997)
[57] S.J. Zan, K. Matsuda, Steady and unsteady loading on a roughened circular cylinder at Reynolds numbers up to 900,000. J. Wind Eng. Ind. Aerodyn. **90**, 567–58 (2002)
[58] A. D'Auteuil, G. Larose, S. Zan, Wind turbulence in speed skating: measurement, simulation and its effect on aerodynamic drag. J. Wind Eng. Ind. Aerodyn. **104–106**, 585–593 (2012)

[59] L.W. Brownlie et al., Reducing the aerodynamic drag of sports apparel: development of the Nike Swift sprint running and SwiftSkin speed skating suits, in *The Engineering of Sport 5* (ISEA, Sheffield, 2004), pp. 90–96
[60] G.H. Kuper, E. Sterken, Do skin suits increase average skating speed? Technical Report. University of Groningen, 2008
[61] L.W. Brownlie, C.R. Kyle. Evidence that skin suits affect long track speed skating performance. Procedia Eng. **34**, 26–31 (2012)
[62] R. Rosenberg, Why is ice slippery? Phys. Today **58**(12), 50–55 (2005)
[63] E.P. Lozowski, K. Szilder, S. Maw, A model of ice friction for a speed skate blade. Sports Eng. **16**(4), 239–253 (2013)
[64] A.M. Kietzig, S.G. Hatzikiriakos, P. Englezos, Physics of ice friction. J. Appl. Phys. **107**, 08110 (2010)
[65] P. Barnes, D. Tabor, Plastic flow and pressure melting in the deformation of ice I. Nature **210**, 878–882 (1966)
[66] F.P. Bowden, T.P. Hughes, The mechanism of sliding on ice and snow. Proc. R. Soc. Lond. A **172**(949), 280–298 (1939)
[67] F.P. Bowden, Friction on snow and ice. Proc. R. Soc. Lond. A **217**, 462–478 (1953)
[68] M.J. Furey, Friction, wear and lubrication, in *Chemistry and Physics of Interfaces II* (American Chemical Society Publications, Washington, 1971)
[69] V.F. Petrenko, R.W. Whitworth, *Physics of Ice* (Oxford University Press, Oxford, 1999), p. 373
[70] P.V. Hobbs, *Ice Physics* (Clarendon Press, Oxford, 1974)
[71] N.H. Fletcher, Surface structure of water and ice. Philos. Mag. **7**, 255–259 (1962)
[72] N.H. Fletcher, Surface structure of water and ice: II. A revised model. Philos. Mag. **18**, 1287–1300 (1968)
[73] R. Lacmann, I.N. Stranski, The growth of snow crystals. J. Cryst. Growth **13–14**(C), 236–240 (1972)
[74] J.G. Dash, F. Haiying, J.S. Wettlaufer. The premelting of ice and its environmental consequences. Rep. Prog. Phys. **58**, 115 (1995)
[75] L. Makkonen, Surface melting of ice. J. Phys. Chem. B **101**(32), 6196–6200 (1997)
[76] N. Fukuta, J. Phys. (Paris) **48**, 503 (1987)
[77] G.-J. Kroes, Surface melting of the (0001) face of {TIP4P} ice. Surf. Sci. **275**(3), 365–382 (1992). ISSN: 0039-6028. doi: http://dx.doi.org/10.1016/0039-6028(92)90809-K. http://www.sciencedirect.com/science/article/pii/003960289290809K
[78] J.P. Devlin, V. Buch, Surface of ice as viewed from combined spectroscopic and computer modeling studies. J. Phys. Chem. **99**(45), 16534–16548 (1995)
[79] Y. Furukawa, H. Nada, Anisotropic surface melting of an ice crystal and its relationship to growth forms. J. Phys. Chem. B **101**(32), 6167–6170 (1997)
[80] N. Materer et al., Molecular surface structure of ice(0001): dynamical low-energy electron diffraction, total-energy calculations and molecular dynamics simulations. Surf. Sci. **381**(2–3), 190–210 (1997)
[81] F.P. Bowden, Introduction to the discussion: the mechanism of friction. Proc. R. Soc. Lond. A Math. Phys. Sci. **212**, 440–449 (1952)
[82] B.N.J. Persson, *Sliding Friction. Physical Principles and Applications*, 2nd edn. (Springer, Berlin, 2000)
[83] B. Bhusam, *Introduction to Tribology* (Wiley, New York, 2002)

[84] F.P. Bowden, D. Tabor, *The Friction and Lubrication of Solids* (Oxford University Press, Oxford, 1964)
[85] V.F. Petrenko, R.W. Whitworth, *Physics of Ice* (Oxford University Press, Oxford, 1999)
[86] S.C. Colbeck, Kinetic friction of snow. J. Glaciol. **34**(116), 78 – 86 (1988)
[87] A.-M. Kietzig, S.G. Hatzikiriakos, P. Englezos, Ice friction: the effects of surface roughness, structure and hydrophobicity. J. Appl. Phys. **106** 024303 (2009)
[88] A. Penny et al., Speedskate ice friction: review and numerical model -FAST 1.0, in *Physics and Chemistry of Ice*, ed. by W.F. Kuhs. R. Soc. Chem. (2007), pp. 495–504. doi:10.1039/9781847557773
[89] E.P. Lozowski, K. Szilder, Derivation and new analysis of a hydrodynamic model of speed skate ice friction. Int. J. Offshore Polar Eng. **23**, 104 – 111 (2013)
[90] L. Poirier et al., Getting a grip on ice friction, in *Proceedings of the Twenty-first (2011) International Offshore and Polar Engineering Conference*, Maui, HI, 19–24 June 2011
[91] E.P. Lozowski, K. Szilder, S. Maw, A model of ice friction for an inclined incising slider, in *The Twenty-second International Offshore and Polar Engineering Conference. International Society of Offshore and Polar Engineers* (2012), pp. 1243 – 1251

第9章

冰球冰鞋、冰球杆设计和性能测试

R. A. 特科特,P. 雷诺,D. J. 皮萨尔

9.1 冰鞋设计和性能测试

冰球运动有着悠久的历史,在加拿大和欧洲可以追溯到19世纪80年代。这项运动一直在不断演变,特别是在过去的近20年中,它已演变为一项快节奏的力量型运动。冰球在技术革新、装备设计,以及在训练、教练技术和比赛战术方面的改进都变得越来越精细化。[1,2]这导致了在一场比赛中,冰球运动员需要比前几代球员具有更快的滑行速度和更强的力量。然而,在该领域近20年的研究中,虽然冰球运动员的速度和力量已经明显优化了,但冰鞋的发展也对改进滑冰技术有一定的影响,其中有些技术需要精细、准确地最优化实施。冰球项目需要独特的环境条件(如低表面摩擦),这就要求冰球运动员应具备一套非常独特的技能。特别是,冰球的滑冰技术可分为两种:需要力量的技术(向前和向后滑冰)以及在滑行中需要准确性和精巧性的技术(如方向的改变)。有历史记载的最早的冰鞋模型在设计上是相当原始的,但是无论其形状如何改变,背后的目的都是使人们能够在冰上更快速地滑行。虽然现在大多数冰球冰鞋都是用于休闲或运动,但早期的冰鞋是为了让人们能够在寒冷的城市里穿越冰冻的水道而制造的。[3]本节旨在探讨冰球运动中冰鞋设计对于运动员的舒适性、适宜性及冰鞋本身性能表现的重要性。

冰鞋最初的考古证据可以追溯到青铜时代的欧洲和俄罗斯北部。在这些地区,我们发现了许多动物骨骼上有水平的孔垂直贯穿长轴,这些孔是用来安装皮带的。[3]这些类型的骨制冰鞋不像后期的模型那样有棱角,所以穿着它的人们必须将棍子放在两腿之间来推动自己前进。但令人惊讶的是,直到18世纪,在冰岛、哥特兰岛和欧洲的部分地区仍然有人在使用这种骨制冰鞋。这个发明使得人们可以使用骨制冰鞋来完成冰面上特定的抓地和滑行动作,而这些动作是普通鞋底无法做到的。骨制冰刀由于较重且滑行速度缓慢,最终被金属冰刀所取代。这说明冰鞋设计对运动员的滑冰表现有影响。[4]这些在木块底部固定金属冰刀的新式冰鞋也可以在木块上附加皮带以便运动员把冰鞋绑在脚上。[3]金属冰刀使得人们在

每次滑步蹬离时能有更好的刀刃抓地力并滑行得更远。这些款式的冰鞋还可以帮助人们更有效地利用他们下肢和臀部的肌肉来推动自己前进。从 15 世纪到 18 世纪，各种新款式的冰鞋虽然在设计上有些相似之处，但是质量明显地减少了约 30%。[3]这使得人们可以更轻松地滑行，并且用力更少、速度更快。

自 18 世纪以来，由于对冰刀刃接触冰面这一力学概念有了更好的理解，人们制作了具有较长冰刀的冰鞋。也就是说，如果冰刀较长，那么它与冰之间的接触面积会增大，冰刀也就不容易被运动员插入冰中，从而使得阻力最小化，滑行起来更加轻松。[3]更长的冰刀还可以增加运动员在冰面上站立的稳定性，并且在冰中产生更深的划痕，从而使得运动员在向前滑动时会在冰面上产生一些沟槽以便提高侧向抓地力和掌控性。人们在 19 世纪制作的冰刀——通过金属冰刀“固定器”的方式将冰鞋和冰刀更好地整合起来——成为现代冰鞋设计的雏形。这种改进增加了滑冰运动员的控制力，也提高了滑行的安全性和便捷性，最终使得滑冰运动员在滑行相同距离时可以减少滑步数，进而节省体能。[3]

现代冰球冰鞋设计的演变主要归因于冰球行业的设计者和工程师们大量的实验与试错。如今，在冰鞋生产中，生产商已经用合成材料取代了金属固定器和皮靴。[5]使用这些合成材料，比如模压尼龙、凯夫拉(杜邦公司的 Kevlar®)以及碳纤维聚合物复合材料等，可以提高冰鞋的耐用性、减小其质量并增强对脚部的保护，使运动员免受冰球冲击。因此，设计师在设计如今普及的标准化硬质复合材料模压的冰鞋产品时综合考虑了以前所有的设计的影响因素。设计师也在考虑影响冰鞋穿着者的舒适性和功能性的各种因素[6]，以提高用户的满意度。优化这些变量来制作完整的冰鞋对体育用品设计师来说是一个挑战。冰球冰鞋的设计包括 3 个不同的部分：冰鞋、刀架和冰刀(见图 9.1)。

对于评估滑冰设计的有效性来说，因素的复杂性主要体现在如何确保冰鞋对各种滑冰技术的发挥都是合适且有效的。在评估产品设计时，设计师所做的大部分工作都是基于“逆向工程”方法，因为许多产品都是设计师通过直觉来构思再进行事后评估的。为了设计出具有最佳性能的冰鞋，在设计评估时产品必然需要满足许多条件。根据冰鞋设计的舒适性和性能要求，我们可以通过如下类别对其进行评估。

对于贴合度和舒适性来说，冰鞋应符合下列要求。

1. 应该保证运动员在关节位置和肢体方向上有足够的运动感觉。
2. 应尽量舒适，避免挤压运动员的肌肉和神经血管结构上的敏感软组织区域。
3. 应符合几何人体测量学和骨结构的方向。

对于性能来说，冰鞋应符合下列要求。

1. 应该保证在前后侧和内外侧的有效对齐、稳定性和运动范围(range of motion)。
2. 应提供有效的前后脚及内外侧的杠杆力，以便更有效地发力和控制冰刀刃运动。
3. 应尽量减少关节运动的限制，并促进“足—踝—膝—髋”关节链的协调性。

冰球装备行业尝试运用各种技术来解决如此多的设计问题。本文接下来将总结过去的研究结果，并重点介绍一些最新的发现。

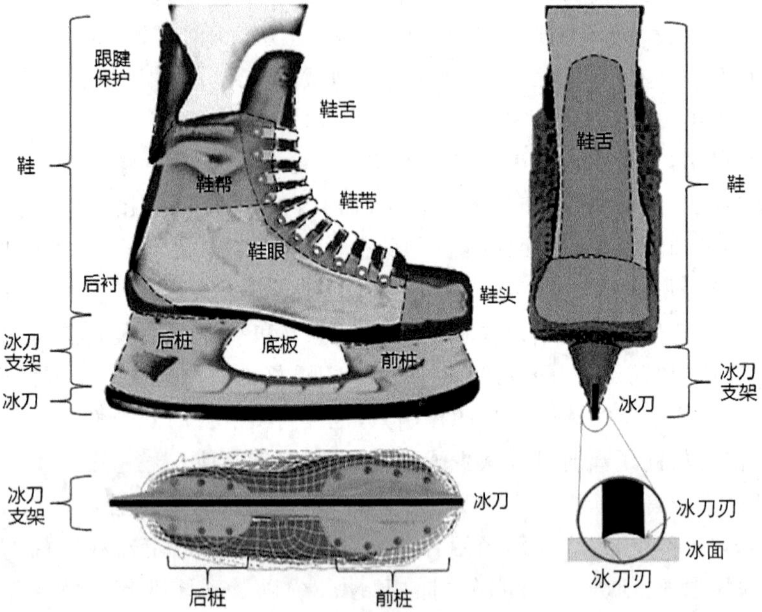

图 9.1　冰球冰鞋结构示意图

行业领头公司一直在使用一种探索式方法，这种探索通常是基于运动员（客户）在冰上使用冰鞋的主观印象，以及对冰鞋结构的主观印象或偏好。例如，一个流行的曾经导致漫长讨论并影响后续设计方向的理念是，硬质冰鞋对滑冰过程中的支撑作用至关重要，同时硬质冰鞋还可以在运动员受冲击时为其提供更多的损伤保护。[7] 早期的研究人员还专门针对硬度对贴合度和舒适度的影响进行过分析，他们利用多种可用的材料制成不同硬度范围的冰鞋。[8] 从逻辑上来说，第一步先要确定某个专门的设计能否提高硬度。特科特等[8] 构建了一套夹具，当冰鞋在整个踝关节和脚的运动范围内发生移动时，可以测量施加在冰鞋上的负载（单位为 N），并与夹具的延伸厘米数（硬度或刚性模量）进行对比。事实上，在滑冰模型中硬鞋帮的杨氏模量存在明显的变化，并与冰鞋的结构和材料的差异相对应。随后，研究人员[9] 使用 Biodex™ 测力机对人体足部运动和扭矩进行了实验，结果证实冰鞋的硬度和结构特性对运动的作用范围与作用效果具有实质性影响。

然而，直到那时，还没有人评估过更硬的冰鞋是否舒适以及是否合身。事实上，许多运动员在现场测试时曾抱怨过这些冰鞋，主要原因是他们有一种不适感，以及在许多情况下受到过硬的冰鞋结构的限制，导致他们的灵活性或移动性下降。因此，在随后的研究[6] 中，研究人员利用压力传感器技术来评估冰鞋的舒适性和受试者对冰刀结构的适应度的等级。

有一项专门的研究设计用来测量冰鞋底部不同区域的压力（单位为 kPa）。该研究采用上文提到的材料来设计冰鞋，并且发现标准的冰鞋中存在“热点”（高压力区域）。因此，我们可以用此方法来量化冰鞋所谓的“贴合度”与舒适度和感知功能的相关性。[10] 另外一个实验针对压力点与受试者穿着冰鞋时的舒适度之间的相互关系进行了测试，结果证实较高的压力往往与舒适度呈负相关。[6]相反，运动员也会抱怨冰鞋太宽松，造成足部在鞋内滑移，从而导致动作控制的不稳定，降低了推进力。最"舒适"的贴合度需要足部与冰鞋之间的界面最优化，这也会提高足部对方向和动觉反馈的感知。这是因为良好的贴合度可能有助于向中枢神经系统(CNS)提供输入信息，从而可以优化滑冰过程中的运动学调整。[11]

当然，我们可以对贴合度进行更多的研究，以确定是否存在精确的压力边界点，还可以在冰鞋底部的各个区域中对舒适性和贴合度进行量化。可以肯定的是，在确定鞋底的精确形状以及贴合度指标方面，可用于设计冰鞋的新材料具有相当大的灵活性，而且对于鞋底外部结构来说，新材料也能够增加额外的损伤保护效果，即在不影响运动或贴合的情况下可以更硬一点儿。

也许在过去的近20年中，最令人关注的研究主要是包括一系列对滑冰运动产生影响的冰鞋设计方面的研究。皮萨尔等[1]试图识别冰球比赛中运动员的主要滑冰动作，并且他们还对10多场NHL比赛进行了视频分析，以识别比赛中各种动作的执行频率。[12]从这些研究中我们可以看出，冰球是一项非常开放和复杂的运动，包含多种滑冰动作，并且在比赛过程中每个不同动作的执行频率都很高。这些动作要求运动员能够在不同的方向上停止、起动和旋转，向前和向后滑行，在非线性的轨迹上滑行，向前或向后频繁地压步(或交叉步)，以几种不同的方式旋转，利用冰刀来保持稳定和平衡，以及在冰面上或沿着板墙和对手对抗时把冰鞋当作杠杆。因此，冰鞋是运动员在冰球比赛过程中执行各种滑行动作的非常重要的工具。

科学界发明了许多关于特定设计变化或设计特点的假设并将其应用于冰鞋中，以便为滑冰运动员尝试使用各种复杂的滑冰技巧提供帮助。对于一种被认为在滑冰各方面均有优势的冰鞋底来说，其特点之一就是"运动自由度"，特别是在下肢(髋、膝、足和踝部)部分。[13]从理论上来说，足部和踝关节的运动自由度越大，越便于运动员改变肢体运动，从而在执行滑冰动作时产生更大的自由度。

为了对冰鞋运动自由度的增加进行干预，最早的措施是简单地切除传统冰鞋的跟腱护板(tendon guard)。早期的研究采用电子测角仪对上述冰鞋的改动效果进行了测试，结果表明，与标准冰鞋[14]相比，经过改动的冰鞋使运动员在滑步中的背伸和跖屈动作产生了更大的运动范围(7°)。但出于安全原因，作为冰球冰鞋的设计特点，这样的改动(切除跟腱护板)是不可行的。在现代冰鞋设计中，新材料的使用或许可以实现相同或相似的优点，而不需要移除跟腱护板。实际上在过去的10年中，在冰球研究实验室中研究者对冰鞋设计进行了多项评估实验，有人在跟腱护板中使用更加柔韧的材料以便获得更大范围的运动自由度，从而改善足部和踝关节的活动性。所有的研究都得出了相同的验证结论，与标准的未经改动的冰鞋相比，这些加入新材料的冰鞋的背伸和跖屈的运动范围增加了约5°～7°。[15]

踝关节的运动范围是特别重要的。对这种关节的活动进行限制，会妨碍踝关节跖屈肌产生最佳的机械功率输出。我们采用Biodex™测试仪对标准冰鞋和改造冰鞋进行了对比实验，并且测量了运动员在背伸和跖屈时产生的被动扭矩和主动扭矩。这些实验结果表明，与标准冰鞋相比，改造冰鞋的扭矩和运动范围更大。此外，与鞋子的运动范围和运动产生的扭矩相比，鞋子的移动限制要小得多。[9]其他验证运动范围重要性的研究表明，标准花样滑冰冰鞋对踝关节的运动限制会相应地对膝关节运动幅度产生限制，从而导致膝关节和踝关节等下肢作用输出的减少。[16]

关于冰鞋设计对滑冰效果影响的研究案例，其中有一项著名的研究是，斯堪的纳维亚半岛的研究人员将标准速滑冰鞋与克莱普冰鞋进行了对比。[10]结果发现，两种冰鞋虽然在冰的摩擦、人体运动学和肌肉活动特性等方面是相似的，但克莱普冰鞋可以产生 5%的速度增量和 35 W 的功率输出增量[10]，因而在长距离项目中，克莱普冰鞋会表现出优异的性能。克莱普冰鞋最初发明出来的时候，大部分滑冰运动员不愿意使用，因为他们需要利用动态滑冰技术来适应其优化设计。然而，某些团队在用这些冰鞋进行训练之后，看到了效果，于是开始在比赛中使用这些冰鞋。随后，许多速度滑冰项目的世界纪录被打破了。[10]整个速滑界很快跟上了潮流，现在所有长距离项目的专业运动员都在使用克莱普冰鞋。至于冰球界，使用克莱普冰鞋能否达到同样的效益还有待确定。

有研究已经表明，在滑步过程中，运动员的腿部肌肉最终施加到冰表面上的力越大，其滑行速度越快。[17]但是如何测量在滑冰时冰面对身体的地面反作用力呢？用于人体步态分析的传统测力板无法适用于冰环境。有一种解决方案是将应变计连接到冰刀支架上（见图 9.2[18]）。应变信号可直接记录到运动员背包中的数据采集装置上，或通过无线传输到射频(RF)或蓝牙接收器以及 PC 电脑上。然后，受试者做出许多不同的冰球动作（如射门、滑行和停止），研究人员同时记录所测量的动态力值。之后可以用图形的方式观察滑冰过程中产生的垂直作用力、内外侧作用力和总的地面反作用力（见图 9.2[18]）。

在一系列研究中，我们对向前滑冰过程进行了总体观察，结果发现改装的冰鞋与标准冰鞋在动力学方面没有差异。值得注意的是，大多数的研究所得到的连续性的结果是，随着冰刀设计的不断改进，其运动范围是增大的。[15, 19]此外，大多数实验表明，在向前的滑冰动作中，不同冰鞋设计的功率、力和功没有显著差异。在这些改装冰鞋与标准冰鞋的对比研究中，两种冰鞋的动力学测量值和完成所有向前滑冰动作所需的时间都是接近的。

近期，在另一项研究中，研究人员使用压力传感器分别测量了标准冰鞋和改装冰鞋在足跟、足中和脚趾区域的压力中心（center of pressure, COP)。这项研究提出了两个重要的观察结果。第一个重要的观察结果是，在两种冰鞋中大部分的力主要是由脚跟区域产生的，在标准冰鞋中的脚趾区域的力更大，并且只发生在滑步时与冰面接触阶段的末端。第二个重要的观察结果是，与标准冰鞋相比，改装冰鞋在滑步所有阶段中 COP 的偏移量都减小了（前向滑行时改装冰鞋 COP 的偏移量为 65 mm，而标准冰鞋 COP 的偏移量为 85 mm)。目前，产生冰鞋之间这种差异的原因还不完全清楚，但可能与改装冰鞋的运动自由度更大有关，这使得改装冰鞋的动力学结构能够为在前向滑冰滑步的运动员提供更好的稳定性和平衡性。虽然完整的人体运动力学分析尚未完成，但这些结果意味着在滑步时改装冰鞋与标准冰鞋

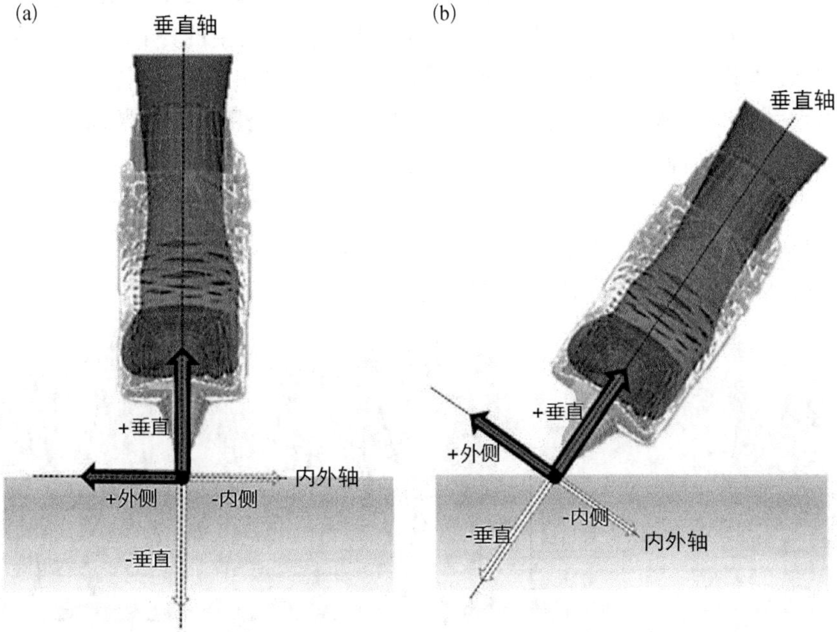

(a) 冰鞋力传感器装置示意图;(b) 侧向蹬冰滑步时的作用力示意图。

图9.2 滑冰过程中产生的重复作用力、外侧作用力和总的地面反作用力[18]

在动力学方面存在根本性的不同。改装冰鞋或许能为运动员的髋关节和足部提供不一样的作用力,从而改变其下肢的运动。这种改变方式是否有利,将需要我们用人体运动力学分析加以证明。[20]因此,至少在前向滑冰时,当确定最佳滑冰方式以获得最大速度和最大效率时,其他考虑因素可能也是很重要的。

在冰球滑冰动作中提高"滑冰表现"这一概念很复杂,由于球员需要在各种不同的滑冰条件下使用自身的装备,以及在滑行中与对手产生对抗的实际情况,所以这一概念变得更加复杂。运用不同的运动学和动力学模型,所有这些动作都不尽相同。并非所有这些动作都需要最大的运动范围或最大发力。

有些已经进行的研究可以很好地说明这个概念。一项相关的研究是将压力传感器分布在足部的所有区域(包括冰鞋的内侧、外侧和跖面),以测试运动员在完成急转弯动作过程中所产生的压力。这项研究发现,熟练的滑冰运动员在完成急转弯的过程中,其冰鞋跟骨部位的侧面(内侧足)和中间(外侧足)会产生非常高的压力。[21]这些发现得出的结论是,对于急转弯的情况来说,冰鞋设计应该主要针对冰鞋侧面和中间部分进行支撑。另外,跖面压力随着冰鞋的侧面或中间部分的压力增加而减小。虽然这些发现可能并不令人惊讶,但它们显示出比赛过程中运动员所表现出的滑冰技术的复杂性和不同需求,这也说明冰鞋的设计需要满足这些不同需求。

近期，另一项对停止动作和起动动作的研究[22]，是关于滑冰技术复杂性和“设计需求多样化”的另一个例子。研究发现，当冰球运动员处于急停急起中的停止阶段时，与标准冰鞋结构相比，改装冰鞋产生的纵向压力峰值和平均值以及冲量明显降低(约为运动员体质量的10%～20%)。因此，在冰鞋中扩大运动范围的设计会导致使用这种改装冰鞋的运动员的滑冰动作发生改变。具体而言，较低的纵向压力意味着冰鞋在制动时会产生不同方向的矢量，因而也改变了运动学(见图 9.3)。目前，我们很难确定的是，这样的设计在运动员做动作时是否具有优势，是否需要进行全身的运动学分析来确定运动学是如何改变的，或者当前的改装冰鞋与标准冰鞋相比是否体现出性能的提高或优越性。

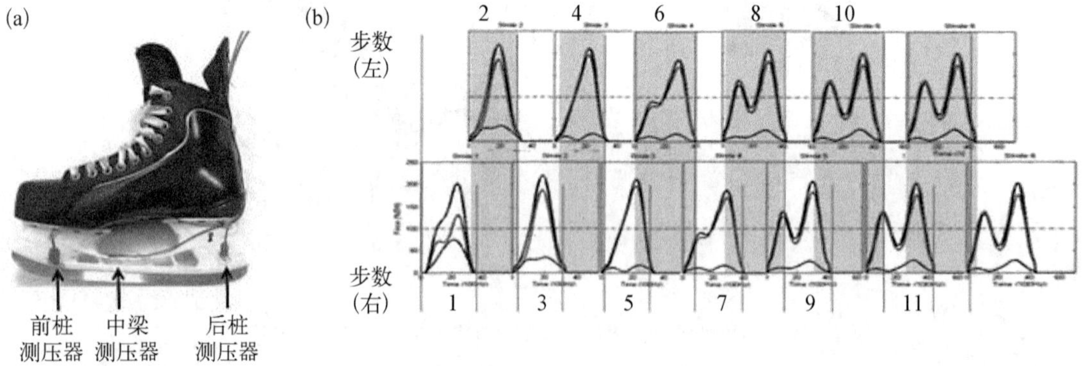

(a) 滑冰时直立方向；(b) 滑冰时倾斜方向。

图 9.3 滑冰时直立和倾斜方向的侧面-中间及垂直力矢量的分量图

从原始模型开始，冰球冰鞋的设计已经经历了漫长的过程。如今，设计师们正在努力针对模型的性能平衡、舒适度、耐用性、支撑和质量等各方面的要求进行相关设计。随着复合材料的优化和测试方法的进步，我们相信冰球冰鞋的设计将继续向前发展，希望新的设计可以为运动员提供更好的滑冰体验并帮助其提高成绩。

9.2 冰球杆设计和性能测试

与许多现代体育运动一样，冰球在技术创新、装备设计以及训练、教练和比赛战术的改进等诸多方面已变得越来越精细化。[1, 2, 23] 由于其运动面层的特性，如低表面摩擦和低温(－10～－3 ℃)，冰球运动需要运动员具备不同的杆上技术。除了冰鞋之外，冰球比赛的特有装备还包括冰球和冰球杆，它们分别是比赛追逐的主要目标和操控冰球的主要工具。

冰球由天然橡胶和填料制成，填料通常为炭黑。[2] 冰球的制造工艺在硫化过程中需要使用硫黄和抗氧化剂等添加剂，以增加冰球的强度和硬度。[24] 炭黑还有助于提高冰球橡胶的抗磨损性。冰球在使用前经常被冷冻，从而减少冰球弹性以获得更好的可控性和更均匀的回弹与滑行响应。在刚性表面上的受控跌落实验表明，冰球的恢复系数(e)在室温下为 0.45～0.55，在冷冻时为 0.12～0.27。[2]冰球的动态刚度不是恒定的，而是随着撞击速度的提高会变得越来越没有弹性。[25]冷冰球在冰面上产生的摩擦因数很低，当某个球员用冰球杆把冰球传给几米外的另一个队友时，冰球的低摩擦因数可使其保持较高而持续的滑行速度。

冰球杆之所以如此命名，是因为它最初是用坚硬的木材(如榆树、桦树、白杨或白蜡树)雕刻而成的“杆子”。[26, 27]冰球杆的主要杆上技术是射球、控球、传接球[28]，以及阻截和争球[29]。运动员双手控制冰球杆，伸展手臂以便冰球杆可以触及冰面和冰球，并且增加其躯干旋转和手臂摆动以使得杆刃和冰球产生撞击，推动冰球朝向对方球网运动。冰球杆还可用于存储和释放杆身的弯曲弹性能量，从而放大击球的力量。成功的技术运用取决于冰球和杆刃之间的力学作用。

冰球杆呈“L”形，其两个主要的组成部分是杆身和杆刃(见图 9.4)。杆身必须是具有斜切矩形截面(宽 3 cm、厚 2.5 cm)的直梁，长度分别为 115 cm、137 cm 和 160 cm，分别适用于初级、中级和高级的装备尺寸分组。[30, 31]杆身的顶端称为“柄”(手柄)，而下轴端“插销”逐渐变细以便与杆刃结合。

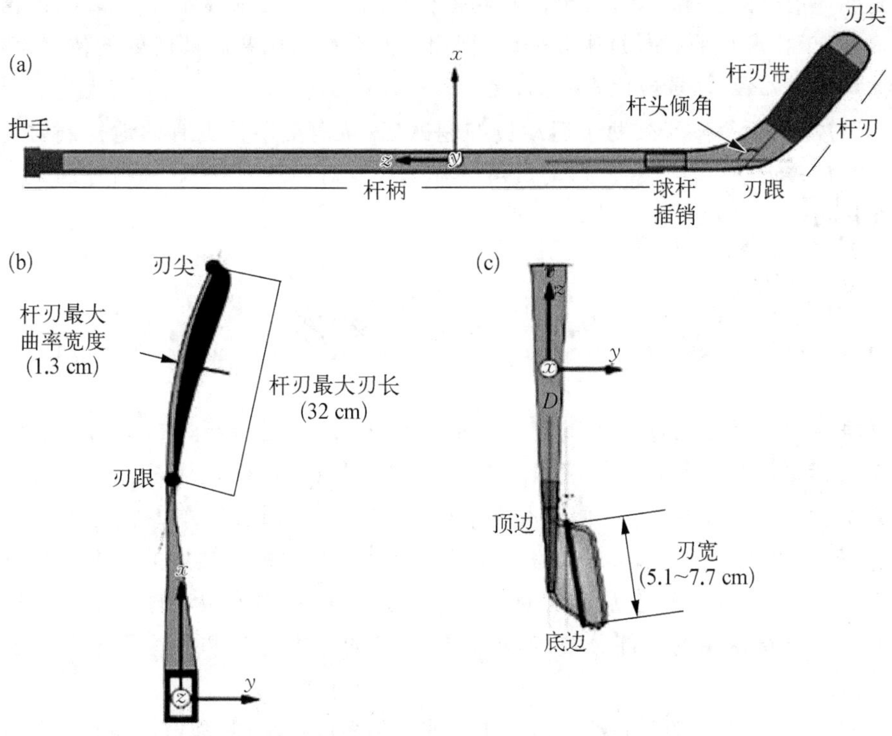

(a) 冰球杆的基本组成；(b) 杆刃的俯视图；(c) 杆刃的侧视图。

图 9.4　冰球杆的基本组成及杆刃的俯视图和侧视图

杆刃是球杆侧向弯曲的突出部分(最大长度为 32 cm、宽度为 5～7.5 cm、厚度为 5～10 mm),分为刃跟、刃面和刃尖,刃尖可以呈圆形或正方形。杆刃和杆柄之间的角度称为"倾角",其范围为 137°～131°。杆刃倾角较低和较高分别会使其(当触及冰面时)更加靠近或远离运动员。运动员选择球杆时,必须考虑倾角和杆长应与他们的站立高度、习惯姿势和滑冰技术相匹配。此外,对于杆刃形状或式样来说,其特征在于曲率宽度(0～19 mm)、弯曲位置(从刃跟到刃尖)和刃面角的方向(开角或闭角①)。根据弯曲点的位置,杆刃曲线分为刃跟曲线、中段曲线和刃尖曲线。为了确定曲线类型,我们可将杆刃平放在冰上并从上方直接观察(见图 9.4)。沿着杆刃的长轴方向存在各种杆刃形状,比如刃面角度为开角或者闭角。胶布带通常缠绕在杆柄的顶部以便运动员更好地把握冰球杆,也会缠绕在杆刃上以便其更好地控制冰球。

通常,冰球杆的尺寸受规定限制。[30,31] 当运动员穿着冰鞋时,冰球杆的最佳长度变化很大,主要取决于运动员的比赛方式和滑冰姿势。有些运动员喜欢使用长杆来劲射,而有些则会使用便于操控冰球的短杆。作为通用性的原则,把球杆从刃尖到把手直立起来应该差不多与运动员的下颌对齐或略微超过下颌,但有时大体上也会低于其下颌(7.5 cm)。

运动员可以左侧(右手握住杆柄顶部)或右侧(左手握住杆柄顶部)握杆,杆刃的凹面曲线通常是朝向前方的。刚开始,决定左右侧握杆的选择因素会随着内在和外在的情况变化而变化,但对于技术水平更高的球员来说,杆侧位的选择与比赛时其所处的位置密切相关,例如在冰场上的左翼、右翼或比赛一侧。[32, 33]

如上所述,杆刃的弧度有助于运动员控制冰球,从而帮助其更有效地控制射球精确轨迹。杆刃有许多形状可供选择。运动员可以根据自身对控球、传接球和射球的最佳操作感觉来选择杆刃。

9.3 杆上技术

冰球杆主要是用来帮助运动员在身旁的冰面上移动和控制冰球,称为"控球"。运动员控制球杆运动的方式和连续性通常称为"运球"。为此,运动员应根据冰球杆的质量分布和有效惯性来选择冰球杆,以便获得最佳的"手感"。[34] 通过简单的视觉判断并结合触觉和体感,运动员可以连续操纵冰球杆和杆刃方向,将冰球推向预期的方向。球杆也用于本方运动员之间传接冰球,以及针对对方运动员进行抢断或阻截冰球。虽然上述内容代表了比赛中运动员使用的大部分技术,但对所涉及的基本力学和人为因素几乎没有相关的科学研究。

与之相反的是,射门动作是冰球运动中研究得最多的技术,因为射门是得分的主要技术

① 此处,开角是指大于 90°的角,闭角是指小于 90°的角。——译者

手段。[28]通常在比赛情况下，运动员会使用各种射门方法（如击射、腕射、折射、反射和扫射）。运动员应根据自身的位置来选择使用特定的射门方法。[12, 35]高速击打冰球的能力是最常见的动作标准评估方法。研究者可使用不同技术记录冰球速度，比如高速摄像头、雷达枪、光阱和加速度计。[36-43]击射冰球的速度（80～160 km/h）通常比腕射的速度（50～80 km/h）更高。[41, 42]

所有的射门技术都涉及一系列特定的运杆阶段，包括预加载（杆刃与冰面接触）、加载（杆柄偏转）、杆刃与冰球的接触和释放（杆柄反冲和释放以终止与冰球的接触）。[41, 43-45]大力击射还应包括球杆回拉和下摆动作，以增大运动员对冰球施加的能量输入。在击射过程中，重要的力学因素包括接触冰球之前的杆速度、杆的预加载弯曲度以及冰球与杆刃的接触时间。[29, 43]

在接触冰球之前，杆刃的切向速度和杆柄弯曲度越大，传递给冰球的潜在能量越大。洛蒙德（Lomond）等[45]使用高速视频摄像（频率为 1 000 Hz）进行击射过程的 3D 重建，证明了这一点。当球员的技术水平从业余到专业精英级别各不相同时，杆刃速度和杆柄弯曲度与所测试的冰球速度密切相关。为了使冰球达到最大速度，运动员需要最优化身体各部分“动力学链”的运动协调，使球杆在与冰面和冰球接触时发生旋转和弯曲。

如前所述，弯曲杆柄可以将所存储的弹性应变能量传递到冰球上，因而将杆柄弯曲（或预加载）以增大的球杆旋转，可以增大射球的速度。[2, 46]一般来说，运动员选择冰球杆的硬度等级应该与他们的力量、体质量以及对体感反应的偏好相匹配。为了弯曲冰球杆，运动员必须使用 3 个接触点：（1）上握杆手与杆柄顶部；（2）杆刃与冰发生接触的向后压力作用点；（3）下握杆手与杆柄中部的向前压力作用点（见图 9.5）。这会产生瞬态弯矩，从而弯曲杆柄。[47]最初，杆刃必须以相对于垂直方向约 35°的角度倾斜地撞击冰面，以在第二个接触点提供足够的垂直反作用力（125 N 或运动员约 1/5 的体质量）。在精英级运动员的击球过程中，冰球杆的偏转峰值角度可达 20°。杆刃方向过于直立会由于冰的低摩擦导致与冰接触的反作用力不充分（20 N），从而无法弯曲杆柄。[41, 45]这也是业余运动员所表现出的常见错误之一。[42]

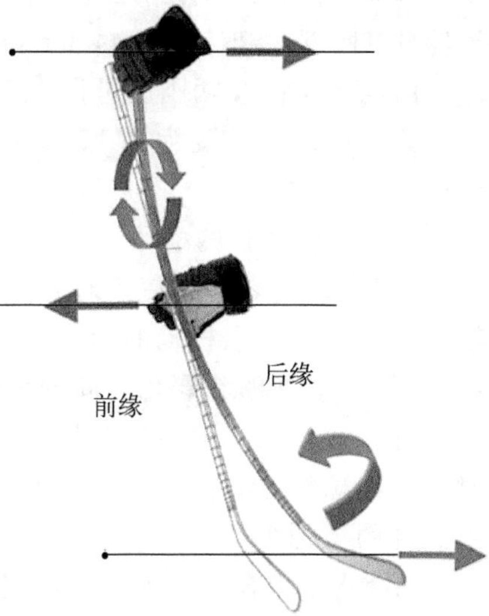

图 9.5　击球过程中杆柄上作用力的自由体受力图①

由于弹性存储是瞬间的且接触冰面的总时间小于 60 ms，冰球杆的摆动必须和加载/卸

① 弯曲力矩使得杆柄弯曲以储存弹性应变能量，在反弹时有助于增大冰球的射出速度。

载响应保持同步,以产生击打冰球的最大能量。与新手相比,技术熟练的球员已通过启发式学习更好地协调了这些动作。在一项研究[43]中,研究者使用了高速视频摄像(频率为1 000 Hz)并在冰球内嵌入了加速度计,结果发现冰球的速度与冰球杆的弯曲程度以及接触冰球的总时间(专业球员为 38 ms,而业余球员为 27 ms)高度相关,而不是与施加在冰球(质量为 64 g)上的平均加速度相关。进一步研究发现,专业球员可以更好地掌握杆柄弯曲/伸直(反冲)的响应时间,并让冰球杆与冰球的接触保持同步,而业余球员在杆柄反冲之前就已经使冰球杆与冰球完全失去接触,从而损失了这种应该传递到冰球上的能量。总之,专业球员可以更好地利用冰球杆的特性来击打冰球。

在冰球杆构建和制造过程中进行力学测试,对于确定杆柄的弯曲刚度和弹性来说是必不可少的。虽然用来量化杆柄刚度或其他性能的工业标准尚未确定[48],但制造商根据其自身的"柔性"(flex)等级对冰球杆进行分类。可以通过冰球杆的受控力和弯曲(或位移)来估算冰球杆的刚度。[29, 49]通常,我们可使用具有中心和/或悬臂负载的三点弯曲测试仪器来确定杆(梁)的刚度。制造商利用这些技术生产出具有各种刚度的冰球杆。一般来说,对应于球员的体质量和力量,青少年和初级球员应使用刚度范围为 40～50 flex 的冰球杆,中级球员的冰球杆刚度范围为 60～75 flex,成人和经验丰富的球员的冰球杆刚度范围为 85～110 flex。应该注意的是,通过切割冰球杆的长度以适应球员的身高和喜好可以有效地提高冰球杆的刚度,冰球杆每缩短 2.5 cm 可使得其刚度提高 5～10 flex。

由此产生的杆柄刚度可以在准静态负载实验中进行确定。例如,当夹具和杆刃负载点之间的悬臂长度为 1.17 m 时,与木杆(10～12 GPa)相比,复合材料球杆的有效刚度(杨氏模量)为 31～42 GPa。复合材料的弹性变化在很大程度上取决于纤维材料、编织角度[50],以及杆的横截面几何形状和壁厚[51]。冰球杆的失效模式各不相同。研究发现,随着木杆的老化和使用时间的延长,木杆的耐久性逐渐降低。射门时最常见的失效模式发生在杆刃和杆柄的插销连接处断裂、中柄断裂或分层以及杆刃断裂或分层。[52]相反,复合球杆随着老化时间的增加依然可以保持很好的理想弯曲稳定性。然而,复合材料球杆由于击球而使冰球杆弯曲的循环磨损导致微纤维断裂有所积累,或者由于与对手的冰球杆之间的碰撞导致产生缺口应力点,这些都会最终导致在击球负载较大时毁灭性的结构失效。

研究者不太容易从静态实验室测量中对冰球杆的动态行为(以及撞击后产生的冰球速度)进行推断。[29, 53]例如,比格福德(Bigford)等[48]证明了冰球对杆刃的冲击性能(有效恢复系数,the effective coefficient of restitution)的影响是很复杂的。固有的杆柄卸载响应(反弹)对输出冰球速度的贡献率大约为 30%。然而,冰球的冲击性能受温度的影响很显著,其有效恢复系数从 −4 ℃时的 0.27 可变化到 22 ℃时的 0.39,这反过来又影响了冰球对冰球杆的反作用力——分别为 30 kN(−4 ℃时)和 12 kN(22 ℃时)。[48]此外,考虑到碳纤维复合材料球杆的制造过程可以完全控制材料和结构参数,因而沿着冰球杆的长度方向上设计出更复杂的弯曲-刚度剖面是可能的(相对于单一的弯曲参数来说)。这使生产商可以生产出具有不同弯曲点的冰球杆，例如中折返点①和低折返点。通过改变冰球杆的这些性能，我们可以匹配球员偏好或感觉来调整击球的接触时间和释放特征。[54, 55]

总之，本节主要讨论了冰球杆的传统设计、材料选择和力学性能评估。为了从射门速度、准确度[56, 57]以及其他实用技术（如运球[34]）等方面更好地理解冰球杆的性能，我们还需要进一步扩大基础性的研究。

参考文献

[1] D.J. Pearsall, R.A. Turcotte, S.D. Murphy, Biomechanics of ice hockey, in *Exercise and Sport Science*, ed. by W.E. Garrett, D.T. Kirkendall (Lippencott, Williams & Wilkins, Philadelphia, 2000), pp. 675 – 692

[2] A. Haché, *The Physics of Hockey* (Johns Hopkins University Press, Baltimore, 2002)

[3] F. Formenti, A.E. Minetti, Human locomotion on ice: the evolution of ice-skating energetics through history. J. Exp. Biol. **210**(Pt 10), 1825 – 1833 (2007)

[4] B.G. Minkoff, J.V. Simonson, Ice hockey, in *Sport Injuries: Mechanisms, Prevention and Treatment*, 2nd edn., ed. by F.H. Fu, D.A. Stone (Lippincott Williams and Wilkins, Philadelphia, 1994), pp. 397 – 444

[5] M. Jenkins, A.J. Subic (eds.), *Materials in Sports Equipment*, vol. 2 (Woodhead, Cambridge, 2007)

[6] C.R. Gheorghiu, D.J. Pearsall, R.A. Turcotte, Quantifying fit in ice hockey skate boots. Paper presented at the ISBS-Conference Proceedings Archive, 2008

[7] R.N. Humble, H. Smith, Skating, in *Athletic Footwear and Orthoses in Sports Medicine*, ed. by M.B. Werd, E.L. Knight (Springer, New York, 2010), pp. 247 – 266

[8] R.A. Turcotte, D.J. Pearsall, D.L. Montgomery, An apparatus to measure stiffness properties of ice hockey skate boots. Sports Eng. **4**(1), 43– 48 (2001)

[9] D.J. Pearsall et al., Ice hockey skate boot mechanics: direct torque and contact pressure measures. Procedia Eng. **34**, 295–300 (2012). http://dx.doi.org/10.1016/j.proeng.2012.04.051

[10] H. Houdijk et al., Push-off mechanics in speed skating with conventional skates and klapskates. Med. Sci. Sports Exerc. **32**(3), 635 – 641 (2000)

[11] J. Kekoni et al., Mechanical sensibility of the sole of the foot determined with vibratory stimuli of varying frequency. Exp. Brain Res. **78**, 419 – 424 (1989)

[12] D.L. Montgomery et al., Task analysis (hitting, shooting, passing and skating) of professional hockey players, in *Safety in Ice Hockey: 4th Volume*, ed. by D.J. Pearsall, A.B. Ashare (ASTM International, West Conshohocken, PA, 2004)

[13] T. Upjohn et al., Three-dimensional kinematics of the lower limbs during forward ice hockey skating. Sports Biomech. **7**(2), 206 – 221 (2008)

[14] C.J. Dewan, Biomechanics of the foot and the ankle during ice hockey skating. MA thesis, Unpublished Master's Thesis, M.Sc., McGill University, 2004

[15] X. Robert-Lachaine et al., Impact of hockey skate design on ankle motion and force production. Sports Eng. **15**(4), 197 – 206 (2012)

[16] M. Hagenauer, P. Legreneur, K.M. Monteuil, Influence of figure skating skates on vertical jump

① 折返点（kick point）又称前踢点，指的是当杆身受力弯曲时，弯曲弧度最高的点。——译者

performance. J. Biomech. **39**(4), 699–707 (2006)
[17] M.B. Bracko, Biomechanics powers ice hockey performance. Sports Med. **11**, 47–53 (2004)
[18] T. Stidwill et al., Force transducer system for measurement of ice hockey skating force. Sports Eng. **12**(2), 63–68 (2009)
[19] T.J. Stidwill, D. Pearsall, R. Turcotte, Comparison of skating kinetics and kinematics on ice and on a synthetic surface. Sports Biomech. **9**(1), 57–64 (2010)
[20] C. Legnoc, Force and center of pressure measurement during forward skating with a standard hockey skate and a modified hockey skate. MA Thesis, Master's Thesis, McGill University, 2012
[21] J.S.G. McGrail, Skate boot pressure analysis of elite and recreational ice hockey skaters during the execution of tight turns, Master Thesis, McGill University, 2006
[22] S. Forget, Comparisons of player calibers and skate models during an ice hockey explosive transitional maneuver, Master Thesis, McGill University, 2013
[23] D.J. Laliberte, Biomechanics of ice hockey slap shots: which stick is best? Sports J. **12**(1), 1 (2009)
[24] T. Falconer, How hockey works, Equinox, January, 1994
[25] T. Aspelmeier, F. Gerl, A. Zippelius, A microscopic model of energy dissipation in granular collisions, in *Physics of Dry Granular Media*, ed. by H.J. Herrmann, J.-P. Hovi, S. Luding, vol. 350 (Springer, Netherlands, 1998), pp. 407–412
[26] G. Vaughn, *The Puck Starts Here: The Origin of Canada's Great Winter Game: Ice Hockey* (Goose Lane Editions, Fredericton, 1996)
[27] B. Dowbiggin, *The Stick: A History, a Celebration, an Elegy* (MacFarlane Walter & Ross, Toronto, ON, 2001), pp. 27–37, 65
[28] R. Renger, Identifying the task requirements essential to the success of a professional ice hockey player: a scout's perspective. J. Teach. Phys. Educ. **13**, 180–195 (1994)
[29] G.W. Marino, Biomechanical investigations of performance characteristics of various types of ice hockey sticks, in *International Society of Biomechanics of Sports*, Konstanz, 1998, ed. by H.J. Riehle, M.M. Vieten (1998), pp. 184–187
[30] IIHF, *Official Rule Book -Section 2*, p. 222 (2010–2014), http://www.iihf.com/iihf-home/sport/iihf-rule-book.html
[31] NHL, *Official Rule Book -Section 3: Rule 10* (2010–2011), http://www.nhl.com/ice/page.htm?id=27011
[32] D. Coates, S.A. Fard, Returns to handedness in professional hockey, *International Association of Sport Economists (IASE); Working Paper Series*, pp. 11–21 (2011)
[33] J. Puterman, J. Schorer, J. Baker, Laterality differences in elite ice hockey: an investigation of shooting and catching orientations. J. Sports Sci. **28**, 1581–1593 (2010)
[34] P. Hove, M.A. Riley, K. Shockley, Perceiving affordances of hockey sticks by dynamic touch. Ecol. Psychol. **18**(3), 163–189 (2006)
[35] H. Pileggi et al., Snapshot: visualization to propel ice hockey analytics. IEEE Trans. Vis. Comput. Graph. **18**(12), 2819–2828 (2012)
[36] J.F. Alexander, J.B. Haddow, G.A. Schultz, Comparison of the ice hockey slap and wrist shots for speed and accuracy. Res. Q. **34**, 259–266 (1963)
[37] J.F. Alexander et al., Effect of strength development on speed of shooting of varsity ice hockey players. Res. Q. **35**, 101–106 (1964)
[38] B. Roy, R. Doré, Kinematics of the slap shot in ice hockey as executed by players of different

age classifications, in *5th International Congress on Biomechanics*, ed. by P. Komi (University Park Press, Baltimore, 1976), pp. 286 – 290
[39] E.G. Chau et al., *Mechanics of Hockey Injuries* (American Society of Mechanical Engineers, New York, 1973), pp. 143 – 154
[40] R. Doré, B. Roy, Influence de la Rigidité des Bâtons sur la Cinématique et la Cinétique des Tirs au Hockey sur Glace', Technical Report Ep 78-R-5, Montréal, Qc. Ecole Polytechnique De Montréal (1978)
[41] D.J. Pearsall et al., The influence of stick stiffness on the performance of ice hockey slap shots. Sports Eng. **2**, 3 – 11 (1999)
[42] T.-C. Wu et al., The performance of the ice hockey slap shot and wrist shots: the effects of stick construction and player skill. Sports Eng. **6**(1), 31 – 39 (2003)
[43] A. Villaseñor-Herrera, R.A. Turcotte, D.J. Pearsall, Recoil effect of the ice hockey stick during a slap shot. J. Appl. Biomech. **22**(3), 200 – 209 (2006)
[44] P.E. Fait et al., Increasing task complexity and ice hockey skills of youth athletes 1, 2. Percept. Motor Skills **112**(1), 29 – 43 (2011)
[45] K.V. Lomond, R.A. Turcotte, D.J. Pearsall, Blade position and orientation during an ice hockey slap shot. Sports Eng. **10**(2), 87 – 100 (2007)
[46] J.T. Worobets, J.C. Fairbairn, D.J. Stefanyshyn, The influence of shat stiffness on potential energy and puck speed during wrist and slap shots in ice hockey. Sports Eng. **9**(4), 191–200 (2006)
[47] L. Zane et al., Grip force measures during ice hockey slap and wrist shots, in *Canadian Society of Biomechanics Conference*, 6 – 9 June 2012
[48] R.L. Bigford, L.V. Smith, Experimental characterization of ice hockey pucks and sticks, in *Safety in Ice Hockey: 5th Volume*, ed. by R.M. Greenwald, A.B. Ashare (ASTM International, West Conshohocken, PA, 2009), pp. 186 – 197
[49] E. Simard et al., Static and dynamic characteristics of composite one-piece hockey sticks, in *XXIInd International Symposium on Biomechanics in Sports*, Faculty of Health Sciences University of Ottawa, Ottawa, ed. by M. Lamontagne, D.G.E. Robertson, H. Sveistrup (2004), pp. 515 – 518
[50] D. Russell, L. Hunt, Spring constants for hockey sticks. Dissertation, Kettering University, Flint, MI, 2009
[51] G.W. Marino, J. Cort, Matching the implement to the player: hockey stick research and development, in *International Society of Biomechanics of Sports,* Ottawa, 2004
[52] E.F. Hoerner, The dynamic role played by the ice hockey stick, in *Safety in Ice Hockey, ASTM STP1050*, ed. by C.R. Castaldi, E.F. Hoerner (ASTM International, Philadelphia, 1989), pp. 154 – 163
[53] M. McQueen, J. McPhee, Design of an ice hockey stick test machine (P178), in *The Engineering of Sport 7* (Springer, Paris, 2008), pp. 199 – 206
[54] A. Hannon et al., Dynamic strain profile of the ice hockey stick: comparisons of player calibre and stick shaft stiffness. Sports Eng. **14**(2 – 4), 57 – 65 (2011)
[55] H. Soroush et al., Modelling of the deflection of an ice hockey stick during a slapshot, in *Canadian Society of Biomechanics Conference*, 6 – 9 June 2012
[56] Y. Michaud-Paquette, D.J. Pearsall, R.A. Turcotte, Predictors of scoring accuracy: ice hockey wrist shot mechanics. Sports Eng. **11**, 75 – 84 (2009)
[57] Y. Michaud-Paquette et al., Whole-body predictors of wrist shot accuracy in ice hockey: a kinematic analysis. Sports Biomech. **10**(1), 12 – 21 (2011)

第10章

冰　　壶

前野纪和

冰壶是一种由两支队伍在冰道上进行比赛的冬季运动项目。每支队伍有四名队员，每人轮流将冰壶石(花岗岩材质)沿着冰道滑向“大本营”(在冰道上标识出来的圆形标靶区域)。每局结束时，以距离“大本营”中心点最近的冰壶石的数量计分。完成规定局数后，得分多的一方获胜，通常一场比赛有 10 局。

冰壶石通过投掷时的旋转而产生滑行的曲线路径或者“弧旋”。运动员掷出冰壶石后可以通过“擦扫”前方的冰道来改变其滑行路径，从而增加冰壶石的滑行距离并减小其弧度。从这个意义上来说，冰壶是一项独特的标靶类(target-based)运动项目，并且需要运动员运用各种战术和技巧来选择冰壶石的理想路径与落点。在全世界范围内各个冰壶俱乐部、学校和协会所编制的书、手册、教程[1-4]中提出了许多关于投壶、撞击、擦冰的技术以及比赛战术等方面的内容。

10.1　冰壶的起源和历史

冰壶的确切起源无从查证，但一块在苏格兰出土的冰壶石上面刻有“1511 年”的字样，这很明显证明了在 16 世纪初的苏格兰已经出现了冰壶运动。另一个证据是尼兰德画家老彼得·布吕赫尔(Pieter Bruegel the Edler)在 1565 年创作的两幅油画《雪中猎人》(*Hunters in the Snow*)和《冬季捕鸟陷阱风景》(*Winter Landscape with a Bird Trap*)。这两幅画描绘了当时的农民在冰冻的池塘上进行着类似冰壶的游戏。当时，苏格兰和欧洲低地国家之间有着强大的贸易和文化联系，因而可以说在寒冷的北欧国家冰壶运动是非常流行和普及的。在苏格兰，冰壶比赛的制度和规则得到了广泛的发展与完善。

到了 18 世纪，苏格兰移民把冰壶运动引入加拿大，之后在 19 世纪引入美国。冰壶运动在加拿大得到了进一步发展，到了 20 世纪，冰壶运动的装备和设施都已经标准化了。如今冰壶运动不仅在欧洲各国得到普及，还传播到了澳大利亚、中国、日本、韩国和新西兰，并且在 1998 年被正式列入冬奥会比赛项目。

10.2 冰 道

在《冰壶守则和竞赛规则》[5](*Rules of Curling and Rules of Competition*)中,冰壶项目的赛道明确定义为平坦的长方形冰面,其长度为 146～150 ft(44.50～45.72 m),宽度为 14 ft 6 in～16 ft 5 in(4.42～5.0 m)(见图 10.1 或图 10.2)。赛道两段各安装有一个踏板,作为起动投壶的脚部支撑,以及一个以颜色标记和区分的靶区"大本营"。"大本营"由 4 个同心圆组成,直径分别为 1 ft(0.31 m)、4 ft(1.22 m)、8 ft(2.44 m)和 12 ft(3.66 m)。踏板线到对面 T 线("大本营"中心点的横断线)的间距为 126 ft(38.41 m),前置线到对面 T 线的间距为 93 ft(28.35 m)。

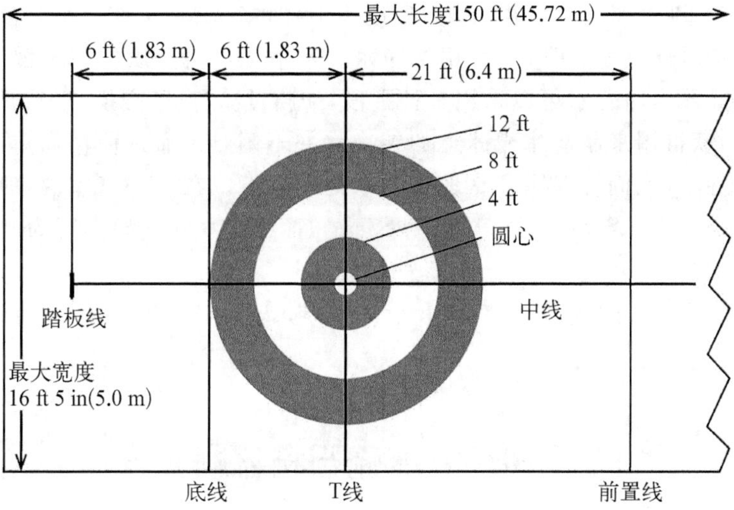

图 10.1 冰壶赛道示意图[5]

注:两个前置线的间距为 72 ft(21.94 m),两个 T 线的间距为 114 ft(34.74 m)。

赛道的冰通常是由在预设有管网的混凝土地面上冷冻多层薄水层制成的。用来冷却的传热流体(盐水)通过管道泵送以降低地面温度,从而使水层冻结。在表层供水使其凝结成几厘米厚的冰并重复操作。这种方法对于获得干净的冰面来说至关重要,因为在冷冻过程中逐层冰冻,有助于从冰层中去除水里的空气、灰尘以及其他外来杂质(如果有的话)。

冰壶比赛开始前,相关工作人员需要在平坦的冰面上喷洒水滴以准备赛道。水滴凝结成细小的冰凸点,称为"冰点"。冰点对于冰壶赛道来说非常重要,因为其可以使得冰壶石顺畅地滑行和产生弧旋。每条冰道上的冰点尺寸、形状、数量密度不尽相同,但其高度和直径

图 10.2　冰壶赛道照片

分别为 1～2 mm 和 3～10 mm，并且数量密度为 1～10 个/cm^2（1×10^4～1×10^5 个/ m^2）。

制备和维护冰道及冰点时，应使用纯净水。水中的任何杂质，如盐、酸、离子和灰尘，都会降低冰的品质。净化水可以采用多种手段，如膜过滤、离子交换、反渗透、蒸馏和去离子化等。因此，获得用来制造冰壶冰道的纯净水并不困难。通过使用简单的电导率测量仪测量水的电导率，人们可以很容易地检查水的纯净度。在 25 ℃（室温）时，普通自来水的电导率为 10～100 mS/m（100～1 000 μS/cm），而纯净水的电导率则为 0.01～1 mS/m（0.1～10 μS/cm）。

我们可以在《冰壶用冰说明》[6]（*Curling Ice Explained*）中找到有关冰壶冰道的详细技术信息。

10.3　冰壶石和冰刷

冰壶石是圆形的，并由花岗岩制成（见图 10.3）。它的尺寸在《冰壶守则和竞赛规则》[5]中有规定，即手柄和固定螺栓的总质量为 38～44 lb（17.24～19.96 kg），最大周长为 36 in（91.44 cm），最小高度为 4.5 in（11.43 cm）。它底部的中心处是凹形的，以至于冰壶石与冰面接触的部分仅仅是一圈环形带，称为“滑行环”（或滑行边），通常其直径为 0.13 m，宽度为 3～8 mm。

滑行环和冰道上的冰点之间的相互作用是冰壶的关键所在。结合冰的特性，滑行环特殊的形状会产生两个重要的影响。[7]其中一个影响是，冰点上所受的较大作用力会导致摩擦因数减小。由于滑行环的面积约为 20 cm^2，因此冰面上公称压力约为 0.1 MPa，但作用在冰点顶端上的实际压力（达到 0.4～8.1 MPa）要大很多，从而导致冰的摩擦因数降低。这就是

(a) 正面；(b) 底面及滑行环。

图 10.3　冰壶石的结构

冰壶石在冰道上滑行得如此平稳的原因。

另一个影响是冰点的机械变形和破裂，这是因为冰壶石所产生的压力相当于甚至大于冰的屈服应力或断裂应力，通常为几兆帕，并且与温度和应变速率相关。[8]因此可以说，冰壶石在冰上的滑行不是一个平滑摩擦的过程，而是包括平滑摩擦和机械磨损的复杂过程。

冰点产生磨损是由于作用于几平方厘米区域上的几兆帕的巨大压力或者几十千克的负载。冰点的变形、破碎以及在冰道上产生的细小冰碎屑是很常见的。

冰刷主要用来在滑动的冰壶石前面进行擦冰，以清洁和抛光冰面，也可以用于运动员在投掷冰壶时保持身体平衡的辅助工具。冰刷的种类很多，如玉米刷、马鬃刷以及各种合成纤维制成的刷子。

在冰壶石前面擦冰可以瞬间提升冰面的温度，从而使得冰壶石滑得更远、弧旋更少或者滑行路线更直。虽然被擦过的冰点顶端的表面温度是很难准确测量的，并且没有文献可供参考，但我们可以运用常规技术手段测量出，在实际冰面上强烈摩擦所产生的 1～2 ℃的升温。基于实验室的摩擦实验[9]表明，冰面下 2 mm 处的最大温度升高值大约为 0.8 ℃。

10.4　冰壶石的动力学

冰壶石在冰道上的运动是一种刚性物体的二维运动，所以其重心的运动可以用如下 3 个方程式来准确描述。

$$m\frac{\mathrm{d}v_x}{\mathrm{d}t}=F_x \tag{10.1}$$

$$m\frac{\mathrm{d}v_y}{\mathrm{d}t}=F_y \tag{10.2}$$

$$I\frac{\mathrm{d}\omega}{\mathrm{d}t}=rF \tag{10.3}$$

式中，m 和 I 分别为冰壶石的质量和惯性矩，$v(v_x, v_y)$ 和 ω 分别为平移速度和角速度，$F(F_x, F_y)$ 为冰点引起的摩擦力，r 为滑行环的半径。在冰壶比赛的速度范围内(通常小于 5 m/s)，空气阻力比冰的摩擦力小很多，因而可以忽略。冰的摩擦力 F 是所有与滑行环接触的冰点所产生的摩擦力的总和，如下式所示。

$$F=\sum_{q=1}^{J}F_q=\sum_{q=1}^{J}\mu_q f \tag{10.4}$$

式中，J 为冰点总数，F_q 为每个冰点的摩擦力，μ_q 为冰的摩擦因数，f 为施加于每个冰点上的法向力($f=mg/J$，g 为重力加速度)。

假设滑行环上的冰点按角度间距 $\delta=2\pi/J$ 的间隔排列(见图 10.4)，我们可以将滑行环和第 q 个冰点间的相对速度 u_q 写为下式：

$$u_q=[v_y^2+2r\omega v_y\cos\phi+(r\omega)^2]^{\frac{1}{2}} \tag{10.5}$$

式中，角度 $\phi=(q-1)\delta$。将 u_q 和 y 轴的角度写为 γ，总的摩擦力可分解为 x 轴和 y 轴的分量，如下式所示。

$$F_x=\sum_{q=1}^{J}F_{q,x}=\sum_{q=1}^{J}\mu_q f\sin\gamma \tag{10.6}$$

$$F_y=-\sum_{q=1}^{J}F_{q,y}=-\sum_{q=1}^{J}\mu_q f\cos\gamma \tag{10.7}$$

并且旋转扭矩为下式：

$$T=\sum(rF)=-\sum_{q=1}^{J}\mu_q fr\cos(\gamma-\phi) \tag{10.8}$$

因此，任意时刻的平移速度、角速度以及位置均可以通过式 10.1～10.3 计算出来，并且我们可以运用式 10.4～10.8 来详细描述摩擦力。

对式 10.6 进行一个简单计算可以得到 $F_x=0$。这说明没有有效的侧向力来使冰壶石在 x 方向上产生弧旋或滑行。依据图 10.4，我们可以更清楚地理解这个奇怪的现象。例如，对比在滑行环前部的冰点 q 以及与其沿 x 轴对称的位于滑行环后部的冰点 q' 之间的摩擦力的分量 F_x。它们大小相等、方向相反，因此相互抵消。我们发现在所有位于滑行环前部的冰点($q=1, \cdots, J/2$)以及与之对称的后部冰点($q=J/2+1, \cdots, J$)的组合均存在类

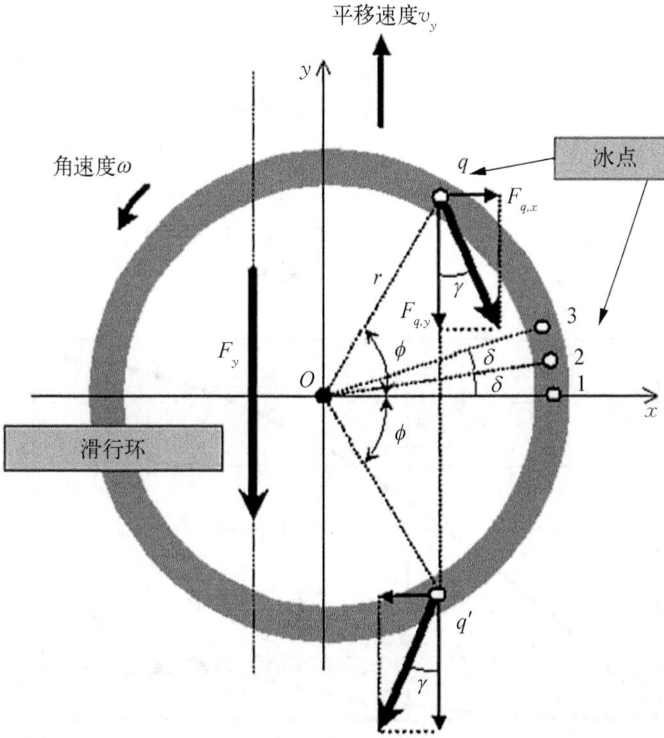

图 10.4 滑行环和摩擦力示意图①

似的相互抵消现象。事实上，冰点不可能完全对称，但可能存在的冰点位置偏差只会产生小于10%的变化，并不能产生足够的侧向力使得冰壶石产生弧旋。

对式 10.7 进行计算可得 F_y 为有限的摩擦力，其作用线平行于 y 轴，从而导致冰壶石的移动产生减速，但实际上 F_y 的作用线偏离重心(见图 10.4)，并且因为在较低速度时冰的摩擦因数较大，因此每个左侧冰点的摩擦力均大于右侧的摩擦力。不过摩擦力并不能使冰壶石产生弧旋，而只是以扭矩(式 10.3 和式 10.8 中)来影响冰壶石的螺旋或旋转运动。

综上所述，冰壶石的偏转并不能用简单的左右两侧的速度之差或左右两侧的摩擦力之差来解释。这就要求式 10.6 中的 F_x 为有限值，从而使滑行环后部的摩擦力大于前部，并以此来解释实际的偏转，即冰壶石顺时针旋转时会向右偏移，逆时针旋转时会向左偏移。我们将在下一节中讨论产生净侧向力的物理模型。

为了实用目的而不需要运用特定的物理机理来计算冰壶石的运动，前野[10, 11]引入了一

① 假设与滑行环接触的冰点是按 δ 角度间隔排列的。第 q 个冰点(角度为 ϕ)及其沿 x 轴的对称点(q')的摩擦力如图 10.4 所示，分解为 $F_{q,x}$ 和 $F_{q,y}$。F_y 是式 10.7 中表示的 y 轴方向上的总摩擦力，并需考虑到由于冰的摩擦因数随着相对速度的减少而增加使得左侧各冰点的摩擦力大于右侧。

个参数——摩擦放大倍数 A (≥1),定义如下。

$$\mu_{q,\mathrm{R}} = A\mu_{q,\mathrm{F}} \tag{10.9}$$

式中,$\mu_{q,\mathrm{R}}$ 和 $\mu_{q,\mathrm{F}}$ 分别表示滑行环后部和前部的摩擦因数。我们发现,当摩擦放大倍数 $A=5\sim20$ 时,可以得出在实际比赛中冰壶石的弧旋距离。图 10.5、图 10.6 和 10.7 为 $A=10$ 时以 2.0 m/s 的初始速度和 1.5 rad/s 的角速度从前置线处掷出的冰壶石的计算示例。该情况下,冰壶石在 28.3 m 处停下,且弧旋距离为 1.07 m。这清楚地表明在滑行路线的末段,冰壶石的弧旋距离增加得更快,这对应于其平移速度和角速度的快速下降。

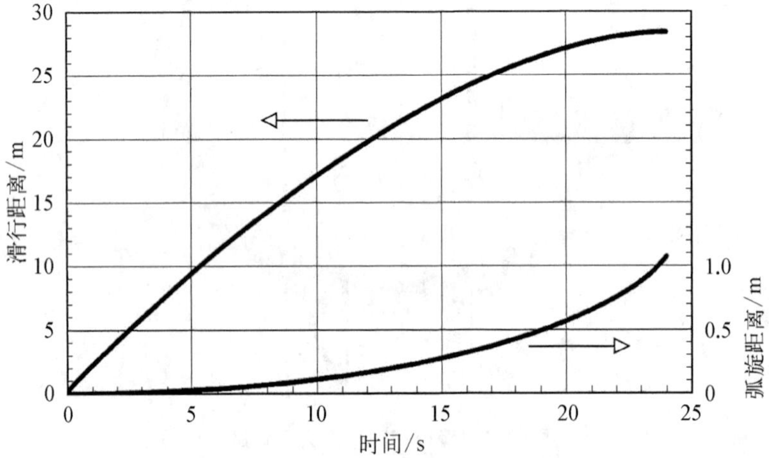

图 10.5 滑行距离和弧旋距离与时间的关系

注:初始平移速度为 2.0 m/s、角速度为 1.9 rad/s、冰点数量密度为 5×10^4 个/m²、冰的摩擦因数 $\mu=0.001\ 48\ u^{-1/2}$(u 的单位为 m/s)、摩擦放大倍数 $A=10$。

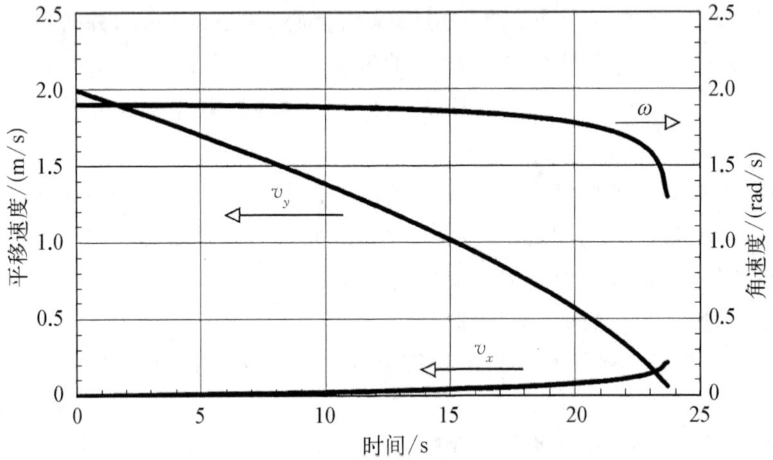

图 10.6 平移速度和角速度与时间的关系(相关参数同图 10.5)

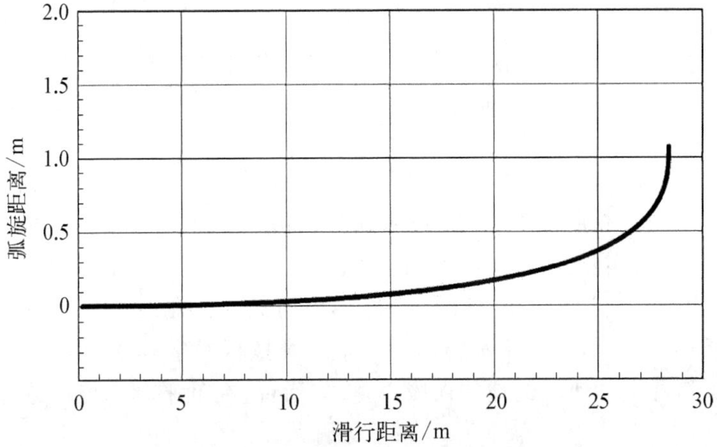

图 10.7　冰壶石的轨迹(相关参数同图 10.5)

应该指出的是,在上述计算中,冰的摩擦因数是随着相对速度 $u^{-1/2}$ 的变化而变化的。这两者的相关性也是在滑行末段冰壶石平移速度和角速度快速下降的原因。正如第 1 章所述,当滑行速度大于 1 cm/s 时,冰摩擦的物理机理是水的润滑作用。此时的摩擦力是由薄水层的黏性流动引起的,并且摩擦因数 μ 随相对速度 u 的变化而变化:当 $u>1$ cm/s 时,μ 与 $u^{-1/2}$ 相关;当 u 大于几米每秒时,μ 与 $u^{1/2}$ 相关。前者所述的关系适用于我们的冰壶比赛示例。

10.5　弧　旋　比

在冰壶运动的战术中,弧旋或侧向偏转的量是非常重要的因素,但大多数描述该属性的表达式都不是很清楚、明确。落点处的弧旋距离很容易测量出来,但测量数据并不令人满意,因为该参数会随着不同的停止距离、初始平移速度和角速度等因素的变化而变化,并且它是冰壶石整个滑行路线的总偏移值,因而无法给出冰壶石移动过程中具体的弧旋量。

前野[10, 11]提出了一个新的量——弧旋比 C 来精确描述冰壶石瞬时弧旋的量,定义如下。

$$C=\frac{\Delta x}{\Delta y} \tag{10.10}$$

式中,Δx 和 Δy 分别为一个短暂时间 Δt 内的弧旋距离和滑行距离。C 是任何瞬时下定义的量,并且如果我们知道某一短暂时间内所产生的摩擦力,就可以通过式 10.1 和式 10.2 得到弧旋比,如下式所示。

$$C=\frac{\dfrac{F_x\Delta t}{2m}}{v+\dfrac{F_y\Delta t}{2m}}=\frac{\dfrac{mF_x}{2F_y^2}\left(v+\sqrt{v^2+\dfrac{2F_yL}{m}}\right)^2}{L} \tag{10.11}$$

式中，L 为 Δt 时间内冰壶石的移动距离，即 $L=[v+F_y\Delta t/(2m)]\Delta t$。我们可以在任意平移速度和角速度下通过相应的 L 和 Δt 值来计算 C 值。用 L 值来估算 C 值的方法是更加方便的，因为我们可以将实际测量和经验进行对比。

图 10.8 为由式 10.6 和式 10.11 所计算得出的弧旋比曲线。其中的参数包括以下几项：冰点数量密度 $n=5\times10^4$ 个冰点 /m^2、冰的摩擦因数 $\mu=0.007u^{-1/2}$、$A=10$、$L=0.5$ m。弧旋比随着平移速度的增加而减小，换句话说，在低平移速度下冰壶石产生的弧旋更多。

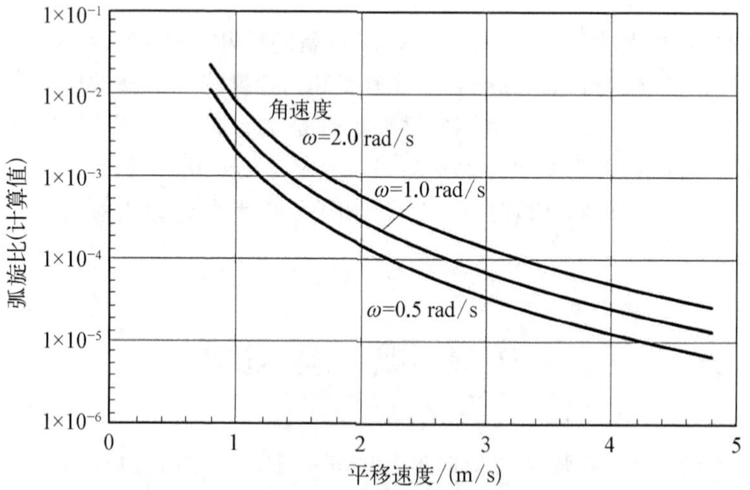

图 10.8 弧旋比计算值与平移速度的关系

计算结果还显示，弧旋比随着角速度的增加而增大，但由于计算中 A 简单地设为常数，因此这一结论并不完全可靠。A 很有可能随着角速度的降低而减小，并且随着冰点的数量密度和形态不同而发生变化。

后来，有研究人员实验测出在保持(−3.1±0.3) ℃的温度下的实际冰道上，运动员所投掷的冰壶石的弧旋比。[12]实验采用两个 CCD 摄像头从上方以 0.1 s 的间隔拍摄冰壶石的图像，并分析其重心和旋转角度的平移位置，精确度分别为 ±1.7 mm 和 ±0.008 2 rad (0.47°)。图 10.9 所示为在 $L=0.5$ m 处经过分析所得的弧旋比[13]，结果表明，平移速度较小时弧旋比较大。该实验结果与计算结果一致。

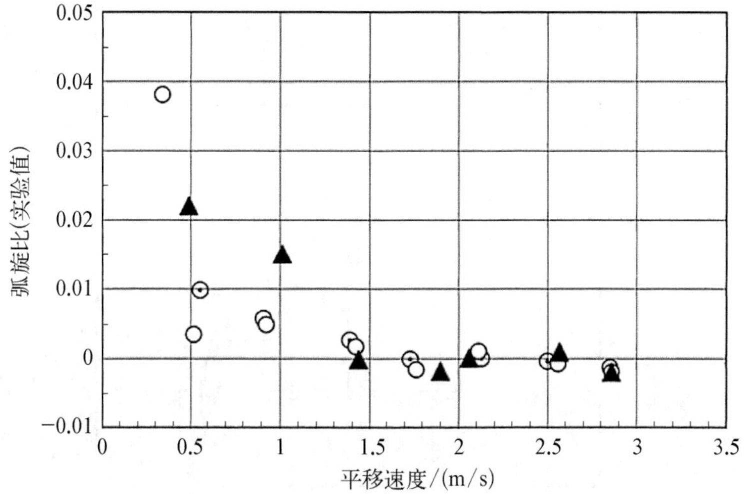

⊙为角速度 0～1 rad/s,○为角速度 1～2 rad/s,▲为角速度 2～3 rad/s。

图 10.9 弧旋比实验值与平移速度的关系[13]

10.6 擦 冰

为了讨论在复杂条件下冰壶石的运动过程,我们必须给出一个计算冰摩擦因数的通式,因为其随速度、温度和压力等条件的变化而变化。我们可用如下表达式[10, 11]表示。

$$\mu=\mu_0\left(\frac{p}{p_0}\right)^{-\frac{1}{4}}\left(\frac{T_m-T}{T_0}\right)\left(\frac{u}{u_0}\right)^{-\frac{1}{2}} \tag{10.12}$$

式中,μ_0、p_0、T_0 和 u_0 均为常数,T_m 为冰的熔点(273 K),p 和 T 分别为压力和温度。该式由理论和实验研究的结论推导而得[14-18],并且我们在第 1 章中对其进行了详细讨论。为了方便起见,我们设定 $p_0=0.1$ MPa、$T_0=5$ K、$u_0=1$ m/s,则 μ_0 为 $p=0.1$ MPa、$T=268$ K(−5 ℃)、$u=1$ m/s 时冰的摩擦因数。由式 10.12 可知,冰的摩擦因数随着压力的增加、温度的上升、速度的增大而减小,并对冰壶石的动力学有很大影响。

在冰壶石前面擦冰可以瞬间增加冰表面的温度,从而使得冰壶石滑得更远、弧旋更少或者滑行路线更直。[9, 19]这种众所周知的效果可以合理地理解为由温度升高而引起的摩擦因数和弧旋比的降低。图 10.10 显示的是以初始平移速度 2.0 m/s 和角速度 1.5 rad/s 投壶时擦冰对冰壶石滑行轨迹的影响。擦冰-1、擦冰-2、擦冰-3 比不擦冰在温度上分别相应地高了 0.5、1.0、1.5 ℃,其原因在于擦冰者用冰刷擦冰时施加了不同的速度、频率和压力。

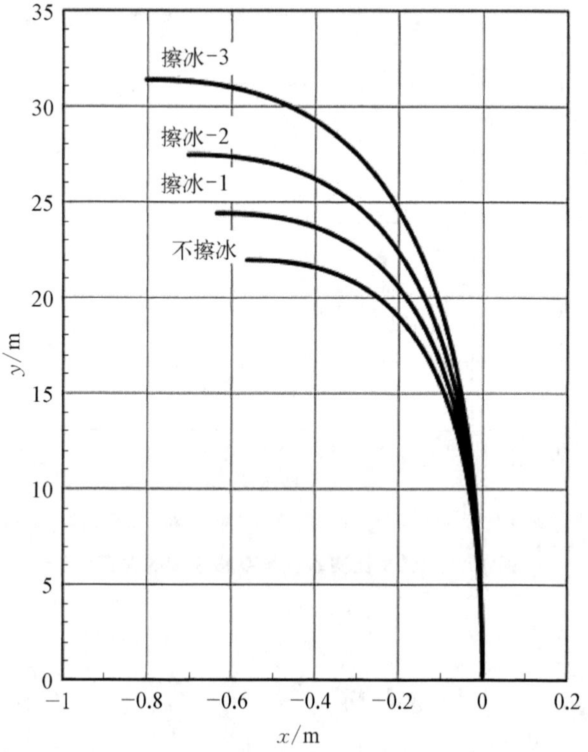

图 10.10 擦冰与否对轨迹的改变作用[10, 11]

注：初始平移速度为 2.0 m/s、角速度为 1.5 rad/s、冰点数量密度为 5×10^4 个/m^2 且 $A=10$。式 10.12 中的冰的摩擦因数为 $\mu_0=0.004$、$p/p_0=1$。不擦冰、擦冰-1、擦冰-2、擦冰-3 分别对应式 10.12 中的 $T_m-T=5.0$、4.5、4.0、3.5 K。

通过擦冰来增加滑行距离的效果显而易见，但擦冰对弧旋距离的影响还需要仔细评估，因为擦冰越用力，在落点处的弧旋距离越长。对擦冰正确的评估方法应该是在相同滑行距离时对比其弧旋距离。比如在 20 m 处，不擦冰的弧旋距离为 0.251 m，而擦冰-1、擦冰-2、擦冰-3 的弧旋距离分别减小到 0.178、0.140、0.109 m。

10.7 冰点数量密度

与滑行环接触的冰点数量很重要，因为它决定了作用于每个冰点上的压力。可以支撑一个标准冰壶石且不产生塑形变形或断裂的最少的冰点数量大约为 20 个，与之相应的冰点数量密度约为 1×10^4 个/m^2 或者 1 个/cm^2。冰点数量密度的最大值取决于冰点和滑行环的尺寸，如果假设冰点直径为 3 mm，并在标准尺寸的滑行环上以锯齿形方式将其紧密排列，则冰点数量的最大值大约为 280 个冰点，与之相应的冰点数量密度约为 1.4×10^5 个/m^2 或者 14 个/cm^2。从物理意义上来讲，这种估算意味着冰点数量密度变化范围为 1×10^4～1.4×10^5 个/m^2。

图 10.11 所示为在不同冰点数量密度的冰道上冰壶石的滑行路线。初始平移速度和角速度分别为 2.0 m/s 和 1.5 rad/s。由式 10.12 可计算出，在较大的冰点数量密度下，每个冰点上的压力较小，从而导致摩擦因数较大，产生的结果是冰壶石的滑行距离变短。如图 10.11 所示，滑行距离从冰点数量密度 $n=1\times10^4$ 个/m^2 时的 33.0 m，逐渐减小至 24.8 m（$n=3\times10^4$ 个/m^2 时）、19.5 m（$n=8\times10^4$ 个/m^2 时）以及 16.9 m（$n=1.4\times10^5$ 个/m^2 时）。而弧旋距离则会随着冰点数量密度的增加而增大。例如，在滑行距离为 15 m 时，弧旋距离分别增加到了 0.046 m（$n=1\times10^4$ 个/m^2 时）、0.074 m（$n=3\times10^4$ 个/m^2 时）、0.120 m（$n=8\times10^4$ 个/m^2 时）以及 0.177 m（$n=1.4\times10^5$ 个/m^2 时）。在制冰时改变冰点数量密度或者使用不同滑行环直径和宽度的冰壶石，都可以改变与冰壶石接触的冰点数量。

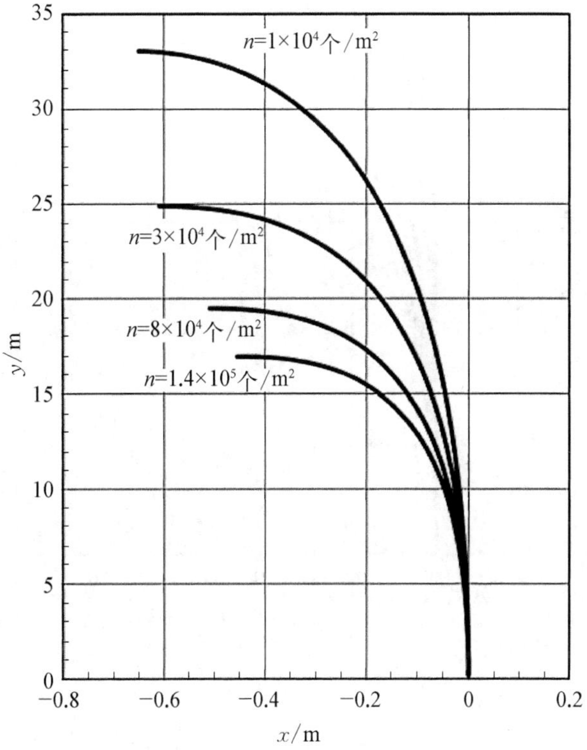

图 10.11 冰点数量密度对轨迹的改变作用[10, 11]

注：初始平移速度为 2.0 m/s、角速度为 1.5 rad/s 且 $A=10$。式 10.12 中的冰的摩擦因数 $\mu_0=0.004$、$(T_m-T)/T_0=1$。

10.8 冰道的水平度

我们来简要讨论一下冰道的水平度，这不仅对冰壶比赛非常重要，而且不像其他冰上运动，比如速度滑冰、花样滑冰和冰球等。到目前为止，我们已经讨论了仅仅受到摩擦力影响的冰壶石的运动过程，但在并不水平的冰道上我们还需要增加一个因素——重力。如果将冰道的倾角表示为 α，那么作用于冰面方向的重力分量为 $F_\alpha=mg\sin\alpha$。例如，当 $\alpha=0.000\,5$ rad(0.028 6°)时，其值为 0.1 N，此为通用气泡水准仪的灵敏度检测限。如果假设冰的摩擦因数为 0.001～0.01，那么摩擦力 $F_\mu=\mu mg=0.2$～1.9 N。显然，由于倾斜引起的

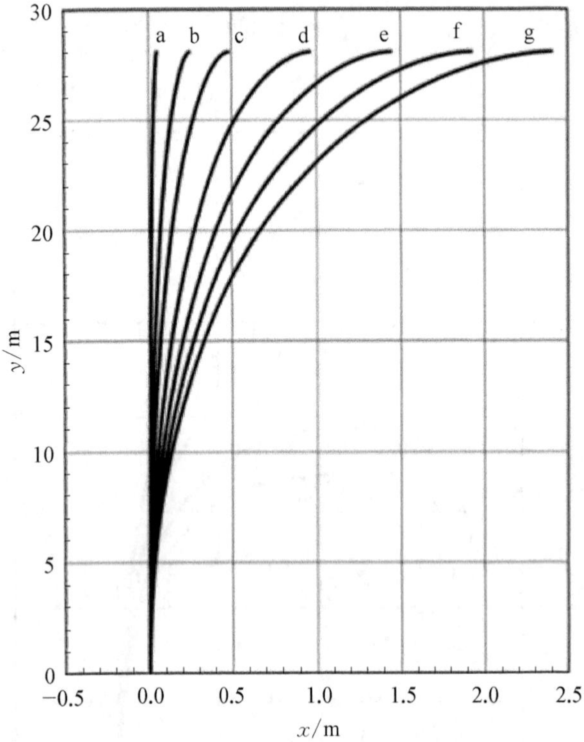

倾角分别为 a—0.000 01 rad(0.000 57°)；b—0.000 05 rad(0.002 86°)；c—0.000 1 rad(0.005 7°)；d—0.000 2 rad(0.011 6°)；e—0.000 3 rad(0.017 1°)；f—0.000 4 rad(0.022 9°)；g—0.000 5 rad(0.028 6°)。

图 10.12 冰壶在不同倾斜度的冰道上的轨迹变化

注：冰道的法线是沿 x 轴方向倾斜的。初始平移速度为 1.5 m/s，角速度为 0，冰的摩擦因数 $\mu=0.004u^{-1/2}$ 且 $A=1$。

重力对冰壶石运动的影响不能忽略。

图 10.12 所示为在沿 x 轴正方向不同倾斜度的冰道上不加旋转地投掷冰壶的计算轨迹。初始平移速度为 1.5 m/s，倾斜角变化范围为 0.000 01 rad（0.000 57°，a 轨迹）到 0.000 5 rad（0.028 6°，g 轨迹）。所有情况下的冰摩擦因数为 $0.004u^{-1/2}$，且落点位于 28 m 处。g 轨迹的倾斜角最大，为 0.000 5 rad 或者 0.5 mm/m，此为通用气泡水准仪的灵敏度检测限，在该冰道上冰壶的弧旋距离达 2.4 m，这绝对不适用于常规的冰壶比赛。

由于大多数建筑的地面可能倾斜得更严重，因此需要大量的技术和技巧才能在这些地面上制造出足够平整的冰道。《制冰手册》[6] 特意详细地解释了许多重要的经验和技术，比如注水、切削等，但似乎没有关于冰壶运动适用的最大倾斜角的明确定义或规则。

目前尚未明确冰道到底需要多少水平度，并且由于倾斜角太小，因此我们无法用商业测量仪器检测冰道。因此，制冰工程师不得不依赖于冰壶运动员反复投壶的实验和纠错以检查冰壶石的滑行距离和弧旋距离，才能制出尽可能平坦的冰道。图 10.12 中的轨迹 b 和轨迹 c 也许可以提供一些有用的提示，其中 b 轨迹的弧旋距离和倾斜角分别为 0.24 m 和 0.000 05 rad(0.002 86°)，c 轨迹的弧旋距离和倾斜角 0.48 m 和 0.000 1 rad(0.005 7°)。接近 b 轨迹和 c 轨迹的倾斜角可以看作符合标准的，但其相应的倾斜度为 0.25 mm/5 m 或者 0.05 mm/m，这也是无法轻易用经纬仪或其他激光仪器测量到的。

10.9 弧旋机理

如第 10.4 节所述，我们并不能简单地用速度或者摩擦力的左右不对称对冰壶石的侧移或弧旋加以解释。如果认同冰壶石的弧旋是由于滑行环后部的摩擦力大于前部，则由式

10.9引入摩擦放大倍数 A。然而，尽管有学者提出了如下几种模型，但产生摩擦力前后不对称的物理机理仍未很好地解释。[20]表10.1汇总了迄今为止研究者们所提出的各种机理。前文所述的左右不对称机理，包括哈灵顿(Harrington)[21]所做的关于冰壶机理的开创性工作并没有列在其中。

表10.1 弧旋的物理机理

研究者	模型和注释
麦考利(Macaulay)等[22]，沃克(Walker)[23]，约翰斯顿(Johnston)[24]	压差模型(pressure difference model)：假设滑行环前部的压力大于后部，则摩擦因数较小。但由于冰的摩擦因数仅随着压力减小而略微降低，因此摩擦力不但不减小反而增大。该模型无法正确地解释弧旋行为
谢格尔斯基(Shegelski)等[25]，谢格尔斯基[26]，简森(Jensen)等[27]	水层模型(water-layer model)：假设由摩擦生热所产生的水因冰壶石旋转而产生拖拽作用，从而减小了滑行环前部的摩擦因数。但这种体量的水是否存在还未证实，且其传输机理也不够明显
丹尼(Denny)[28]	雪犁模型(snowplow model)：假设由滑行环前部旋转并积聚的冰屑使摩擦因数减小。但实验结果并未显示冰屑碎片摩擦因数有所减小，且其传输机理也不明显
前野[7]	蒸发摩擦模型(evaporation-abrasion model)：假设由于冰点表面的蒸发产生的冷却作用使滑行环后部的摩擦因数增大，并且滑行环前部摩擦所产生的冰屑也使滑行环后部的阻力增加
尼伯格(Nyberg)等[29, 30]	划痕导向模型(scratch-guiding model)：假设由于滑行环前部的表面粗糙导致冰点表面产生划痕，从而对滑行环后部的粗糙表面产生了导向作用

麦考利等[22]以及沃克[23]提出，侧移的发生需要滑行环后部的摩擦力大于前部的摩擦力，并且由于减速作用滑行环前部的压力大于后部。约翰斯顿[24]认为，在桌上滑动玻璃杯的偏移机理也适用于冰壶石。一个空的倒置的玻璃杯在桌面上沿逆时针方向旋转并向前滑行，由于它具有前倾的倾向，因而会使前部的压力和摩擦力增加，所以它会向右偏移。就冰壶而言，他假设其前部会产生类似的压力增加现象，从而减小摩擦力 F_F，导致冰壶石产生与玻璃杯相反的偏移。

然而，约翰斯顿的压差模型无法解释冰上的冰壶石弧旋，因为从实验上和理论上均可以证实，冰的摩擦因数(μ)随着压力(p)减小的关系为 $\mu \propto p^{-1/3}$ [15]或者 $\mu \propto p^{-1/4}$[16]，因此摩擦力(F)随之增加的关系为 $F \propto \mu p \propto p^{2/3}$ 或者 $F \propto \mu p \propto p^{3/4}$。也就是说，如果滑行环前部的压力大于后部，摩擦力也一样，即 $F_F > F_R$，冰壶石将会产生与玻璃杯相同方向的弧旋。但就冰而言，压力增大会导致摩擦力增加和摩擦因数减小。

水层模型是由谢格尔斯基等[25]、谢格尔斯基[26]以及简森等[27]提出的。该模型假设由摩擦生热所产生的水层因冰壶石旋转而产生拖拽作用，并减小了滑行环前部的摩擦因数，导致摩擦力的关系为 $F_F < F_R$，从而使得冰壶石以正确方向产生弧旋。他们所假设的水看起来具有一定的量，但这样的水是否存在仍未在实验中得到证实。此外，滑行环前部的水传输的物理机理尚未得到清楚的解释。

在丹尼[28]提出的雪犁模型中，假设中等大小的冰屑在滑行环前部周围积聚，并且由于是冰与冰之间而不是冰与花岗岩之间的摩擦导致摩擦因数降低。然而，在测量冰与冰之间的摩擦因数时，这种摩擦因数的降低并没有观测到。[31, 32]此外，滑行环前部的冰屑积聚也没有观测到，并且其传输机理也没有得到确认。

前野[7]所提出的蒸发摩擦模型考虑了冰壶的两个特性，即滑行环和冰点的结构。由于滑行环的特殊结构，每个被滑行环前部摩擦的冰点都将在 10～100 ms 后与其后部接触。在如此短的时间内，冰点最顶部表面所产生的蒸发作用使得滑行环冷却且增加了其后部的摩擦因数。此外，冰点的特殊结构是摩擦产生的原因，同时也是超出冰的力学强度的高压而造成的冰点变形和破损的原因。由滑行环前部摩擦产生的冰屑会立即与其后部发生相互作用，并对其后部的滑行产生阻力。经计算，在 1～2 m/s 的滑行速度下，冰壶的温度会下降约 0.7～1 ℃，并导致摩擦因数增加 19%～26%。

鉴于摩擦过程所产生的冰屑会对滑行环后部产生如此大的阻力，运动员们可以通过擦冰来清除冰道上的冰屑和其他杂物，但无法避免滑行环前部产生的冰屑对其后部的影响。由此可知，滑行环前部摩擦而产生的冰屑也可能是形成阻力的最主要的原因，从而导致弧旋的产生，即使冰壶石不旋转，也会产生冰屑。这也可以用来解释投掷冰壶石时不加旋转而产生弧旋的事实，正如下一节所证明的那样。

尼伯格等[29, 30]也提出了划痕导向模型。该模型假设由于滑行环前部的表面粗糙使得冰点表面产生划痕，这些划痕随后对滑行环后部的粗糙表面形成了导向作用，从而产生了弧旋。这种形成划痕和导向的过程尚未系统阐述，同时在冰点上多方向重复刮擦的影响也必须予以考虑。

考虑到上述讨论以及高同系温度下冰的特性（见第 1 章），我们有理由认为冰壶石的弧旋是多种机理共同作用的结果，并且所有这些机理所产生的效果可以通过总的或者表观摩擦因数来反映和表达。这些机理的有效性只能通过实验加以验证，尽管通常这些实验很难进行。

10.10 弧旋距离的测量

最后，我们来讨论弧旋距离的测量。在第 10.5 节中，我们提过冰壶石瞬时弧旋的量可以通过一个物理的量来准确表达，即弧旋比，其定义为在短暂时间内弧旋距离和滑行距离的比值（见式 10.10）。我们可以通过某一瞬间冰壶石明确的平移速度和角速度，而得到其弧旋的量。然而在实际中,落点处的弧旋距离更有用,也就是冰壶从开始到停止时总的侧向偏移。

许多冰壶运动员认为弧旋距离对角速度很不敏感,但也有人认为弧旋距离随着角速度而增加甚至减小[1-4]。这种不确定性归因于大多数冰壶运动员仅凭肉眼和视觉来判断弧旋距离,并且我们没有足够的证据来支持上述设想,因为想要准确测量弧旋距离是很难的。我们只找到佩内尔(Penner)[20]以及简森等[27]发表的两篇论文所提出的关于弧旋距离的测量方法。这两种测量方法均将冰壶石以不同的初始角速度沿着冰道的中心线投掷,冰壶石最终停在"大本营"里,并对冰壶石的弧旋距离及其总旋转数进行了测量。我们将两篇论文中所获得的弧旋距离测量数值标示于图 10.13 中。数据的离散性很大,但总体关系清晰,即弧旋距离几乎随着总旋转数呈线性增加,当旋转数从 0 增加到 70 时,弧旋距离大致从 1 m 增加到 2 m,这与前述的第二种设想相符。在大多数冰壶比赛中,当旋转数较小(0～10 次)时,弧旋距离看起来几乎恒定在 1 m 左右,这又与第一种设想一致。但我们可以看到,弧旋距离并不是真正恒定的,而是分散在 0.2 到 1.3 m 的范围内的。

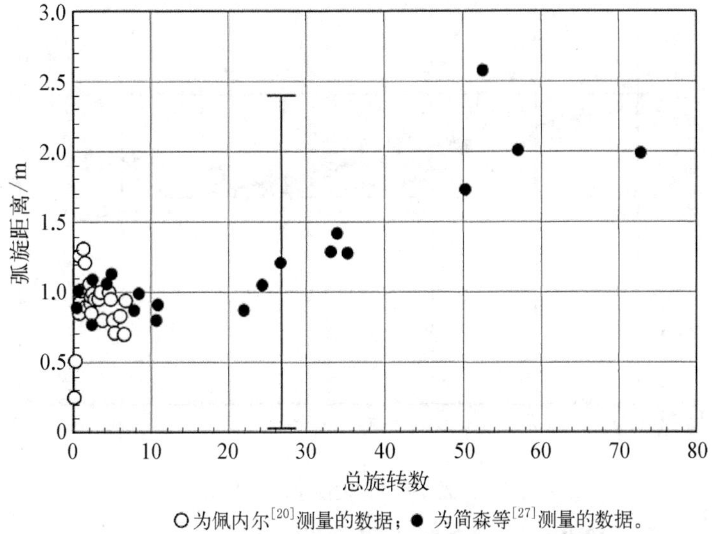

图 10.13 由佩内尔以及简森等测量的弧旋距离数值数据[27]

注:佩内尔和简森等仅测量了落点位于"大本营"内或附近的冰壶的弧旋距离,并未说明冰壶的初始平移速度、冰温度、冰点密度以及测量精度。图中垂直线段是测量弧旋距离的最大可能误差(±1.2 m),其由沿 y 轴的最大偏斜投射角度为 2.5°估算而得。

两篇论文中均未说明测量精度,但其会对测量数据产生严重影响。偏斜投射角度为投掷冰壶时冰壶与中线的小夹角,是引起测量弧旋距离误差的最困难和最重要的因素之一。简森等提出的冰壶的倾斜角小于 2.5°,但这个角度表明实验所测量的弧旋距离有很大误差,28 m×tan2.5°=±1.2 m,如图 10.13 中的误差条所示。考虑到存在较大误差,从图 10.13

中我们可以得出结论，弧旋距离显示出随总旋转数的增加而增加的总体趋势，当总旋转数为70转时，弧旋距离可达2 m；但在旋转数较小时，任何结论均不可靠，即我们没有第一种设想的依据。

我们还对弧旋距离进行了高精度测量，用两台高精度的摄像机记录了冰壶石的运动，并对每幅图进行了数字分析，以提供精确的平移速度、角速度、滑行距离和弧旋距离。另外，我们还将由各种来源造成的误差尽可能减小，且修正了偏斜投射角、滑行距离和弧旋距离。图10.14所示为服部(Hattori)等[33]发布的结果和更多细节。图中的数据点为冰壶石的弧旋距离，冰壶运动员以有限的平移速度和角速度投掷这些冰壶石，冰壶停在距离开始点的28.3 m处，我们对滑行中的旋转数也进行了类似的估算和修正。我们清楚地发现了两者的负相关性，即弧旋距离随着旋转数的增加几乎呈线性减小。该结果为冰壶运动员的第三种设想提供了实验性依据。但是，应该强调的是，只有这种高精度的测量才能检测到由旋转而产生的弧旋距离的微小变化。

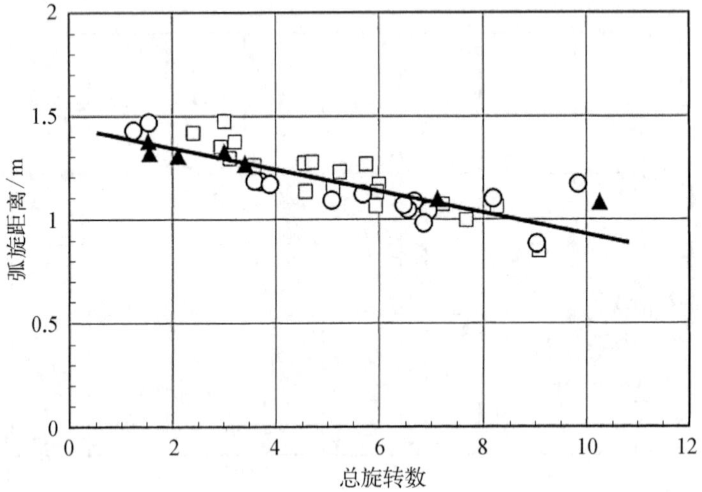

○、□、▲分别为不同的冰壶运动员。

图 10.14 高精度测量方法所得的弧旋距离数据

注：弧旋距离是当冰壶由起点滑行28.3 m后停止时的侧向偏移。总旋转数指滑行28.3 m过程中的旋转数。冰的表面温度为−2.9 ℃，冰点数量密度为$(4\sim6)\times10^4$个冰点/m^2。线性回归线为$D=1.46-0.052N$，式中D为弧旋距离(单位为m)，N为总旋转数。数据引自服部等的冰壶实验报告“201403”，该报告发表于2014年6月5日于札幌召开的第二届冰壶研讨会。

最后，我们可以总结迄今所获得的实验结果，当旋转数特别大时(20次及以上)，弧旋距离随着旋转数的增加而增大。但在大多数冰壶比赛中的旋转数较小，弧旋距离会随着旋转数的增加而慢慢减小。现在很清楚的一点是，当冰壶石以最小旋转数滑行时，弧旋度会随着旋转数的增加而减小。我们必须指出，这一结果指出了一个非常重要且令人困惑的问题，需要在今后的研究中加以解决。

参考文献

[1] W. Hansen, *Curling: The History, the Players, the Game* (Key Porter Books, Toronto, 1999)
[2] B. Weeks, *Curling for Dummies* (CDG Books Canada, Toronto, 2001), 342
[3] V. Pezer, *Smart Curling* (Fifth House, Calgary, 2007), 177
[4] R. Howard, *Curl to Win* (HarperCollins New York, 2010) 192
[5] World Curling Federation, *The Rules of Curling and Rules of Competition* (World Curling Federation, Perth, 2011)
[6] L. Öhman, J. Minnaar, *Curling Ice Explained* (World Curling Federation, Perth, 2004)
[7] N. Maeno, Curl mechanism of a curling stone on ice pebbles. Bull. Glaciol. Res. **28**, 1–6 (2010)
[8] V.F. Petrenko, R.W. Whitworth, *Physics of Ice* (Oxford University Press, Oxford, 1999), 373
[9] B.A. Marmo et al., Frictional heat generated by sweeping in curling and its effect on ice friction. Proc. Inst. Mech. Eng. L, J. Mater. Des. Appl. **220**(L4), 189–197 (2006)
[10] N. Maeno, Dynamics and curl ratio of a curling stone. Sports Eng. **75**(1), 33–41 (2014)
[11] N. Maeno, Erratum to: dynamics and curl ratio of a curling stone. Sports Eng. **75**(1), 43–44 (2014)
[12] T. Nittono et al., Experimental study of curling: measurements of curl ratio of a curling stone. Seppyo **75**(3), 137–146 (2013)
[13] T. Komagome et al., Motion analysis for curling stone, in *Proceedings of Symposium on Sports and Human Dynamics* **301**, 13– 34 (2013)
[14] P. Barnes, D. Tabor, J.C.F. Walker, The friction and creep of polycrystalline ice. Proc. R. Soc. Lond. **A324**, 280–298 (1971)
[15] D.C.B. Evans, J.F. Nye, K.J. Cheeseman, The kinetic friction of ice. Proc. R. Soc. Lond. **A347**, 493–512 (1976)
[16] P. Oksanen, J. Keinonen, The mechanism of friction of ice. Wear **78**, 315–324 (1982)
[17] M. Akkok, C.M.McC. Ettles, S.J. Calabrese, Parameters affecting the kinetic friction of ice. ASME J. Tribol. **109**, 127–155 (1987)
[18] N. Maeno, M. Arakawa, Adhesion shear theory of ice friction at low sliding velocities combined with ice sintering. J. Appl. Phys. **95**(1), 134–139 (2004)
[19] J.L. Bradley, The sport science of curling: a practical review. J. Sports Sci. Med. **8**, 495–500 (2009)
[20] A.R. Penner, The physics of sliding cylinders and curling rocks. Am. J. Phys. **69**(3), 332–339 (2001)
[21] E.L. Harrington, An experimental study of the motion of curling stones. Trans. R. Soc. Can. **III**, 247–259 (1924)
[22] W.H. Macaulay, G.E. Smith, Curling. Nature **125**(3150), 408–409 (1930)
[23] G. Walker, Mechanics of sport. Nature **140**(3544), 567–568 (1937)
[24] J.W. Johnston, The dynamics of a curling stone. Can. Aeronaut. Space J. **27**(2), 144–161 (1981)
[25] M.R.A. Shegelski, R. Niebergal, M.A. Walton, The motion of a curling rock. Can. J. Phys. **74**, 663–670 (1996)
[26] M.R.A. Shegelski, The motion of a curling rock: analytical approach. Can. J. Phys. **78**(9), 857–864 (2000)

[27] E.T. Jensen, M.R.A. Shegelski, The motion of curling rocks: experimental investigation and semi-phenomenological description. Can. J. Phys. **82**(10), 791 – 809 (2004)

[28] M. Denny, Curling rock dynamics: towards a realistic model. Can. J. Phys. **80**(9), 1005–1014 (2002)

[29] H. Nyberg et al., The asymmetrical friction mechanism that puts the curl in the curling stone. Wear **301**, 583 – 589 (2013)

[30] H. Nyberg, S. Hogmark, S. Jacobson, Calculated trajectories of curling stones sliding under asymmetrical friction: validation of published models. Tribol. Lett. **50**, 379 – 385 (2013)

[31] A. Yasutome, M. Arakawa, N. Maeno, Measurements of ice-ice friction coefficients. Seppyo **61**(6), 437 – 443 (1999)

[32] N. Maeno et al., Ice-ice friction measurements, and water lubrication and adhesion-shear mechanisms. Can. J. Phys. **81**, 241 – 249 (2003)

[33] K. Hattori et al., High-precision measurement of curl distance by digital image analysis, in *Proceedings of Symposium on Sport and Human Dynamics*, **B-33**, 14 – 40, (2014)

第 11 章

我们为什么会输？面向冬季运动项目体育科学的综合研究

达里奥·达拉·维多瓦

生命短暂，艺术苦长，机会稍纵即逝，经验难以信赖，判断更是难上加难。

——希波克拉底

2014 年，索契冬奥会女子速降项目的领奖台很可能会在冬奥会历史上留名。[1] 在罗萨库特(Rosa Khutor)滑道上，经过大约 100 s 的比赛后，多米尼克·吉辛(Dominique Gisin)、蒂娜·梅兹(Tina Maze)和劳拉·古特(Lara Gut)仅以 0.1 s 之差到达终点线。虽然这次比赛的赛道长度超过 2 700 m，而且运动员中途还要做多次转身跳跃的动作，但最终第一名和第三名的成绩差距小于 3 m，即 1%左右。更不寻常的是，前两名运动员恰好在同一时间达到终点，这是冬奥会雪上项目历史上第一次出现并列冠军。同样的比赛成绩，通常精确到 0.01 s，是由年龄、国籍、人体特征、技术装备甚至比赛号码各不相同的运动员获得的。在冬季体育运动甚至奥运会的不同项目中，这已经不是第一次产生类似的结果了。即使没有这些特殊的情况，在现代体育运动中，顶尖运动员之间的差异也是微乎其微的。甚至像 2010 年温哥华冬奥会中 50 km 越野滑雪这样的长距离比赛，也常常需要用照片来判断最终的比赛成绩，因为登上领奖台的运动员的成绩通常只差 0.01 s 或几厘米。因而，运动员、教练员、训练师、研究人员、工程师以及相关从业人员会问：这些条件之间有什么区别？运动员的成绩有可能提高吗？[2, 3]

在体育运动中技术的作用几乎是不可替代的，许多研究人员分析了技术的发展对奥运会比赛的影响。[4-7] 人们想知道利用技术手段来提高运动员的成绩是否合乎道德，是否存在某种情况可以使用新型的“技术性兴奋剂”①。[8, 9] 然而，科学的进步是不会停止的，只要有挑战，人就会努力提高自己。因此，我们应当尽力去理解如下问题：在不断变化的环境中，使用不同技术和不同装备的运动员在比赛中几乎同时到达终点时，为什么总有一个人率先完

① 历史上曾出现过一些人为地提高机体效能的方法，任何分析手段都不能证明它是兴奋剂，因而称为“技术性兴奋剂”，比如“抽血回输法”“肌肉电刺激法”等。摘自：陈章豪. 关于“技术性兴奋剂”的问题[J]. 体育科技资料(社会科学Ⅱ辑)，1976(Z2)：131－132.——译者

成比赛？我们应该用什么样的概念框架(conceptual framework)来理解在如此复杂的世界里究竟发生了什么？[10]是否有可能建立比赛最终成绩与体育科学研究的变量之间的因果关系？[11]考虑到个人表现和外部环境的可变性，我们应该对比赛结果进行哪些类型的分析？高水平运动员的成绩到底需要提高多少，他才有合理的概率获得更好的比赛成绩？[12]

运动员和滑雪者的感觉理应比任何可用的传感器都更准确，但他们的感觉并不容易客观化、概括化或进行转换。对于那些将实验室所测量的运动器材的力学性能与不同使用者的主观判断进行关联的尝试来说，其本身就包含了多方面的影响因素。[13-20]例如，对于相同的滑雪板来说，不同的使用者会根据自身感觉、坡度类型或雪温的不同而做出不同的反馈。[21]人们应该如何为了某一次滑雪活动选择滑雪板的长度、侧切参数以及板面或相应的滑雪蜡？如何事先考虑到当滑雪板和冰刀在比赛中"失去"一部分立刃或抓地力时会发生什么？运动员在冰上跳跃或急转弯时会发生什么？冬季体育运动中运动员的平衡感和姿势以及它们与工程中典型问题之间的关系是不容忽视的。[22]此外，滑雪板、滑雪靴、头盔和运动服装也会影响运动员的反馈，在某种程度上这些装备也会决定运动员的最终成绩和技术评估能力。[23-30]需要多少数据才能真正地理解一个现象发生的原因？人们总是倾向于看到自己想看到的东西，所以不可避免地会产生一些偏见。正常情况下，研究人员可能会为了支持某个假设而去查看数据，即使这些数据只能勉强支持该假设。如果可用的测试数据寥寥无几，我们就可能无法找到这些数据的规律。[31-34]如果是这样，我们应该用什么方法来进行分析呢？[35]

这些问题看似简单，却很难给出简单的答案，有时甚至无法找到特别的解决方案。[36, 37]仅依靠秒表往往太"简陋"了，以致我们无法弄清赛道上究竟发生了什么，也无法找出造成差异的原因。[38]为了弄清楚运动员究竟是如何获胜的，我们可能需要利用更加复杂、精细的工具对比赛过程进行分析。

重复性是其他研究者重现一项发现的能力，它也是科学研究的黄金标准。但在冬季体育运动中，生物性和环境变量使它变得非常困难。针对重复性研究的实验效果通常很不明显，只有在理想的情况下才有可能重现，并且还需要高度专业化的技术。在某些情况下，研究结果可能会不太真实，比如：当某一领域的研究规模较小时，当效应量(effect size)较小时，当被测关系的数量较多而其预选参数较少时，当在设计、定义、结果和分析模式上有更大的灵活性时，当有经济利益或偏见时。在冬季体育运动的研究中亦是如此。科学家们一直在努力分析和解决这些问题。[39, 40]

在设计和执行那些体育研究测试时，研究人员必须处理的另一个重要问题是如何将内部效度(validity)和外部效度进行匹配。[41]内部效度是指对所涉及变量的控制和测量，外部效度是指与比赛条件尽可能相似的测试条件，包括高水平运动员的可用性。尤其是在冬季体育运动中，这两个要求是很难匹配的。在实验室测试中，当运动员佩戴一个沉重的植入式数据记录仪时，我们可以获得非常准确的数据，但这与真实的比赛条件相去甚远。如果对实际比赛进行分析，我们就可以看到真实的现象，但无法测量所有决定最终结果的变量。即使在规则允许的情况下，运动员在比赛时也很难戴上测量仪器。另外，我们也很难找到各方面情况相同的高水平运动员群体去进行可靠性测试，因此较难获得良好的数据以进行统计分析。

最后，冬季体育运动的比赛环境是影响最终成绩的重要因素。[42]在某些情况下，现代技术能够实现在可控、可重复的测试设置中模拟各种技术变量，就像在风洞或有舵雪橇模拟器中的测试那样。对于运动员的安全地、可承受地和有选择性地控制不同参数以将噪声的影响降至最低等方面来说，这些方法具有一定的优势。但是，在运动中要模拟出超过一定精度的真实效果，重现任何影响运动成绩的现象是不可能的。[43]

仅为了解运动中应用生物力学的操作难度，在某领域领先的科学期刊全年发表的所有原创研究中，涉及生物力学的测试平均数量仅为 4 次，其中 50％的研究是关于一次测试的分析，而且受测者几乎都是男性。[37,44,45]通常想要记录整个赛程的数据非常困难，因此研究人员要将整个赛程进行分段分析，而这样做又存在丢失重要细节的风险。在有舵雪橇、滑雪双板或滑雪单板以及跳台滑雪的下滑过程中，每个分段的成绩也与前一个分段的成绩有关。因此，单独对一个或多个分段进行分析可能不足以解释最终的结果。[46,47]

冬季运动项目体育工程学的研究方法通常是分析型方法，即简化方法和力学方法。运动员-装备系统划分成较小的子模块，这些子模块相互独立，易于表征和优化。同样的方法经常用于量化人的运动[48-50]，或分析不同的任务，比如管理、问题解决和运动表现[51-55]。在此过程中，假设在给定水平上发现的特性（改进）在更高水平上仍然有效，那么我们可以将系统中不同部分所获得的不同效果叠加起来。敏感性研究通过数值模型来评估单个变量的权重。[56,57]几何形状、行为、材料、结构、建造工艺、摩擦学、空气动力学、蜡的化学组成、雪橇、滑雪板、滑雪靴、冰刀、套装、头盔、有舵雪橇或钢架雪车的车架等变量都已经广泛地研究过了，并涉及工程学的所有分支，包括力学、空气动力学，以及空间、化学、材料、医学、电子、数值和计算。借用生物医学的术语来说，在实验室测试、计算机模拟和现场测试中，我们也可以进行体外、生物模拟甚至体内的实验。

正如本书所述，这种方法在提高性能和开发工具方面已经取得了优异的效果并将继续探索前进。[4-6]有时规则会被修改，以限制技术上的“恶化”，并设法保护运动员的安全，防止其受伤。[5]

此外，从事冬季体育运动研究的人们知道，对技术装备的特性和功效进行测试，以便于将其改装得更轻、更硬（变化程度甚至达到 1％），这相对来说较为容易。更重要的是，关于这种干预（对装备的改装）在比赛中是否会带来收益（或损失），人们的理解各不相同。在不同情况下，我们很难确定装备的力学性能和几何结构与不同运动员的感知能力之间存在着怎样的相互关系。同时，我们也无法保证可以得到明确的结果。[17]

要取得最高水平的运动成绩是极其复杂的，因为在不同水平上的各种不同变量对最终成绩都有影响，这些因素往往超出了我们的控制能力和预测能力。因此，冬季体育运动研究人员必须面对三个不同但严格联系在一起的学科——物理学、环境科学和生物学，并且需要最大限度地进行简化处理。对运动装备本身进行分析已经不太容易，再考虑与它们相关联的另外两个因素就更难了——装备的上面是运动员的腿部，装备下面是雪或冰。[13, 58]

这些物理问题极其复杂和困难。写出复杂的微分方程组很容易，但要简化方程并找到系数，使得方程有助于接近实际情况，这就困难多了。在顶级体育比赛中，有一些例子能够证明纯粹的物理解决方案比通常在比赛中使用的解决方案更有效，但是运动员却不太适应。[59]

这表明我们必须考虑生物学，或者说所有的东西都必须对人类适用。像所有的生命系统一样，它们需要我们用足够多的工具来建模和分析。[41, 53, 60-63] 此外，并不是所有的人类特征都可以作为变量直接测量的，有时候我们只能将其理解为假设的多因素概念。[64] 这种概念的例子之一是"技术"：它是什么？它是如何定义的？如何对它进行分析和判断？它的关键变量是什么？[35, 65] 这项技术是独特的，还是其他等效的技术也是可行的？

通常我们会采用"性能指标"来进行评价[34]，但反过来，它们必须参考理论模型，并且我们一直都在怀疑这些模型本身的合适程度，或者在选择变量和简化实际情况时是否丢失了重要的东西。

最后，还有环境问题。即使是室内滑冰场或冰壶赛道，也有一些自身的变量与冰和空气的情况息息相关。此外，环境也是户外冬季运动项目的基础。

那么，在这种情况下，对如此复杂的运动表现进行建模和模拟是否可行？

冬季体育工程师必须考虑到这些因素，其中单个因素的研究不能与其他因素分开。因此，工程师应该在一个多元化的团队中工作，从而能够提供综合的而又差异化的答案。这个团队应该由工程师、生物力学家、医生、心理学家、营养师、训练师、装备人员和所有体育运动所需的其他专业人员共同组成，并且与运动员和教练一起工作。工程师应始终具有运动员-装备系统的全局视野。

我们想要控制发生的事，计算、模拟一切情况，理解赢得比赛的条件，预测变化的影响：但这些往往并不太可能实现。那么，当运动员和教练问我们时，我们该如何回答"我们为什么会输"这一问题呢？

11.1 物理学和模型

理论就是当你知道一切但却无从着手；实践就是当所有事情都运转正常，但没人知道为什么。最后，理论和实践是相辅相成的：没有什么是有效的，也没有人知道为什么。

——阿尔伯特·爱因斯坦

冬季体育运动的物理学是复杂的。许多比赛是在三维空间中的高速、高作用力负载下进行的。整个运动员-装备系统往往处于非线性瞬时状态，在很短的时间内产生很大的力，作用于非常奇怪的、不均匀的、变化的、易变形的雪或冰的表面上。尽管科学界做出了相当大的努力并取得了一定的进展，但仍然很难将滑行过程中接触区域发生的情况作为不同速度和垂直负载的函数进行建模。[66-70] 此外，力是在微小的表面上传递的，通过力学性能各异的刀刃或滑雪板会产生巨大的压力。反之，运动员在很短的时间内可以通过感受器接收这些信息，经由中枢神经系统进行处理，再通过复杂的反馈和控制，对外界环境做出适当的动态反应。[22, 71]

结合各个运动项目的技术特点和代谢需求，不同的比赛会在不同海拔高度上举行，特别是耐力赛，这对运动员的生理学和表现具有相当大的现实意义。[42, 52, 72]

空气动力学在许多冬季项目中起着至关重要的作用，它是造成整个系统阻力的主要原因。对运动员的运动姿势、服饰和内衣、滑雪靴和滑雪板、头盔和护目镜以及各种附件（包括安全附件）进行风洞测试和计算流体动力学（CFD）研究，是很有必要的。在测试时，为了寻找重复性和有效性，我们通常会让运动员保持固定的姿势以模拟比赛条件，并补偿不同的雷诺数和空气特性，有时还会使用装配仪器的假人模型来避免产生微小的姿势变化，以免影响测试结果。然而，很少有系统是在平稳的条件下运行的，因为这几乎不是线性的。测试时，运动员会使用各种定制并相互组合的配件。单独针对不同部件的空气动力学特性进行分析和优化，或是简单地将它们加在一起，这往往非常困难。当雷诺数和空气速度发生变化时，C_{drag} 系数并不能够保持恒定，研究人员有时很难对其绝对值进行量化。[73, 74]

人体不是一个刚性体，运动员是根据技术、肌肉硬度、负载和速度等因素采用不同的方式做出相应的动作。[75-78] 男性和女性之间、不同个体之间都有着不同的体型、体格和人体特征。空气动力学数据经过处理，在运动员之间是可以转移的，因此他们通常需要进行定制化的研究和优化。这只适用于顶级运动员。

有舵雪橇、钢架雪车和无舵雪橇在滑道（最大宽度为 140 cm）上以及较宽泛的速度范围内滑行。在 CFD 模拟和风洞测试中，滑道的侧壁和地面对雪橇的阻力与升力有明显的影响。在下滑过程中，运动员-装备系统很少处于滑道的中心并保持直线。在测试时，我们必须考虑全体运动员的配置、舵手头盔的几何形状、刹车手的背部姿势等因素，同时运动员必须在起动时有效地推动雪橇并跳入其中。因而，雪橇的外壳必然是这些因素折中的结果，在现实中外壳周围的三维空气动力场往往是不对称和不稳定的，雪橇的实际情况也会比在实验室或计算机上重现的情形复杂得多。[79-82]

运动装备制造商和大学的实验室的研究人员需要研究滑雪板的形状、动态行为和制造工艺，以及钢材、冰刀、衬板、滑雪靴和固定器的冶金特性与摩擦学性能。[83, 84]

想要获得最佳成绩，就需要对相应的必要条件和充分条件进行分析。就有舵雪橇项目而言，必要条件是运动员起动时的推力和滑行时的操控技巧。它们是必要条件，但不是充分条件，因为经验和文献表明，没有良好的开端是不可能获胜的，但对于排在前 10～15 位的比赛队伍来说，并不存在由于冰面温度或比赛顺序所导致的起动时间之间的差异。[38, 46, 85, 86] 因此，一次有力的起动是获胜的必要条件，但不是充分条件。就装备而言，（宏观）必要条件是力学和空气动力学特性（如滑行性、刚度、操纵性和低阻力）。如果没有合适的装备和正确的人员配置，即使是最好的运动员也不能获胜。为了尽量减少所有阻力和耗散，科研人员从空气动力学、人体工程学、材料和化学的角度进行了很多相关的科学研究，本书也介绍了很多这些方面的内容。

对于敏感性研究来说，我们常常会使用复杂的模型，编写微分方程系统来表示所涉及的复杂现象。这种方法非常强大，因为在适当的假设下对现实和环境进行简化和建模，使得参数分析可以根据最终成绩对每个变量进行加权，从而节省时间和资源。[57]在现实中，有时某些变量是无法分离的，某些参数值也不能是极端的，否则系统可能会变得不稳定甚至会出现危险。功能强大的计算机可以执行数百万次的计算，因而最优化的研究方法可以为有待探索的研究领域提供最大的便利。我们可以利用现场测试的数据和比赛的最终结果来实现这些数学模型，使它们尽可能地向更逼真的结果收敛。[87, 88]

如今，已经有很多非常成熟的仿真软件可以用来研究车辆的动态行为。首先，我们将轮胎、悬挂、抓地力、底盘、力学和空气动力学、发动机功率、驱动器等参数的特性统统输入软件，便可以模拟、研究和优化汽车的不同负载条件以及使用情况；接着，对转弯、速度、负载、瞬态、驾驶方式、轮胎和地形等参数进行测量与模拟，便可以开发出越来越精细、复杂的工具，从而设计出性能更好、更环保、更安全的汽车。另外，通过运用运动学、动力学和弹性定律，我们能够以复杂的方式来控制不同的系统，从而对轮胎与地面的接触进行优化。为了改进和纠正这些模型，我们可以在标准化的条件下进行大量的测试，从而提供可重复的数据。

对于冬季体育运动来说，这些模型还不够完善。有舵雪橇除了其框架和壳体为刚性体之外，它还有独特的悬挂系统，并且它的质量与车上运动员的体质量相当[87, 88]，通常运动员-装备系统的质量约为 100 kg，其中人的体质量占 80%～90%。因此，在研究滑雪双板、滑雪单板和冰刀的力学性能时，我们必须考虑到装备的各个部分以及运动员的惯性、姿势、肌肉、运动学、动力学和动作控制特性。[89, 90]

想要对系统的刚度、自由度和动力响应进行管理与解释，这并不容易。有时候，特别是对于有经验和适应能力更强的运动员来说，想要达到 100%的技术创新利用率也非常困难。

现实情况往往更为复杂。有时候仅仅从几个变量上进行推测，有的研究者便认为它们之间是相互独立或直接相关的，从而对最终成绩的影响进行简单的相加，这样做甚至在方法论上都不正确。[91]运动员、雪、冰、环境和装备等都很难进行超出一定精度的模拟，这主要是因为系统是生物性的，并且其自由度很大、动力响应不能完全定义或模拟、高度敏感、持续疲劳、会自适应外部环境，同时外部环境也在不断变化。[48, 92]

研究跳台滑雪时，我们不能只是单独地研究出发速度与跳跃距离之间的相关性。只对这两个单独的变量进行推论是不符合实际的，同时仅利用基于弹道规律的仿真模型进行模拟也会存在一些问题。因此，我们还必须考虑其他因素，比如起跳和飞行阶段、运动员水平、运动员的跳跃技术和力量发挥、山地类型和学习条件（相对于比赛条件的训练条件）[78, 93]。甚至不同的飞行阶段对最终结果的影响也不尽相同。

我们在研究运动员转弯时滑雪板与雪之间的作用力时，应该先选择使用模型。[58, 94, 95]

不同的雪况需要不同的模型[96-99]，系数值也取决于接触面、湿度和温度[100]。包裹在雪中的空气可以对滑雪板有提升作用。[101]同样，当偏摆、横向分量、高垂直负载、滑行速度、振动和温度这些参数发生变化时，我们也很难进行评估。[38,102]

能量分析为速降项目提供了强有力的方法。在速降中，重力加速度是主要的推动因素。我们可以或多或少地编写简化方程来描述运动规律，并推测耗散力、效率、速度、轨迹和分段时间。[74]由于通常很难获得所有滑行情况的准确数据，因此我们需要对坡道进行离散化处理或分段化选择。然而，如果不知道上一分段发生了什么，也不考虑下一分段的情况，我们就不可能研究出在一系列转弯中究竟发生了什么。因此，我们不能仅通过分析一系列孤立的分段来预测运动员的成绩。[74, 103]同时，系统的复杂性意味着没有一个通用的成绩预测模式可以单独解释两次测试之间的时间差。[37]在高水平比赛中，即使速度最快的运动员在各分段中的成绩相差可能高达 10%，但不同运动员最终的总成绩之间的差异往往不超过几分之一秒，这说明模型难以模拟出个人水平和技术特征。[104]因此，这些情况都表明我们的研究还有很大的改进空间。

由于所有这些变量之间都存在相互作用，所以这会导致更多问题的产生。运动员-装备系统的质量及其分布、形状、姿势、滑行、操纵、空气动力学等因素都不是相互独立的。

最后，生态系统科学中出现了一些认识论上的考虑，特别是在关于生命、地球和大气科学的重大而长期的辩论中[105]，这些考虑对冬季体育运动研究非常有用，因为许多问题、工具和模型在处理开放与复杂的系统时存在很多相似之处。

我们所说的数据是带有推理意味的自然现象的能指(signifier)，我们对这些数据的使用是不完全的和离散的。针对变量的选择、观察和测量，通常来自数据集或一般定律(归纳、推断和假设)。变量并不都是在同一水平上进行工作的，不同水平之间的相互关系并不总是清晰的，因为还可能存在尺度效应和非加性(non-additive)特性。因变量的分布是系统中众所周知的方面，而自变量的分布是最不为人所知的。实验结果和模型结果并不总是唯一的，不同的模型也可能得到相似的结果，我们永远不能确切地知道并正确地考虑到所有真实的现象。模型可以通过观测值和预测值之间的一致性来加以证明确认，但这种确认本身也是片面的。从逻辑上来说，由于可能存在推断结果的谬误和对现象的不完全了解，完全确认是不可能的。模型的数据可以在观测值和预测值之间显示出很好的一致性，但是对模型的确认却总是存在一些固有的偏差。我们也可以建立另一个模型来证实这种偏差或错觉。因此，模型只能以相对的方式进行评价，其预测值一直存在争议。模型的主要价值在于其具有启发作用。[106-109]

我们到底需要多少数据才能确定所观察到的现象是否真实存在？我们所处理的到底是随机序列，还是观测者所寻找的规律性偏差？诺贝尔奖就曾涉及这些话题，说明这些问题并不是小事，也不是体育领域独有的！[31, 32, 110, 111]

另一个主要问题是将一般定律实际应用于单个情况。如果我们所讨论的定律有很好的科学性，那么条件概率有时也可以通过广泛的科学实验而得到。除非在非同寻常的情况下，否则我们将无法从这种科学实验中了解到单个事件有关问题的另一面，从而做出必要的判断。[112，113]在本书的不同章节中，我们介绍了许多应用于各种运动项目的冬季体育运动科学的模型验证和实际应用的例子。

11.2 环境和变量

当数学原理用于现实时，它们是不确定的；当它们确定时，又不适用于现实。

——阿尔伯特·爱因斯坦

与休谟（Hume）和波普尔（Popper）等所有伟大的归纳哲学家一样，现代统计学之父费希尔（Fisher）是一位怀疑论者，但他也是一位建设性的哲学家。对费希尔来说，不确定性和错误是不可避免的，但是“被严格规定的不确定性”为我们理解这个世界提供了坚实的基础。[114]这种理解是暂时性的，随时可能被纠正或被改变，但它是我们获得可靠经验知识的唯一工具。例如，在费希尔提出新的理论和方法之前，人们评价不同类型小麦性质的标准实验方法很简单，即通过控制所有会影响结果的因素，尽可能使种植小麦的土地变得均匀。由于假定所有其他变量都是常数，因此所有最终收获的多样性结果只能与人们所用的种子的类型相关联。在评估体育运动方面的任何变化的影响时，我们也要这样做，即假设我们已知所有其他变量在测试期间没有变化或者对它所作用的对象不产生影响。我们也应尽最大的努力去中和或阻止这些变量。长期以来，科研人员对影响运动成绩的两大环境因素（风速和海拔高度）进行了很多研究。[115-117]

但是，这在冬季体育运动中很难做到。无论是天然的或人造的、热的或冷的、湿表面上的或干表面上的、阳光下的或阴影里的、经过化学处理的或机器处理的雪和冰，都会在比赛中改变它们的状态。甚至在室内项目（如速度滑冰）中，环境因素也很重要，冰的质量或多或少地取决于去矿物质水（软化水），但也取决于空调系统，如果空间人数拥挤、空气潮湿且循环不正常，冰面就会结霜，从而增加摩擦力。[118，119]在有舵雪橇、钢架雪车、无舵雪橇或滑冰比赛中，人们需要用液态水和适当的工具来定期养护冰。参与这些项目的运动员知道，他们能达到的完赛时间与冰面和冰刀的温度有很大关联。[38，120]想要使得有舵雪橇赛道的冰一直保持相同的标准是不可能的，因为参赛运动员的通过会破坏它。人们在 50 km 越野比赛中所使用的雪也是这样，它的状况会随着季节、日照以及全天候的变化而变化。在测试过程中，温度和风发生变化也是很正常的。[38，99]

然而，目前还没有一个专门的系统能够客观地评估和衡量赛道的状态和任何影响成绩的环境变量而无视运动员、舵手和装备等因素。因此，我们无法控制环境变化的所有来源。我们如何才能确保假设的因果关系是正确的？获胜者通常能更好地“阅读”环境，并更快地适应环境。[78]因此，有时候受损的赛道也许会成为一种优势，这对某些运动员或装备来说并不奇怪，因为在一定的温度和湿度范围内，某些滑雪板、滑雪蜡或冰刀可以更好地工作。

对于生物变量，我们可以使用随机化、控制组和所谓的双盲程序来进行研究。但是，这些工具很少应用于冬季运动的体育工程学和生物力学。我们往往因为高水平运动员太少而无法随机创建对照组。我们如何用滑雪板做双盲或安慰剂测试？运动员、教练和研究人员总是知道要测试什么，他们会有期望和成见（也许是无意识的），他们也无法控制所有的边界变量。现场测试是非常困难的，因为通常能做的测试和分析很少，有时甚至只能有一次。[44, 45, 121]另外，测试仪器也并非总能充分地工作，由于它们的品质、技术问题或所需的后处理时间，所以并非所有采集的数据都能使用。

上述问题的解决办法之一是归纳法，即把情况颠倒过来。就像循证医学一样，归纳法是指将系统研究所获得的最佳外部证据与个人专长结合起来进行分析和决策。这需要大量的数据和强大的统计工具。在运动医学中，这种方法常用于寻找与肌肉拉伸、体检可靠性、损伤预防和治疗相关的答案。[122]

在研究冬季体育运动时，我们可以从比赛数据（如在网络上广泛存在的越野滑雪、有舵雪橇、无舵雪橇、钢架雪车、滑冰等比赛的分段时间和完赛时间）出发，并通过强大的统计分析，尽力推断出一些与最佳运动成绩有关的通用规律。回归分析是应用最广泛的技术之一，回归类型取决于研究的变量。如果因变量是连续的、无界的，并且是以区间或比值尺度（如滑行时）进行测量的，则我们可以用适当的简单线性回归方法或多元线性回归方法进行验证。[38, 41, 46, 123]在这些模型中，我们可以用适当的系数将几个自变量进行加权，并把它们加在一起，然后将其插入一个方程组中来预测因变量。假设其他变量保持不变，则我们可以用加法（线性）模型对不同变量进行分离，并对单一影响进行分析。这些模型之所以称为混合模型，是因为它们包含了固定效应和随机效应，可以是分层的或多级的，也可以对残差（观测值与预测值之间的差异）进行评估和调整。[124]线性混合模型是研究冬季体育运动科学中典型问题的有效工具。与所有其他工具一样，我们必须始终意识到它们的潜力和局限性。[125]

在冬季体育运动中，这些分析技术分别用于不同类型的研究，如越野滑雪这类的耐力项目研究，或者钢架雪车这类的速降项目研究，或者诸如“主场优势”这类的模棱两可的现象研究。[126]对于研究人员来说，如果想要对测试中所有可能的变量来源加以限制，这类信息也许会非常有趣。

有研究人员以各个比赛项目前十名的运动员作为研究对象，对近年来在冬奥会、世锦赛、世界杯的不同赛道上举行的比赛（无论是用传统式还是自由式技术、短距离还是长距离）进行了分析，该项研究共涉及了 500 余名运动员。[42]在研究中，雪的类型、比赛海拔和不同距离是固定影响因素。无论是不同滑雪者在不同比赛中，还是同一滑雪者在不同比赛中，比赛时间以及在不同的季节中，比赛时间都是可变影响因素。这项研究的主要结果表明，由于地面引起的差异很大（4%～10%），其中可能包括雪的类型和海拔（2%）的影响。在对越野滑雪的环境参数进行标准化调整后，研究人员发现速度与平均力量密切相关，结果显示前十名运动员的成绩具有显著的稳定性，并且女性运动员的成绩变化略大于男性运动员。其他关于耐力性夏季运动的研究也有类似的发现。[127]除了排名前十的运动员以外，其他所有运动员的成绩可预测性都比较高。[42]

另有研究人员对近年来在冬奥会、世界杯上10余条不同赛道的钢架雪车比赛前20名的男性运动员和女性运动员的起跑时间、分段时间和完赛时间进行了分析。运动员和教练员根据赛道类型和操控难度对赛道进行分类。赛道、季节、主场优势、第一轮或第二轮比赛的顺序为固定影响因素。运动员的技术水平、在相同季节和不同季节的成绩差异、相同赛道上第一轮和第二轮平均完赛时间的差异等,这些为可变影响因素。他们分别对第1～10名和第11～20名的男性运动员和女性运动员进行了分析。研究结果表明,顶尖运动员的成绩变化较小,因而顶尖运动员的排名可预测性较低。此外,对于最好的运动员来说,由于在难度较大的赛道上失误的次数较多,因而他们的成绩也会有较大的变化。女性运动员存在"主场优势",但男性运动员没有。对比预赛第一轮和预赛第二轮的成绩可知,赛道上冰的软化和赛道品质下降对运动员成绩产生的潜在影响较慢;预赛第一轮的时间比预赛第二轮的时间有更大的差异性,因为在比赛日运动员不会进行训练滑行。完赛时间与起动时间的相关性较低,仅在男子项目中与赛道的滑行难度有关。在不同赛道上某些分段的分段时间与相应的完赛时间相关性较高,而其他分段仅与赛道难度相关性较高。比赛结果在很大程度上是不可预测的。[86,128]另外,还有许多其他方法和统计分析工具[12,41,44,45,60,61,63,129,130]在运动、生物力学和身体活动中均有应用。

还有研究人员针对1908年至1998年举办的20届冬奥会的比赛项目——除了花样滑冰、自由式滑雪等这些具有主观和审美判断的项目以外——进行了分析,结果发现跳台滑雪、高山滑雪和短道速滑等项目均存在主场优势。与人们普遍认可的"对赛道的认知非常有用"的观念相反,北欧两项、滑雪、有舵雪橇、钢架雪车、无舵雪橇、现代冬季两项和速滑等项目也有微弱优势(如果有的话)。[123,131]也有其他研究人员发现速滑的影响很小。[132]钢架雪车对男性运动员没有影响,只对女性运动员有影响,这可能是因为女性的平均技术水平较低。[86]

最后,必须记住在越野滑雪、速滑、短道速滑或冬季两项等大型比赛中,最终的比赛结果也取决于对手的表现。所以,参赛的其他运动员也是重要的外部环境因素。

11.3 生物学

科学处处都符合正态分布曲线,但对于专业运动员来说,并不总是符合这种曲线的形状,因为我们面对的不是普通人群,而是(正态分布曲线上的)异常值。所以金牌得主通常是异于常人的。

——T. B. 史密斯,《世界划船杂志》,2010年12月

在1988年长野冬奥会上,挪威越野滑雪冠军比约恩·埃伦德·代赫利(Bjørn Erlend Dæhlie)赢得了10 km、50 km越野赛和4×10 km接力赛的三枚金牌和15 km追逐赛的一枚银牌,甚至比奥利·埃纳尔·比约达伦(Ole Einar Bjoerndalen)在2014年索契冬奥会上

所获得的奖牌数量还要多。但令人惊讶的是，在 30 km 越野赛中他只排在第 20 位，这发生了什么？[133] 比赛日志中记载了当时比赛前下过一场大雪，而且他用错了蜡。考虑到在那届奥运赛事上同一名运动员在其他比赛项目上所获得的优异成绩，对比约恩·埃伦德·代赫利在 30 km 比赛项目上的失手，我们可以给出这个简单而合理的答案——他用错了滑板蜡。现在让我们从另一个角度来看这个故事，赢得那场比赛的米利拉·米卡（Myllyla Mika）有没有可能只是因为选对了滑板蜡？当我们研究复杂的系统和现象时，我们所能理解的东西和我们从现有的数据得出的推论之间存在着很强的信息不对称性。[108, 125, 134] 显然，想要获胜是有必要条件的，但完全不同的是如何确定获胜的充分条件。

在现代体育运动中，如果没有最好的可用装备，或没有对装备进行定制和调整，那么任何运动员都无法脱颖而出。然而，要明白获胜者是如何首先到达终点的并不容易。生物学与物理学的不同之处在于其定律不那么严格。[135] 进化产生生命体和亚生命体，所以生物学规律总有些例外。生物学和物理学往往通过难以理解的相互作用和追溯过程，以一种非常复杂的非线性的方式紧密联系在一起。运动是由人类进行的，开放的系统不断地与外界环境交换能量和物质，从而使得人们一直在从未达到化学、物理和热力学平衡的情况下寻找动态平衡。[136]

运动员的人体特征和生物力学特征各不相同，他们的技术动作高度优化并且他们能够自我适应，他们的训练也是定制的，因为他们所使用的装备和特定的运动技术与他们融为一体，就像裁缝定制的衣服那样合身。

此外，人体有很多自由度，会充分考虑到自身肌体可执行的运动任务。运动和引起运动的神经冲动之间的关系是极其复杂的，而不是单一的。由于考虑到一块肌肉对另一块肌肉的力学作用以及系统的转动惯量变为可变项，肢体在肌肉影响下在重力场中运动的基本方程变得极其复杂。[137]

人类系统进化而来的差异性可以适应各种不同的情况。我们可以用脚走路、跑步、跳跃、滑冰、滑雪、爬山或游泳，更不用说我们能用手做什么了。在研究运动员的运动时，我们获得了一些变量来源，包括以下几点：影响成绩可重复性的生物变量；肌肉骨骼系统以及作用于系统的外力和力矩会不断发生变化，从而阻碍技术动作的精确再现；影响实验结果的生物测量误差。[137, 138]

人体骨骼肌在运动中可以起到兴奋剂和抑制剂的作用，这意味着运动员不止有一种方法可以完成特定的动作，因而也不可能总是能够确定单一的运动模式。自 20 世纪初以来，有一些研究人员提出运动等量理论[139]，即功能相同的不同运动模式可以达到相似的运动效果。因此，运动本身更多地依赖于外力，而不是身体控制。[137] 我们试图用很少的离散数据来理解如此复杂的行为，就像使用运动学数据或肌电图那样，永远没有绝对的把握可以“捕捉”到这种现象。事实上，运动控制科学家必然局限于对运动输出的观察，从中推断出相关的潜在过程，因为他们不可能在实验中单独分离出所有不同的子系统并对其进行研究。[140] 因此，研究的最终结果就像冰山一角——只有水面上的冰是可见的，而绝大部分冰隐藏在水面下。

在冬季体育运动的研究领域中，有一类非常有趣的研究与人体平衡和运动器材有关，这一点在许多研究中得到了证实，这些研究包括高水平运动员的动态平衡[141]、运动损伤的预防[142-144]、振动控制、疲劳和性能[99, 145-148]，还有关于平衡手链的争议[149-151]。

长期以来，运动控制科学家一直在研究人的静态平衡和动态平衡，即在考虑运动、身体各部分的相互姿势、反作用力系统等因素的情况下，身体保持重心在支撑基础内投影并尽量减少摇摆的能力。平衡不是由单一的感官来调节的，而是由视觉、听觉、触觉、味觉和嗅觉综合调控的。一组器官和系统必须在力学和生物学方面的高度协同作用下进行工作。[62]因此，我们需要外部体系（外部感觉）和内部体系（本体感觉）的相关信息。本体感觉在感知和控制人体步态方面的作用至关重要，但同时也很难分析甚至概念化。[152]

为了保持平衡，人的体感、前庭和视觉器官必须协调一致。体感系统是神经系统的一部分，它通过触觉和动觉子系统提供来自皮肤的信息，并且接收和处理有关身体各部分相对姿势和运动的信息。感知这些刺激的感受器位于肌肉、肌腱和关节中，这些感受器可以分析皮肤中机械受体所受到的振动、温度、疼痛和压力等刺激。这是本体感受信息的关键来源[153]，对人体平衡非常重要[23, 154]。

通过触摸、识别身体姿势和表现力量来识别物体的复杂过程称为触觉感知。吉布森[155]（Gibson）将触觉定义为个体对其身体周围世界的敏感性，强调触觉感知与身体运动之间的关系。对于冬季体育运动来说，触觉的研究方法已经在单板滑雪中得到了实际应用。[71, 154]

因此，那些贴在皮肤或紧身衣上用于挤压腿部的胶带，可能会改变运动员的平衡感、本体感觉和感知，这并不奇怪。[24, 27, 156]紧身衣对感觉的影响是生物系统复杂性的典型例子，它们可以减少静脉系统的横截面积，改善血流动力学，降低心肺和神经代谢压力，激活触觉机械刺激感受器，减弱肌肉振荡，增加感官和本体感受的反馈，这些因素都与人体在滑雪板上保持平衡的能力密切相关。[25, 30]在腿下部施加 20～40 mmHg① 的压力，可以使运动员在滑雪时保持较低的抱膝姿势，从而对空气动力学产生积极影响，增加肌肉活动，减少振荡运动，而不会对最大自发等长肌力产生负面影响，降低感知的疲劳程度，并且潜在地提高运动员的滑雪成绩。[30, 157]技术装备的所有要素在本体感觉和姿势方面都起着重要作用，需要进行针对性适应。没穿定制滑雪靴的高水平滑雪者在进行特定测试时也会处于不利位置。[26, 158]

伯恩斯坦（Bernstein）意识到运动控制是不连续的、离散的，因为大脑将感觉坐标转换成运动坐标需要时间，以便提供适当的反应。一般来说，肌肉参考系不止一个维度，所以转换问题有很多解决方案，研究人员自然也开发了一些策略来简化神经计算。其中，一种解决方案是连续地、离散地读取大量信息。神经学家利纳斯（Llinás）[159]提出，人们在思考时的频率为 40 Hz，在移动时的频率为 10 Hz。也就是说，人类的大脑处理数据的基本时间约为 25 ms，而运动控制的基本操作大约需要 100 ms。不同的感受器会以不同的方式获取和传输信息，每个感官系统都在最佳的频率范围内工作，并与其他系统相结合，以确保必要的品

① 1 mmHg（毫米汞柱）＝133.322 4 Pa（帕）。

质和时间。[160]

这些信息对于冬季运动技术装备的研究具有重要意义，包括运动员的反馈、所需的操控和精度、较硬或较软的冰雪会发生的情况、其他运动员对赛道的损坏、振动引起的疲劳和应力等。对垂直负载的控制是高山滑雪和单板滑雪技术动作最重要的特点之一，运动员由于受到高加速度、重力以及从地面传递过来的惯性力振荡作用，因此必须小心地过门和转弯。

减震和滑行能力是运动员的重要素质。它们与一些变量如技术、姿势、力的峰值、功率、平衡、材料、雪型、速度和振动频率有关。在运动员的腿部，被动振动会激活大量某些特定肌肉群中的具有高活性的运动神经元[161]，从而导致运动员出现过早疲劳[27, 162]。

将滑雪者置于振动平台上进行的研究表明，整个系统的减震能力既表现为与姿势相关的个体内差异，也表现为与运动员水平相关的个体间差异。不同水平滑雪者之间的差异会放大到一定的频率和振幅阈值以上。研究表明，这种能力既与运动员通过有节奏的肌肉收缩实现高频率主动减震的能力有关，也与其更有效地调节肌肉肌腱系统的刚度有关。[147]

触觉感受器和本体感受器只能提供不同身体部位之间的内部运动数据，以及施加在皮肤上的力和压强的数据。这对于实现复杂的运动来说是不够的，因为大脑必须知道头部和身体在空间中的绝对运动。为此，运动员需要前庭感受器和视觉的辅助。迷路器官(labyrinth)其实是一种惯性传感器，它像三轴加速度计那样工作，不需要任何外部锚固。迷路由半规管定义的 3 个平面构成一个局部欧几里得(Euclidean)参考系。但迷路作为一种生物传感器，有时也会无法正常工作，例如，受到热刺激或压力补偿时[163-165]就会发生这种情况。这对于参加冬季体育运动测试的运动员来说可能非常有意义，因为运动员应该注意戴头盔时不能堵塞耳朵，同时，头盔还应该为运动员提供足够的低温保护。

就像加速度计一样，惯性传感器给出的信息模棱两可：它们与头的局部参考系有关，无法区分惯性加速度和重力加速度，容易受到漂移的影响，可能会给人以错觉。这些不确定性通过视觉和听觉信息的整合得到了解决。

视觉是至关重要的。[160, 166-169]在冬季体育运动中，能见度、光线和阴影会迅速变化，从而影响运动员的平衡。

运动时产生的声音有助于运动员获得额外的感官反馈。由于动作与相应的声音之间存在密切的关系，因此声学分析在生物力学和工程学中都得到了广泛的应用。运动员、教练和工程师将雪橇产生的噪声与力学特性联系起来，滑雪板发出的沙沙声包含了许多关于材料质量、雪的类型、基于运动的力与时间关系曲线等信息。声学信息可以帮助我们理解非常复杂的运动参数。[47, 170]

迷路、眼睛和耳朵都位于头部，因此具有“特殊的平衡”。有大量的针对动物和人类的研究证实了头部运动稳定的重要性。候鸟会利用身体和颈部尽可能地保持身体匀速运动，运动员在跑步或跳跃时也会尽量达到相同的效果。[22, 171-173]

我们感兴趣的另一个关键性问题是平衡、热身和技术执行。由于专业运动员所进行的运动依赖于非常精细的运动技术，因此他们通常在比赛前要训练相当长的时间。为什么要这样做？是仅仅为了热身肌肉、肌腱和韧带，还是运动员的感觉运动神经网络需要不断重新校准？假设人的感觉运动系统具有高噪声等级和高学习速率的特点，这两个特性的结合能够使系统不断地重新校准，以执行良好的动作任务。运动员的技术水平越高，这一点就越重要。[174]那么，问题来了：当一个运动员已经很难控制自己的内在平衡时，我们还能相信他给出的感觉反馈吗？

更为常见的是，运动员在执行动作时没有足够的时间来获取和处理所有的必要信息，因此，预先准备的复杂战术便开始发挥作用。

由于存在其他与生物学机制有关的变量，因此它们难以被理解和被研究。例如，体温、心率、关节的灵活性和刚度、肌肉力量、爆发力、与昼夜变化相关的疲劳感以及长途飞行后的时差恢复等方面。[175, 176]每个人运动的内在变量，以及在不同的水平上，不同的运动员获得如此相似的最终成绩的可能性，都非常好地反映了生物学和控制论所谓的不确定性。[177]在封闭系统中的最终状态只能由初始条件和工作定律所决定，与之相反，在开放系统中不同的初始条件可以以不同的方式达到相同的状态，这是一条原则。

非线性控制和复杂的现象是存在的，动态系统中每一个时刻的状态都会对连续的瞬态产生影响。因此，我们通常需要放弃归纳法而专注于个人，顶级运动员会提供最好的反馈，以便提高自身的训练水平、技术能力，实现损伤预防以及规避限制他们成绩的个人因素。

当我们试图管理与生物多样性相关的复杂性时，重要的是要知道，通常顶级运动员成绩的变化差异较少，而且男性运动员的成绩比女性运动员的成绩更稳定。[12, 42, 46, 86]

工程师、神经生理学家贝索斯(Berthoz)及其同事对人体工程学和生物学进行了卓越的综合研究。贝索斯提出，我们没有直接测量自身运动速度的仪器。因此，我们对运动的感知是极其复杂的现象，也是我们的外部系统和内部系统之间相互作用的结果，这些系统的几何形状和自由度各不相同。贝索斯等在对五种传统感官进行研究后认为，必须加上另一种感觉——“运动感”。[22]

11.4 冬季体育工程师能做什么？

认清自己的无知总是明智的。

——查尔斯·罗伯特·达尔文，《人类和动物的表情》

在这个世界中，力学、流体动力学、化学、环境和生物过程发生相互作用的方式是复杂的、非线性的，这些变量通常受到部分外部因素的控制，而不是简单地相加在一起，因而测试并不总是可重复的，方法往往是复杂的。那么，冬季体育工程师能做什么呢？他如何能自信地捕捉到真正的原因和影响因素？[37]这个问题的关键是寻找到装备的技术特性、个体功能方面和最终成绩之间的因果关系。

在体育研究中，考虑到运动员成绩的提高、运动防护和市场等因素，人们在很大程度上会将装备（如鞋类）的客观力学特性与运动员的主观感知品质联系起来。[21, 178, 179]当我们无法识别出清晰有用的规律时，就会使用非常复杂的技术，如神经网络[180, 181]；对冬季运动器材采用相同的定制方法，比较可测量的性能，将感觉客观化，强调特征，找到合适的评价基准，如品质功能展开法（QFD）。[13-15, 17, 20, 84]有研究人员专门对顶级运动员装备的"最小的有价值增强"进行了评估。[12, 42, 86, 130]无论是奥运冠军为下个赛季选择新的冰刀，还是专业杂志的测试员评估不同制造商所制造的新滑雪板，这一过程对所有级别的运动员来说都是必要的。

众所周知，一项研究的结果并不是独一无二的，这与许多因素有关，如测试条件、受试者的经验和技术特征、装备的不同部件、循环次数、测试顺序、评估标准的确定、偏差或外部压力、经济因素等。[13, 15-19]

经验和研究表明，一些技术特征和主观判断之间的关系往往更容易找到。例如，不同技术水平的受试者均认为滑雪板的低弯曲刚度和高扭转刚度与成绩有正向关联。相反，只有高水平的滑雪者才能领悟到不同频率下的减震特性，从而提供更准确的评估。[14, 144]对于滑雪单板来说，其弯曲刚度和扭转刚度的分布会影响板的感觉和性能。对冰球运动员来说，他们更喜欢喇叭状冰刀。[19]

由于物理、生物和环境现象密切相关，因此在任何应用于冬季体育运动的工程学研究中，我们都必须考虑运动员和教练员的主观判断。我们在设计研究的早期阶段就应该评估这些因素，以便开发出适当的测试、分析和评估工具。

自从马雷（Marey）和迈布里奇（Muybridge）率先将摄影技术应用于人体运动研究之后的近两个世纪中，动作分析仍然是体育分析中最强大和最常用的工具之一，这似乎有些奇怪。[182]因为视频具有独特的特点，所以容易获取且价格低廉，不需要对运动员进行特殊的干预，也可以用来分析对手，重现视觉，也是我们进入外部世界的主要方式。研究人员通过使用高清晰度、高速度和 3D 视频、精确的 GPS 和专用软件可对融合运动捕捉（FMC）进行简单的精细化分析、3D 运动重建、力和技术的定性评估与定量评估、逆动力学和损伤机理分析。[47, 103, 183-189]

小型化数据记录器、惯性测量装置（IMU）、可穿戴装备和传感器可以直接用来测量运动员在赛道上的运动情况，而不影响运动员的技术，或者可以进行个性化的技术评估。[190]表面肌电图（sEMG）可以记录肌肉数据分析水平、序列和激活时间。这些方法可以用来定义运动的模式、评估配件（如滑雪靴）、比较倾斜跑步机和斜坡之间的技术性滑雪动作。[191-194]

由于人类运动可能是无限的，因此从很早的生物力学研究开始，不变的现象就当作任何理论推测的出发点。[48, 137]从单个技术动作的执行到全球性比赛获胜者的情况，人们都会在不同的层次上对其规律性进行研究。

人眼在非常嘈杂的环境中辨别和选取信息的能力是独一无二的。在如今充斥着软件和计算机的生活中，最常见的例子是反垃圾邮件技术。虽然这听起来不可思议，但是功能强大的软件仍然无法解决这些问题——尽管表面上看起来很简单。伯恩斯坦[137]使用小灯记录了成人、儿童和老年人在人体运动过程中解剖学上的标志轨迹，并用正弦和近似地计算它们。拉什利(Lashley)[195, 196]分析了人类写作的周期特征。现代神经科学假定人脑能够模拟牛顿定律。[197]从概念上讲，这些原理仍然有效，并且可用于识别和量化由人和计算机产生的人体步态。[53]

技术动作具有自身固有的差异性，可以随着疲劳、技术、装备、比赛阶段和环境条件等的变化而变化。为使运动相关参数的研究具有较高的可靠性，我们需要根据所选参数的一致性进行多次实验分析。单次的运动学测量不能代表研究人员所研究的平均运动模式。[198]因此，我们有必要仔细选择所要分析的运动学变量，尽可能地接近反映点，并使用直接的运动学参数而不是其衍生值。

在越野滑雪运动中，研究人员发现非对称振子能够很好地描述腿部的运动，其运动的平均方差所占比例很高。因此，腿的运动学可以看作一个类似于极限循环的非线性动力系统的结果。[92]这类模型对分析系统的减震特性和刚度也很有用，对数据分析具有重要的意义。

在高山滑雪和单板滑雪中，运动员的动作与外界环境的关系明显更大。坡度、门的布局、门的类型和雪况都是不可忽视的关键变量。复杂的数学方法(如主成分分析法)用于相同的目标——分析变量寻找规律。一个 n 维姿态的矢量可用于定义姿势和主要运动(PMs)。在滑雪运动中，前 4 种 PMs(前 4 种矢量配置)包含 95%以上的系统方差。[199]有趣的是，这些抽象的数学工具与教练分析和评估运动员运动的方法非常相似。如果将多个维度合并到一个指标中，那么它们便可以表示技术分析的整体方法，这也具有唯一性和量化的可定义性。

在耐力运动中，运动员可以先对优胜者的最佳配速策略展开精细研究，再进行艰苦的训练，以便在赛季中寻找合适的机会应用这种战术。[200-205]

其他关于冬季体育运动的科学分析工具和程序，在这本书中所介绍的各种体育项目的实际应用中得以展现。

11.5 结　论

我知道一个很偏僻的地方，那里的图书管理员都摒弃了从书本中寻找任何意义的虚荣和迷信习俗，而把它比作在梦中或在某人杂乱的手掌纹路中寻找生命的意义。

——豪尔赫·路易斯·博尔赫斯，《巴别图书馆》

本节的主要目的是激发人们对冬季体育运动综合方法的思考。本书的其他章节也介绍了许多分析和实用工具。

科学技术在不断地快速发展。每一天都会有新的发现把我们的知识边界向前推进一点。现在有了这么多的信息和复杂的工具，科学的各个分支变得更加专业化，而科学方法也趋向于简单化。

但千万不要忘记，体育运动的核心是人及其肌肉、大脑和心脏。运动员不仅是主角，而且也是主要的限制因素，这一观点也具有一定的颠覆性。这使得整个团队围绕运动员的工作变得很刺激——对于一名运动员来说，在他职业生涯的某个特定时刻，他装备了一些器材并取得了一定的成绩，而这些器材可能在下个赛季或者在他队友的身上都不会再发挥更好的作用了。尽管物理的理论和方法被很好地编码、测试和验证，但是在建模、材料、分析和结果等方面仍然存在一些空白。材料在不断发展，技术和电子学使这些变得更加小型化和廉价，越来越多的研究人员[190]可以使用它们，分析软件越来越强大，研究论文和科学书刊也越来越多。

尽管技术在现代体育中扮演着重要的角色，但要量化它对运动成绩的影响并不容易。关于空气动力学和材料的研究已经取得了显著的成果，一些技术创新，如卡宾滑雪板或速滑克莱普冰鞋，甚至改变了运动员的动作和训练方式。但是，最终的成绩和可能的提升也许是由其他变量所决定的。[201]运动员所从事的职业体育和奥林匹克运动的平均水平不断提高。关于专业运动员的筛选标准在不断完善，并且运动员的专业化、身体素质、训练和营养技术都取得了巨大的进步。[2, 3]特别是在冬季体育运动中，生物学和环境的变化使得我们很难对比不同年份运动员的比赛成绩以判断技术是否进步。因而，很多结果是无法确定和概括的。出于安全原因，规则有时会限制运动员运动水平的发挥。对技术规范来说，即使仅仅改变规范中的个别内容，就足以使所有研究重新开始，以找到新的解决方案。

然而，书中并不包含所有的答案。之所以会发生这种情况，是因为不管谁发现了真正有用的东西，可能都没有将其公之于众，或者是因为“眼睛”和实际经验是不可替代的。冬季体育运动的大部分知识都是由运动员和教练总结出来的，而且往往掌握在他们手中。他们通常对实用的“技术诀窍”更感兴趣，而不是对运动—装备—环境系统的整体科学验证更感兴趣。[35]从他们的观点来看，这种方法无疑是正确的。他们无法专门定义和转换这些参数，也无法系统地阐述模型和制定普遍有效的定律，甚至有面临伪科学信仰的风险。这是因为不同的运动员以不同的方式适应相同的装备，并在不同的工艺和装备上得到了非常相似的结果。因此，在科学研究中，找到实践者和研究者之间的联系点是非常重要的。[65, 206, 207]

即使从概念的角度来看，研究人员之间的争论也远未结束。我们的分析应该更多地侧重于成绩还是技术？应该更多地关注于“是什么”还是“怎么样”？[91, 199, 208-210]教练和工程师必须学会用相同的方式进行沟通，或者至少找到共同点。[113]

通常，运动科学家有一个简化的方法，即记录和分析预先选定的变量，以便量化运动的重要因素。教练和运动员往往有一个更全面的方法，他们以定性和主观的方式来分析整个身体的姿势与运动。这里，我们把身体部分的相对运动和姿势的组合定义为“技术”。[35, 65, 206]这两种方法都各有优缺点。虽然我们仅仅通过测量很少的变量就可以得到非常准确的数据，但无法确保可以记录所有真正的重要信息。由于人体的多自由度以及与外部环境有关的潜在的无穷变化，所以人们有时会很难理解所研究的不同变量之间的因果关系。因此，研究结果可能只对个别运动员的个人特征有效，而不能推广或转移到某一层面上。处理所有采集的数据需要花费很多时间，这可能会成为研究的“瓶颈”，因为这会使得结果更加低效，从而导致我们也无法提供即时的反馈并将其与测试情况结合起来。

对于专业的教练来说，即使只是简单地看一眼运动员，他们也能很快地就给出有用的答案。这种方法很受欢迎，因为它很实用，当运动员进行即时验证和姿态的调整时，他的运动记忆仍然是新的。然而，教练的判断也是主观的，可能会有偏见或者不遵循科学的标准的情况，因而对某一特定运动员的训练不一定是最有效的，也不能制定普遍有效性的规则和模型。

现代体育科学的主要挑战之一是将人类阅读和解释现实的两种方法结合起来。我们可以用一个连接点来弥补方法的不足，然后进行模式分析来寻找不变量和极限循环。现代技术很有用，这是因为它允许现场录音和分析，价廉易得，而且总是在寻找“教练的新眼睛”。[211, 212]

实现这些目标的方法并不总是那么简单。如果以一位刚刚获得大回转世界冠军的运动员为研究对象，那么目前没有任何一种成绩预测方法能够解释该运动员不同滑行过程之间的差异[37]；滑雪者的所有动作不是都与完赛时间直接相关[36]。因此，研究仍然还有改进的空间，以便让技术更熟练的运动员可以更快地理解和适应情境、环境、工具及规则，从而赢得胜利。[78]

通常，我们可以得到几个实用的因素信息。一是最明显同时也是最难实现的因素，即高水平的运动员能够表现得更稳定。如果可能的话，最好对他们进行测试。业余爱好者、学生或年轻运动员的表现各不相同，很容易表现出疲劳或出现对特定测试的适应性问题。这时，我们应该考虑到许多环境因素和动机因素，以及是否有其他可进行测试的替换运动员。

二是考虑到与最小的与价值增强有关的因素，它有助于增大运动员提高比赛成绩的可能性。[12]测试装备所产生的效果往往小于运动员正常的生物差异性，因此结果不容易分辨。也许这种情况已经有所变化，但是我们的方法、技术和统计工具不允许我们发现这些。

对于高水平运动员来说，我们很难找到单一的功能性或技术性的因素来解释他们的顶级表现。[37, 41]平均而言，即使他们的人体特征、技术和装备各不相同，专业运动员也能以非常接近的成绩完成比赛。[42, 46, 86]

就运动装备技术评价中存在的客观化问题而言，对装备的评价标准进行初步界定至关重要。定义的水平不同可能会导致最终的结果也不同。一些力学特征和几何特征更容易与运动员和受测者之间的主观印象相关联，而另一些特征则更为关键，因此运动员应谨慎使用或避免使用这些特征。[13-16, 18, 19]在研究的早期阶段我们就应该确定和分享这些评价方法，以便能够开发和使用适当的工具。

虽然“主场优势”的影响并不那么清楚，但是受测者应该熟悉赛道，以减少造成成绩出现差异性的可能因素。一个简单的斜坡便可以降低运动员出错的可能性，并潜在地提高技术装备的品质。相反，在困难的赛道上所需要的复杂的操控技术可能也隐藏了部分结果。环境光线应尽可能地好，以免影响运动员的视力和平衡。

如果针对单个分段而不是整个比赛的成绩进行分析，就可以为与成绩相关的几个变量的研究提供新的可能性。[19, 213]反过来，这种方法也有一些问题。通常来说，顶尖运动员的完赛时间非常相似，而运动员的分段时间可能彼此不同，这也反映了个人的技术水平的高低或装备的技术属性的优劣。[46, 104]

针对测试坡度或成绩概要（配速策略）的认知也很重要，因为它有助于我们理解单个分段是否会对最终结果产生很大影响。[46, 202-204]在这种情况下，我们最好避免针对特定类型进行分析，而是应该从速度较低的分段开始，或实行分步测试，以免运动员生理负载过重。重要的是，与发动机不同，运动员在高强度的情况下进行第二次测试之前需要足够的恢复时间，这取决于他们消耗了多少力气。这段恢复时间即使不用几天，也需要几个小时。因此，许多与测试相关的内部变量和外部变量都会发生改变。

运动员的身体和认知表现会随着营养、睡眠质量、一天中不同时段、昼夜节律、“主场优势”的变化而变化。[123, 131, 132, 175, 214]所有这些细节都不容易评估，但我们在计划测试时应该加以考虑，以满足所有其他实际需求。出于对安全和测试成绩方面的考虑，运动员在长途旅行后最好不要立即参加测试。

运动员在测试前应控制常规条件、试滑过程和服装。如果运动员在姿势、肌肉或视觉等方面存在功能障碍，那么他们可能无法充分利用装备，也无法用经验和技术来解决这些问题，因此所得的结果不具有参考价值。测试前的过多热身可能会使运动员产生疲劳感从而导致成绩下降，但是热身不足会增加受伤的风险，导致技术执行不准确，从而使结果发生变化。

使用紧身衣，尤其是在腿部，可以或多或少地改变运动员的平衡状态和疲劳感，对提高运动员的成绩有潜在的好处。[30]另外，护板和靴子在姿势控制上有重要作用，也会影响运动员的身体平衡。[26, 158]

我们对女运动员进行测试时还需要考虑生理期问题，因而，这种情况下成绩的变化也与其激素周期相关。[215, 216]不管被测试的对象是男性还是女性，我们都应该把情感、压力、动机、季节变换等因素考虑在内。

冬季体育工程师和研究人员应该了解不同的实际问题和可用的方法论工具，并使用最适当有效的工具。与此同时，我们希望工程师在他擅长的专业领域不断地丰富和提高自己，并且总是保持思想开放，从而了解现代体育的方方面面。

我们自身也是一个开放的系统，不断地与外界交换物质和能量。我们的身体、我们的新陈代谢、我们的平衡感都是人类生命进化的结果。我们在许多不同的情况下都能取得成功。在特定条件下，那些适用于封闭系统的定律和确定性方法对我们人体来说，也仅仅是部分有用的。

与人类相比，西伯利亚哈士奇犬在雪地上奔跑的速度更快，就像鲨鱼在海里游泳更快一样。人体对某些特定运动动作的优化程度不高，因此具有极强的通用性和适应性。同样的肢体能做出精细的动作，能产生巨大的力量。因此，甚至是人类用于研究的工具、手段和技术也必须是多功能的。我们希望，好奇心、灵活性和技术能够伴随着冬季体育工程师应对新的、令人兴奋的挑战，跨越经验和科学领域之间的障碍，寻找合适的科学假设，思考新模型，测试和删除无用的东西，处理测试结果；如果有必要的话，纠正、增加通用知识，找到新的答案，去回答运动员和教练所提出的“我们为什么会输”这一问题，或者去回答那些虽然不太常见但可能更具挑战性的问题——“我们为什么会赢”。

参考文献

[1] Olympic.org -Official website of the Olympic movement (2014), http://www.sochi2014.com/en/alpine-skiing-ladiesdownhill
[2] G. Berthelot et al., The citius end: world records progression announces the completion of a brief ultra-physiological quest. PLoS One **3**(2), e1552 (2008)
[3] F. Radicchi, Universality, limits and predictability of gold-medal performances at the Olympic Games. PLoS One **7**(7), e40503 (2012)
[4] F.K. Fuss, A. Subic, S. Ujihashi, *The Impact of Technology on Sport II* (CRC Press, Boca Raton, 2007)
[5] S. J. Haake, The impact of technology on sporting performance in Olympic sports. J. Sports Sci. **27**(13), 1421–1431 (2009)
[6] N. Balmer, P. Pleasence, A. Nevill, Evolution and revolution: gauging the impact of technological and technical innovation on Olympic performance. J. Sports Sci. **30**(11), 1075–1083 (2012)
[7] L. Foster, D. James, S. Haake, Influence of full body swimsuits on competitive performance. Procedia Eng. **34**, 712–717 (2012)
[8] A. Miah. Rethinking enhancement in sport. Ann. N. Y. Acad. Sci. **1093**(1), 301–320 (2006)
[9] D. James, The ethics of using engineering to enhance athletic performance. Procedia Eng. **2**(2), 3405–3410 (2010)
[10] W. Sands, J. McNeal, Predicting athlete preparation and performance: a theoretical perspective. J. Sport Behav. **23**(3), 289–310 (2000)
[11] M.A. Bunge, *La Causalitá: il Posto del Principio Causale Nella Scienza Moderna* (Bollati Boringhieri, Torino, 1970)
[12] W.G. Hopkins, J.A. Hawley, L.M. Burke, Design and analysis of research on sport performance enhancement. Med. Sci. Sports Exerc. **31**(3), 472–485 (1999)
[13] P.A. Federolf et al., Subjective evaluation of the performance of alpine skis and correlations with mechanical ski properties, in *The Engineering of Sport 6* (Springer, New York, 2006), pp. 287–292
[14] C. Fischer et al., What static and dynamic properties should slalom skis possess? Judgements by advanced and expert skiers. J. Sports Sci. **25**(14), 1567–1576 (2007)
[15] A. Subic, P. Clifton, J. Beneyto-Ferre, Identification of innovation opportunities for snowboard design through benchmarking. J. Sports Technol. **1**(1), 65–75 (2008)
[16] A. Subic et al., Investigation of snowboard stiffness and camber characteristics for different

riding styles. Sports Eng. **11**(2), 93–101 (2009)
[17] P. Clifton, Investigation and customisation of snowboard performance characteristics for different riding styles. Ph.D. thesis, RMIT University, 2011
[18] P. Clifton et al., Identification of performance requirements for user-centered design of running shoes, in *5th Asia-Pacific Congress on Sports Technology -Procedia Engineering*, vol. 13, 2011, pp. 100–106
[19] P. Federolf, B. Nigg, Skating performance in ice hockey when using a flared skate blade design. Cold Reg. Sci. Technol. **70**, 12–18 (2012)
[20] F. Giubilato, N. Petrone, V. Franch, A method for the quantitative correlation between quality requirements and product characteristics of sport equipment. *6th Asia-Pacific Congress on Sports Technology (APCST). Elsevier, Procedia Engineering*, vol. 60, 2013
[21] P. Clifton et al., Effects of temperature change on snowboard stiffness and camber properties. Sports Technol. **2**(3), 87–96 (2009)
[22] A. Berthoz, *Le Sens Du Movement* (Odile, Paris, 1997)
[23] E. Moberg, The role of cutaneous afferents in position sense, kinaesthesia, and motor function of the hand. *Brain* **106**(1), 1–19 (1983)
[24] G. G. Simoneau et al., Changes in ankle joint proprioception resulting from strips of athletic tape applied over the skin. J. Athl. Train. **32**(2), 141–147 (1997)
[25] P. Schaff, W. Hauser, Ski boots versus the knee joint. What produces the forward leaning position of the ski boot? Sportverletz. Sportschaden **4**(1), 1–13 (1990)
[26] F. Noé, D. Amarantini, T. Paillard, How experienced alpine-skiers cope with restrictions of ankle degrees-of-freedom when wearing ski-boots in postural exercises. J. Electromyogr. Kinesiol. **19**(2), 341–346 (2007)
[27] S. Perrey, Compression garments: evidence for their physiological effects, in *The Engineering of Sport 7*, ed. by M. Estivalet, P. Brisson, vol. 2 (Springer, Paris 2008), pp. 319–328
[28] C. Hrysomallis, Balance ability and athletic performance. Sports Med. **41**(3), 221–232 (2011)
[29] D.E. Lieberman, What we can learn about running from barefoot running: an evolutionary medical perspective. Exerc. Sport Sci. Rev. **40**(2), 63–72 (2012)
[30] B. Sperlich et al., Is leg compression beneficial for alpine skiers? BMC Sports Sci. Med. Rehabil. **5**, 18 (2013)
[31] A. Tversky, D. Kahneman, Belief in the law of small numbers. Psychol. Bull. **76**(2), 105–110 (1971)
[32] A. Tversky, D. Kahneman, Judgment under uncertainty: heuristics and biases. *Science* **185**(4157), 1124–1131 (1974)
[33] R.K. Guy, The strong law of small numbers. Am. Math. Mon. **95**(8), 614–617 (1988)
[34] M. Hughes, I. Franks, *The Essentials of Performance Analysis: An Introduction* (Routledge, New York, 2008)
[35] S. Loland, The mechanics and meaning of alpine skiing: methodological and epistemological notes on the study of sport technique. J. Philos. Sport **19**(1), 55–77 (1992)
[36] P. Federolf et al., Impact of skier actions on the gliding times in alpine skiing. Scand. J. Med. Sci. Sports **18**(6), 790–797 (2008)
[37] J. Spörri et al., Turn characteristics of a top world class athlete in giant slalom: a case study assessing current performance prediction concepts. Int. J. Sports Sci. Coach. **7**(4), 647–660 (2012)
[38] M.M. Morlock, V.M. Zatsiorsky, Factors influencing performance in bobsledding: influences

of the bobsled crew and the environment. Int. J. Sport Biomech. **5**, 208–211 (1989)
[39] J.P.A. Ioannidis, Why most published research findings are false. PLoS Med. **2**(8), e124 (2005)
[40] Vv. Aa, Challenges in irreproducible research. Specials & supplements archive. Nature **456** (2013). http://www.nature.com/news/reproducibility-1.17552
[41] G. Atkinson, A.M. Nevill, Selected issues in the design and analysis of sport performance research. J. Sports Sci. **19**(10), 811–827 (2001)
[42] M. Spencer et al., Variability and predictability of performance times of elite cross-country skiers. Int. J. Sports Physiol. Perform. **9**, 5–11 (2014)
[43] R. Rodano, Critical issues in applied sport biomechanics research, in *Proceedings of 20th International Symposium on Biomechanics in Sport*, 2002
[44] D.R. Mullineaux, R.M. Bartlett, S. Bennett, Research design and statistics in biomechanics and motor control. J. Sports Sci. **19**(10), 739–760 (2001)
[45] K. Hébert-Losier, M. Supej, H.C. Holmberg, Biomechanical factors influencing the performance of elite alpine ski racers. Sports Med. **44**(4), 519–533 (2013)
[46] G.P. Bruggemann, M. Morlock, V.M. Zatsiorsky, Analysis of the Bobsled and Men's Luge Events at the XVII Olympic Winter Games in Lillehammer. J. Appl. Biomech. **13**(1), 98–108 (1997)
[47] M.A.D. Brodie, A. Walmsley, W. Page, Fusion motion capture: a prototype system using inertial measurement units and GPS for the biomechanical analysis of ski racing. Sports Technol. **1**(1), 17–28 (2008)
[48] G. Taga, A model of the neuromusculoskeletal system for human locomotion. I. Emergence of basic gait. Biol. Cybern. **73**, 97–111 (1995)
[49] G. Taga, A model of the neuromusculoskeletal system for human locomotion. II. Real-time adaptability under various constraints. Biol. Cybern. **73**, 113–121 (1995)
[50] D.V. Knudson, C.S. Morrison, *Qualitative Analysis of Human Movement* (Human Kinetics, Champaign, 2002), pp. 73–189
[51] E.A. Fleishman, M.K. Quaintance, L.A. Broedling, *Taxonomies of Human Performance: The Description of Human Tasks* (Academic Press INC, Orlando, 1984)
[52] A. Dal Monte, M. Faina et al., *Valutazione dell'atleta: analisi funzionale e biomeccanica della capacità di prestazione* (UTET, Torino, 1999)
[53] N.F. Troje, Decomposing biological motion: a framework for analysis and synthesis of human gait patterns. J. Vision **2**, 371–387 (2002)
[54] M.D. Hughes, R.M. Bartlett, The use of performance indicators in performance analysis. J. Sports Sci. **20**, 739–754 (2002)
[55] M. Hughes, Notational analysis -a mathematical perspective. Int. J. Perf. Anal. Sport **4**(2), 97–139 (2004)
[56] Y.L. Zhang, M. Hubbard, R.K. Huffman, Optimum control of bobsled steering. J. Optim. Theory Appl. **85**(1), 1–19 (1995)
[57] K. Hosokawa, Y. Sato, T. Sakata, Study on modification of ski referring characteristic of ski-turn (change of width and shoe center), in *The Engineering of Sport 6* (Springer, New York, 2006), pp. 213–218
[58] W. Niessen et al., Structural dynamic analysis of alpine skis during turns, in *Science and Skiing*, ed. by E. Müller, H. Schwameder, E. Kornexl, C. Raschner (E & FN Spon, London, 1997), pp. 333–348

[59] J.D. Barrow, Rowing and the same-sum problem have their moments. Am. J. Phys. **78**, 728–732 (2010)
[60] D. Gordon et al., *Research Methods in Biomechanics* (Human Kinetics, Champaign, 2004)
[61] C. Gratton, I. Jones, *Research Methods for Sport Studies*, 2nd edn. (Routledge, New York, 2010)
[62] F. Danion, M.L. Latash, *Motor Control. Theories, Experiments and Applications* (Oxford University Press, Oxford, 2011)
[63] J.R. Thomas, J.K. Nelson, S.J. Silverman, *Research Methods in Physical Activity*, 6th edn. (Human Kinetics, New York, 2011)
[64] G. Atkinson, Sport performance: variable or construct? J. Sports Sci. **20**(4), 291–292 (2002)
[65] A. Lees, Technique analysis in sports: a critical review. J. Sports **20**, 813–828 (2002)
[66] M. Gorlin et al., Sliding friction and boundary lubrication of snow. J. Tribol. **109**, 614–617 (1987)
[67] J.L. Giesbrecht, Polymers on snow. Towards skiing faster. Ph.D. thesis, ETH, Zurich, Switzerland, 2010
[68] L. Poirier et al., Experimental analysis of ice friction in the sport of bobsleigh. Sports Eng. **14**, 67–72 (2011)
[69] L. Poirier, E.P. Lozowski, R.I. Thompson, Ice hardness in winter sports. Cold Reg. Sci. Technol. **67**(3), 129–134 (2011)
[70] N.A. Nordin, P. Styring, Superhydrophobic ski bases for reduced water adhesion. Procedia Eng. **72**, 605–610 (2014)
[71] M. Jacobs, Design and recognition of tactile feedback patterns for snowboarding. Ph.D. thesis, RWTH Aachen University, 2008
[72] A. Dal Monte, *La valutazione funzionale dell'Atleta* (Sansoni, Firenze, 1983)
[73] E. Spring et al., Drag area of a cross country skier. Int. J. Sports Biomech. **4**, 103–113 (1988)
[74] M. Supej et al., Aerodynamic drag is not the major determinant of performance during giant slalom skiing at the elite level. Scand. J. Med. Sci. Sports **23**(1), e38–e47 (2013)
[75] A.J. Ward-Smith, D. Clements, Experimental determination of aerodynamic characteristics of ski jumpers. Aeronaut. J. **86**, 384–391 (1982)
[76] K. Watanabe, I. Watanabe, Aerodynamics of ski-jumping: effect of "Vstyle" to distance, in *XIVth Congress of the International Society of Biomechanics*, 1993, pp. 1452–1453
[77] W. Muller, D. Platzer, B. Schmolzer, Dynamics of human flight on skis: improvements in safety and fairness in ski-jumping. J. Biomech. **29**, 1061–1068 (1996)
[78] E. Muller, H. Schwameder, Biomechanical aspects of new techniques in alpine skiing and ski-jumping. J. Sports Sci. **21**, 679–692 (2003)
[79] P. Dabnichki, E. Avital, Influence of the position of crew members on aerodynamics performance of two-man bobsleigh. J. Biomech. **39**, 2733–2742 (2006)
[80] O. Lewis, Aerodynamic analysis of a 2-man bobsleigh. MA thesis, TU Delft, 2006
[81] G. Gibertini et al., Aerodynamic analysis of a two-man bobsleigh, in *6th World Congress of Biomechanics* (Springer, Berlin/Heidelberg, 2010), pp. 228–231
[82] A. Winkler, A. Pernpeintner, Automated aerodynamic optimization of the position and posture of a bobsleigh crew. Procedia Eng. **2**(2), 2399–2405 (2010)
[83] A. Lüthi et al., Effect of bindings and plates on ski mechanical properties and carving performance, in *The Engineering of Sport 6* (Springer, New York, 2006), pp. 299–304
[84] N. Petrone, The use of an Edge Load Profile static bench for the qualification of alpine skis.

Procedia Eng. **34**, 385 – 390 (2012)
[85] C. Zanoletti et al., Relationship between push phase and final race time in skeleton performance. J. Strength Cond. Res. **20**(3), 570 – 583 (2006)
[86] N. Bullock et al., Characteristics of performance in skeleton World Cup races. J. Sports Sci. **27**(4), 367 – 372 (2009)
[87] F. Braghin et al., A driver model of a two-man bobsleigh. Sports Eng. **13**(4), 181–193 (2011)
[88] F. Braghin, F. Cheli, S. Melzi, E. Sabbioni, Experimental assessment of bobsleigh dynamics and ice-skate contact forces. In *Topics in Modal Analysis II*, Volume 6 (Springer, New York, 2012), pp. 487 – 498
[89] M.L. Latash, F. Lestienne, *Motor Control and Learning* (Springer Science Media, Inc., New York, 2006)
[90] V.M. Zatsiorsky et al., *Biomechanics in Sport. Performance Enhancement and Injury Prevention*. An IOC Medical Commission Publication, vol. 9 (Blackwell Science Ltd., Oxford, 2000)
[91] P.S. Glazier, M.T. Robins, Comment on "Use of deterministic models in sports and exercise biomechanics research" by Chow and Knudson. Sports Biomech. **11**(1), 120 – 122 (2012)
[92] F. Cignetti et al., A limit-cycle model of leg movements in cross-country skiing and its adjustments with fatigue. Hum. Mov. Sci. **19**(4), 590 – 604 (2010)
[93] P. Komi, M. Virmavirta, Ski-jumping take-off performance: determining factors and methodological advances, in *Science and Skiing*, ed. by E. Müller, H. Schwameder, E. Kornexl, C. Raschner, (E & F Spon, London, 1997), pp. 3 – 26
[94] P. Federolf et al., Deformation of snow during a carved ski turn. Cold Reg. Sci. Technol. **46**(1), 69 – 77 (2006)
[95] T. Yoneyama et al., A ski robot system for qualitative modelling of the carved turn. Sports Eng. **11**(3), 131 – 141 (2009)
[96] A.A. Renshaw, C.D. Mote, A model for turning snow ski. Int. J. Mech. Sci **31**, 721 – 736 (1989)
[97] Y. Hirano, N. Tada, Mechanics of a turning snow ski. Int. J. Mech. Sci. **5**(36), 421 – 429 (1994)
[98] Y. Hirano, Numerical simulation of a turning alpine ski during recreational skiing. Int. J. Med. Sci. Sports Exerc. **28**(9), 1209 – 1213 (1996)
[99] B. Nemec, O. Kugovnik, M. Supej, Influence of the ski side cut on vibrations in alpine skiing, *Science and Skiing II* (Meyer & Meyer, Aachen, 2001)
[100] D.A. Moldestad, Some aspects of ski base sliding friction and ski base structure. Engineering Thesis, Dep of Structural Engineering, Norwegian University of Science and Technology, Trondheim, 1999
[101] Q. Wu et al., Lift mechanics of downhill skiing and snowboarding. Med. Sci. Sports Exerc. **38**(6), 1132 – 1146 (2006)
[102] A. Koptyug et al., Cross-country ski vibrations and possible mechanisms of their influence on the free gliding. Procedia Eng. **34**, 473 – 478 (2012)
[103] M. Supej, O. Kugovnik, B. Nemec, *Advanced Analysis of Skiing Based on 3D Kinematic Measurements* (Meyer & Meyer Sport, New York, 2005)
[104] M. Supej, M. Cernigoj, Relations between different technical and tactical approaches and overall time at men's world cup giant slalom races. Kinesiologia Slovenica **12**(1), 63 – 69 (2006)
[105] C.D.W. Canham, J. Cole, W.K. Lauenroth, *Models in Ecosystem Science* (Princeton Univer-

sity Press, Princeton, 2003)
[106] N. Oreskes, K. Shrader-Frechette, K. Belitz, Verification, validation, and confirmation of numerical models in the earth. Sciences, New Series **263**(5147), 641–646 (1994)
[107] N. Oreskes, Why believe a computer? Models, measures, and meaning in the natural world. In *The Earth Around Us: Maintaining a Livable Planet* (W.H. Freeman & Company, New York, 2000), pp. 70–82
[108] N. Oreskes, K. Belitz, Philosophical issues in model assessment, in *Model Validation: Perspectives in Hydrological Science, Cap 3* (Wiley, New York, 2001), pp. 23–41
[109] N. Oreskes, *The Role of Quantitative Models in Science*, ed. by C.D.W. Canham, J. Cole, W.K. Lauenroth (Princeton University Press, Princeton, 2003)
[110] T. Gilovich, R. Vallone, A. Tversky, The hot hand in basketball: on the misperception of random sequences. Cogn. Psychol. **17**(3), 295–314 (1985)
[111] M. Bar-Eli, S. Avugos, M. Raab, Twenty years of 'hot hand' research: review and critique. Psychol. Sport Exerc. **7**(6), 525–553 (2006)
[112] P. Suppes, Conflicting intuitions about causality. Midwest Stud. Philos. **9**(1), 151–168 (1984)
[113] R.A. Matthews, Facts versus factions: the use and abuse of subjectivity in scientific research. ESEF Working Paper 2/98, The European Science and Environment Forum Cambridge (1998)
[114] H.M. Marks, Rigorous uncertainty: why RA Fisher is important. Int. J. Epidemiol. **32**, 932–937 (2003)
[115] A.V. Hill, The air-resistance to a runner. Proc. R. Soc. Lond. B: Biol. Sci., **102**(718), 380–385 (1928)
[116] B.B. Lloyd, Theoretical effects of altitude on the equation of motion of a runner, in *Exercise and Altitude*, ed. by R. Margaria (Excerpta Medica Foundation, Amsterdam, 1967), pp. 65–72
[117] S.C. Hollings, W.G. Hopkins, P.A. Hume, Environmental and venue-related factors affecting the performance of elite male track athletes. Eur. J. Sport Sci. **12**(3), 201–206 (2012)
[118] J.J. De Koning, G. De Groot, G.J. van Ingen Schenau, Ice friction during speed skating. J. Biomech. **25**(6), 565–571 (1992)
[119] A.M. Kietzig, S.G. Hatzikiriakos, P. Englezos, Ice friction: the effects of surface roughness, structure and hydrophobicity. J. Appl. Phys. **106**(2) 024303 (2009)
[120] S.C. Colbeck, L. Najarian, H.B. Smith, Sliding temperatures of ice skates. Am. J. Phys. **65**(6), 488–492 (1997)
[121] M. Virmavirta, P. Komi, Takeoff analysis of a champion ski jumper. J. Coach. Sport Sci. **1**, 23–27 (1994)
[122] D. MacAuley, M.T. Best, *Evidence-Based Sports Medicine* (BMG Books, Johannesburg, 2002)
[123] N.J. Balmer, A.M. Nevill, M. Williams, Home advantage in the Winter Olympics (1908–1998). J. Sports Sci. **19**(2), 129–139 (2001)
[124] W.G. Hopkins et al., Mixed linear modelling: a very short introduction. Sportscience **17** (July 2013)
[125] N.E. Breslow, D.G. Clayton, Approximate inference in generalized linear mixed models. J. Am. Stat. Assoc. **88**(421), 9–25 (1993)
[126] A.M. Nevill, R.L. Holder, Home advantage in sport: an overview of studies on the advantage of playing at home. Sports Med. **28**(4), 221–236 (1999)
[127] T.B. Smith, W.G. Hopkins, Variability and predictability of finals times of elite rowers. Med. Sci. Sports Exerc. **43**(11), 2155–2160 (2011)

[128] N. Bullock, W.G. Hopkins, Methods for tracking athletes' competitive performance in skeleton. J. Sports Sci. **27**(9), 973–940 (2009)
[129] G. Atkinson, A.M. Nevill, Statistical methods for assessing measurement error (reliability) variables relevant to sports medicine. Sports Med. **26**(4), 217–238 (1998)
[130] W.G. Hopkins, Measures of reliability in sports. Medicine and science. Sports Med. **30**(1), 1–15 (2000)
[131] S. Bray, A. Carron, The home advantage in alpine skiing. Aust. J. Sci. Med. Sport **25**(4), 76–81 (1993)
[132] R.H. Koning, Home advantage in speed skating: evidence from individual data. J. Sports Sci. **23**(4), 417–427 (2005)
[133] SR Olympic Sports (2014), http://www.sports-reference.com/olympics/athletes/da/bjorn-daehlie-1.html
[134] J.D. Sterman et al., The meaning of models. Science, New Series **264**(5157), 329–331 (1994)
[135] L. Geymonat et al., *Storia del Pensiero Filosofico e Scientifico. Vol IX, Il Novecento* (Garzanti, Milano, 1972)
[136] L. Von Bertalanffy, *General System Theory: Foundations, Development, Applications* (George Brazilier, Inc., New York, 1968)
[137] N.A. Bernstein, *The Coordination and Regulation of Movement* (Pergamon Press, New York, 1967)
[138] H. Hatze, Motion variability. Its definition, quantification and origin. J. Mot. Behav. **18**, 5–16 (1986)
[139] K.S. Lashley, Basic neural mechanisms in behavior. Psychol. Rev. **37**, 1–24 (1930)
[140] J.S. Kelso, K.G. Holt, A.E. Flatt, The role of proprioception in the perception and control of human movement: toward a theoretical reassessment. Percept. Psychophys. **28**(1), 45–52 (1980)
[141] C.D. Davlin, Dynamic balance in high level athletes. Percept. Mot. Skills **98**(3c), 1171–1176 (2004)
[142] A. Natri et al., Alpine ski bindings and injuries. Sports Med. **28**(1), 35–48 (1999)
[143] M. Burtscher et al., Effects of modern ski equipment on the overall injury rate and the pattern of injury location in Alpine skiing. Clin. J. Sport Med. **18**(4), 355–357 (2008)
[144] G. Bottoni et al., Effect of knee braces on balance ability wearing ski boots (a pilot study). Procedia Eng. **72**, 327–331 (2014)
[145] J. Mester, Movement regulation in alpine skiing, in *Science and Skiing*, ed. by E. Müller, H. Schwameder, E. Kornexl, C. Raschner (E & FN Spon, London, 1996), pp. 333–348
[146] O. Kugovnik, B. Nemec, Analyses of vibration and shocks during the parallel turn in alpine skiing, in *Proceedings of ISBS'98* (UKV -Univesitatsverlag Konstanz, Konstanz, 1998), pp. 164–167
[147] C. Haas, C. Simon, D. Schmidtbleicher, Simulation of vibrations in alpine skiing, in *ISBS-Conference Proceedings Archive*, vol. 1, Issue 1, 1998
[148] G.C. Foss, B. Glenne, Reducing on-snow vibration of skis and snow-boards. Sound Vib. **12**, 5 (2007)
[149] R.L. Bratton et al., Effect of ionized wrist bracelets on musculoskeletal pain: a randomized, double-blind placebo-controlled trial. Mayo Clin. Proc. **77**, 1164–1168 (2002)
[150] E. Bringman, C. Kimura, P. Scho, Effects of an ionic bracelet on physical, cognitive, and integrative tasks. Pac. Northwest J. Undergrad. Res. Creat. Act. 2 (2011). Article 4. http://

commons.pacificu.edu/pnwestjurca/vol2/iss1/4
[151] J. Porcari, Can the Power Balance © bracelet improve balance, flexibility, strength and power? J. Sports Sci. Med. **10**, 230 – 231 (2011)
[152] C.T. Haas, S. Turbanski, D. Schmidtbleicher, Improved sensorimotor control is not connected with improved proprioception. Br. J Sports Med. **39**(Suppl 1), 388 (2005)
[153] D.F. Collins, A. Prochazka, Movement illusions evoked by ensemble cutaneous input from the dorsum of the human hand. Physiology **496**(3), 857 – 871 (1996)
[154] D. Spelmezan et al., Tactile motion instructions for physical activities, in *Proceedings of the SIGCHI Conference on Human Factors in Computing Systems* (2009), pp. 2243 – 2252
[155] J.J. Gibson, *The Senses Considered as Perceptual Systems* (Houghton Mifflin, Boston, 1966)
[156] V. Ibegbuna et al., Effect of elastic compression stockings on venous hemodynamics during walking. J. Vasc. Surg. **37**(2), 420 – 425 (2003)
[157] D.P. Born, B. Sperlich, H.C. Holmberg, Bringing light into the dark: effects of compression clothing on performance and recovery. Int. J. Sports Physiol. Perform. **8**(1), 4 – 18 (2013)
[158] F. Noé, T. Paillard, Is postural control affected by expertise in alpine skiing? Br. J. Sports Med. **39**(11), 835 – 837 (2005)
[159] R. Llinás, The noncontinuous nature of movement execution, in *Motor Control: Concepts and Issues*, ed. by D.R. Humphrey, H.J. Freund (Wiley, New York, 1991), pp. 223 – 242
[160] M.S. Redfern, L. Yardley, A.M. Bronstein, Visual influences on balance. J. Anxiety Disord. **15**(1), 81 – 94 (2001)
[161] M. Cardinale, J. Lim, Electromyography activity of vastus lateralis muscle during whole-body vibrations of different frequencies. J. Strength Cond. Res. **17**(3), 621 – 624 (2003)
[162] D. Burke et al., The responses of human muscle spindle endings to vibration of non-contracting muscles. J. Physiol. **261**(3), 673 – 693 (1976)
[163] S.S. Maxwell, Labyrinth and equilibrium II. The mechanism of the dynamic functions of the labyrinth. J. Gen. Physiol. **2**(4), 349 – 355 (1920)
[164] L.M. Nashner et al., Organization of posture controls: an analysis of sensory and mechanical constraints. Prog. Brain Res. **80**, 411 – 418 (1989)
[165] G. Bottini, Modulation of conscious experience by peripheral sensory stimuli. Nature **376**, 778 – 781 (2013)
[166] F. Lestienne, J. Soechting, A. Berthoz, Postural readjustments induced by linear motion of visual scenes. Exp. Brain Res. **28**, 363 – 384 (1977)
[167] B. Kerr, S.M. Condon, L.A. McDonald, Cognitive spatial processing and the regulation of posture. J. Exp. Psychol. Hum. Percept. Perform. **11**(5), 617 – 622 (1985)
[168] G.J. Andersen, B.P. Dyre, Spatial orientation from optic flow in the central visual field. Percept. Psychophys. **45**(5), 453 – 458 (1989)
[169] T. Poggio, E. Bizzi, Generalization in vision and motor control. Nature **431**(7010), 768 – 774 (2004)
[170] A.O. Effenberg, H. Mechling, Bewegung hörbar machen -Warum? Psychologie und Sport **5**(1), 28 – 38 (1998)
[171] T. Pozzo, A. Berthoz, L. Lefort, Head stabilization during various locomotor tasks in humans. Exp. Brain Res. **82**, 97 – 106 (1990)
[172] T. Pozzo, Y. Levik, A. Berthoz, Head and trunk movements in the frontal plane during complex dynamic equilibrium tasks in humans. Exp. Brain Res. **106**, 327 – 338 (1995)
[173] B. Armstrong, P. McNair, D. Taylor, Head and neck position sense. Sports Med. **38**(20),

101–117 (2008)
[174] R. Ajemian et al., Why professional athletes need a prolonged period of warm-up and other peculiarities of human motor learning. J. Mot. Behav. **42**(6), 381–388 (2010)
[175] G. Atkinson, T. Reilly, Circadian variation in sports performance. Sports Med. **21**(4),92–293 (1996)
[176] B. Drust et al., Review: circadian rhythms in sports performance -an update. Chronobiol. Int. **22**(1), 21–44 (2005)
[177] http://en.wikipedia.org/wiki/Equifinality (2014)
[178] B.T. Bates et al., An assessment of subject variability, subject-shoe interaction and the evaluation of running shoes using ground reaction force data. J. Biomech. **16**(3), 181–191 (1983)
[179] B.M. Nigg, M.A. Nurse, D.J. Stefanyshyn, Shoe inserts and orthotics for sport and physical activities. Med. Sci. Sports Exerc. **31**, S421–S428 (1999)
[180] J.G. Barton, A. Lees, Comparison of shoe insole materials by neural network analysis. Med. Biol. Eng. Comput. **34**(6), 453–459 (1996)
[181] M.J. Rupérez et al., Artificial neural networks for predicting dorsal pressures on the foot surface while walking. Expert Syst. Appl. **39**(5), 5349–5357 (2012)
[182] R. Baker, The history of gait analysis before the advent of modern computers. Gait Posture **26**, 331–342 (2007)
[183] A. Lüthi et al., Determination of forces in carving using three independent methods, in *Proceedings of 3rd International Congress on Science and Skiing*, Aspen, CO, 2004
[184] Y. Ohgi et al., Measurement of jumper's body motion in ski jumping, in *The Engineering of Sport 6* (Springer, New York, 2006), pp. 275–280
[185] M.A.D. Brodie, Development of fusion motion capture for optimisation of performance in alpine ski racing. Ph.D. thesis, Massey University, Wellington, NZ, 2009
[186] T. Bere et al., Mechanisms of anterior cruciate ligament injury in world cup alpine skiing. A systematic video analysis of 20 cases. Am. J. Sports Med. **39**(7), 1421–1429 (2011)
[187] F. Meyer, Biomechanical analysis of alpine skiers performing giant slalom turns. Ph.D. thesis, UNIL-University of Lausanne, 2012
[188] M. Gilgien et al., Determination of external forces in alpine skiing using a differential global navigation satellite system. Sensors **13**, 9821–9835 (2013)
[189] M. Gilgien, Characterisation of skiers' mechanics, course setting and terrain geomorphology in World Cup Alpine Skiing using global navigation satellite systems: injury risk, performance and methodological aspects. Ph.D. dissertation from the Norwegian School of Sport Sciences, 2014
[190] M. Kranz et al., The mobile fitness coach: towards individualized skill assessment using personalized mobile devices. Pervasive Mob. Comput. **9**(2), 203–215 (2013)
[191] H.E. Berg, O. Eiken, Muscle control in elite alpine skiing. Med. Sci. Sports Exerc. **31**(7), 1065–1067 (1999)
[192] P.A. Tesch, Aspects on muscle properties and use in competitive Alpine skiing. Med. Sci. Sports Exerc. **27**(3), 310–314 (1995)
[193] N. Petrone, G. Marcolin, M. De Gobbi, M. Nicoli, C. Zampieri, Acquisition of EMG signals during slalom with different ski boots, in *Science and Skiing IV* (Meyer & Meyer Sport, Aachen, 2009), pp. 399–409
[194] F. Panizzolo, N. Petrone, G. Marcolin, Comparative analysis of muscle activation patterns

between skiing on slopes and on training devices, in *8th Conference of the International Sports Engineering Association (ISEA). Elsevier,* Procedia Engineering, vol. 2 (2010), pp. 2537–2542
[195] K.S. Lashley, The problem of cerebral organization in vision, in *Biological Symposia, vol. VII Visual Mechanism* (Jacques Cattel Press, New York, 1942), pp. 301–322
[196] R. Schmidt, T. Lee, *Motor Control and Learning. A Behavioral Emphasis*, 5 edn. (Human Kinetics, Champaign, 2011)
[197] J. McIntyre et al., Does the brain model Newton's laws? Nat. Neurosci. **4**, 693–694 (2001)
[198] A. Salo, P.N. Grimshaw, J.T. Viitasalo, Reliability of variables in kinematic analysis of spring hurdles. Med. Sci. Sports Exerc. **29**(3), 383–389 (1997)
[199] P. Federolf et al., The application of principal component analysis to quantify technique in sports. Scand. J. Med Sci Sports. **24**(3), 491–499 (2012)
[200] R. Tucker, M.I. Lambert, T.D. Noakes, An analysis of pacing strategies during men's world-record performances in track athletics. Int. J. Sports Physiol. Perform. **1**, 233–245 (2006)
[201] T.D. Noakes, M. Lambert, R. Human, Which lap is the slowest? An analysis of 32 world record performances. Br. J. Sports Med. **43**, 760–764 (2008)
[202] C.R. Abbiss, P.B. Laursen, Describing and understanding pacing strategies during athletic competition. Sports Med. **38**(3), 239–252 (2008)
[203] T. Muehlbauer, S. Panzer, C. Schindler, Pacing pattern and speed skating performance in competitive long-distance events. J. Strength Cond. Res. **24**(1), 114–119 (2010)
[204] J.J. De Koning et al., Regulation of pacing strategy during athletic competition. PloS One. **6**(1), e15863 (2011)
[205] B. Roelands et al., Neurophysiological determinants of theoretical concepts and mechanisms involved in pacing. Sports Med. **43**(5), 301–311 (2013)
[206] I. Reade, W. Rodgers, N. Hall, Knowledge transfer: How do high performance coaches access the knowledge of sport scientists? Int. J. Sports Sci. Coach. **3**, 319–334 (2008)
[207] I. Reade, W. Rodgers, K. Spriggs, New ideas for high performance coaches: a case study of knowledge transfer in sport science. Int. J. Sports Sci. Coach. **3**, 335–354 (2008)
[208] J.W. Chow, D.V. Knudson, Use of deterministic models in sports and exercise biomechanics research. Sports Biomech. **10**, 219–233 (2011)
[209] D.V. Knudson, J.W. Chow, Response to the comment on "Use of deterministic models in sports and exercise biomechanics research". Sports Biomech. **11**(1), 123–124 (2012)
[210] M. McNamee (ed.), *Philosophy and the Sciences of Exercise, Health and Sport: Critical Perspectives on Research Methods* (Routledge, London, 2004)
[211] A. Dal Monte, Nuovi occhi per l'allenatore, in *Scuola Dello Sport*. Speciale Seminario, vol. 1 (1982), pp. 13–14
[212] D. Dalla Vedova et al., Nuovi occhi per l'allenatore: 25 anni dopo. Scuola dello Sport **25**(71), 3–11 (2007)
[213] P.A. Federolf, Quantifying instantaneous performance in alpine ski racing. J. Sports Sci. **30**(10), 1063–1068 (2012)
[214] S.L. Halson, Sleep in elite athletes and nutritional interventions to enhance sleep. Sports Med. **44**(1), 13–23 (2014)
[215] M.A. Boutilier, L. San Giovanni, *The Sporting Woman* (Human Kinetics Publishers, Inc., Champaign, 1983)
[216] B.L. Drinkwater, *Women in Sport*. The Encyclopaedia of Sports Medicine: An IOC Medical Commission Publication, vol. 8 (Wiley, New York, 2008)